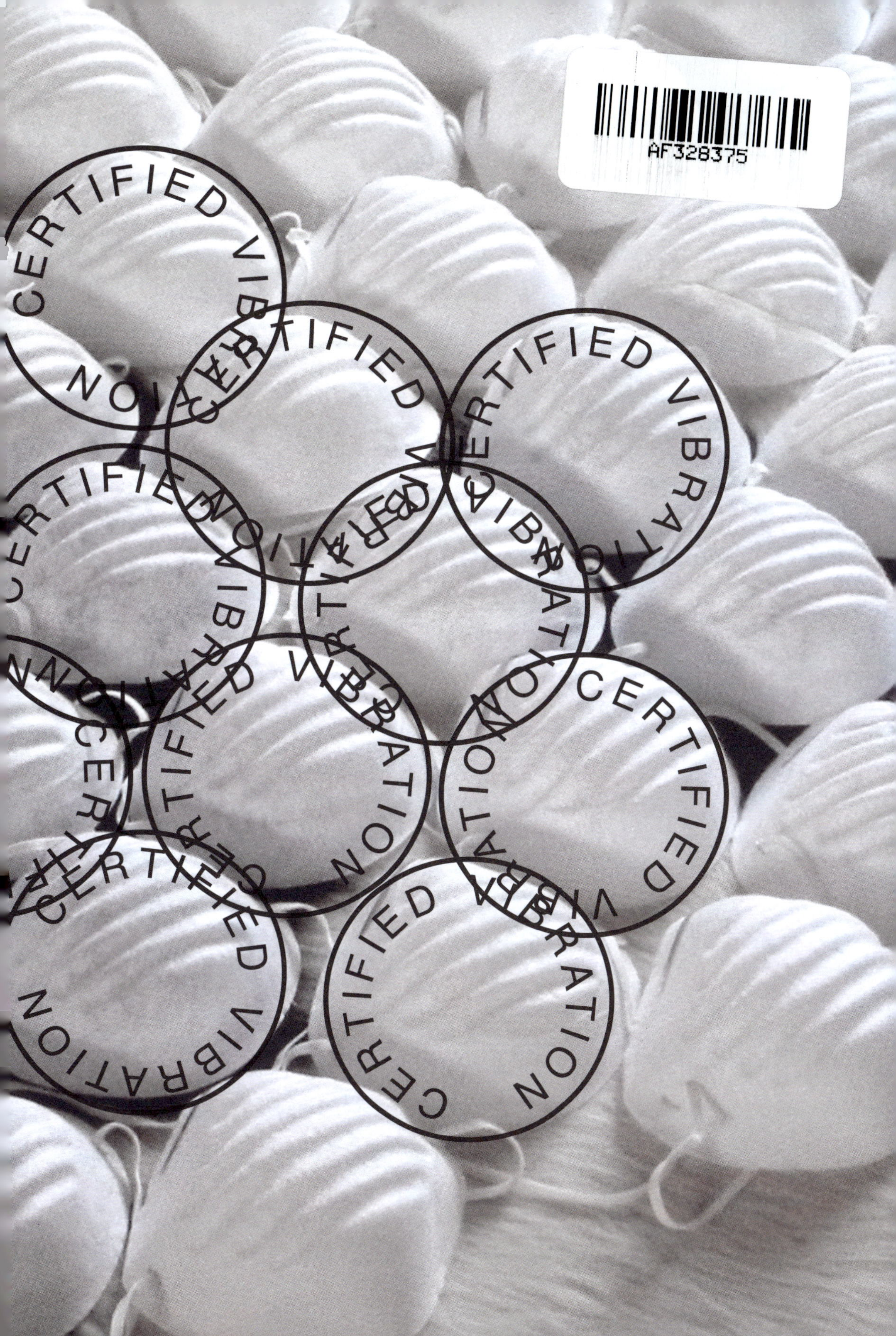

AF328375
CERTIFIED VIBRATION
CERTIFIED VIBRATION
CERTIFIED VIBRATION
CERTIFIED VIBRATION
CERTIFIED VIBRATION
CERTIFIED VIBRATION
CERTIFIED VIBRATION
CERTIFIED VIBRATION
CERTIFIED VIBRATION
CERTIFIED VIBRATION
CERTIFIED VIBRATION
CERTIFIED VIBRATION

VIBRATIONS OFf the Format

HONORÉ δ'O

It is possible to make a living exhibition

Play back FF
R: Repair and repeat

An ever living exhibition is possible

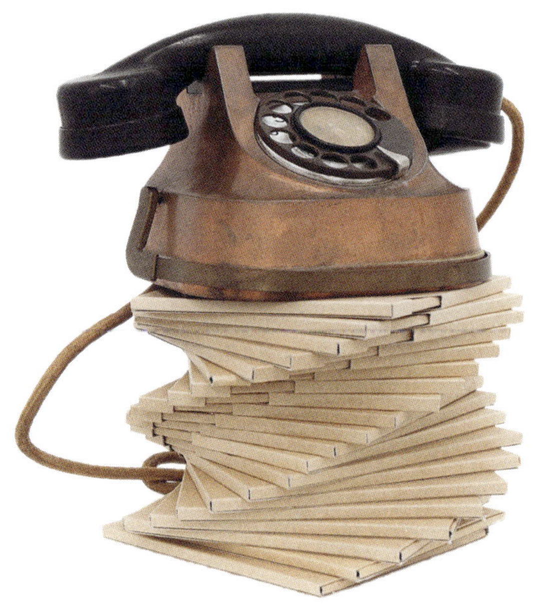

It is possible to make a living exhibition

Air archeology

How?

Use   ingredients that speak for themselves
Use   a recipe

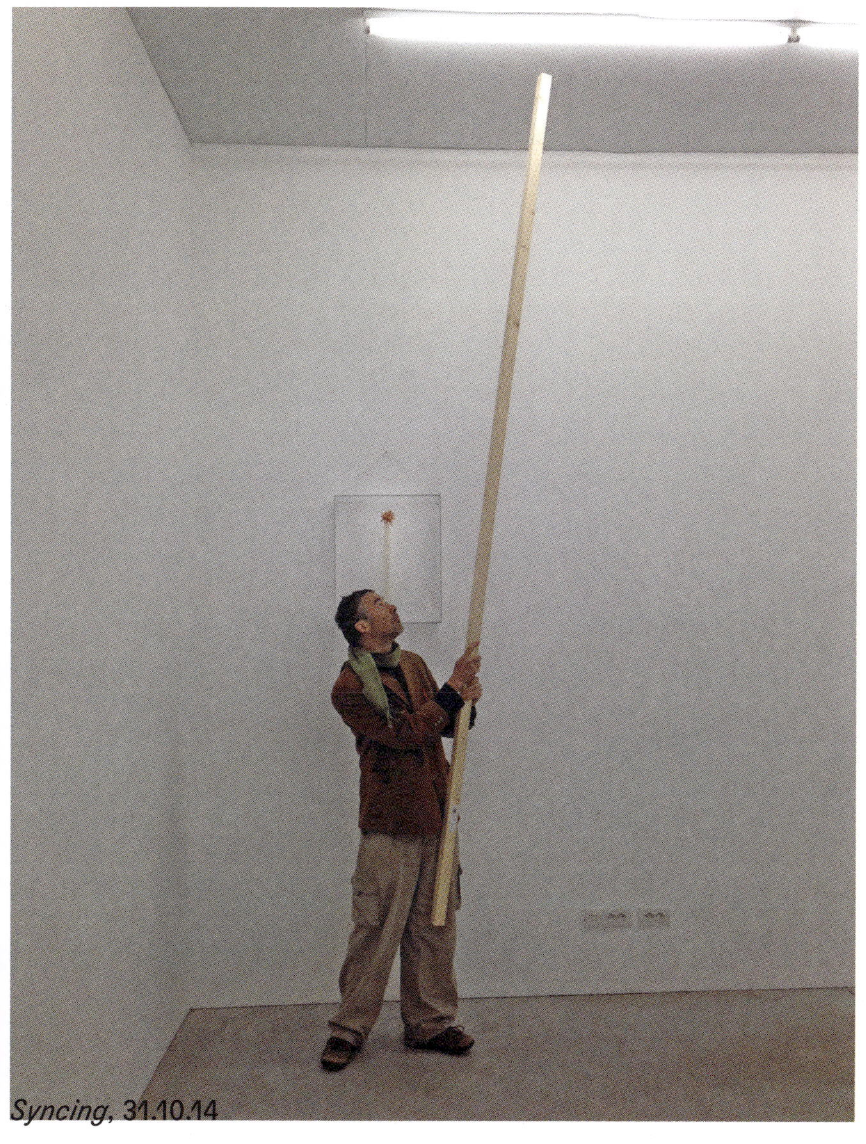

Syncing, 31.10.14

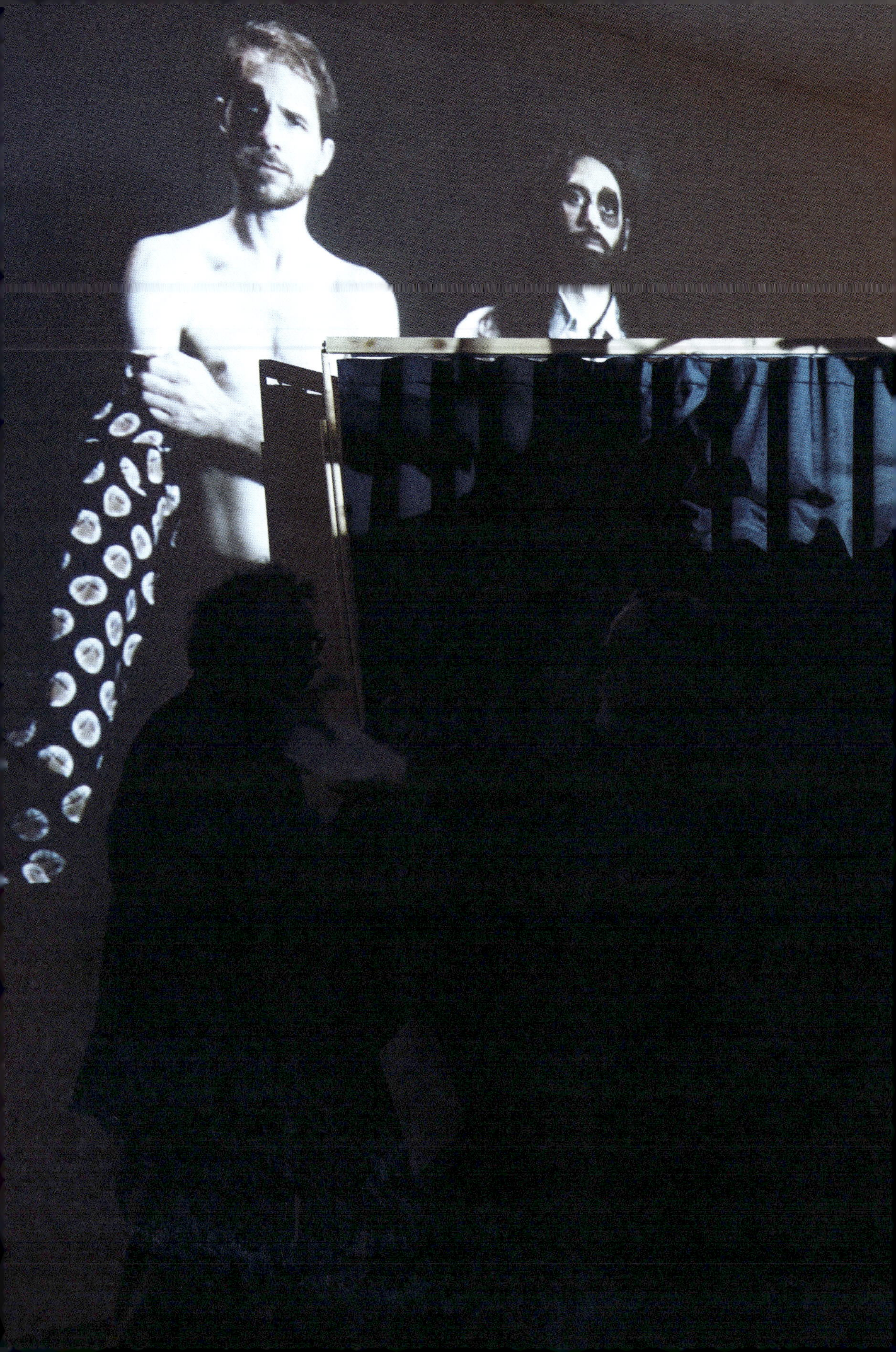

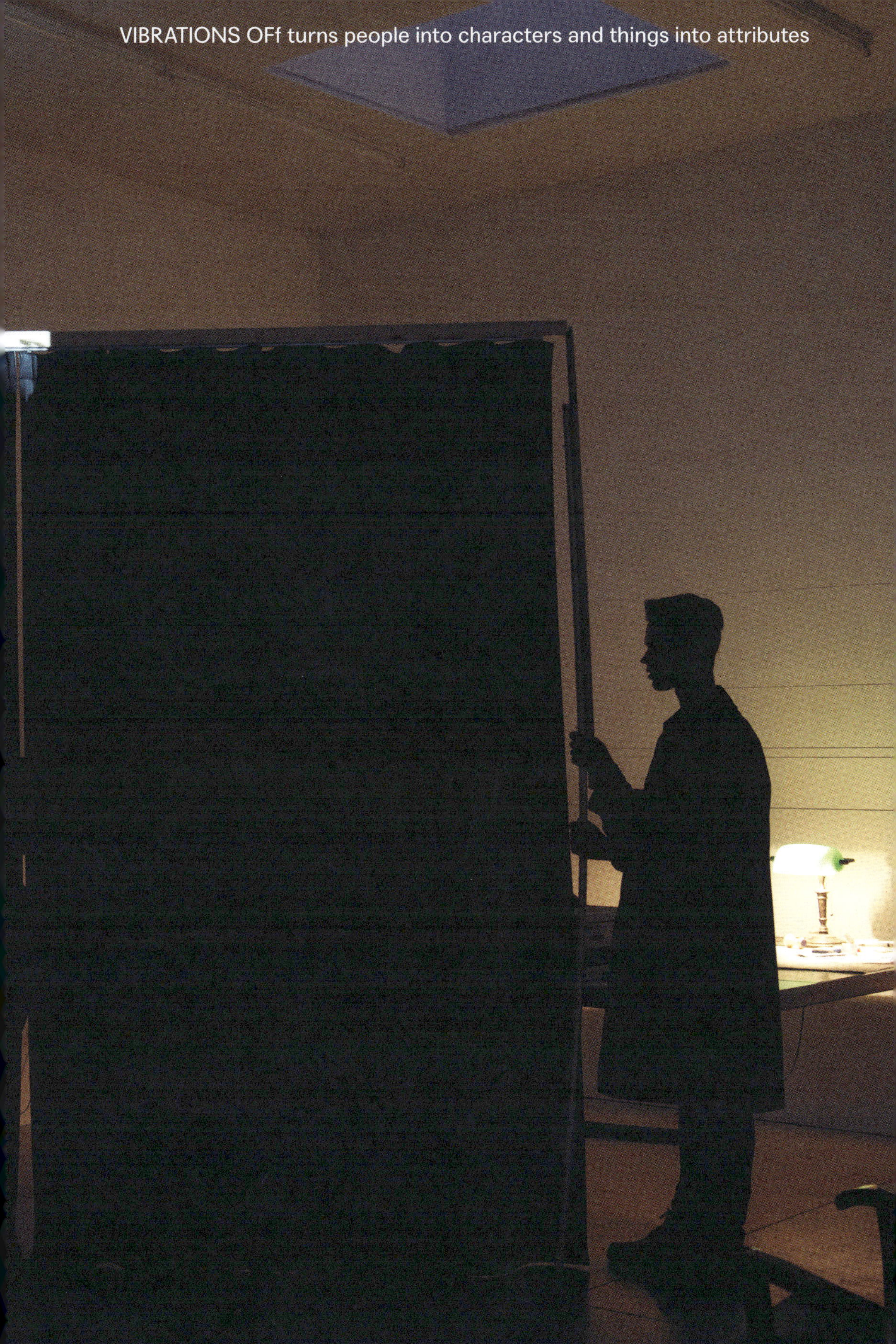
VIBRATIONS OFf turns people into characters and things into attributes

A place
A period of time
People
Attributes
Commitment

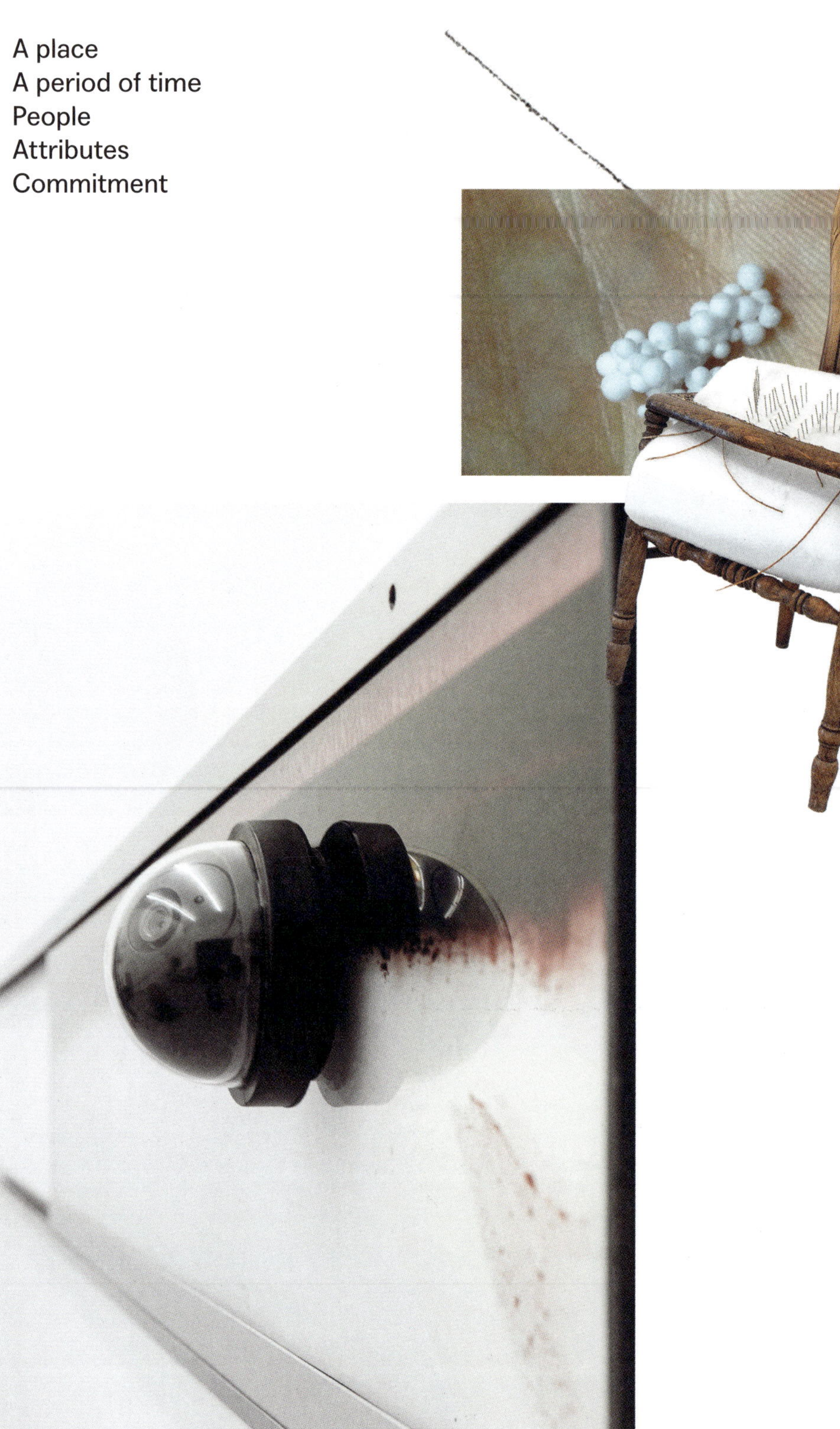

Use   a recipe

The recipe exists of a script, themes and agreements

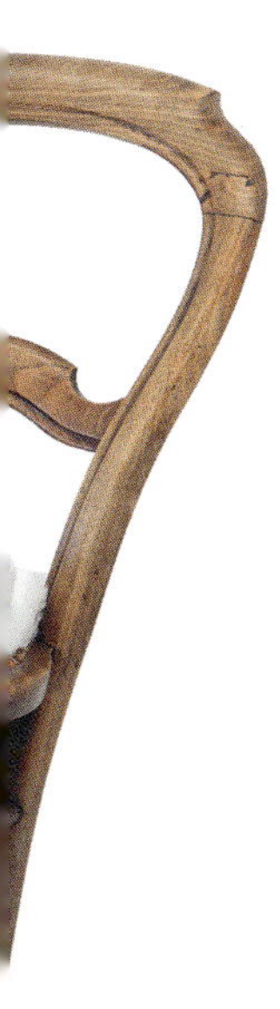

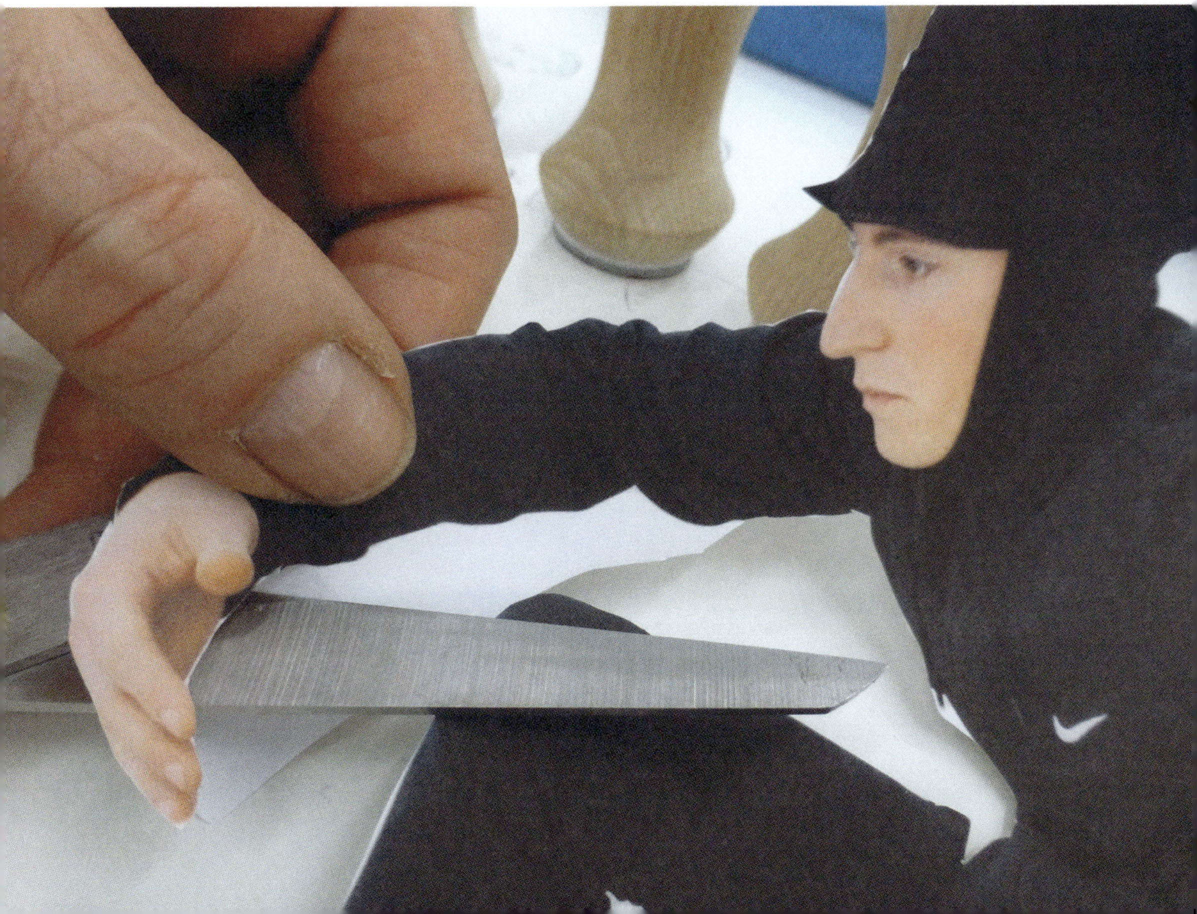

The subtitle is the full title

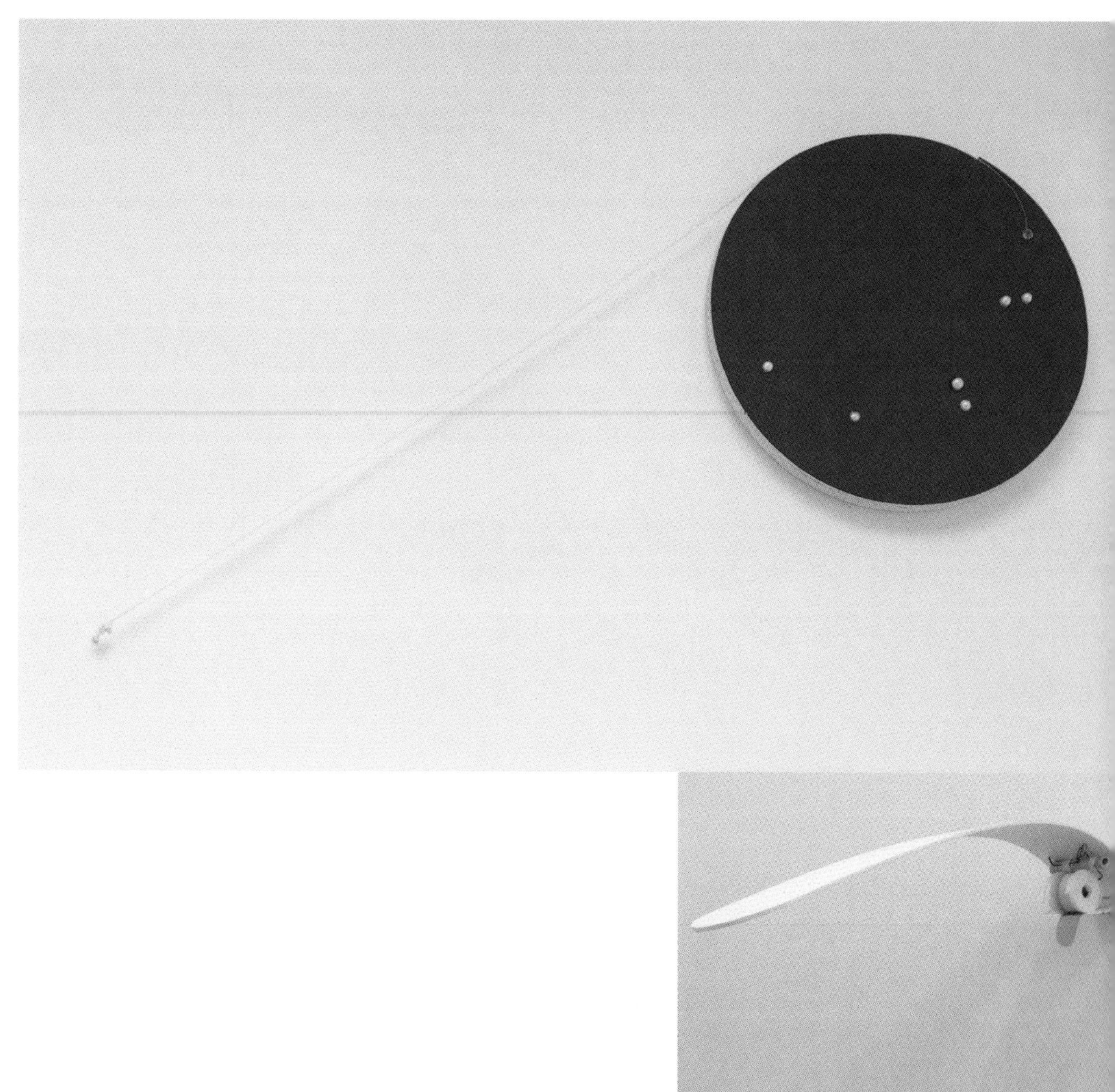

VIBRATIONS OFf the Format is a proposal
VIBRATIONS OFf the Format is a proposal to realise your VIBRATIONS OFf

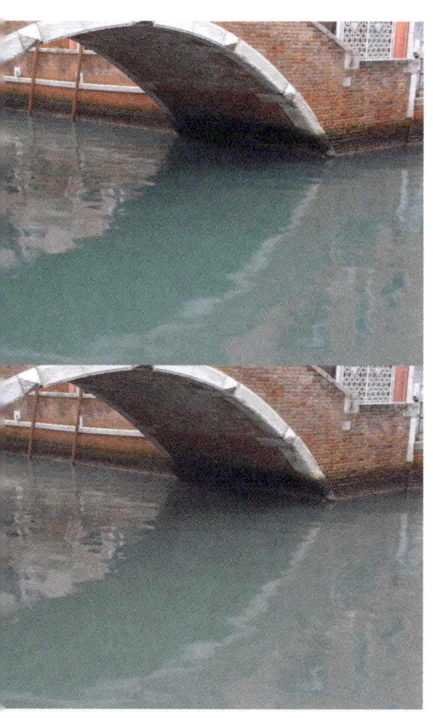

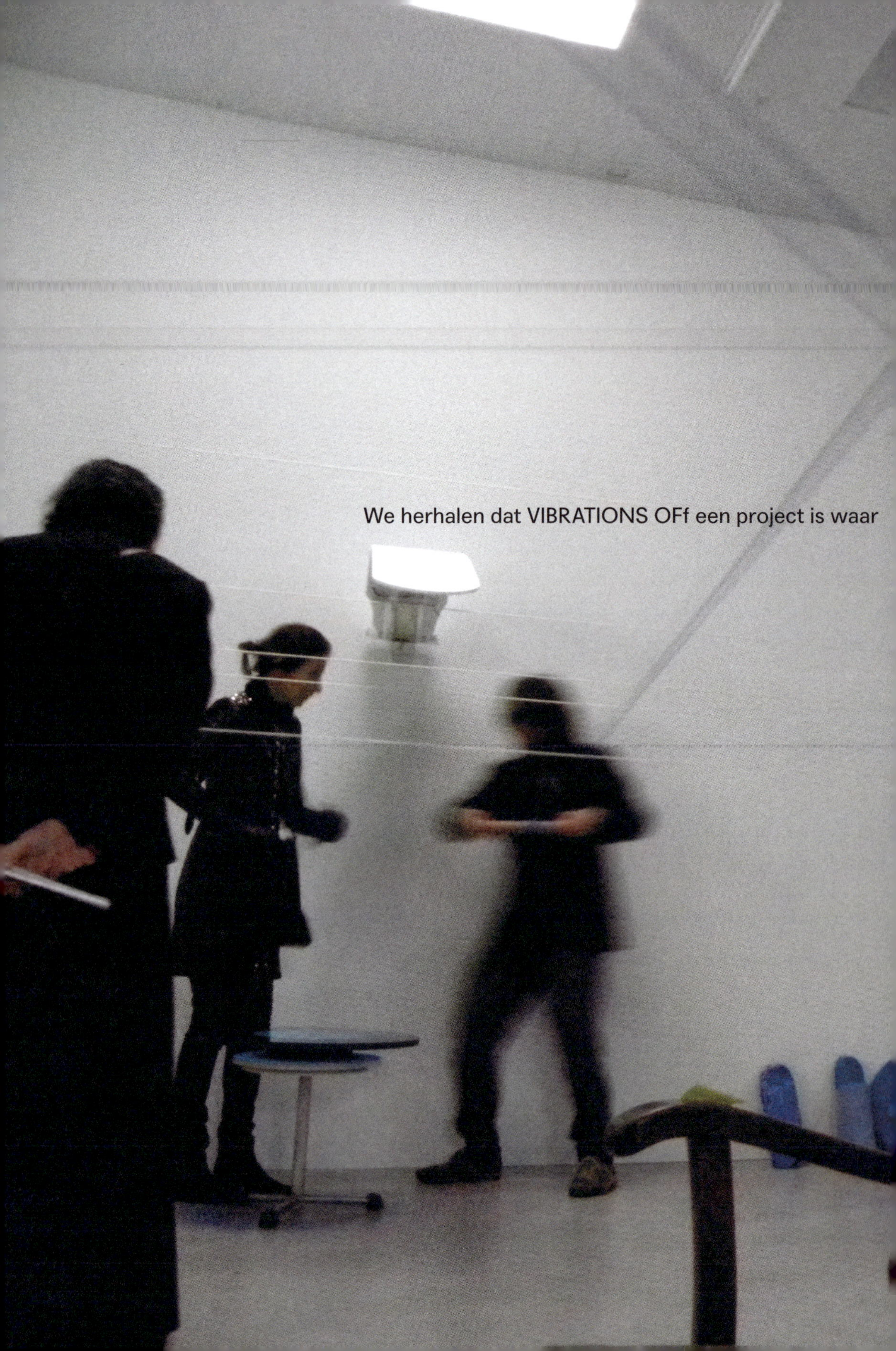

We herhalen dat VIBRATIONS OFf een project is waar

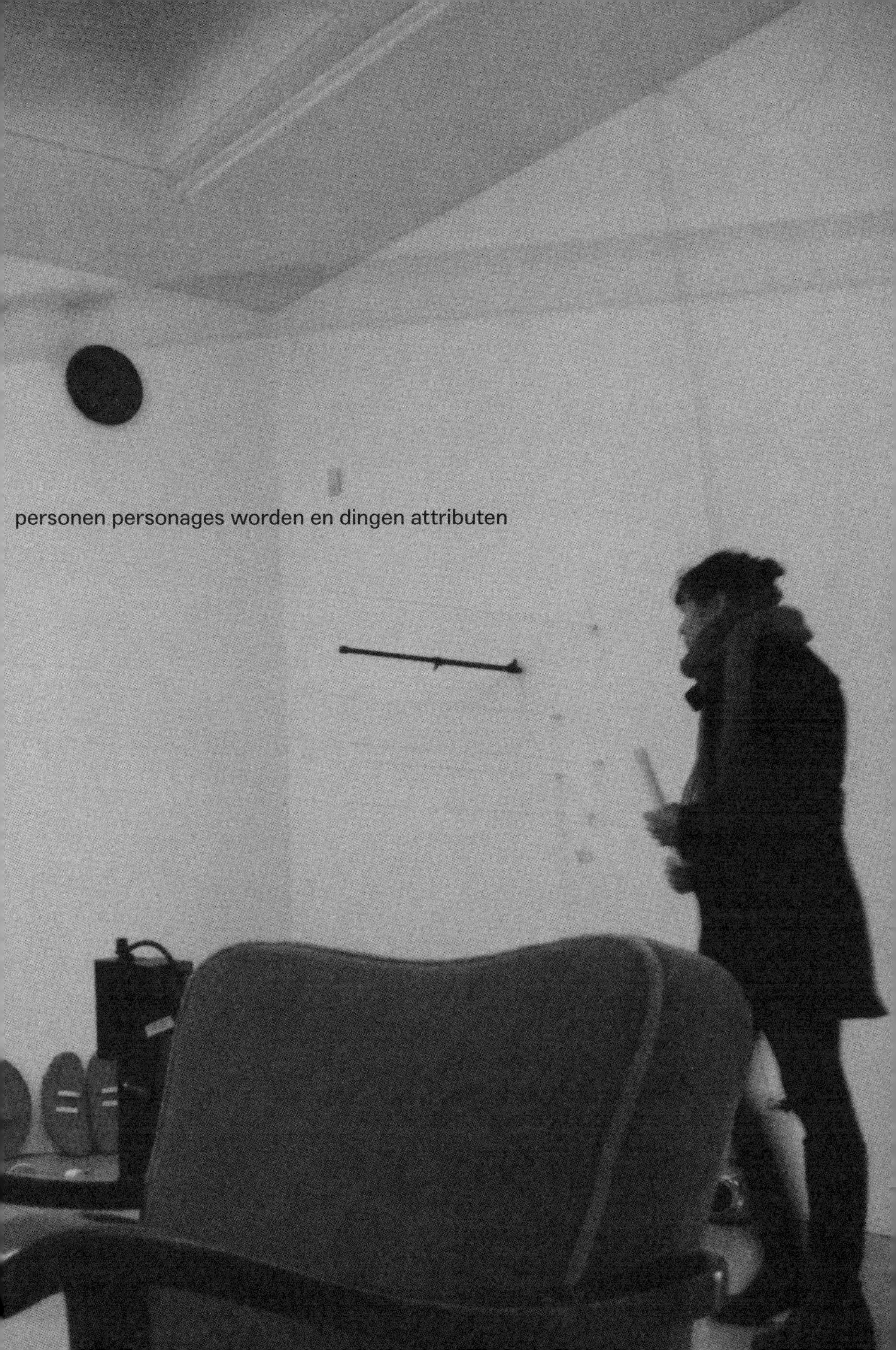
personen personages worden en dingen attributen

We organise the prototype of VIBRATIONS OFf in Kristof De Clercq gallery
16.11.14–21.12.14

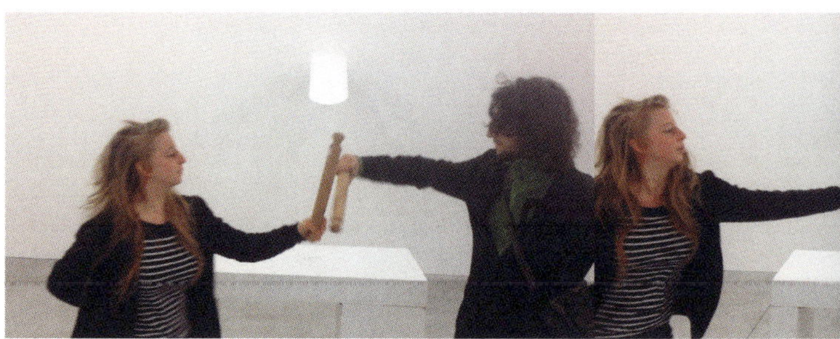

Kristof De Clercq gallery
Tichelrei 82, B-9000 Ghent
kristofdeclercq.com

We knock on the door of KASK, School of Arts

Wees stil: alle geluiden die je hoort komen van de grote werf
Be quiet: all sounds you hear come from the big yard

VIBRATIONS OFf is 'enacted'. The exhibition is a dramaturgic scenery in which a series of events occur in a variety of shapes. VIBRATIONS OFf unifies waves of scheduled moments that form a spherical entirety in which the usual becomes valuable.

The exhibition is enacted from a scenario of propositions and agreements. The screenplay is a menu that announces daily themes and scheduled events. The calendar is a motive for conscious sensation and perception. An improvisational letter of intent opens up the situation without any claim on a final product.

Honoré δ'O invites people to react to the script and to interpret the themes. An ephemeral activity and 'desactivity' of coming and going turn the exhibition into a continuous appearance and visualise 'the sense of potentiality' away from the objective goal of exploitation. Creative attention—in honour of the subject—vibrates within and outside the set medium. Let's shake the formats.

Air contains 12 elements including 0,00010 % krypton.

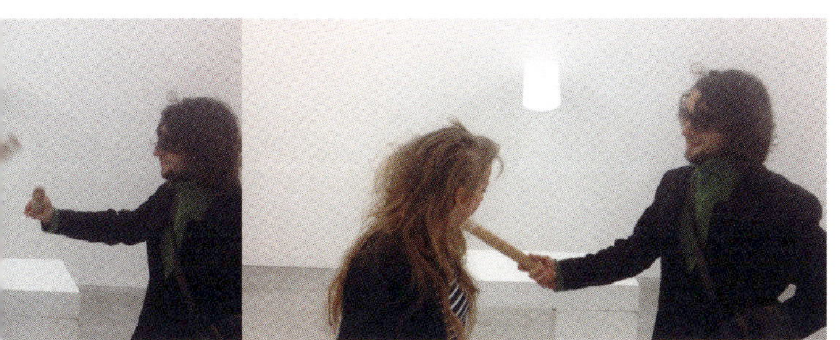

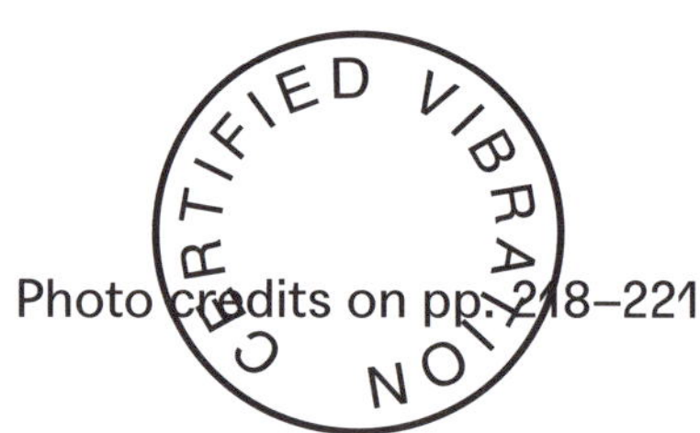

Photo credits on pp. 218–221

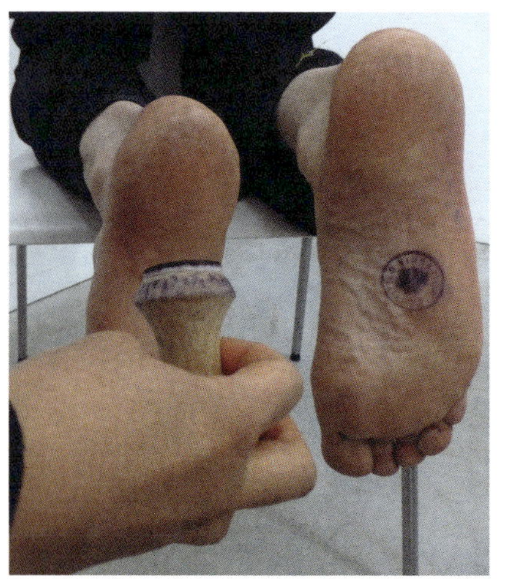

for•mat |ˈfôrˌmat|
noun
the way in which something is arranged or set out : *the format of the funeral service.*
  • the shape, size, and presentation of a book or periodical.
  • the medium in which a sound recording is made available : *the album is available as a CD as well as on LP and cassette formats.*
  • Computing a defined structure for the processing, storage, or display of data : *a data file in binary format.*

verb (**-mat•ted** , **-mat•ting**) [trans.]
(esp. in computing) arrange or put into a format.
  • prepare (a storage medium) to receive data.

ORIGIN mid 19th cent.: via French and German from Latin ***formatus (liber)*** *'shaped (book),'* past participle of ***formare*** *'to form.'*

VIBRATIONS OFf the Format / Honoré δ'O invites and displays
chain reaction on a libretto by Honoré δ'O
sound and image rescripted
by ManfreDu Schu
and many others, waaronder jullie

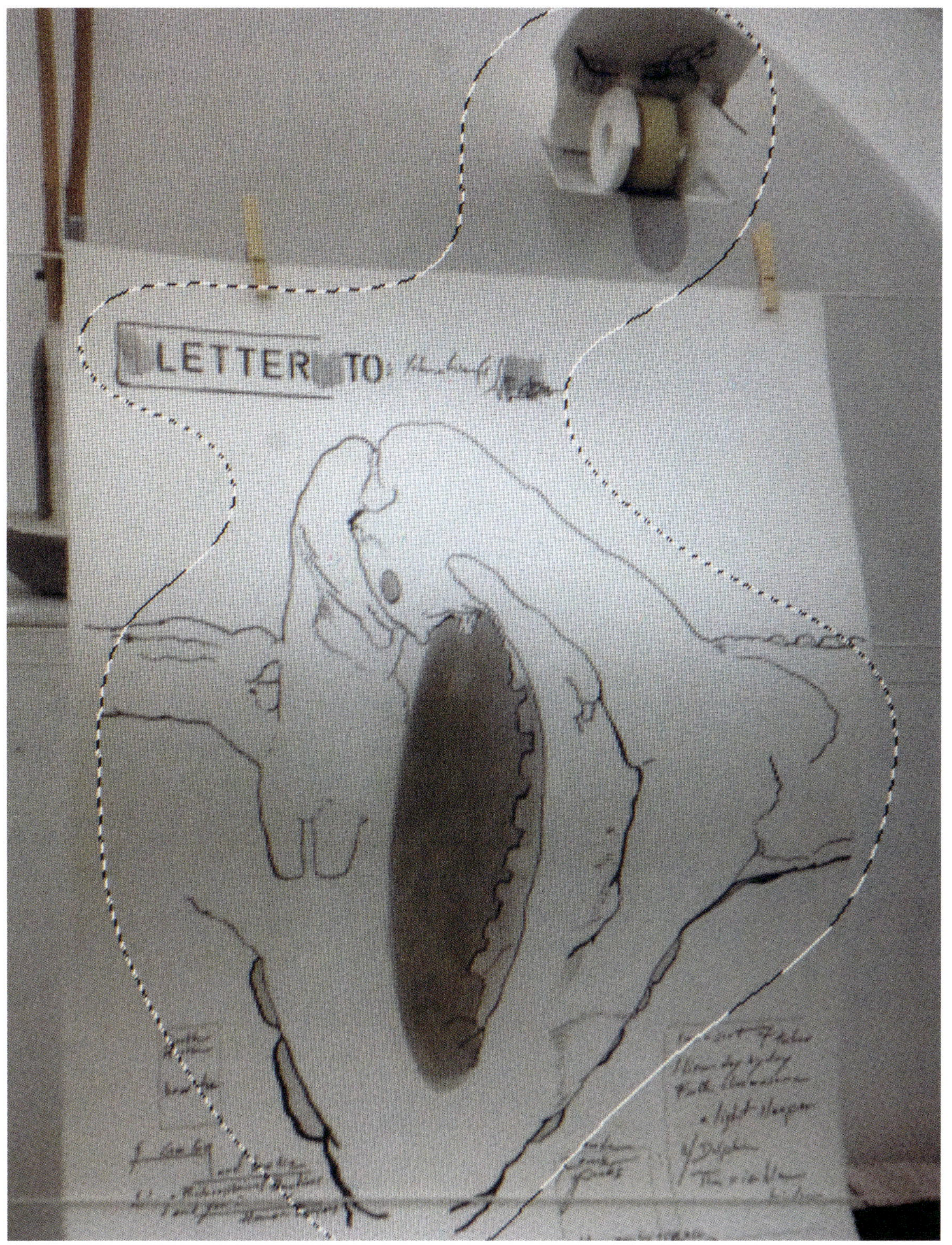

VIBRATIONS OFf 'speelt zich af'. De tentoonstelling is een scène, ze wordt een aaneenschakeling van gebeurtenissen die zich in allerlei vormen voordoen. VIBRATIONS OFf combineert een golf van geplande momenten die samen een sferisch geheel vormen, waarin het gewone waardevol wordt.

De tentoonstelling speelt zich af vanuit een op voorhand gemaakt scenario van voorstellen en afspraken. Het scenario is een menu dat de dagelijkse thema's en de geplande events aankondigt, het mikt op een openlijke gewaarwording van deelneming aan verborgen verbanden, waarvan we uitgaan.

Honoré δ'O nodigt mensen uit die reageren op het script en die de thema's interpreteren. Een continue efemere aanwezigheid van activiteit en 'desactiviteit' maakt van de tentoonstelling een ideeëntoneel van 'mogelijkheidszin'. Aandacht die ademt, krijgt voorrang op de 'realiteitszin' en de exploitaties van het afgewerkt product. De inspiratie van de deelnemers en de chemie van het gastvrije toeval voeden de ontmoeting.

Lucht bevat 12 bestanddelen waaronder 0,00010 % krypton. De kunst vibreert binnen en buiten het formaat van een vastgesteld medium.

Invitation card

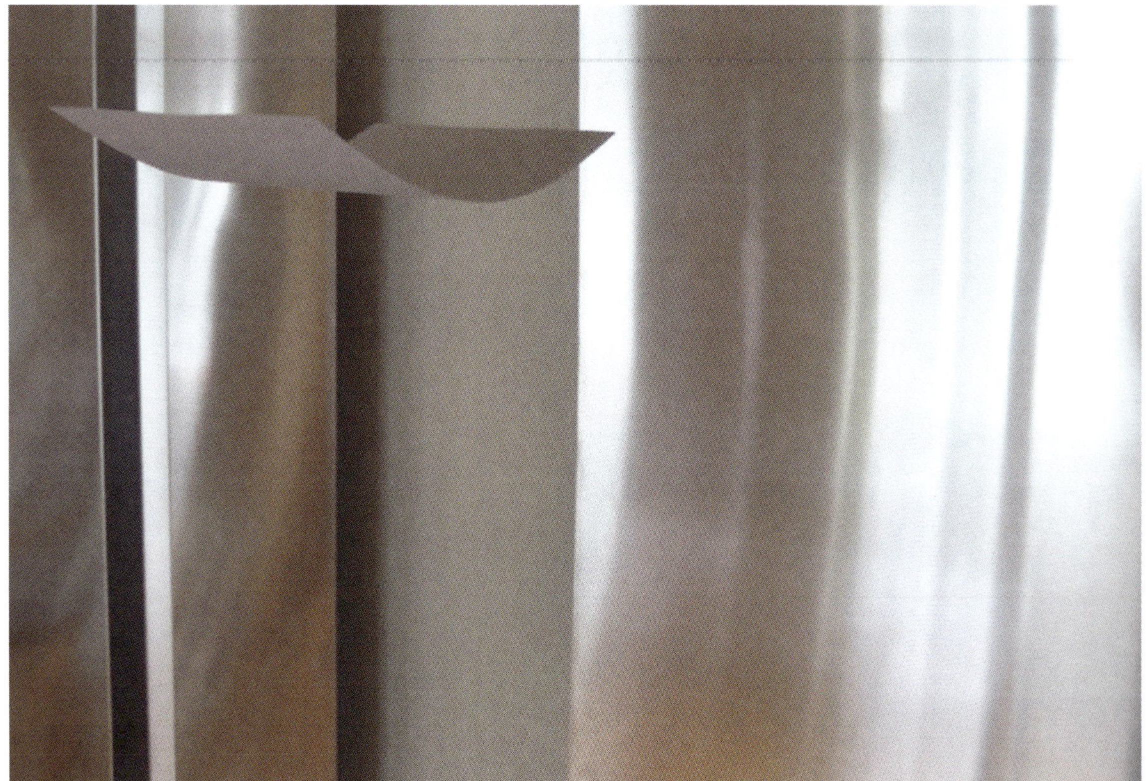

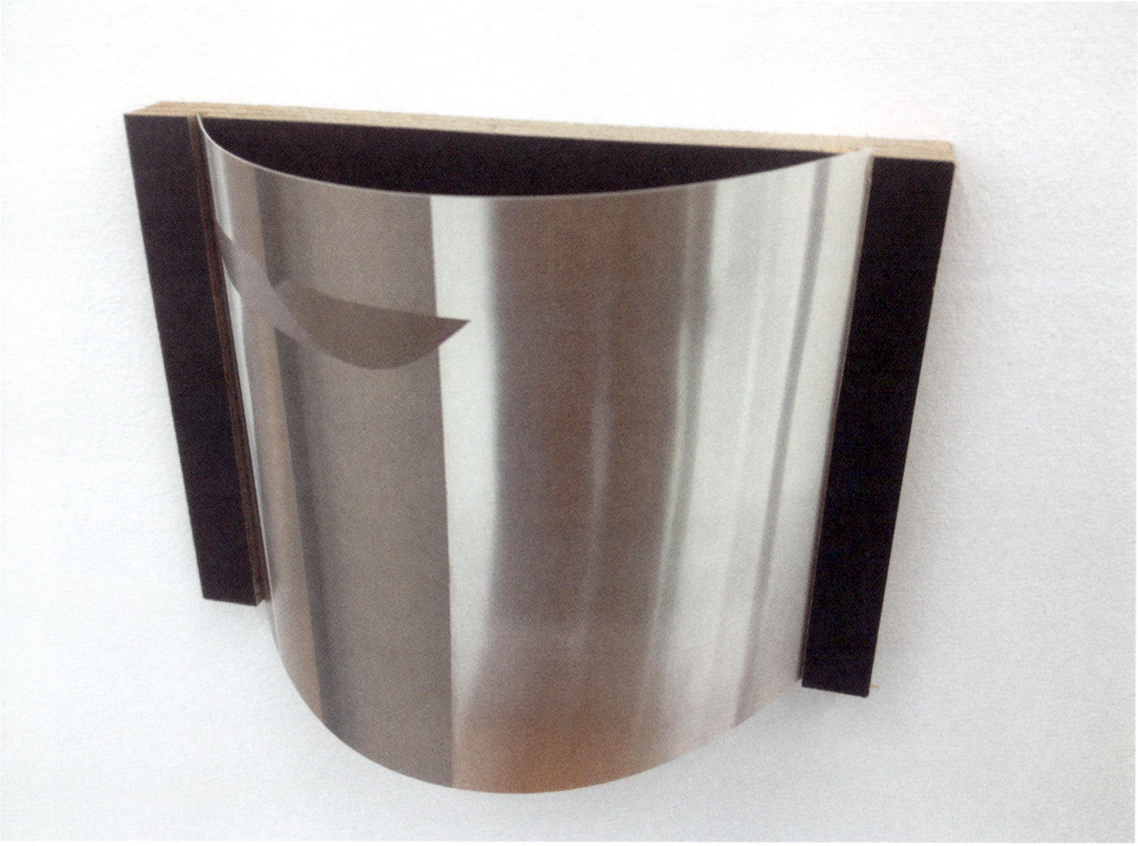

First acquirable

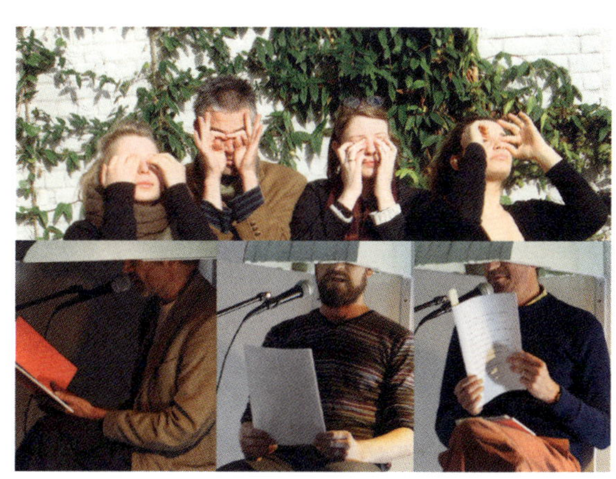

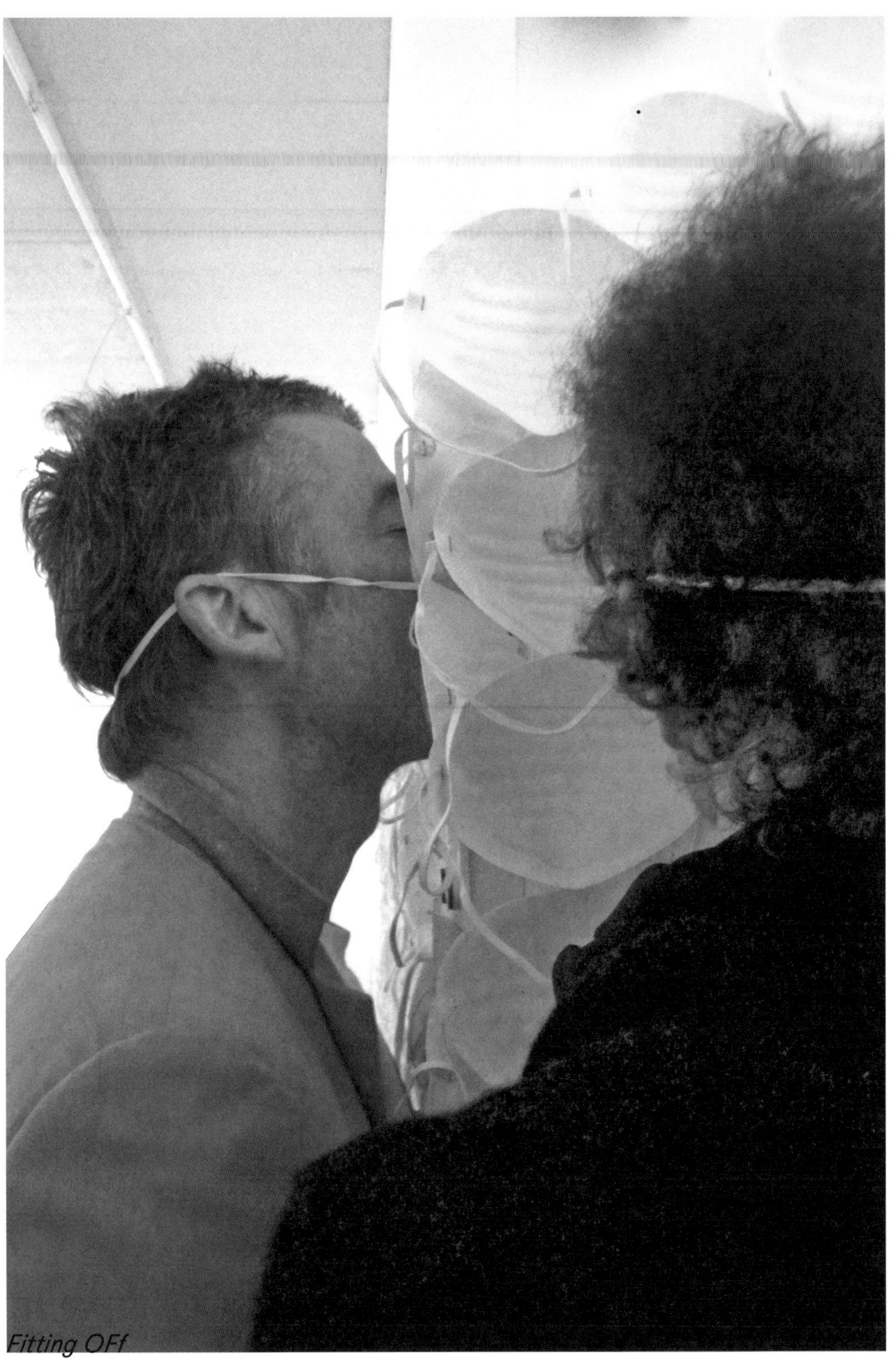
Fitting OFf

THE PLACE is determined, it is the space where the visitor goes to visit the exhibition. The place is the artwork; one who sees the place picks it up and takes it with.

THE PERIOD (OF TIME) is strictly delimited in days and opening hours; the exhibition lives on in the memory, in the book, in the future versions as pro-creative recreations of VIBRATIONS OFf.

THE PEOPLE are a team of temporary and resident contributors. A changing group of people moves around a fixed core of people responsible for the realisation of the programme; every involved person is a participant, a participant is a figure that acts in VIBRATIONS OFf, participants become visitors and vice versa, the group expands.

ATTRIBUTES are the necessities for the execution of an action, the symbolically loaded material that is worked with, the part that is brought to attention, a precursor and the trail, the registrations, clothing and temperature, cable and glimpse... all attributes to a vibration, often stamped with the stamp of the day, on the skin of the countenance.

COMMITMENT, the VIBRATION OFf team and the visitors stimulate their ability to connect to a bigger entirety and to achieve a spherical climate of togetherness and sensorial proximity. The participants search pleasure in the simultaneity of distinct events. 'We direct most of our attention to a form of participative awareness in a global fragile coexistence.'

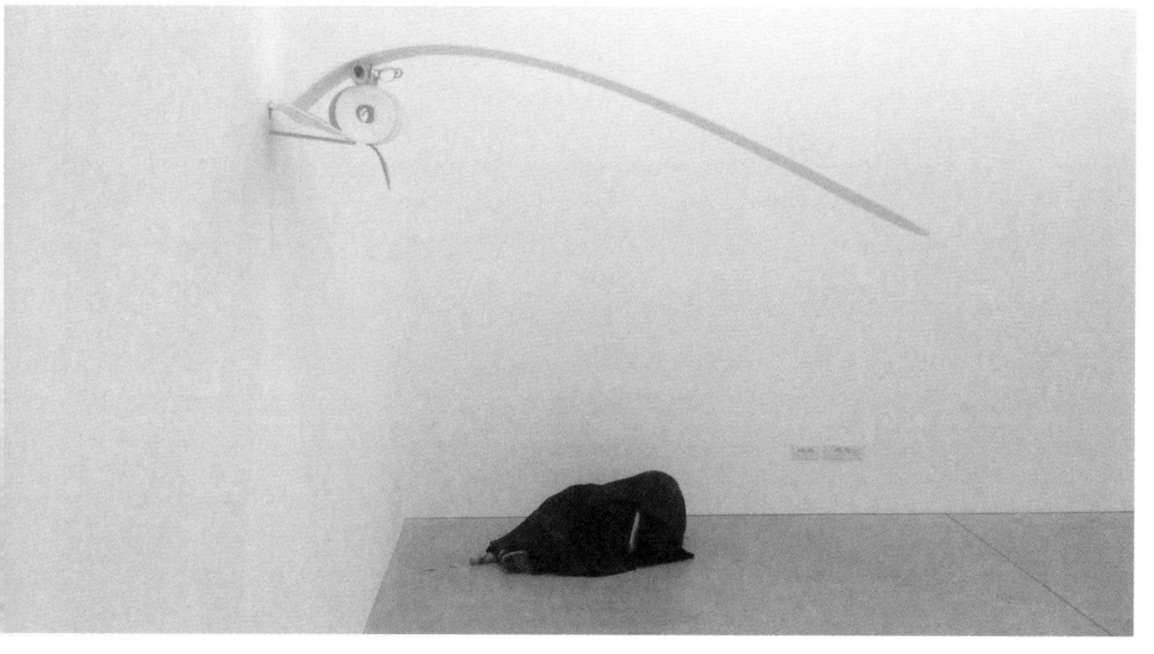

1	A	De genodigden, The invitees	16.11.14
2	B	Salutation of the medium	19.11.14
3	C	The guide	20.11.14
4	D	Day of the subject, subjectivity and expertise	21.11.14
5	E	Dag van de verpakking, packing and wrapping	22.11.14
6	F	Van dag van het lichaamsdeel naar nacht van de seks, from day of the body part to night of the sex	23.11.14
7	G	De aparte letter tijdens het woord in de kunst The letter in the word in the art in the world	26.11.14
8	H	A special day for Robert Filliou, génie sans talent	27.11.14
9	I	Dag van de witte raaf The white raven (intuition, reconstruction, experience, training, formulas,…)	28.11.14
10	J	The era of publicity	29.11.14
11	K	Waiting (waiting waiting) with an empty agenda on the day of permanence	30.11.14
12	L	Displacement	03.12.14
13	M	DAY OFf	04.12.14
14	N	Food and flora	05.12.14
15	O	Selling of the wheel of red dots, air in and out the air bubble	06.12.14
16	P	The door has a latch, general repetition	07.12.14
17	Q	A capella-dag van het instrument / day of the instrument	10.12.14
18	R	The ceiling of falling, refracting and glueing between East and West	11.12.14
19	S	Werelddierendag / Wild animal vs pet	12.12.14
20	T	International relations and department store	13.12.14
21	U	Act and Hook	14.12.14
22	V	Trust to the gallerist / trusting the money—Day of Agnes Maes	17.12.14
23	W	Provisional and final acceptance / The cleaning	18.12.14
24	X	Möglichkeitssinn eher als Realitätssinn	19.12.14
25	Y	Quousque (hoe lang nog / for how much longer?)	20.12.14
26	Z	Winterpunt (nicht Mittsommernachtstraum)	21.12.14

Seed

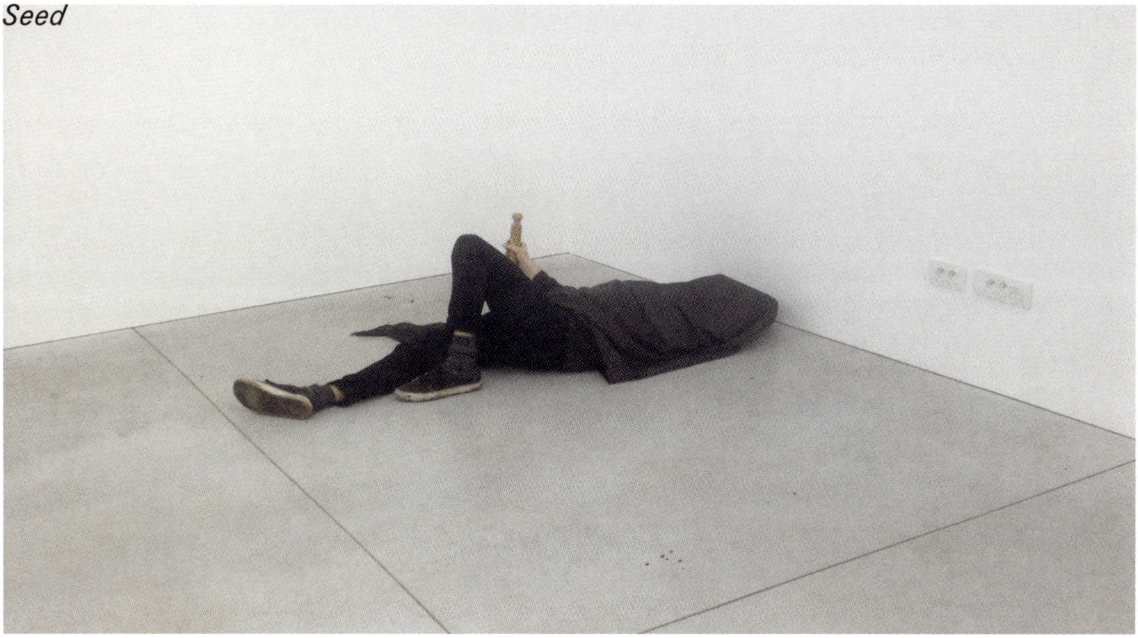

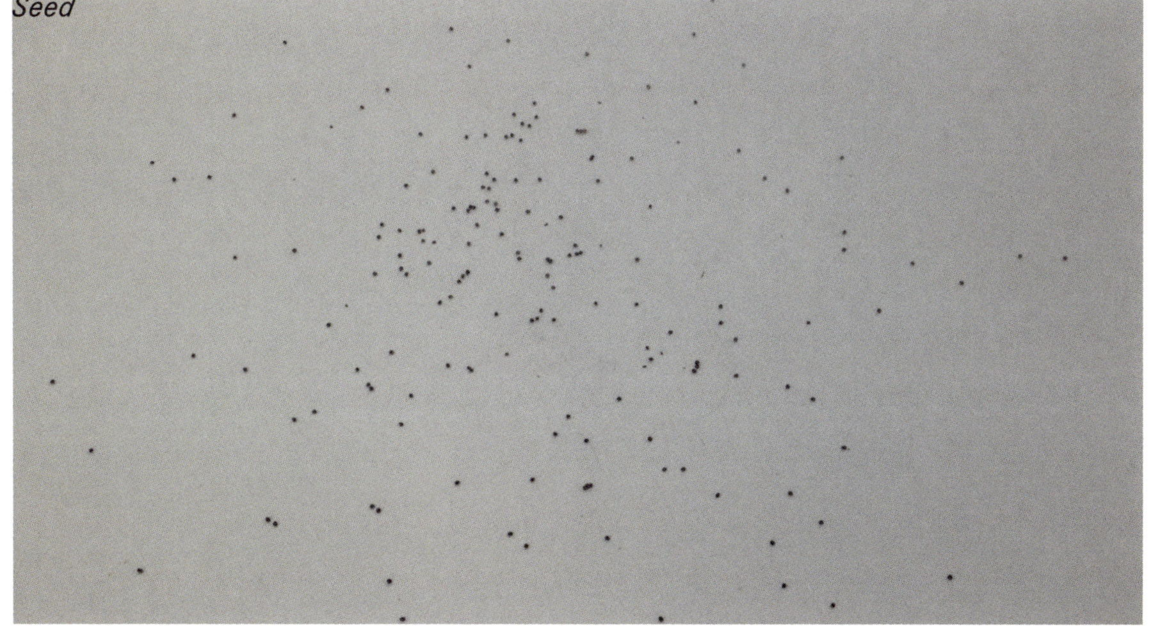

Seed

수출용 VIBRATIONS OFf (Export of VIBRATIONS OFf)
곧이어, 전시 VIBRATIONS OFf 가 '상연' 됩니다.

전시를 '상연'한다? 이는 전시가 다양한 사건들로 짜인 극본이라는 의미다.
VIBRATIONS OFf 는 전시장에서 일어나는 사건들의 파동을 하나의 이야기로 만드는 장으로 일상적 순간에도 가치를 부여한다. 참여자의 제안과 합의를 통해 전시에 상연할 줄거리를 만들고, 매일 새로운 테마와 이벤트라는 형태로 상연을 시작한다. 깨어있는 감각을 찾아 일정을 정하고, 극본의 의도를 연주하는 즉흥적인 활자들은 결과적 예술상품에 어떠한 주장도 하지 않은 체 등장한다.

오노레도 작가는 관객들을 전시의 주체로 초대한다. 관객들은 다양한 사건들에 반응하고 테마를 적극적으로 해석하게 된다. 오고 가는 행위들은 지속해서 전시를 변화시키는 요인이다. 작가는 전시를 통해 물질성을 넘어 '잠재성의 감각' 을 시각화하고자 한다. 주제에 경의를 표하며 창조적으로 집중함으로써 틀에 짜인 매체 안팎을 뒤흔들고자 한다. 작가가 추구하는 예술은 결국 기존의 형식 안팎으로 진동을 일으키는 것이다.

흔들자, 기존의 형식이 다 떨어져 나갈 때까지 마구마구 흔들어 보자.

institute 기관

gallery 갤러리

system 시스템

script 극본

soulmate 소울메이트

artists 예술가

friends 친구

colleagues 동료

students 학생

agreements 합의

public 공공

VIBRATIONS OFf 를 위한 재료들

장소, 관객이 전시를 보러 오는 곳으로 그 자체가 발견되는 예술품이다.

전시 기간(시간)은 그 시작과 진행을 철저히 제한한다. 전시는 기억 속에서, 책을 통해서, 무궁무진하게 재창조될 미래 속 제2, 제3의 VIBRATIONS OFf 로 존재할 것이다.

사람들, 일시적으로 혹은 장기적으로 기여하는 모두가 한팀이다. 교체되는 팀원들은 프로그램을 운영하는 기존 팀원들을 감싸 움직인다. 전시에 연루된 모두가 참여자다. 참여자는 VIBRATIONS OFf 안에서 행위를 하고 방문자가 되고 그 반대이기도 하고... 팀은 계속해서 커져간다.

자질은 행위가 이루어지는 데 있어 필요조건이다. 상징을 위해 사용된 모든 재료, 관심이 쏠렸던 부분들, 선구자와 그 자국, 등록, 옷과 온도, 케이블과 찰나... 진동을 위해 일어났던 모든 자질의 이마쯤 되는 곳에 도장을 찍어 각인시킨다. 당신은 자질이 있습니다.

헌신을 약속한다. VIBRATIONS OFf 팀과 방문자들은 전시의 전체성을 연결하고자 스스로 능력을 시험해야 한다. 전 지구적 공존의 기후, 감각의 근접성을 성취하기 위해서 말이다. 뚜렷한 이벤트들의 동시성에서 즐거움을 찾고 '참여를 통해 무너질 듯한 공생 구조를 자각하는 데 온통 집중할 것을 제안한다.'

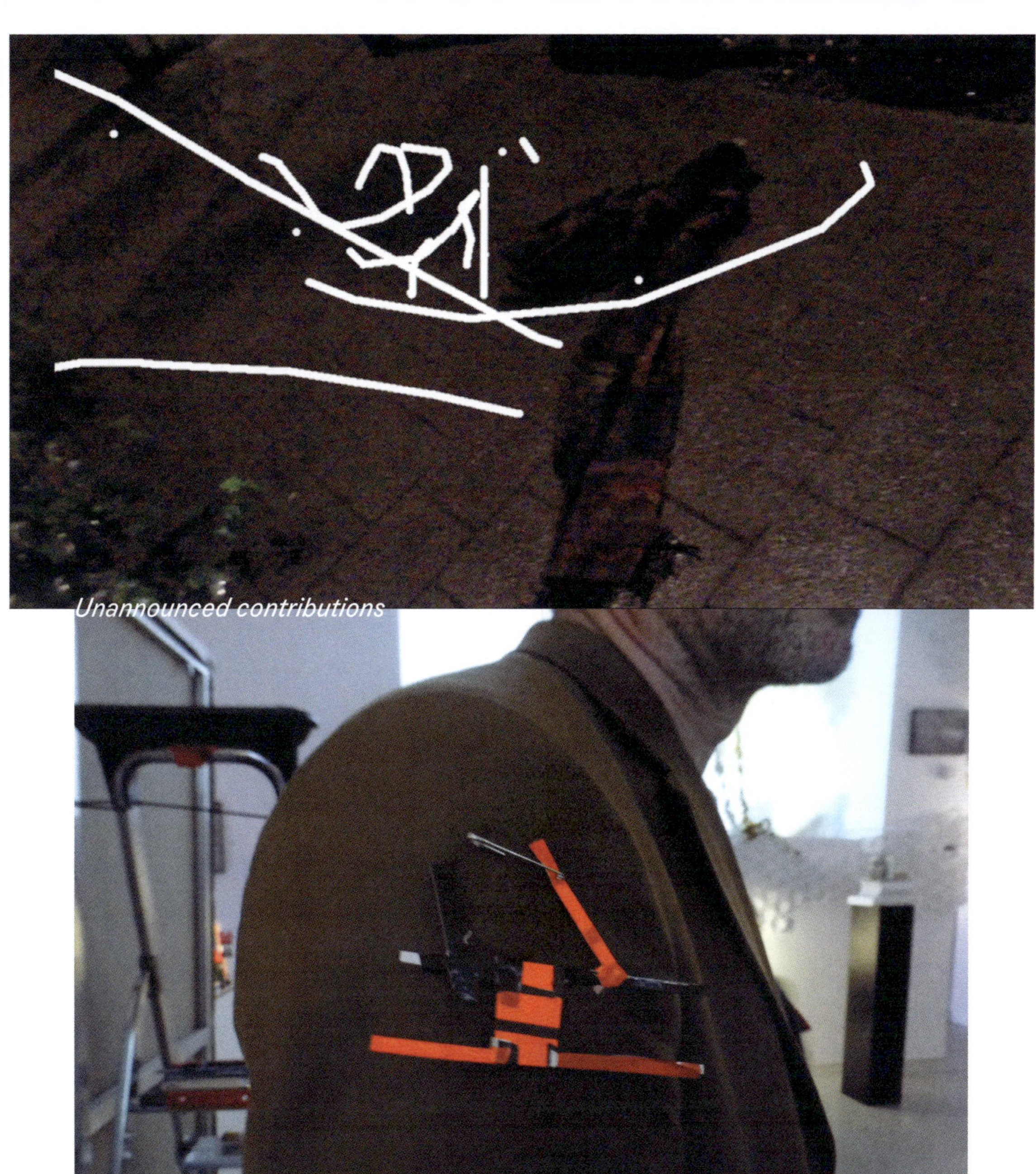

Unannounced contributions

O   de derde persoon is het personage in de verhouding figuur / acteur
P   stempel 5: je bestempelt elke dag iemand of een groep als Grieks koor
Q   het handelen, de situatie en het conflict vormen samen de continue
        dramatische ontwikkeling
R   een dramatische ruimte wordt aangegeven en afgebakend door de
        sferische wolk
S   het conflict wordt verzorgd in de sferische wetten van het continue
        verband
T   geen ruzie vandaag

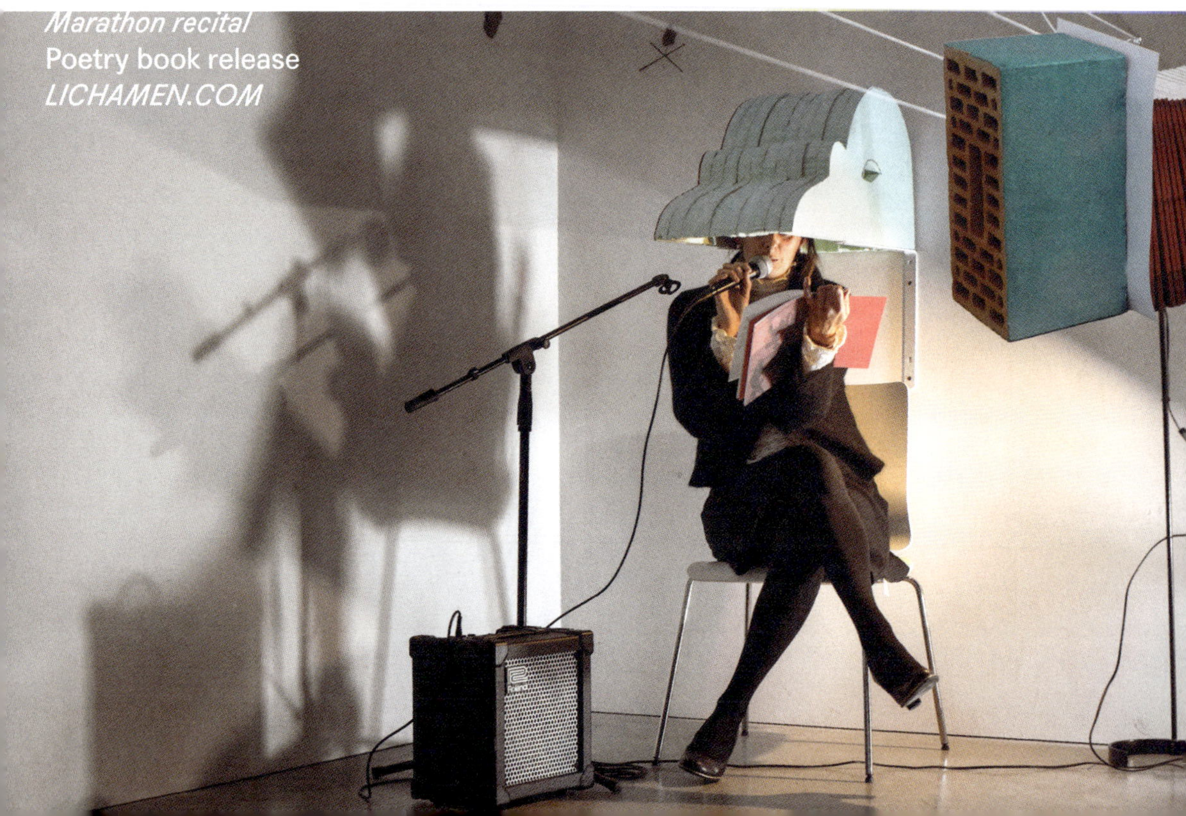

DE PLEK is bepaald, het is de plaats waarheen de bezoeker zich begeeft om de tentoonstelling te bezoeken. De plek is het kunstwerk; wie de plek ziet neemt haar op en neemt haar mee.

DE PERIODE wordt strikt afgelijnd in dagen en openingsuren; de tentoonstelling leeft verder in de herinnering, in het boek, in de toekomstige uitvoeringen, de procreatieve recreatie van VIBRATIONS OFf.

DE MENSEN zijn een team van tijdelijke en blijvende medewerkers. Rond een vaste kern beweegt zich een veranderlijke groep mensen die instaan voor de realisatie van het programma; elke betrokkene is een deelnemer, een deelnemer is een figuur die acteert in VIBRATIONS OFf, deelnemers worden bezoekers en vice versa, de groep breidt zich uit.

ATTRIBUTEN zijn benodigdheden bij de uitvoering van een handeling, het symbolisch beladen materieel waarmee wordt gewerkt, het onder de aandacht gebrachte onderdeel, een voorbode en een spoor, de registraties, kledij en temperatuur, kabel en oogopslag… alle bijvoeglijke bepalingen bij een vibratie, vaak gestempeld met de stempel van de dag, *on the skin of the countenance*.

ENGAGEMENT, het VIBRATIONS OFf-team en de bezoekers stimuleren hun vermogen om zich te verbinden met een groter geheel om een sferisch klimaat van samenzijn en zintuiglijke nabijheid te bereiken. De deelnemers zoeken plezier in de gelijktijdigheid van verschillende gebeurtenissen. 'We richten onze aandacht grotendeels naar een vorm van participatief bewustzijn in een globale fragiele co-existentie.'

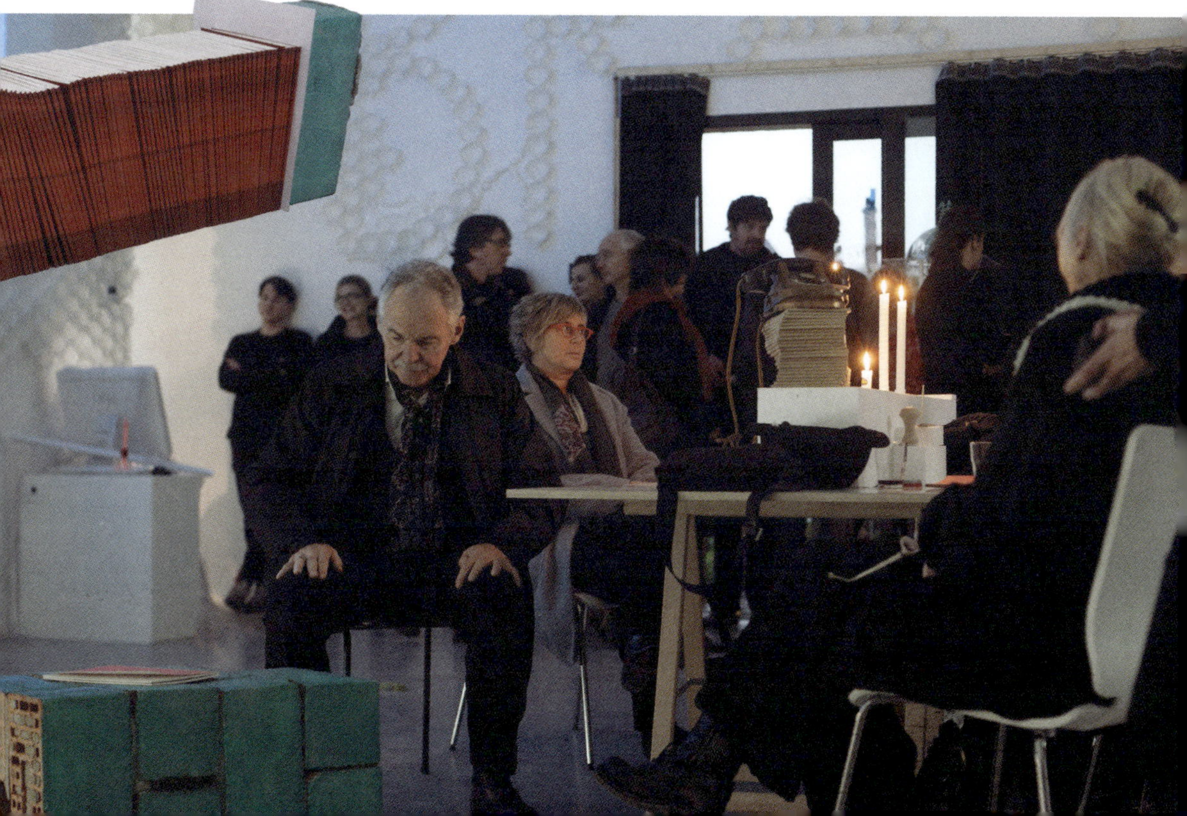

In het kunstwerk VIBRATIONS OFf ontmoeten filosofie, poëzie, drama en
beeldende kunst elkaar

Honoré neemt het initiatief dat zich ontplooit op een platform vol
medespelers.
Honoré and team nodigen mensen uit.
De genodigden stellen projecten voor.
Vib oFf zorgt voor de uitvoering, Vib oFf is de uitvoering. Het beeld van de
uitvoering is het kunstwerk.

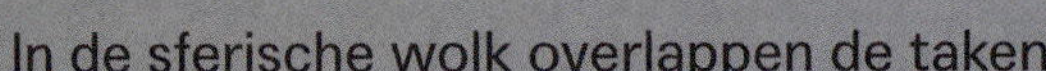

In de sferische wolk overlappen de taken

(iemand kan zich afvragen of er een verschil is met alle andere tentoonstellingen. Ja er is een verschil. De traditionele waarheid van de kunst die zich
politiek-economisch en maatschappelijk materialiseert in het kunstwerk
wordt hier uitdrukkelijk ook toegeschreven aan de zichtbaarheid van de veranderlijke omstandigheid en aan de bewuste inzet waarmee alle vormen van
aanwezigheid zich schikken in een samenhang: het ingrediënt engagement
gedraagt zich artistiek, het komen en gaan van de participaties wordt mee
opgenomen in de choreografie. We richten onze creativiteit op het schep-
pen van een beeld dat zijn kwaliteiten draagt in de verstandhouding van
alle participerende factoren. In die beweeglijkheid schept zich een wolk van
verbanden. De wolk breidt uit in verdere verbindingen en creëert de nodige
gastvrijheid waar we van houden, ze voedt de nieuwsgierigheid.

In the artwork VIBRATIONS OFf philosophy, poetry, drama and visual art meet

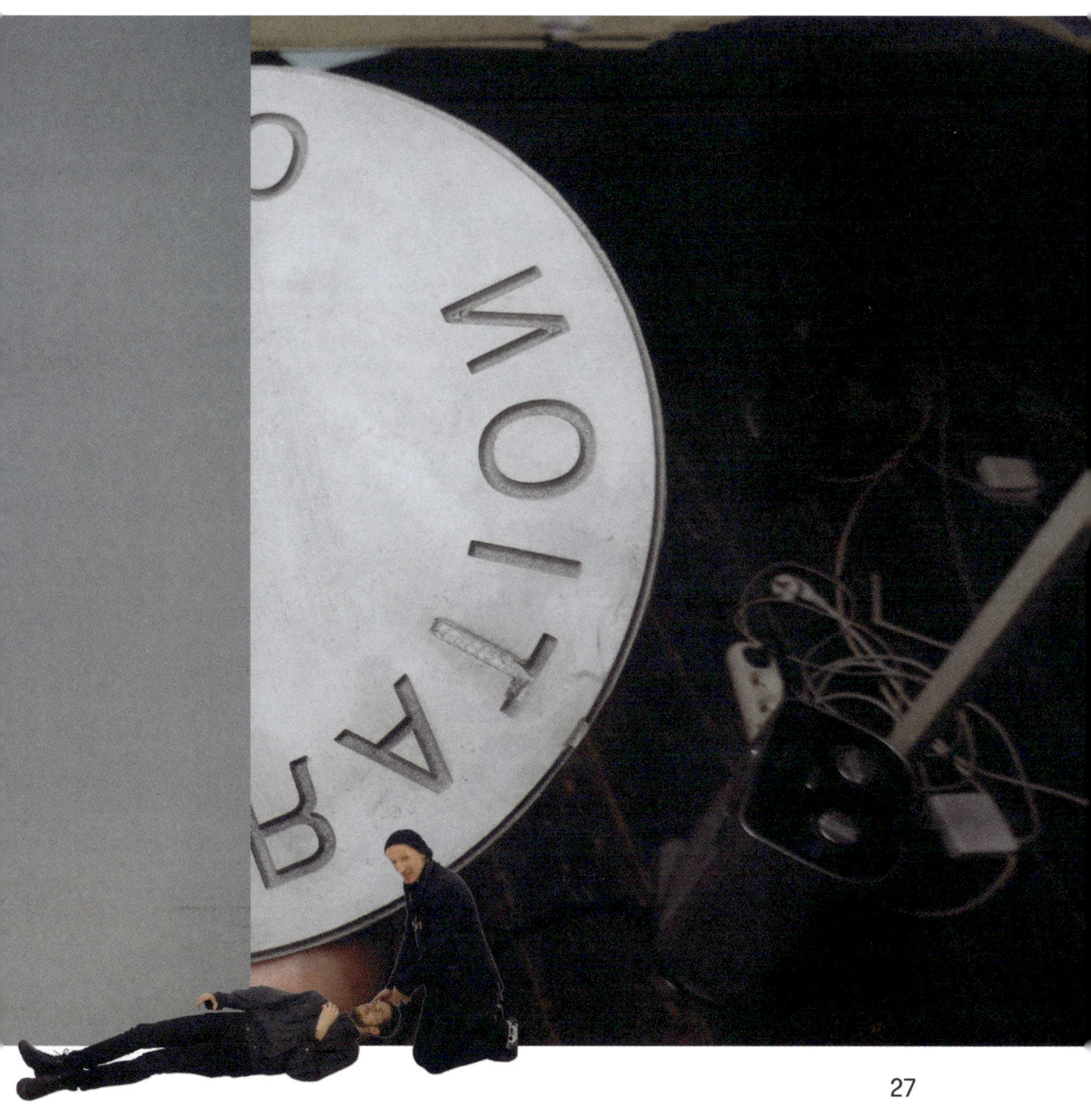

PEAK MOMENTS—One-off moments

- het stemmen van de piano / tuning of the piano
- improvisations on the existing gallery sound, concert by H
- installation of the word VIBRATION in bar code on the wall
- installation of the word CERTIFIED in bar code on the window
- delivery of the puzzles (face of the gallery owner in different levels of understanding)
- incognito visitation of the president of the institute
- dragen van lucht vanuit de galerie naar een nieuwe bestemming / carrying air from within the gallery to a new destination
- bezoek en voorlezen van brief door PC / visit and reading of letter by PC
- schilderingen op het raam door NB / painting on the windows by NB
- iemand die zich kapper noemt, knipt het haar van de galeriehouder in aanwezigheid van de schepen van cultuur AS, die een kastanjeblad verfrommelt / somebody who calls himself a hairdresser cuts the hair of the gallery owner in the presence of the alderman of culture AS, who crumples a chestnut leaf
- *Stone Soup: Kleine Geschiedenis van de Hoop*, met toeval en kruiden / performance met aanwezigen rond het onkruid op straat / *Stone Soup: Small History of the Hope*, by coincidence and herbs / performance with attendees around the weeds on the street
- docent BD geeft les aan studenten en bezoekers: de geschiedenis van de installatiekunst / docent BD teaches students and visitors: the history of the installation art

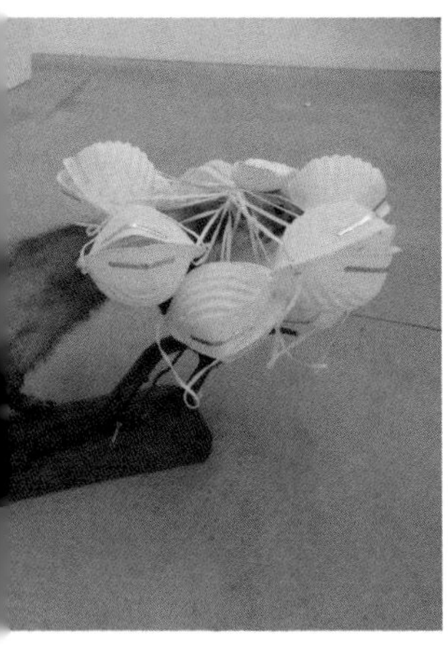

- docent TI geeft les aan studenten en bezoekers over Daniil Kharms / docent TI teaches students and visitors about Daniil Kharms
- preview of *Siamese Emergency Flight*—to fly in MAS, April 2015
- INSTANT VIDEO AT OUR AGE, voorstelling van 13 verloren dvd's, 63 video's van FL en HO / INSTANT VIDEO AT OUR AGE, presentation of 13 lost DVDs, 63 videos by FL and HO
- 'Stunt' door studenten Reclame van LUCA, (reclame voor 'kijk naar het leven en beschouw de binnenkomende informatie als kunst') / 'Stunt' by students Advertisement of LUCA, (advertisement for 'look at life and consider incoming information as art')
- een voorstel schilderen op doek / painting a proposal on canvas
- dag van een eerbetoon (bv. Robert Filliou) / day of a homage (e.g. Robert Filliou)
- YC doceert over architecturale alchemie / YC teaches about architectural alchemy
- screening of *Hikikomori* by Stefan Serneels
- x brengt y binnen, z draagt a naar buiten, mask loop / x brings in y, z carries out a, mask loop (een onbegrijpelijke verplaatsing van zaken en / of mensen / an incomprehensible displacement of objects and / or persons)
- kaften van de klassiekers uit de wereldliteratuur / covering of the classics in the world literature
- Skype-onderhoud met het Orakel / Skype meeting with The Oracle
- rond een uurwerk samenkomen en over tijd spreken / gathering around a watch and talking about time
- rechtstreekse telefoongesprekken in de galerie uitzenden / broadcasting phone calls in real-time in the gallery—with a VIP or VIB person, about the schedule of the day or another theme…
- enjoy the 'day of absence', honour the absence of the formats with specific actions, especially formats such as the artist, the gallery owner, the price, ©, courtesy, media, press, publicity, the buyer, the art lover, the art history, the restoration, a hook and more terms of understanding
- een conceptuele maaltijd klaarmaken / preparing a conceptual meal
- vandaag voorrang voor mensen die met een huisdier komen, the others enter via the guiding fences
- een bezoek door een plant / a visit by a plant

PEAK MOMENTS—Recurrent activities

• vervolgverhaal in dagelijkse episodes;
literair-filosofische bedenking door TI / contin-
uing story in daily episodes; literary-philosoph-
ical consideration by TI
• levering en / of lezing van dagelijkse poëtische insteek door IB / daily delivery and / or
reading of poetical input by IB
• daily drawing by D
• daily portrait from still to movie, screening
of photoshop manipulation, collaboration
between visitor and artist
• groepsfoto op een moment van de dag /
group picture on a moment of the day
• de terugkerende straatschreeuw door NM /
the recurring scream in the street
• een dagelijks duister moment / a daily dark
moment
• voorlezen uit de klassiekers van de wereldliteratuur / reading out loud from the classics
in the world literature
• catwalk door een gewone persoon / catwalk
by an ordinary person
• moment van de psychologische dia-
loog: tussen de artistieke deviatie en de
academische bewegwijzering tussen K en H /
moment of psychological dialogue: between
the artistic deviation and the academic
signage (between K and H)
• vraag van de dag: e-mail aan het Orakel /
question of the day: e-mail to The Oracle (possible answer by The Oracle)

Follow the daily updates
vibrationsoff.tumblr.com

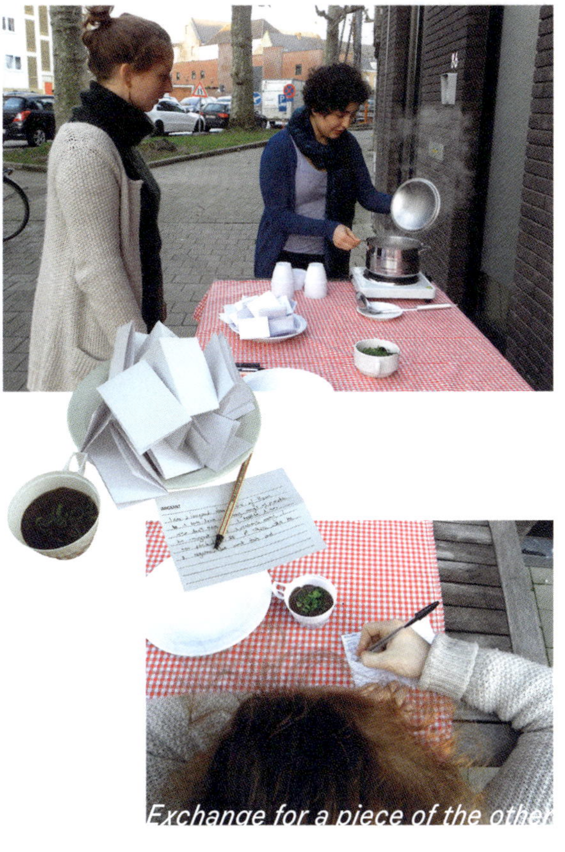

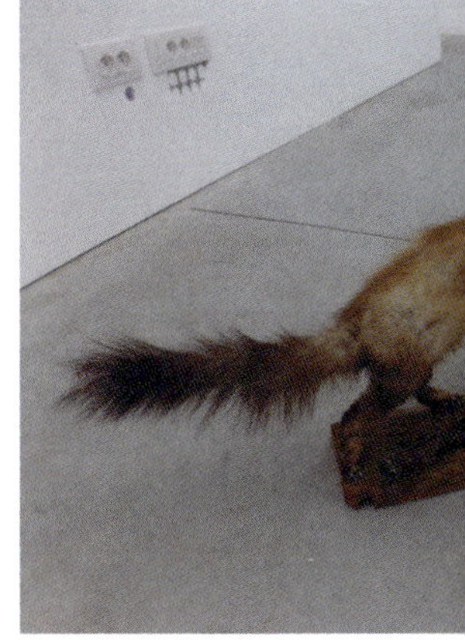

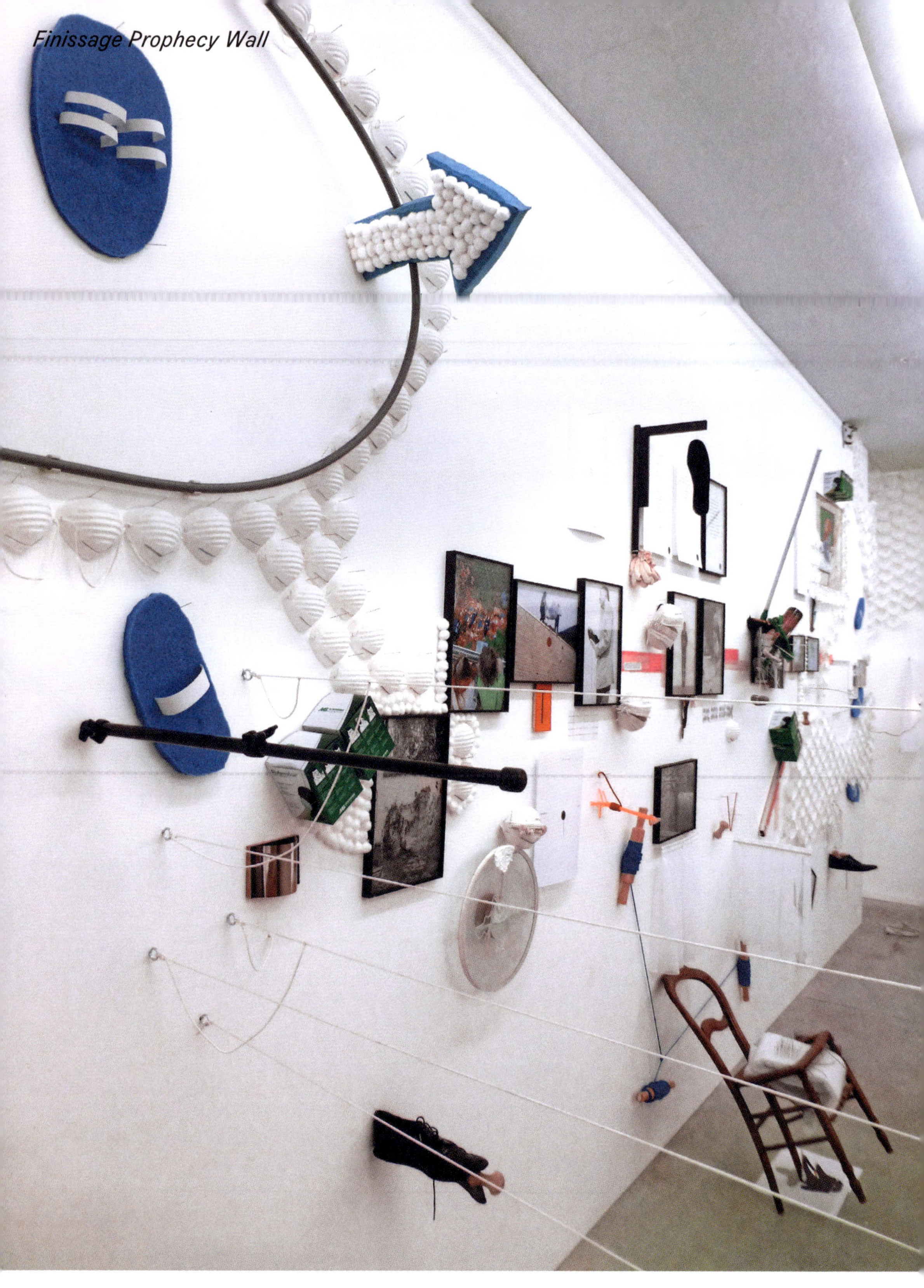

VIBERATIONALS

Hearing of should be seen as a suite of swirling spiders placing the brains on the web. The vibe in the reason like a knife in the clouds of the unbearable and like a bag full of groceries sharpening the tools that can resist the shaving foam of the rarefied mountains.

The colours resound as fairytales in apples, becoming sweet seduction. Smoke refutes the fire and alarms the bride and the twirling disks expropriate time in a whirl of colours, inciting a riot of aqua. Art as packing your bags and rolling out the carpets until the dust whirls up and masks such as those in Ostend clear the sky; make the air vibrate in shades with hints of exotic places that float on the desire to clear the ears with the white of an earthly soft stroke.

The leaf grows greener between the vineyards of the highlands. It is stamped in the stars, the alphabet scratches outside its borders and swells up to a symphony of dilating circles on the mirroring surface of a mountain lake and a loch.

The dance of buildings weathers in the greenish labyrinth on which the strings indicate the harlequin. It is the roses that prickle and soften the morning with the scent of snow white royal jelly.
Noses face one way, backs against the wall, with the supporting equilibrium of the academy and its frontal rules. The radio runs and rushes into the ether, as in solidified bodies that balance into the sky and let thoughts tilt in the unfathomable deep black finiteness of having and possibility.

Decanting the daily rituals with coffee and tea to let the dream burn as a pair of hanging bricks in the pale, faint memories of a morning breakfast mess.
On wires and on the hot plate puppet scripts without an ending are revealed with a horizon which artfully ensures that the wires stay visible, the space retained.

Eggs break up acidically and the art of painting is saved. D'eau vas-tu? As in a polyphony with holes, externalising sounds as a block on the arm. Whistling outside to sensuously and lovingly caress the troubadour in a vaulted gallery of lust.

Blue as an hour—stamped like smashed azure pigment on paper that willingly stays faithful and as a painting that hijacks reality in the direction of a tangerine squirting from the teeth, clamping onto the republic of a paradise behind the camera.

Breaking pots in steaming coffee and staying liquid where both feet stand.
It is the habituation of the habit that disarms the gap and moves the sentences, as once the dice from a black top hat professed the hymn of a preposterous song.

Perhaps the curtains are too steep and the landscape is trimmed to a plot with a view of the emergency entrance.
Endless waiting for the signal that shows the rhythm of the imprint in which everything shone like flowing sand and jumping when a rope took a swipe at the wedding dress.
The stamp resounds in the virtual space and in the blue of the studio / the vibes disable the ratio. The blue overpowers the avalanche of sense and sentences shown to a space that dismantles the world with the cloak of care and the mind depicts with the 'unpictureable'.
VIBERATIONALS

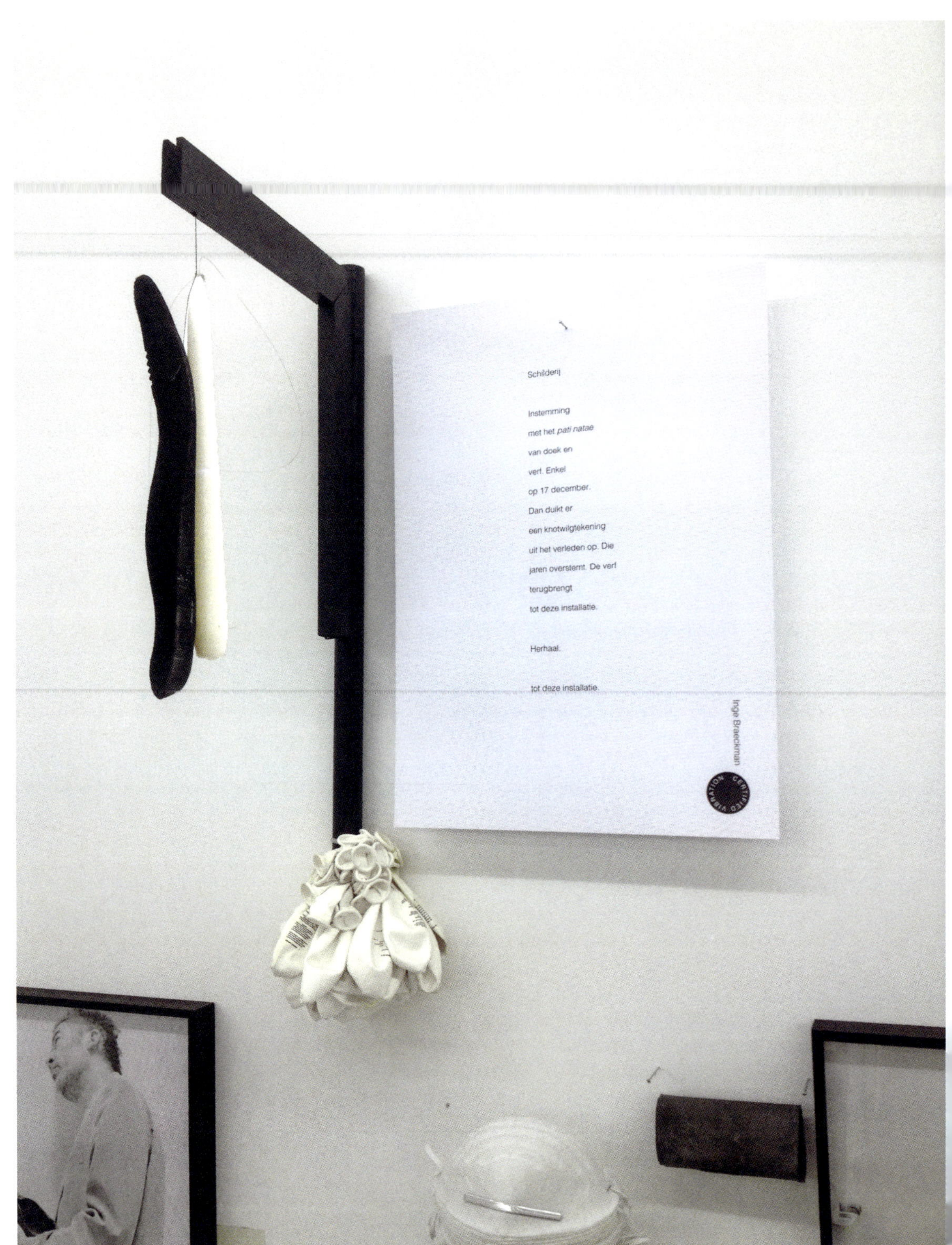

Moederschap, dichter-zijn en krabvisser zijn de moeilijkste beroepen op aarde

VIBERATIONALS

Horen van *je wilt zien als een suite van kronkelende spinnen die de hersenen op het web zetten. De vibe in de rede als een mes in de wolken van het draaglijke en als in een zak vol boodschappen het gereedschap scherpen dat aan het scheerschuim van het ijle hooggebergte kan weerstaan.*

De kleuren galmen als sprookjes in appels die zoete verleiding worden. Rook weerlegt het vuur en alarmeert de bruid, en de tollende schijven versassen de tijd in een wemeling van kleuren die een rel aanzetten met aqua. Kunst als de biezen pakken en de tapijten uitrollen tot ze stof doen opwaaien, en maskers zoals in Oostende de hemel doen opklaren; de lucht doet trillen in tinten met hinten naar exotische plekken die dobberen op het verlangen om de oren te zuiveren met het wit van een aards-zachte streling.

Het blad groeit groener tussen de wijnakkers van de hoogvlakte. Het staat in de sterren gestempeld, het alfabet krast buiten de grenzen en zwelt aan als een symfonie van deinende cirkels op het spiegelende oppervlak van een bergmeer en een meer.

De dans van gebouwen verweert in het groenige labyrint waaraan de touwtjes de harlekijn te kennen geven. Het zijn de rozen die stekelen en de ochtend verzachten met de geur van hagelwitte koninginnenbrij.
Neuzen staan in een richting met de rug tegen de muur, met het steunende evenwicht van de academie en haar frontale regels. De radio druist en suist de ether in, zoals gestolde lichamen die de hemel inwaarts balanceren en gedachten laten kantelen in de peilloze diepe zwarte eindigheid van hebben en kunnen.

De rituelen van alledag met koffie en thee overgieten om de droom als een paar hangende bakstenen te laten verbranden in de vale en vege herinneringen van een ochtendlijke ontbijtelijke rotzooi.
Aan draden en op de hete plaat onthullen zich poppige scenario's zonder einde met een einder die kunstig toeziet dat de draden zichtbaar en ruimte blijven.

Eieren breken zuur op en de schilderkunst is gered. D'eau vas-tu? In een meerstemmigheid met gaten, klanken veruitwendigen als een blok aan de arm. Buiten fluiten om de troubadour te zinne- en te minnestrelen in een welvende galerie van begeerte.

Blauw als een uur—gestempeld als een azuurblauwe pigmentverbrijzeling op het papier dat gewillig trouw blijft en als een schilderij de realiteit wegkaapt richting een uit de tanden spuitend mandarijntje dat zich vastklamt aan de republiek van een paradijs achter de camera.

Potten breken in dampende koffie en vloeibaar blijven daar waar beide voeten op staan. Het is de gewenning van de gewoonte die de kier ontwapent en de zinnen verplaatst, zoals ooit de dobbelstenen uit een hoge zwarte hoed het hooglied beleden van een ongerijmd lied.

Wellicht zijn de gordijnen te steil en wordt het landschap geknot tot een plot met uitzicht op de noodingang.
Ten voeten uit wachten op het signaal dat als stromend zand het ritme van de afdruk weergeeft, waarin alles uitblonk en springend als een getouw de bruidsjurk steek gaf. De stempel weerklinkt in de virtuele ruimte en in het blauw van de studio | de vibes ontredderen de ratio. Het blauw overmeestert de lawine van het zin en zinnen geven aan een ruimte die de wereld ontmantelt met de mantel van de zorg en de geest verbeeldt met het onbeeldbare.
VIBERATIONALS

Luk Lambrecht

1. zB. Try to   be   polar bear fur on the wooden floor
                 be   a fireplace
                 be   mobilphone or a bed and so on,
      or diffrent charakters: stay like a unemployd postman, be serious, be friendly

              be the dead major of gent

              or be a picture of robert motherwell, and you the paint,   or
              be a hair-cut

We can give the sentences of positions in a pot and the students take them out (blind)

afterwards we can also use the position-frame-words

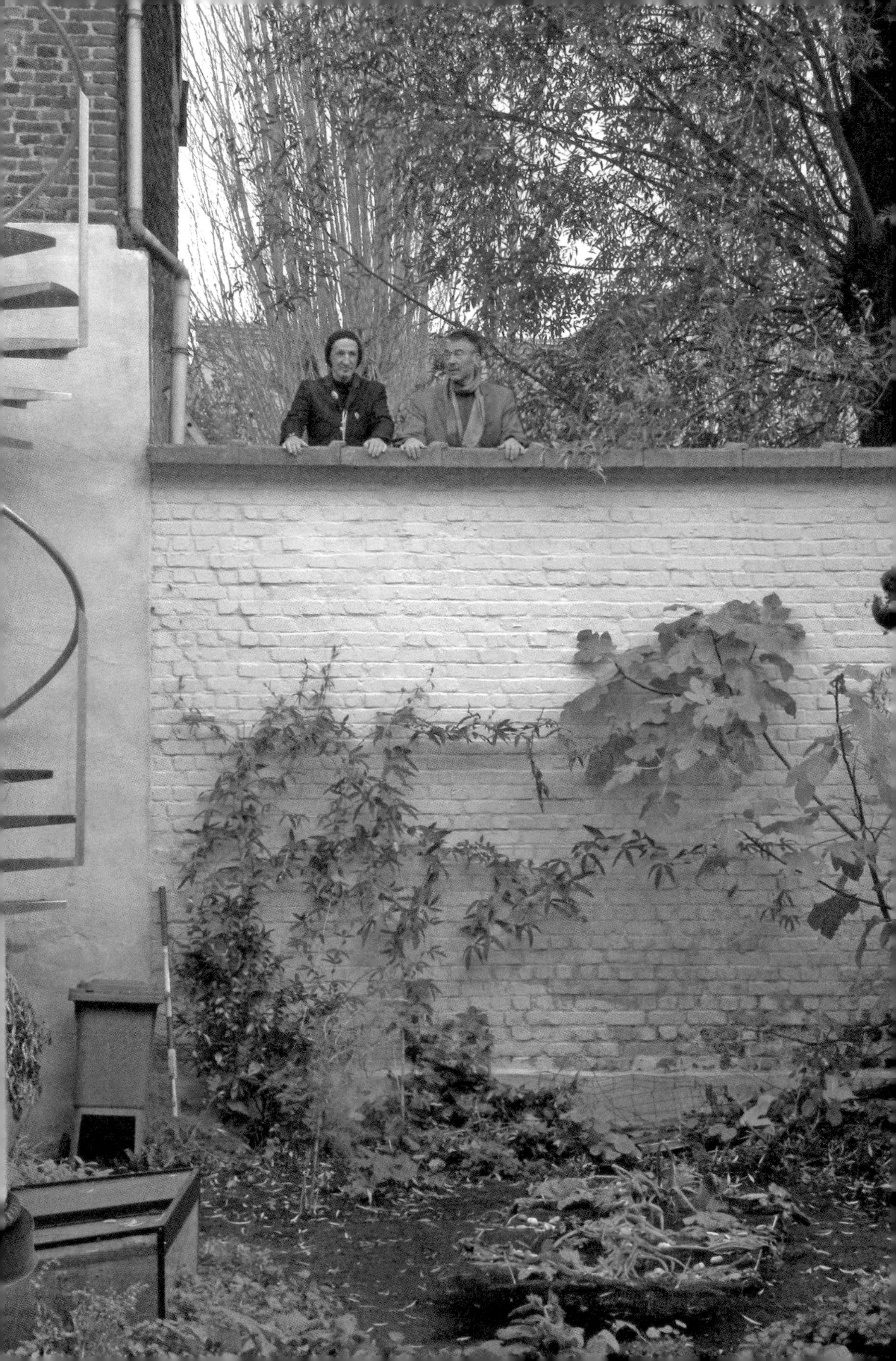

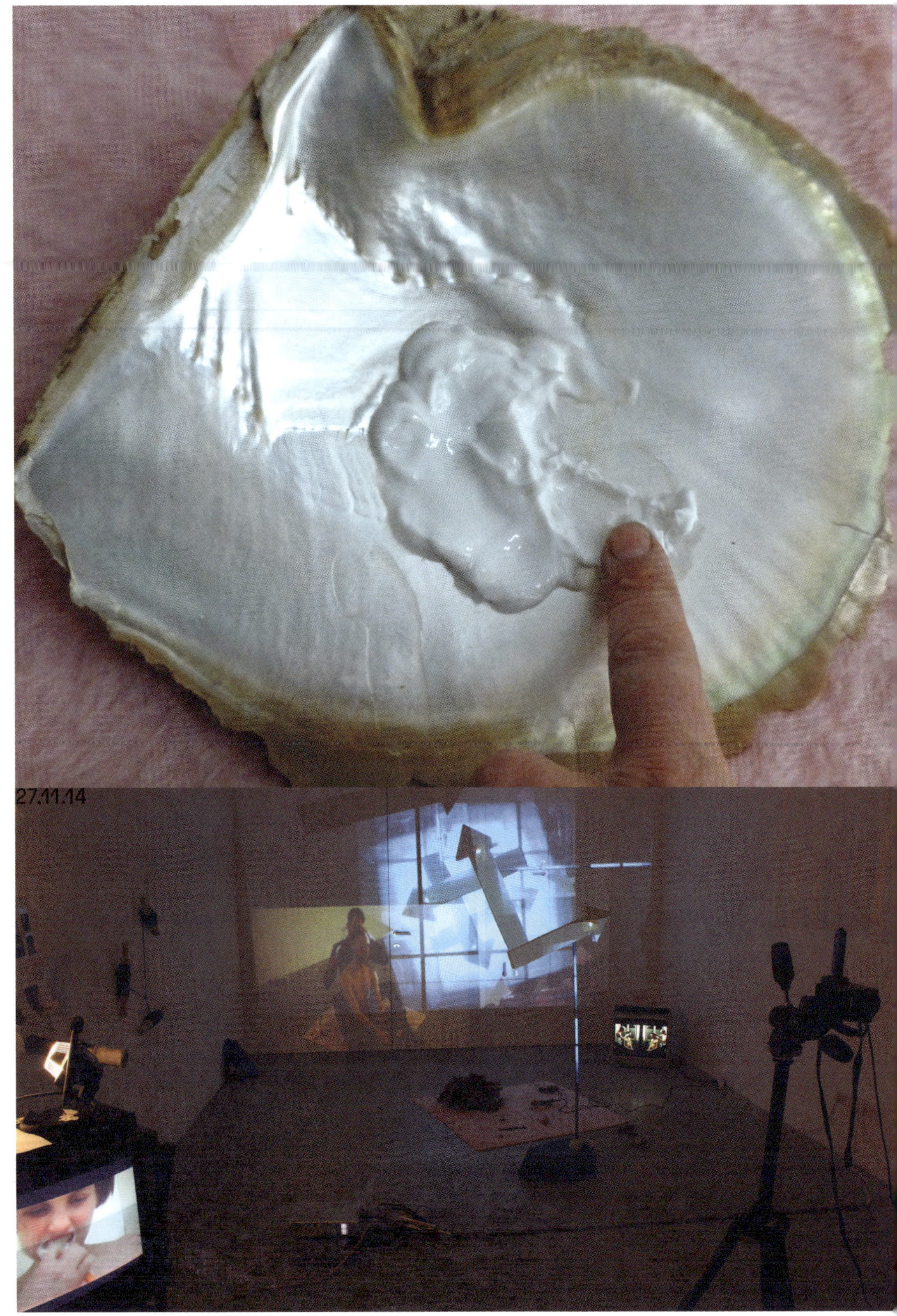
27.11.14

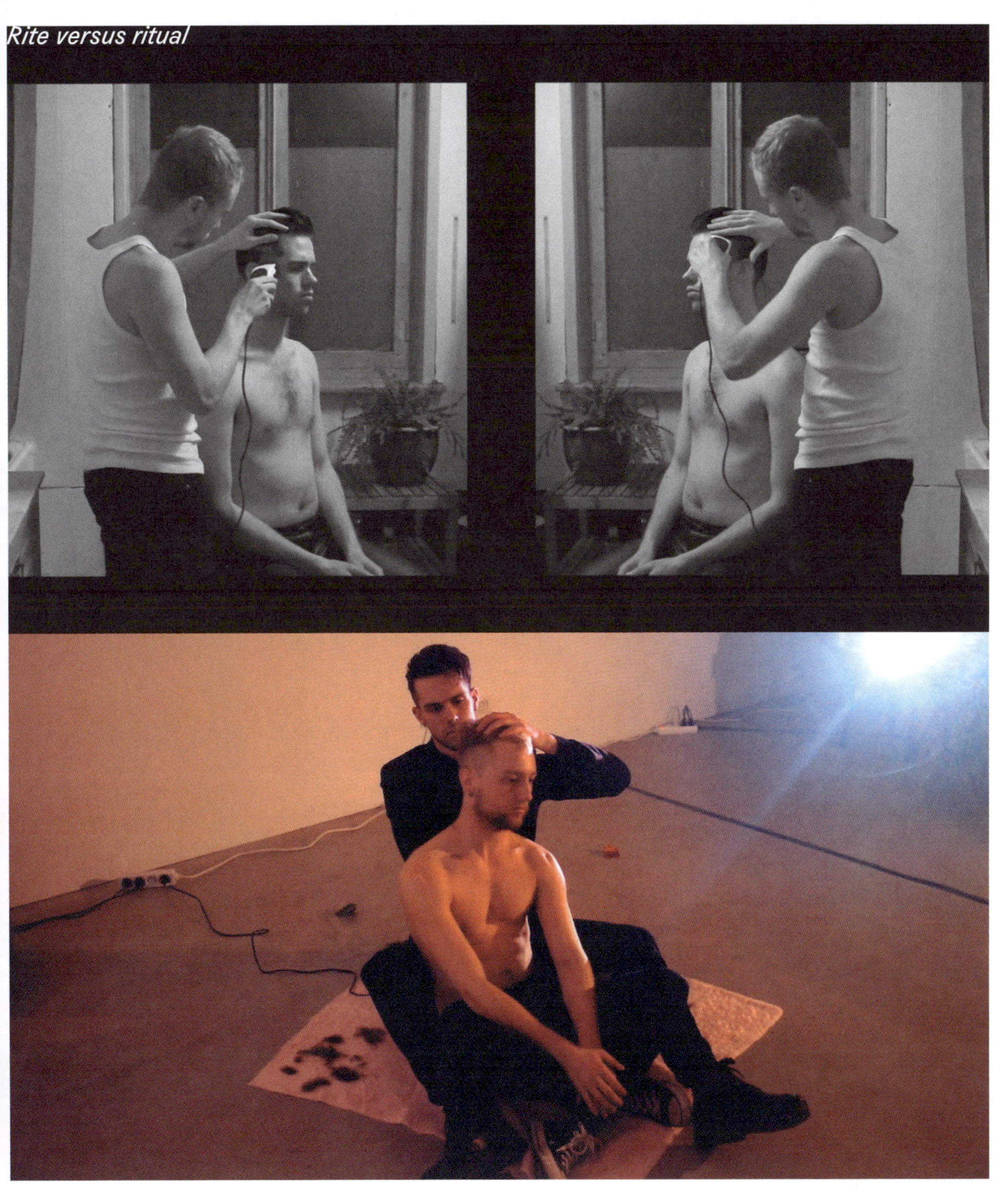

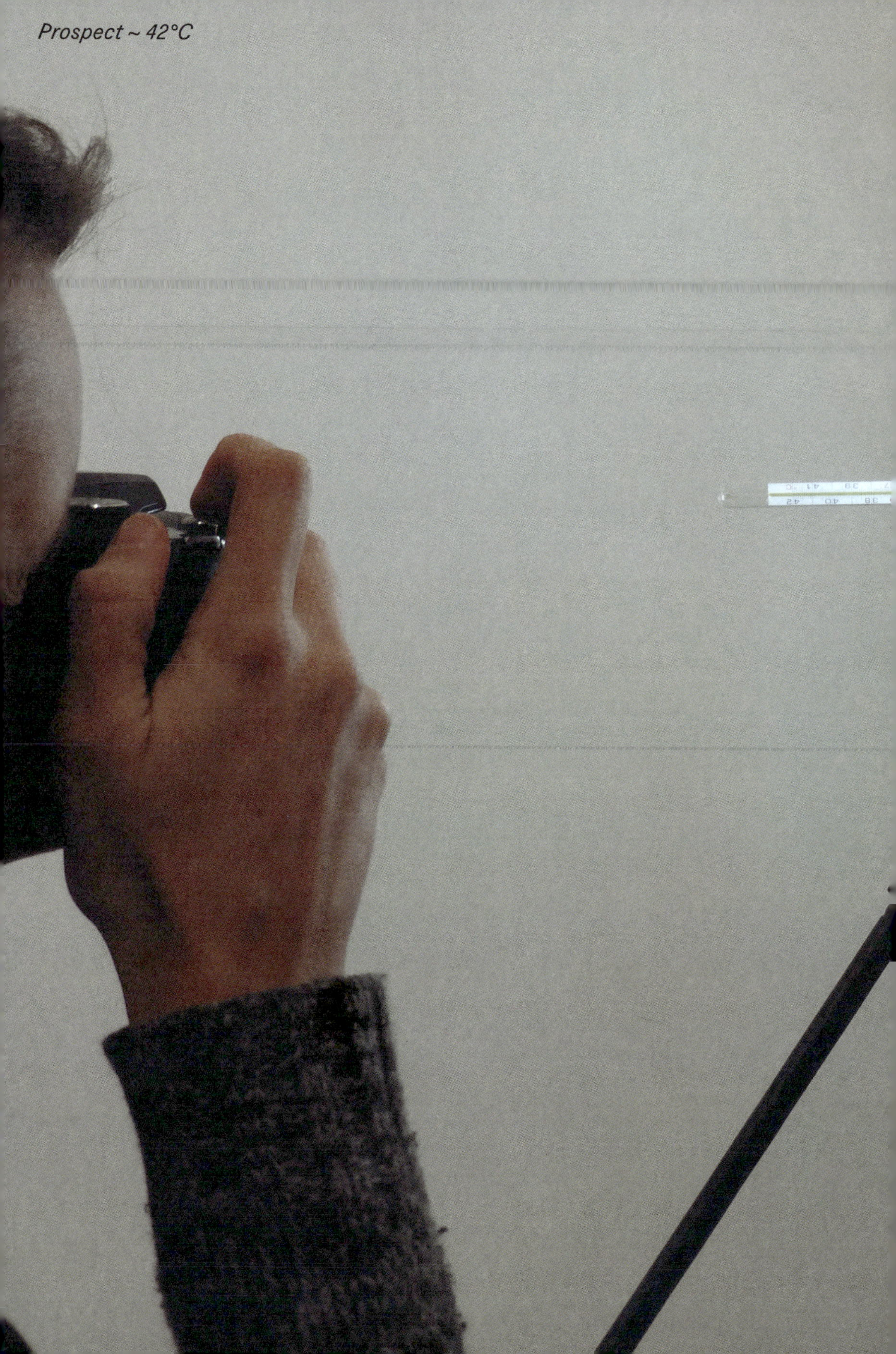
Prospect ~ 42°C

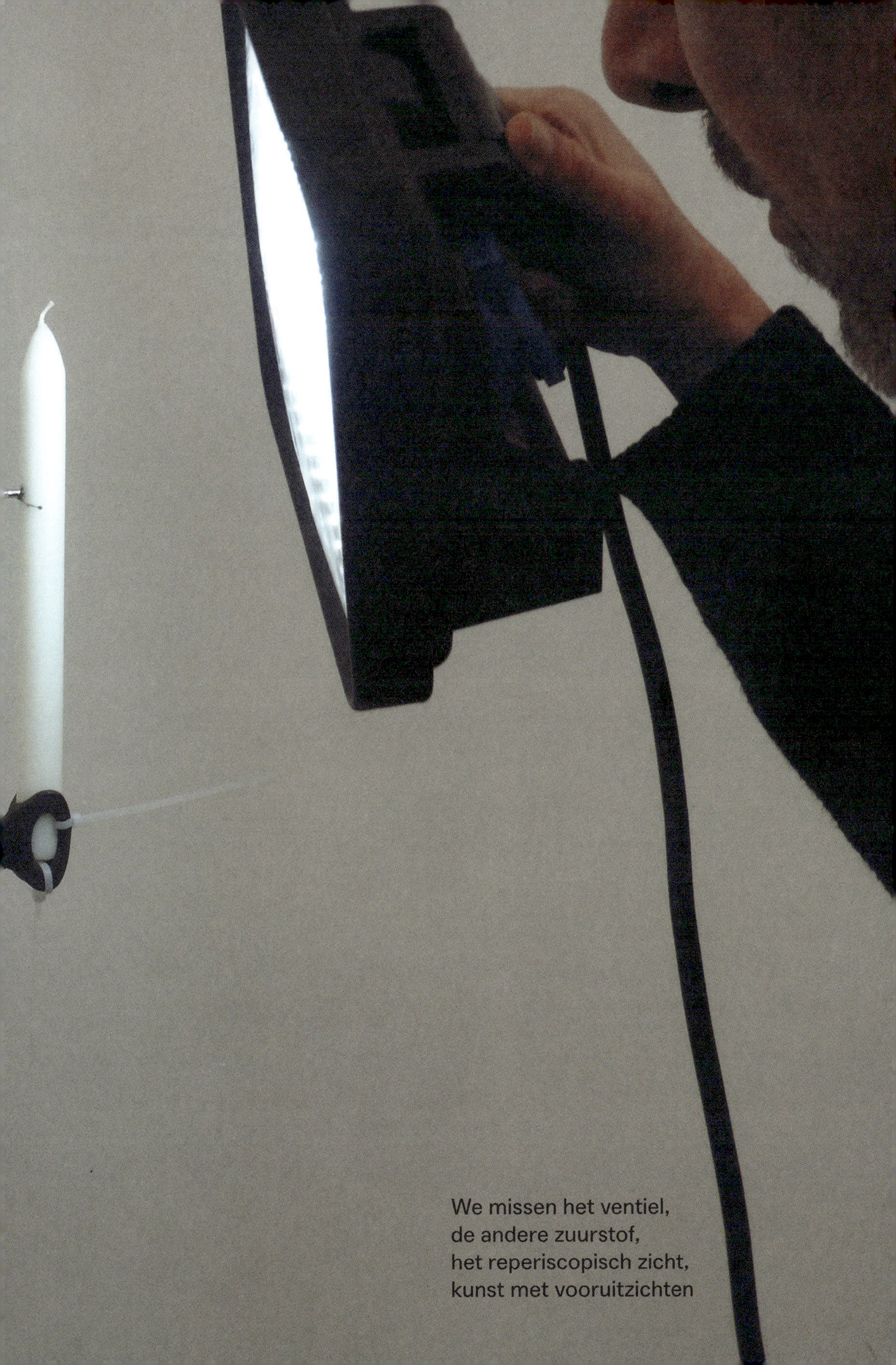
We missen het ventiel,
de andere zuurstof,
het reperiscopisch zicht,
kunst met vooruitzichten

De galerie breekt het kader
voor dit gedicht open. Vibraties.
Waarin ontmoetingen de deuren
tonen van wat wij ooit
zullen weten wanneer de dood
ons niet meer
bereiken kan. Een viool heft aan.
De huid
treedt in osmose. De muren van
elk denken
gesloopt. Een eenzame klaproos
op het dak en een bloemenveld
te midden van grijze
appartementsgebouwen.
Een alarm gaat af. De regen
op het raam, zeepbellen
te midden van nachtelijk
dansen en breinarcheologie.

Inge Braeckman

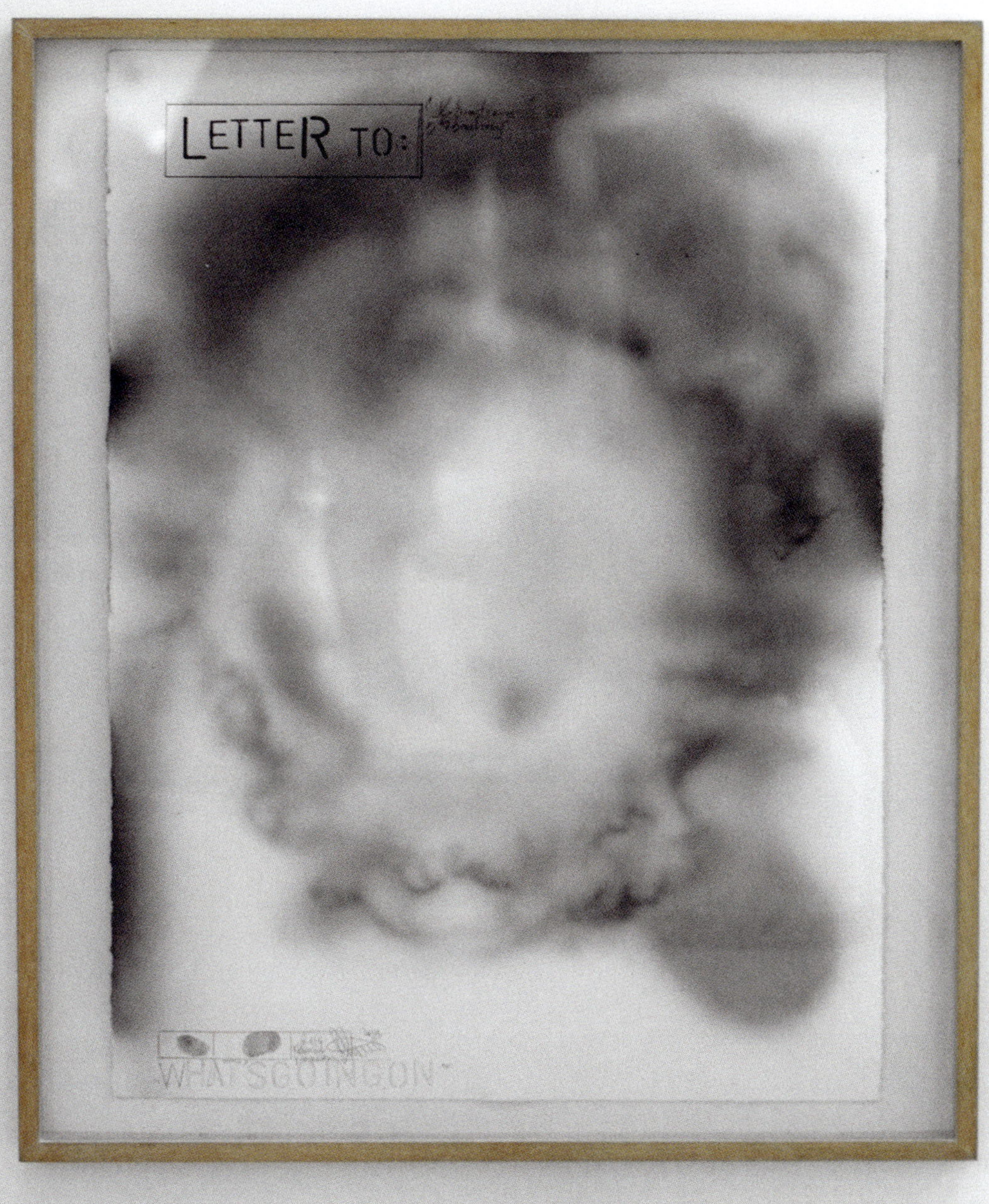

Letter from The Oracle in Vienna to VIBRATIONS OFf in Ghent

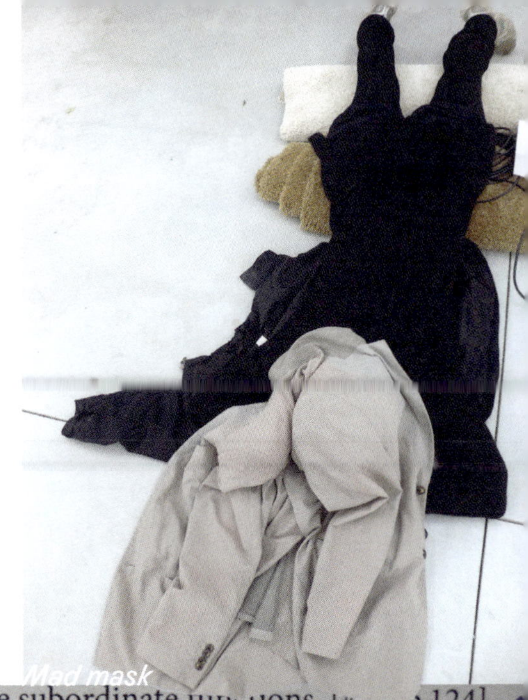

Mad mask

ion of the sense of self which depends on these subordinate functions. [#70, p.124]

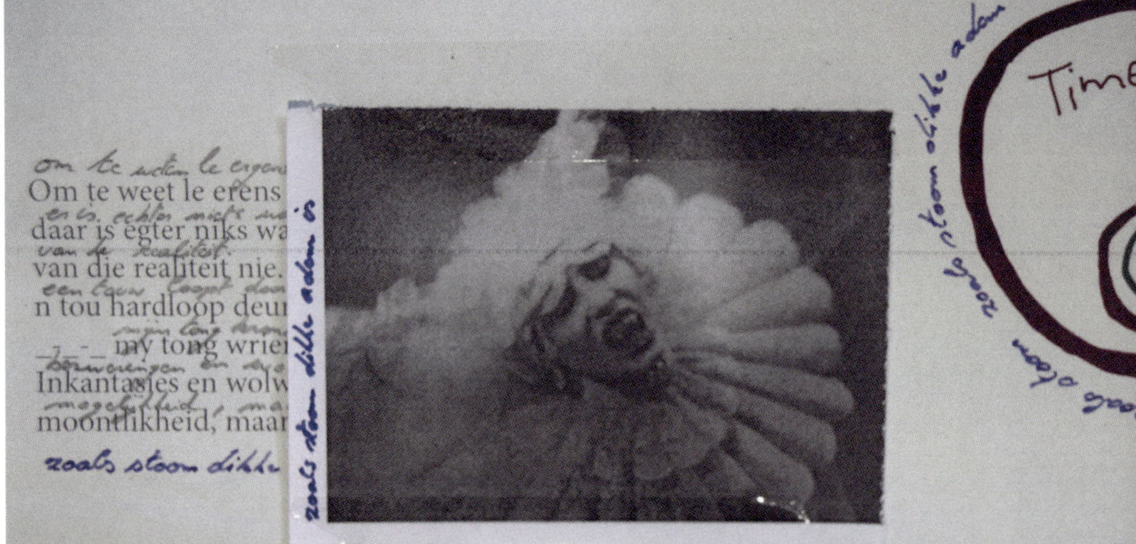

Om te weet le erens
daar is egter niks wa
van die realiteit nie.
n tou hardloop deu
my tong wrie
Inkantasies en wolw
moontlikheid, maar

hey know what everybody will see and hear and smell and taste and that's what thought is
symbols in their books and they rotate the symbols around and around the calender [#43
h be all in one piece and should be so taken, but the pieces can be had in any order being
like an innaresting sex arrangement. Text spills off the page in all directions, kaleidoscope
s farts and riot vips and the slamming steel shutters of

Liquid conversations

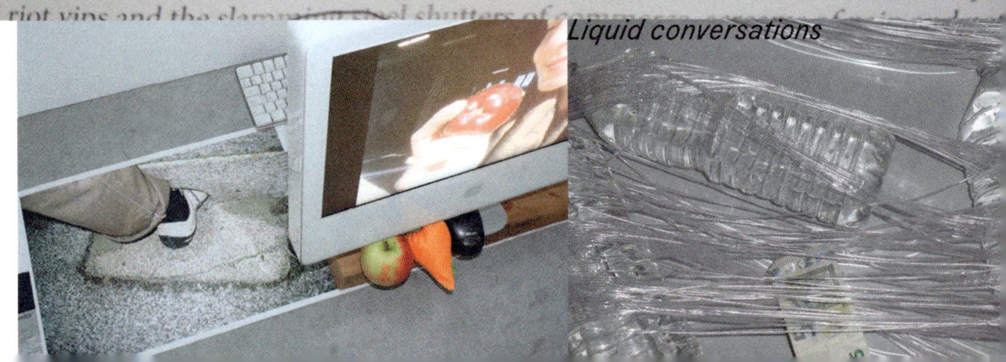

Om te weet le erens tussen onthou en vergeet—
daar is egter niks waar werklik buite jou persepsie
van die realiteit nie.
n tou hardloop deur my mond en my-ander se mond
_-_-_ my tong wriemel as sy praat.
Inkantasies en wolwe-tjank vir die maan behou sy eie
moontlikheid, maar nie een waarin hulle sou glo nie. [P.A]

MASKS HIDE THE FACE WITH ITS DOUBLE.
TRUE ECLIPSE COMES AS A REVELATION,
A GIVING FORM TO MYSTERY—pretence that unveils the fundamental.
BELONGING TO THE REALM OF BOTH THE SACRED AND PROFANE.
A HYBRIDITY IN EVERY IMAGE.
wat het jy gese?

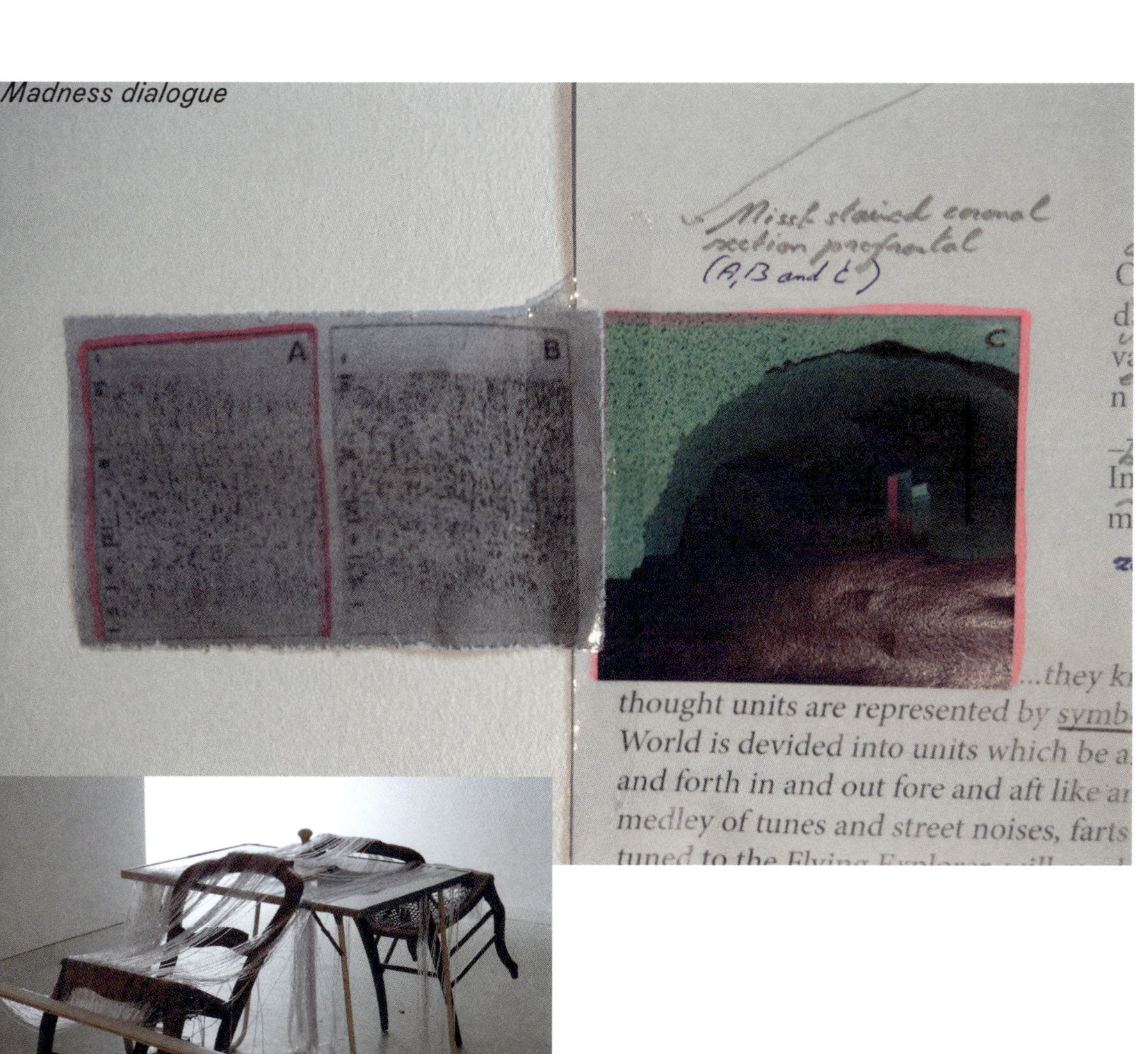

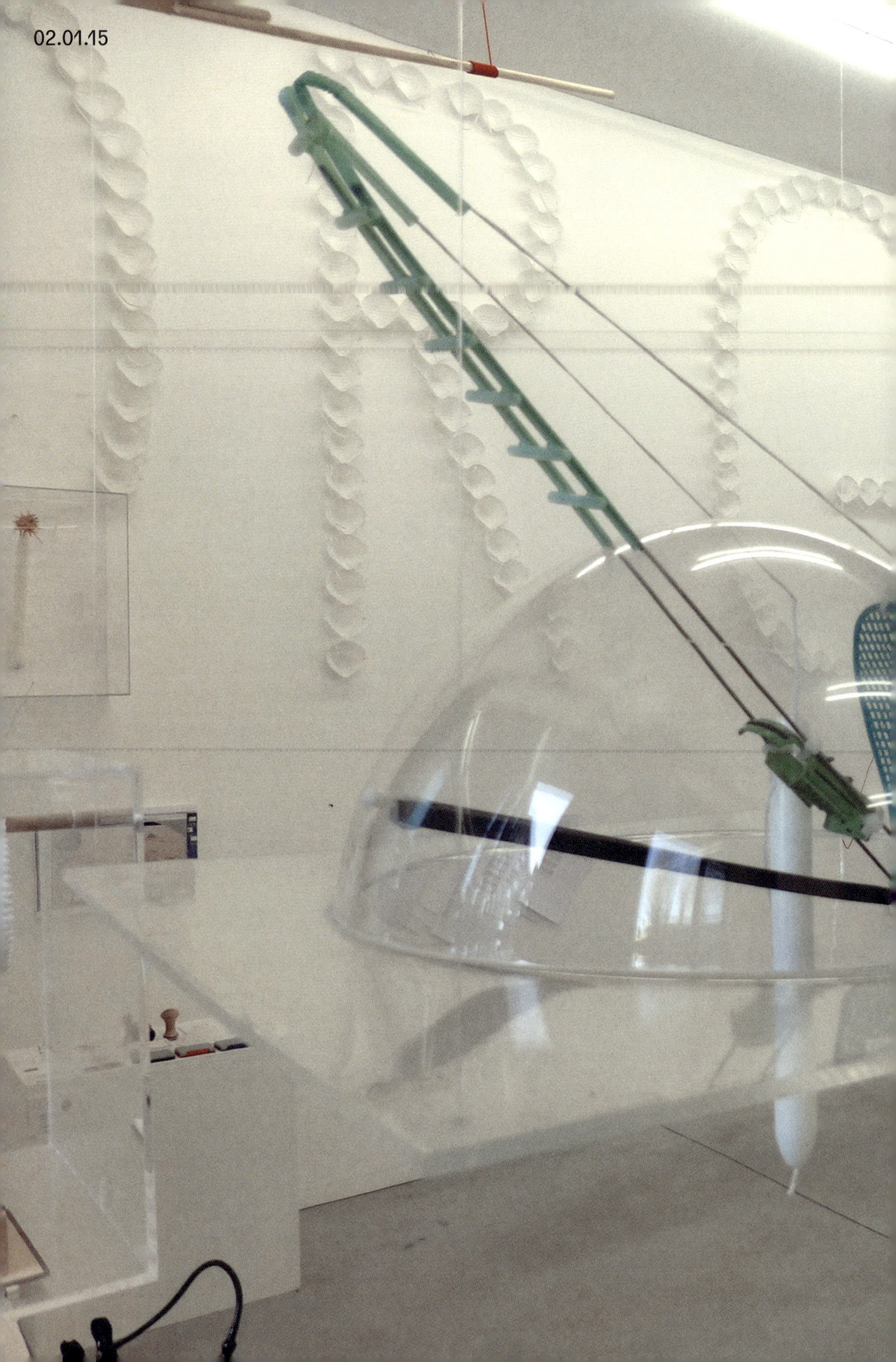
02.01.15

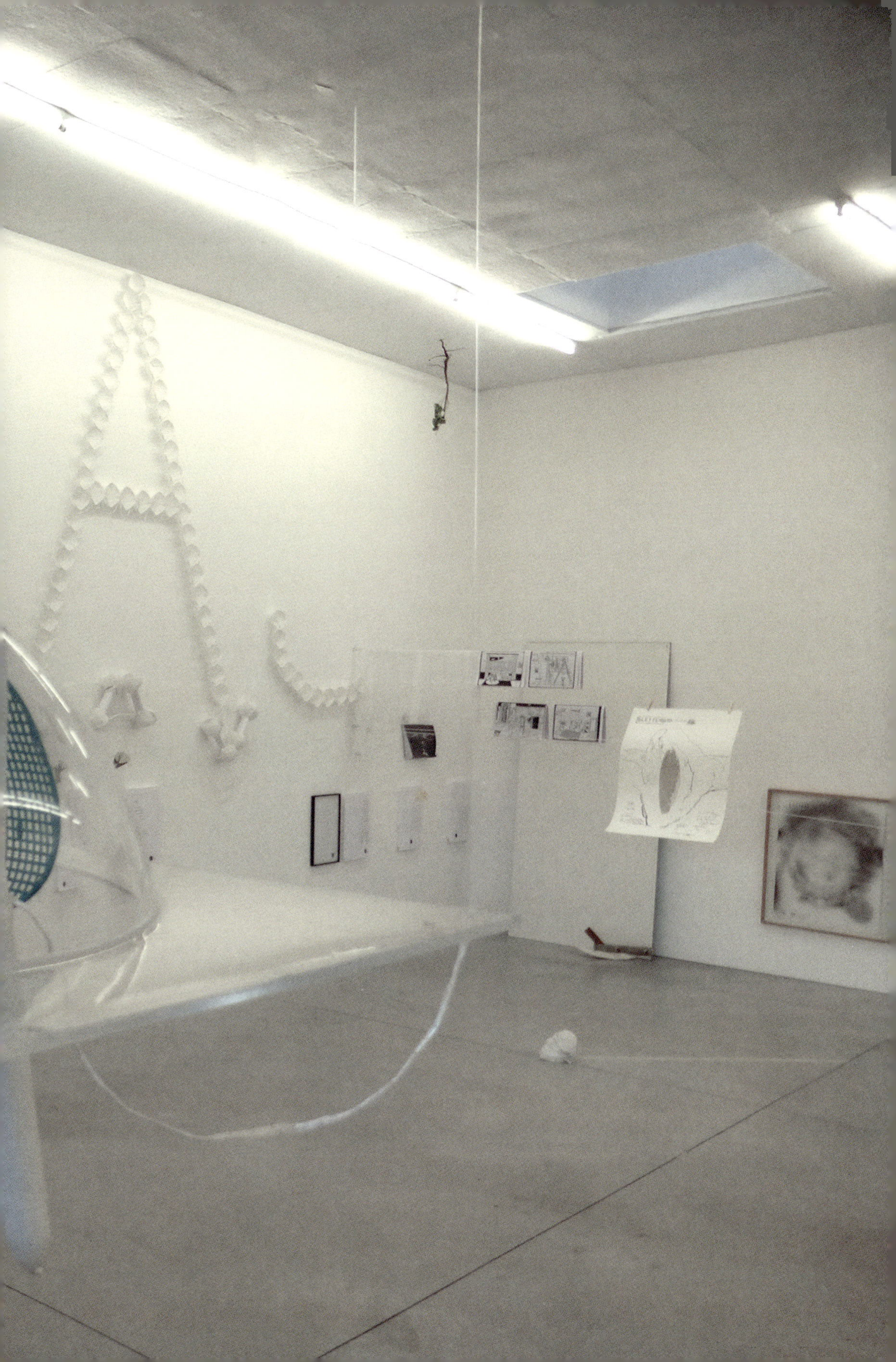

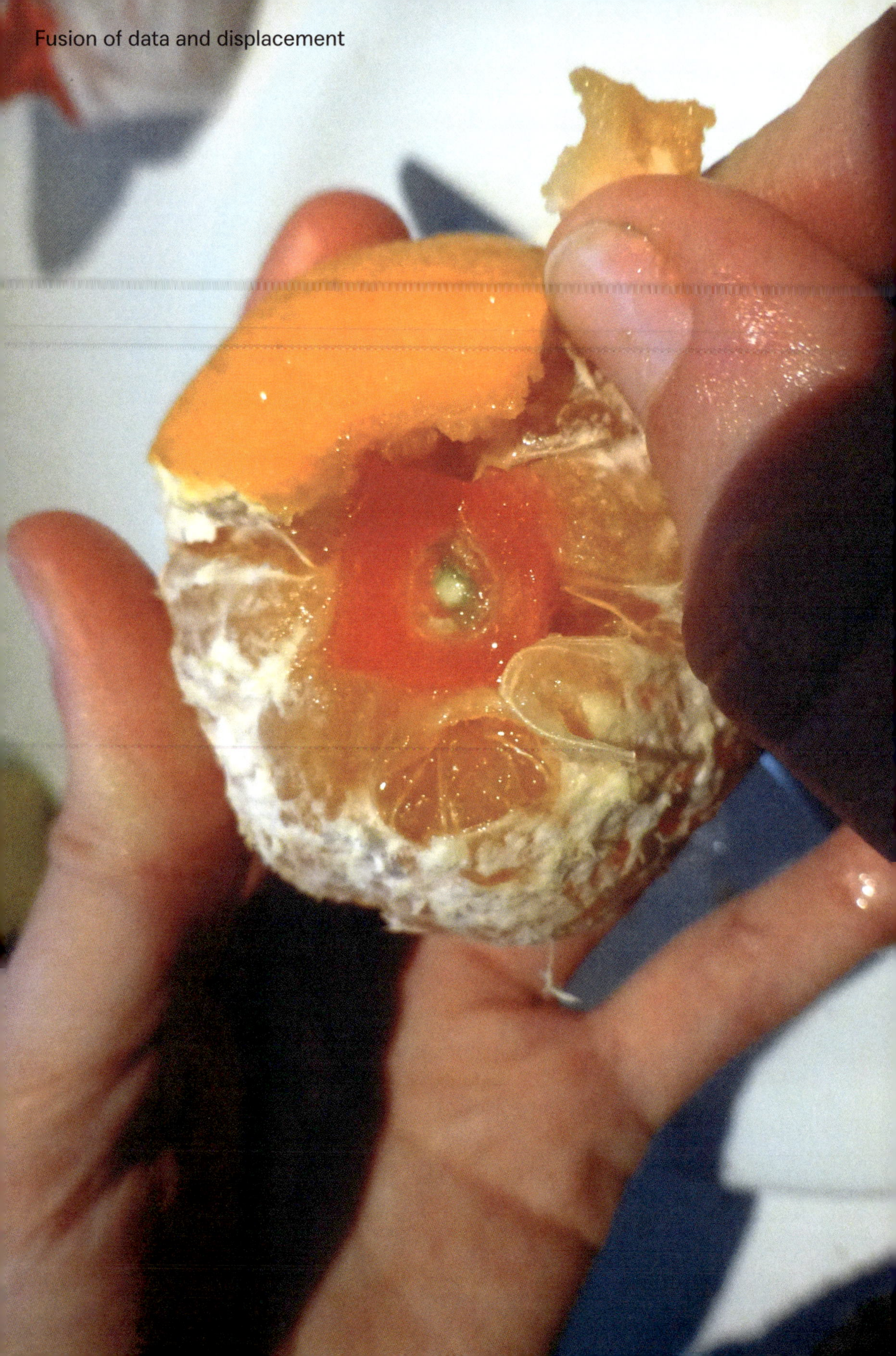

Letter to: Honoré δ'O (fragment)

(...) Just as in your *Draaiboek van een Schatbewaarder* (*Script of a Treasurer*), presented in five different forms at S.M.A.K. in 2010. Rarely have I met artists that move free and generously, detached from space and time. With a natural ease you give words the chance to be letters again, and you make 'looking' simply a part of the artistic experience. All hierarchy is avoided. Everything stands, lies, hangs next to each other, on top or underneath, ordered as only coincidence can fold and stack. In search of meaning in the gap between things. Even between two pieces of paper there is enough time to store a poetic conjecture. In search of slow motion. Time and value become elastic. Like chewing gum stretched and bending, you are looking for the boundaries of a game, art. Because perhaps it should be more like that, more than an arena where forms that are certified by a market mix with the seriousness and cynical matter-of-factness of the dominant currency. 'Thank you for the gift', said a well known American artist at the funeral of a man who has been important to both of us. 'Thank you for YOUR generosity!' Honoré (...)

Zottegem, 12th March 2015

Brief aan: Honoré δ'O (fragment)

(...) Net zoals bij jouw Draaiboek van een Schatbewaarder *dat in 2010 in vijf verschillende vormen in het S.M.A.K. gepresenteerd is. Zelden heb ik kunstenaars ontmoet die vrij en genereus, onthecht in ruimte en tijd bewegen. Met een vanzelfsprekend gemak geef je woorden terug de kans letters te zijn, laat je het kijken slechts een onderdeel van een artistieke beleving zijn. Elke hiërarchie wordt vermeden. Alles staat, ligt, hangt naast elkaar, boven erop of eronder, geordend zoals alleen het toeval het plooien en stapelen kan. Op zoek naar een betekenis die in de kloof tussen de dingen ligt. Zelfs tussen twee stukjes papier in is er voldoende ruimte om er nog een poëtisch vermoeden in op te bergen. Op zoek naar een slow motion. Tijd en waarde worden elastisch gemaakt. Als een kauwgom die wordt uit elkaar getrokken en doorhangt, zo zoek je de grenzen van een spel, kunst. Want misschien zou het dat meer moeten zijn, meer dan een arena waar door een markt gecertificeerde vormen zich met de ernst en de cynische nuchterheid van de heersende valuta vermengen. 'Thank you for the gift' zei een bekende Amerikaanse kunstenaar op de begrafenis van een man die voor ons beiden belangrijk is geweest. 'Thank you for YOUR generosity!', Honoré (...)*

Zottegem, 12 maart 2015

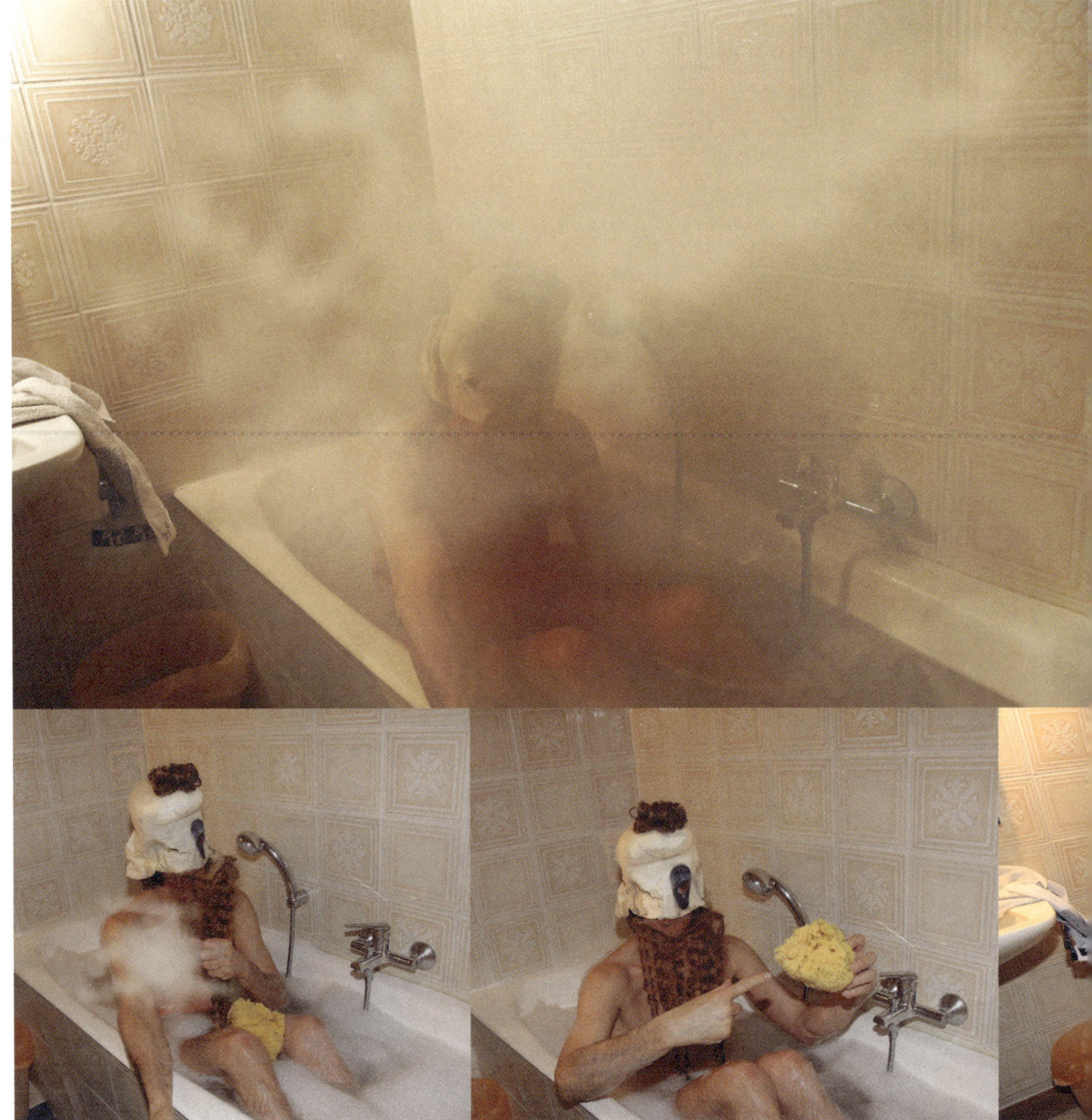

Anne Marie asked The Oracle:
'Dear Oracle, will the winter freeze our hearts this year?'

The Oracle:

NO

Anne Marie:
Which strategies should we take to keep warm from inside / out? …

The Oracle:

HERE are the ANSWER***

Skype video, Friday 21.11.14

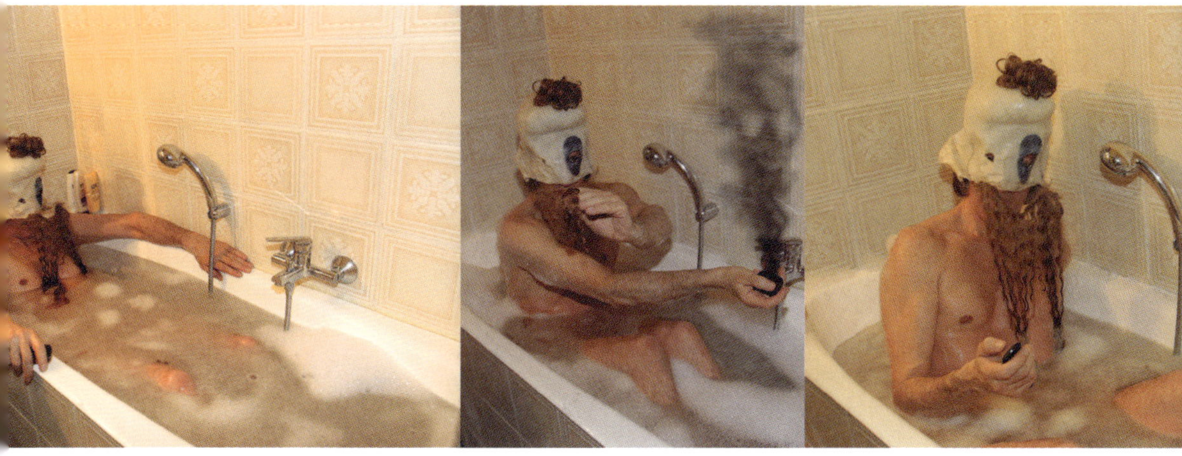

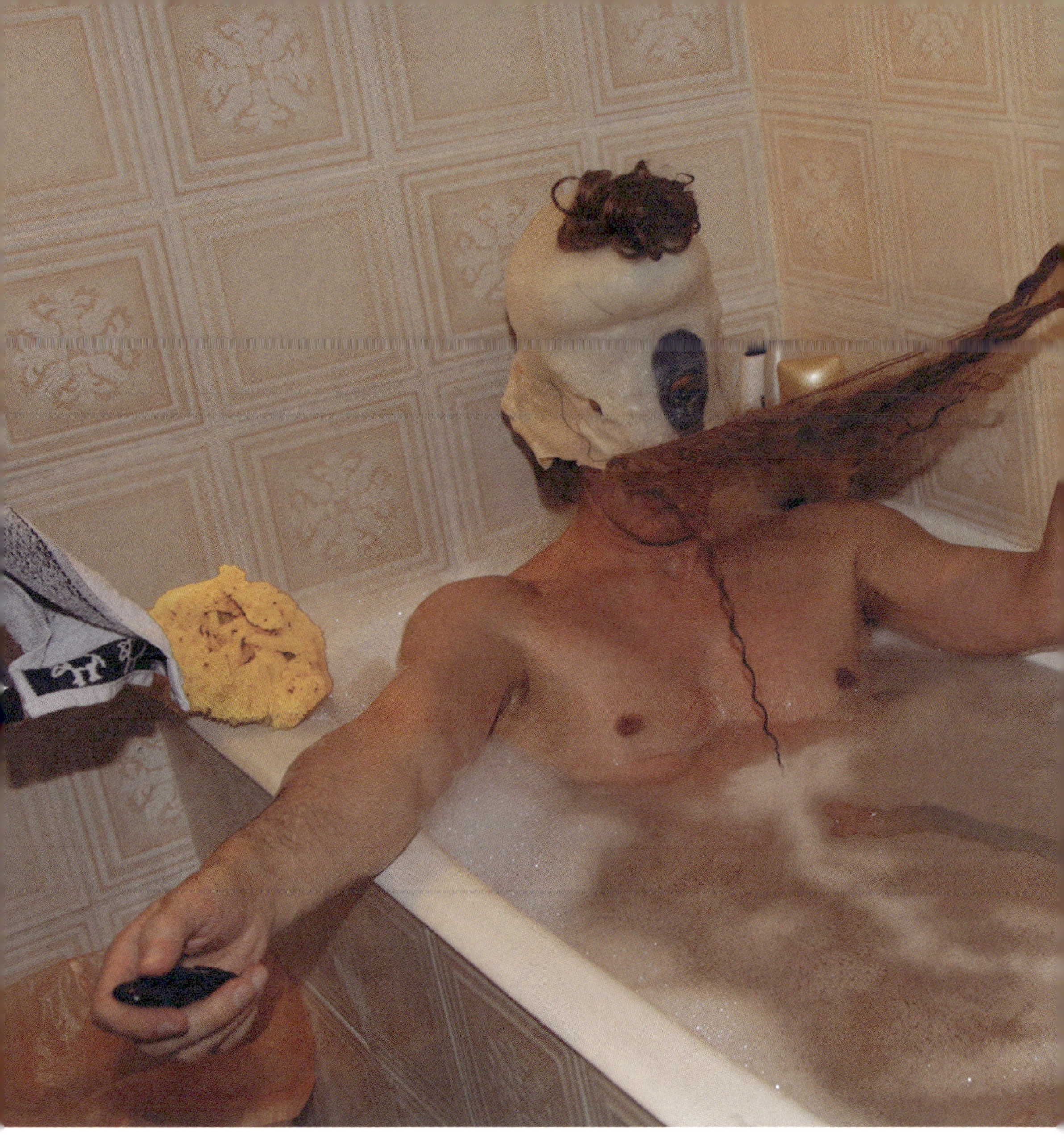

HERE are the ANSWER***

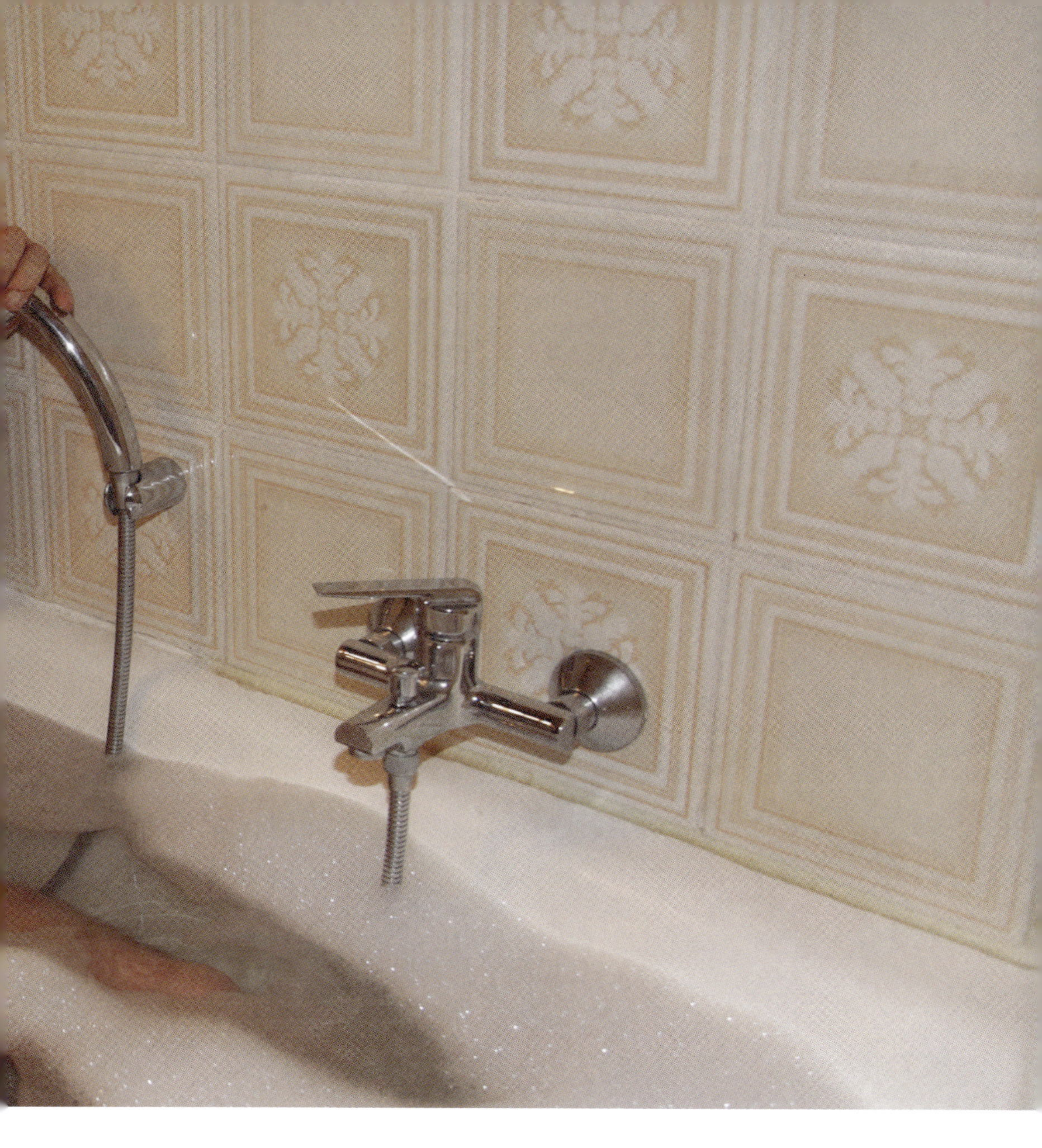

FUCK THE SYSTEM
uit 'Tot U spreekt Jan Mulder' p. 10

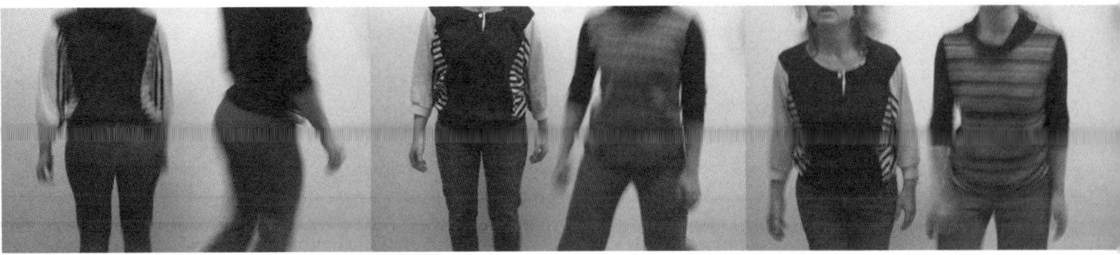

'(…) Ik flap eruit: 'Zeg toch gewoon dat het een saaie eerste helft was. 5-3-2, 4-3-3, 3-5-2, geloof het of niet, <u>fuck the system!</u>'
Applaus. (…)'

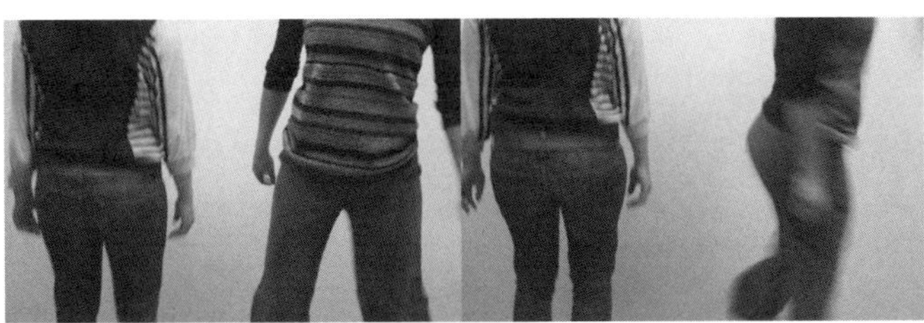

<u>De vierkante cirkel</u> stamt uit Centraal-Afrika. De naam van de stam waar hij vandaan komt, ontschiet me, maar ik weet dat de vorm werd uitgevonden voor de architectuur in het dorp. Op een bergkam staan huizen waarvan je niet kan zeggen of ze vierkant of rond zijn. De architect had de vorm inge-pikt van de maker van rieten manden. Vierkante bodem, rond deksel. <u>Een meesterwerk.</u>

　　　　　　　　　　　　　　　　　Hans Martens

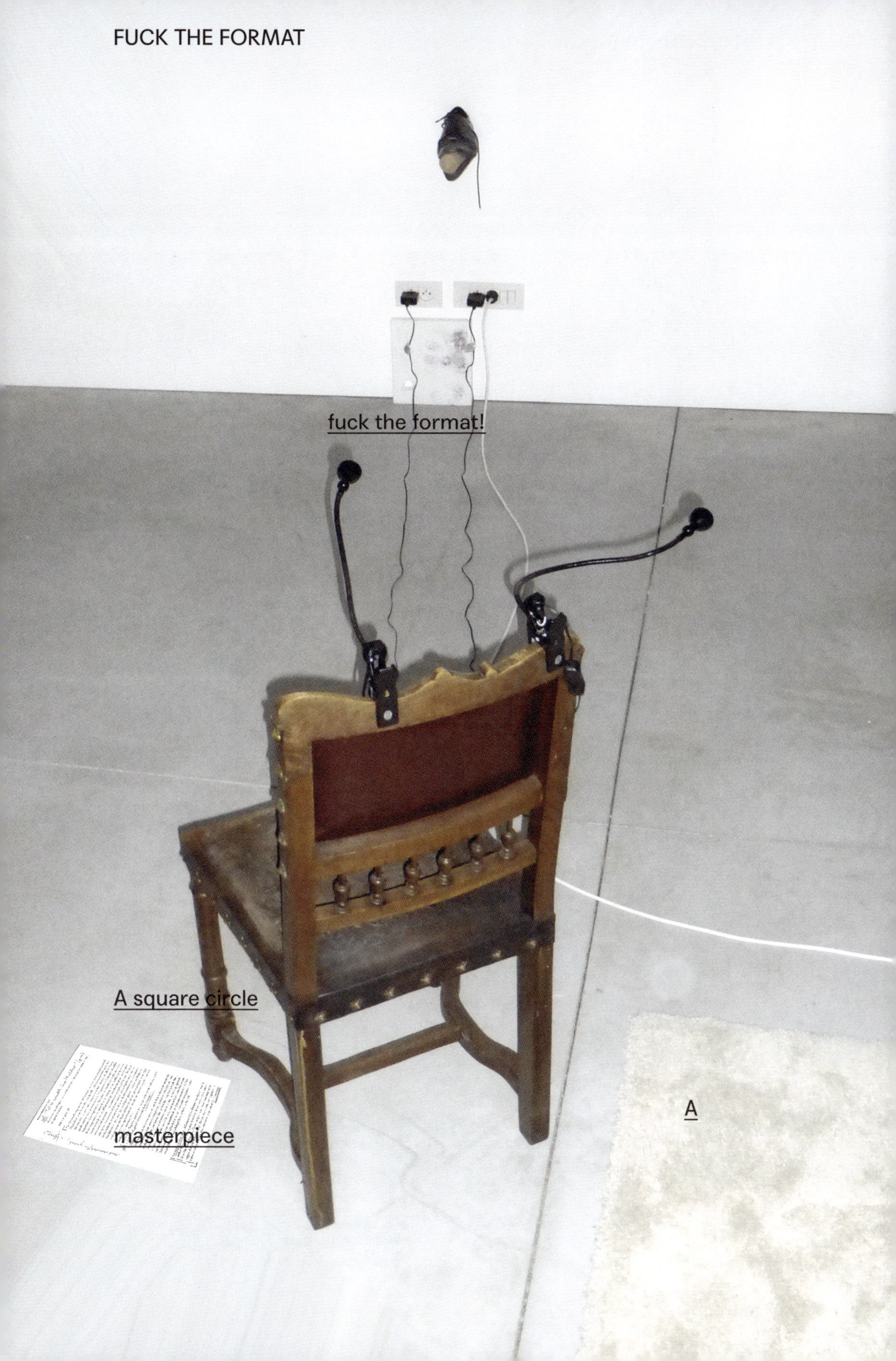

FUCK THE FORMAT
fuck the format!
A square circle
masterpiece
A

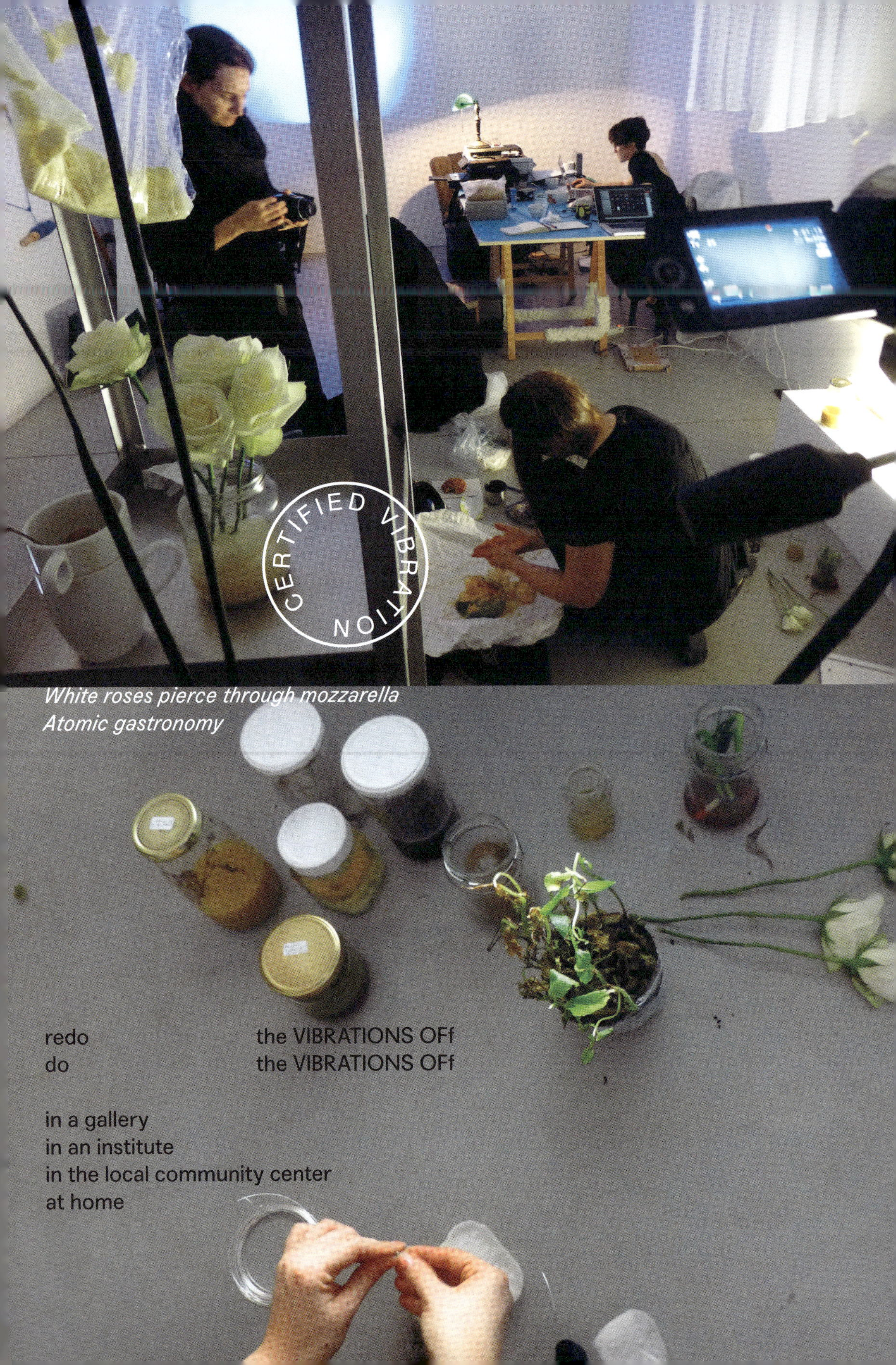

White roses pierce through mozzarella
Atomic gastronomy

redo   the VIBRATIONS OFf
do   the VIBRATIONS OFf

in a gallery
in an institute
in the local community center
at home

Every situation is redefined with a new element

Honoré takes the initiative that develops on a platform of co-actors. Honoré and team invite people. The invitees present projects.
VIBRATIONS OFf takes care of the execution, VIBRATIONS OFf is the execution. The image of the execution is the artwork.

In the spherical cloud tasks overlap

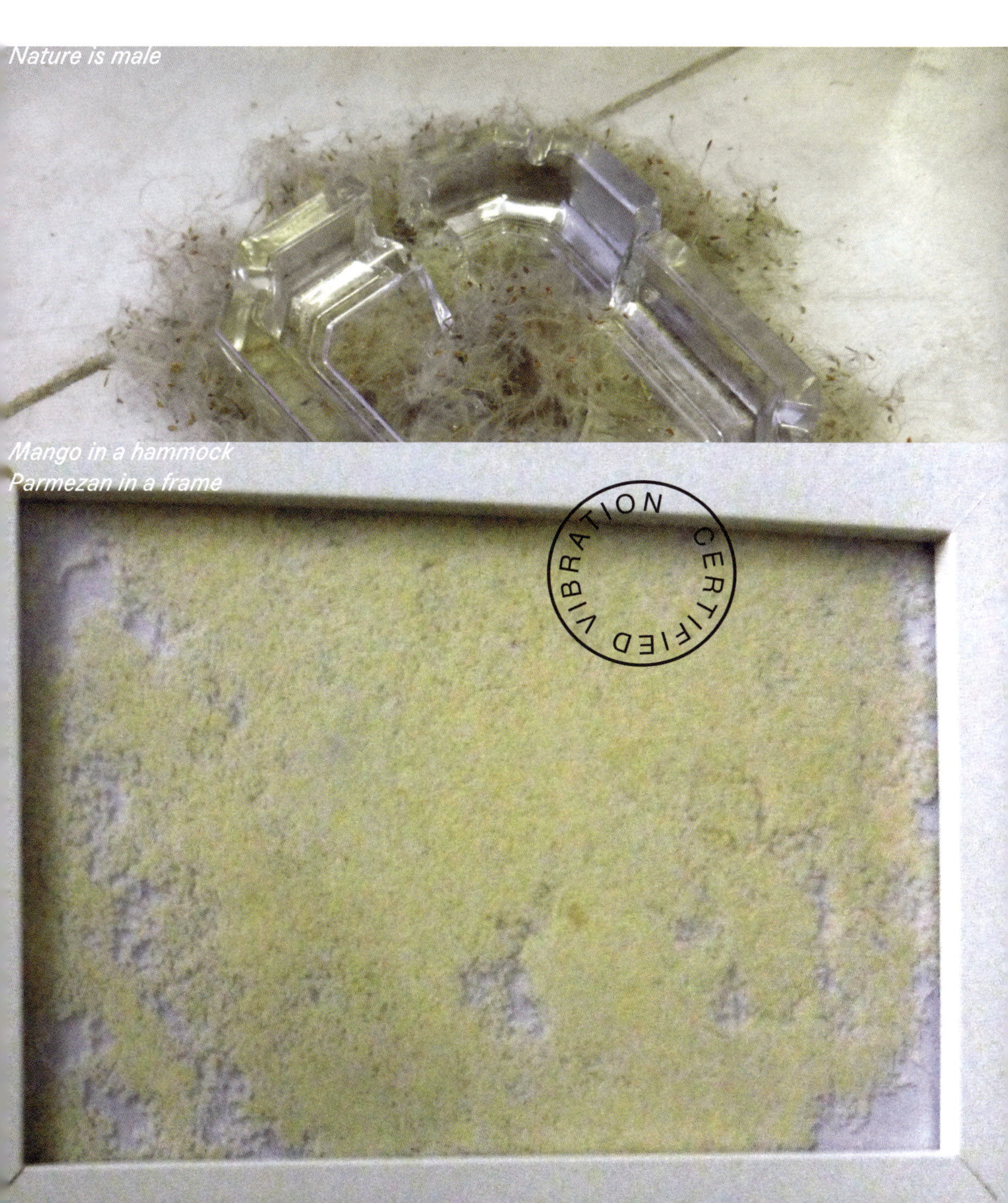

O let us go
you and I
al sinds Lascaux
you and I
met een vogel in de hand
door de kloten overmand
en het opstijgende vocht
in de kalk van het gedrocht
het aanschijn van
de eeuwige vlam

...

Zelfs het gesis en het gepis
in alle hoeken van de kerk
waarop jij je rotsen bouwt
blust nooit de blos
de total loss
in het alfabet dat ik je spel

...

Elke uitweg die we wagen
zal omslaan
in een teken aan de wand
stoned of
niet
magistraal
of niet te harden
niemand speelt
het verbond
uit verband
dat magisch volgt
uit de eertijdse
invitatie

Tom Van Imschoot

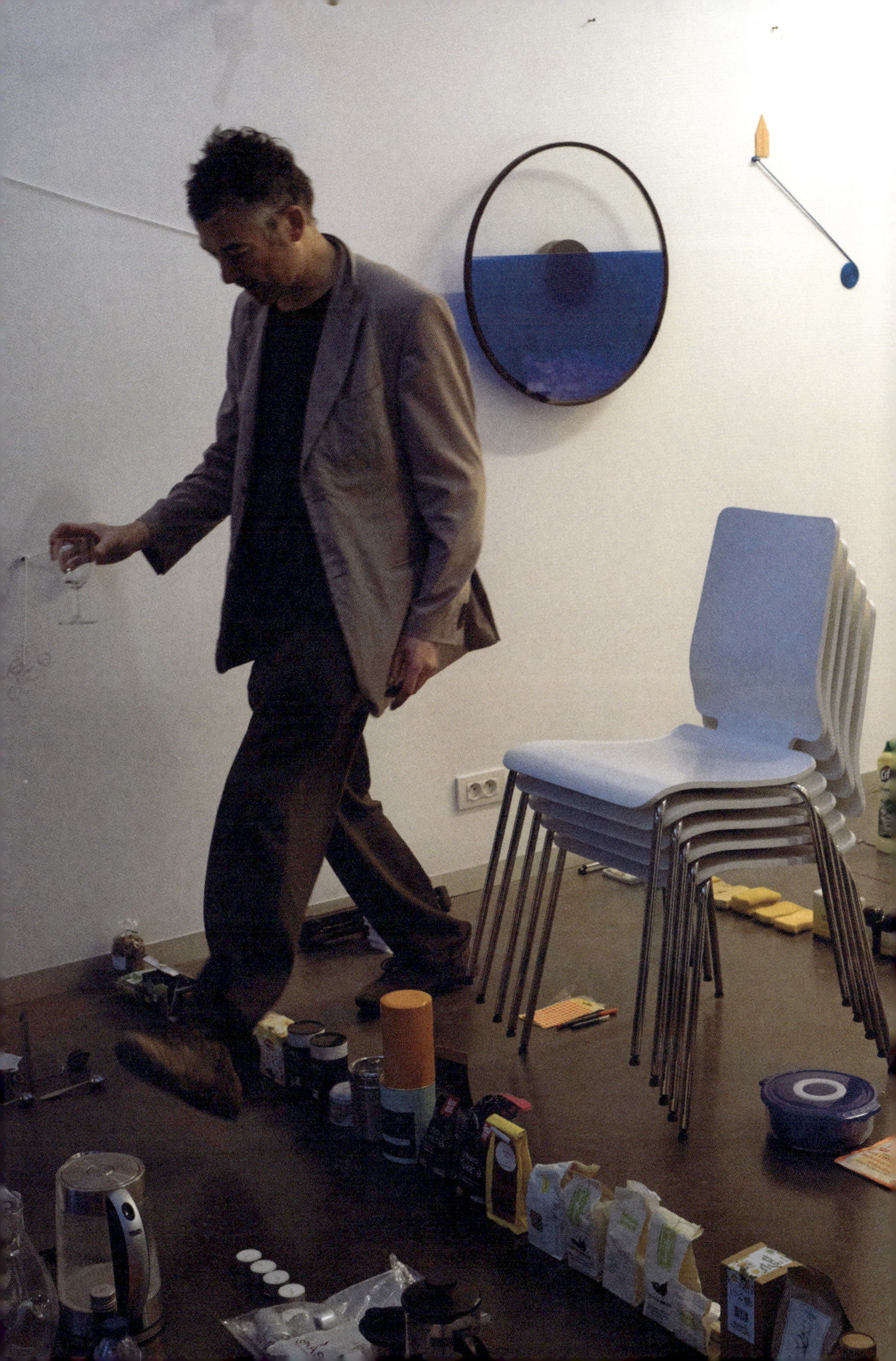

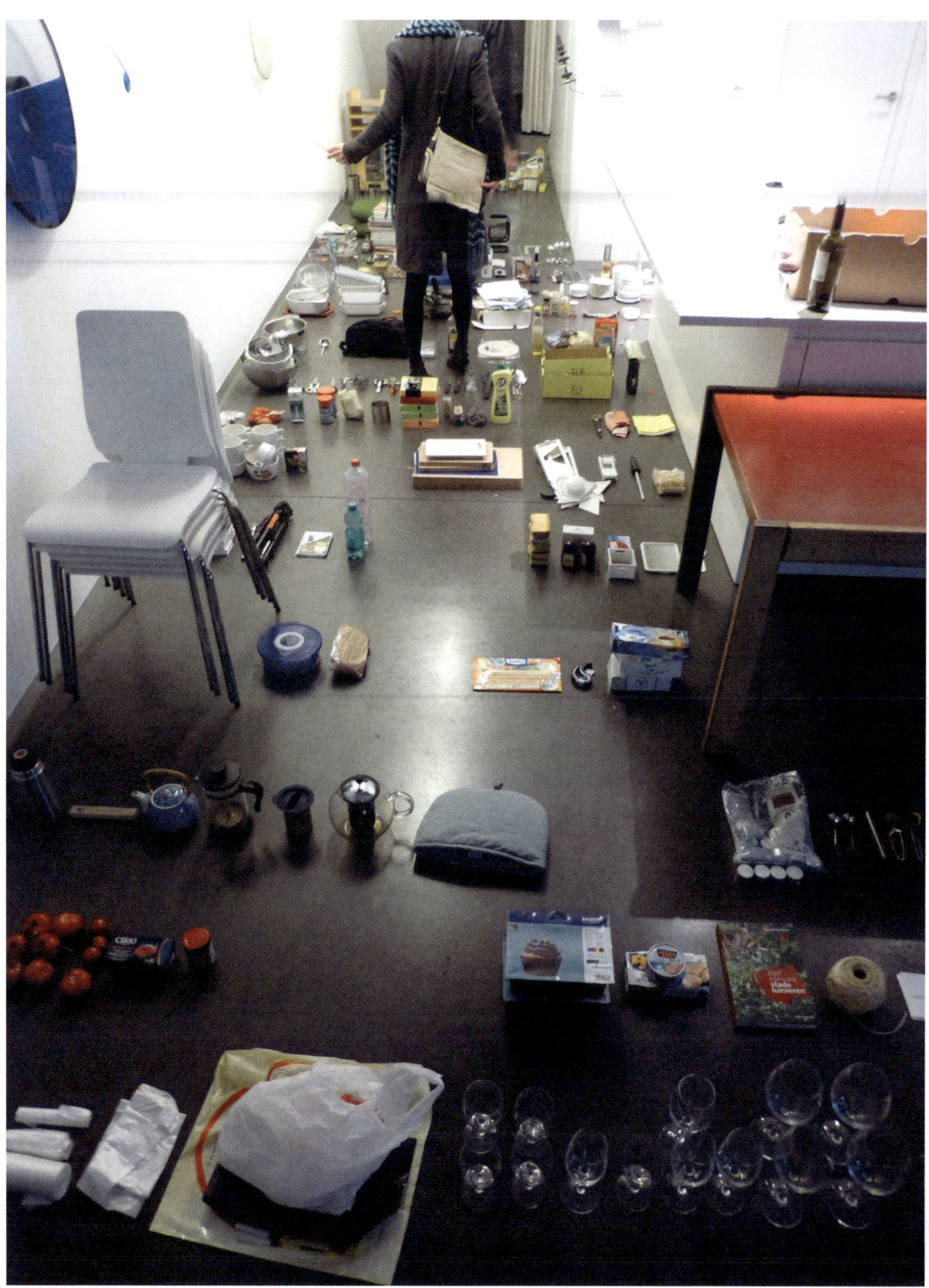

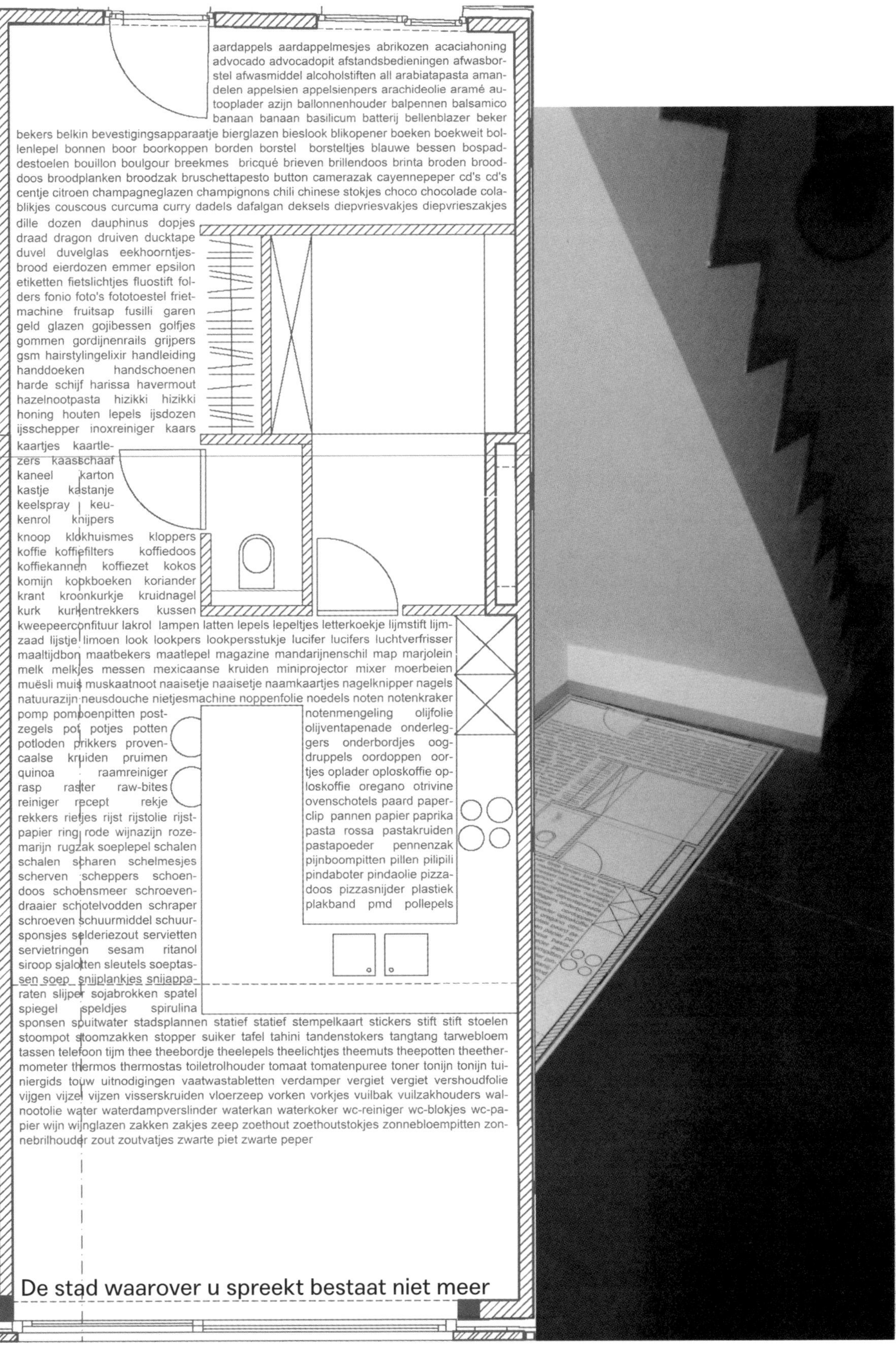

De stad waarover u spreekt bestaat niet meer

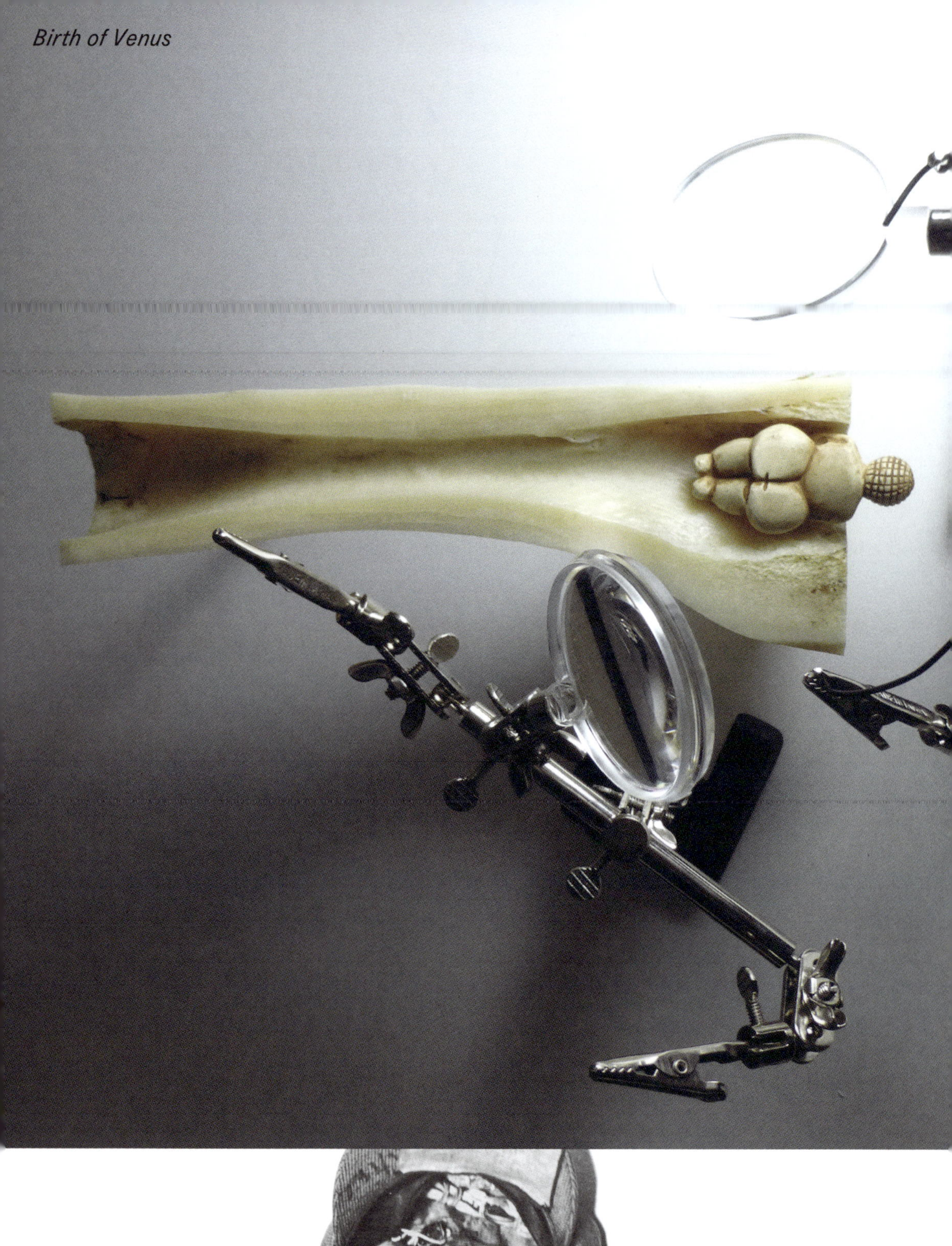

Robert Filliou, cap of the
Galerie Légitime, 1962

PALAEOVIBRATION
How to imagine birth
of the scientist
imagining image.

M / F* born to cross the figurative frontier
revealing the own existence
and (wo)mankind.

Dissociative associate
signing and signifying
significance to being.

Imagination pioneer.
Human motherhood.
Philosophiae doctor.

How to figure out the figurative fountain.
Scientist to guess.
Artist to express.

*Male / Female

Marc De Bie

In the compartment where the lift is situated, the burned sprouts get close to the roasted Jerusalem artichoke. I keep shrimps to go with the fennel that waits at the fridge door that suffers from its wrongly placed hinges.
The metabolic item follows a course of 360°, because you can multiply curves.
New kids come from the coincidence, survival of the fittest from the parents of science.

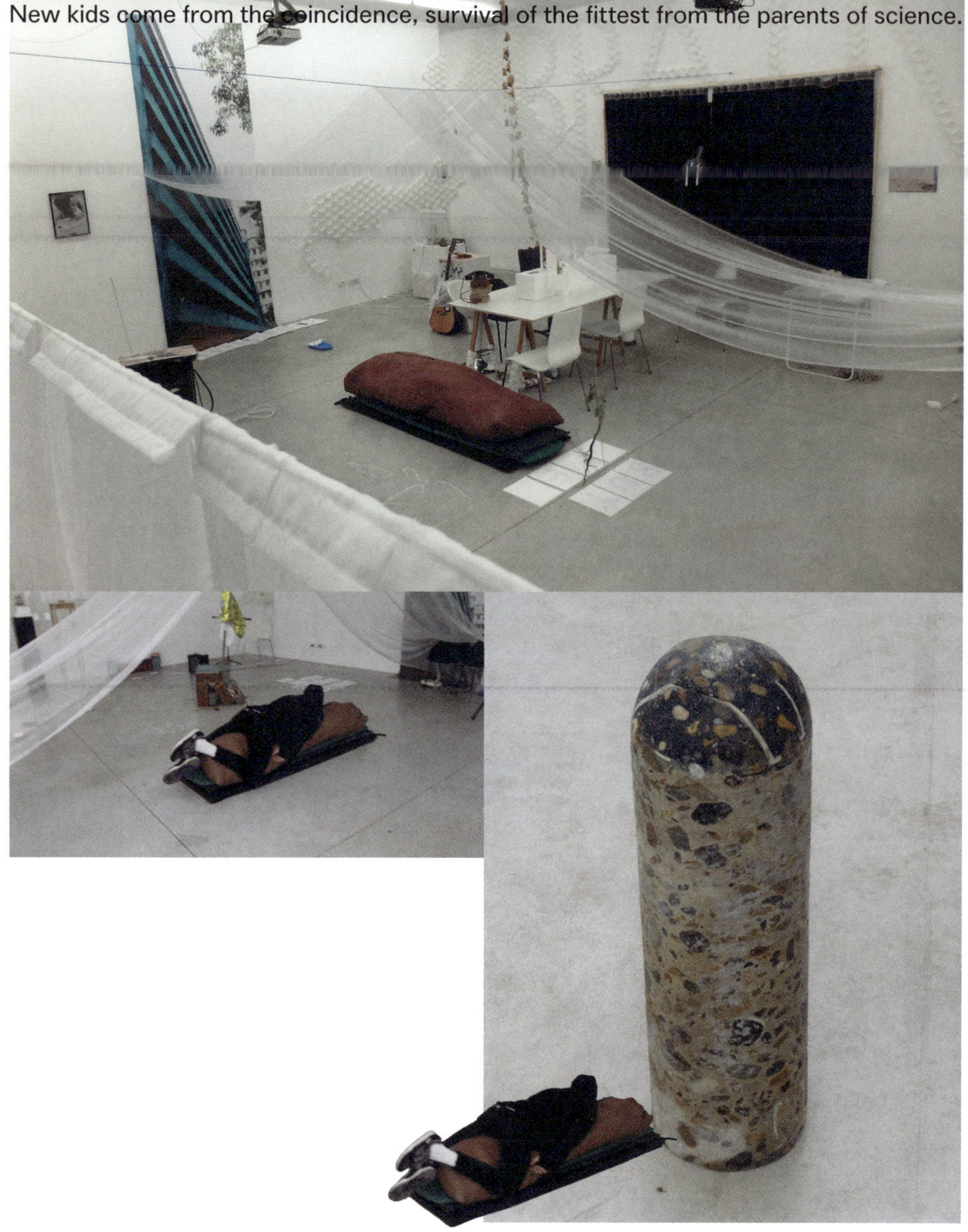

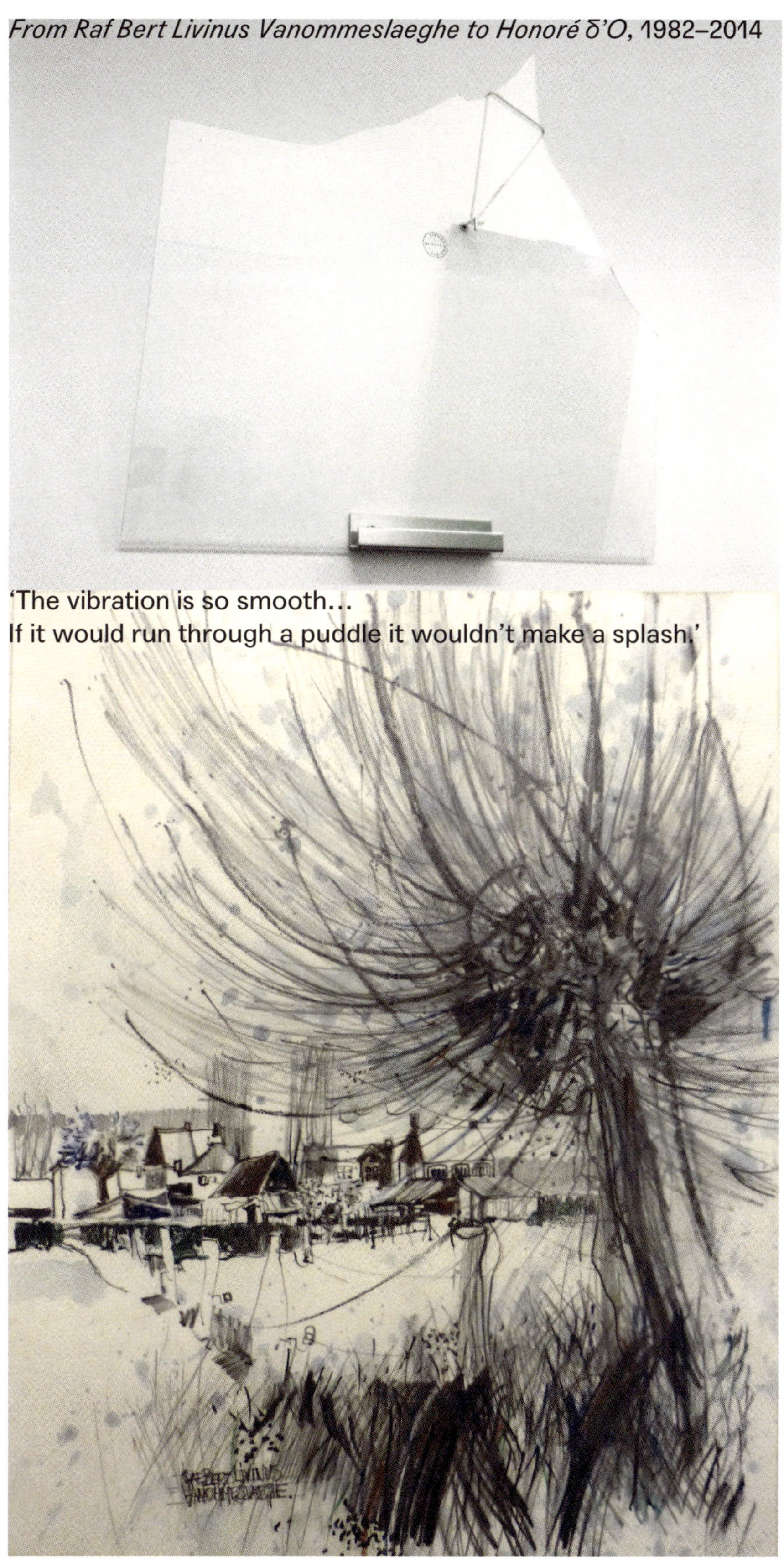

'The vibration is so smooth…
If it would run through a puddle it wouldn't make a splash.'

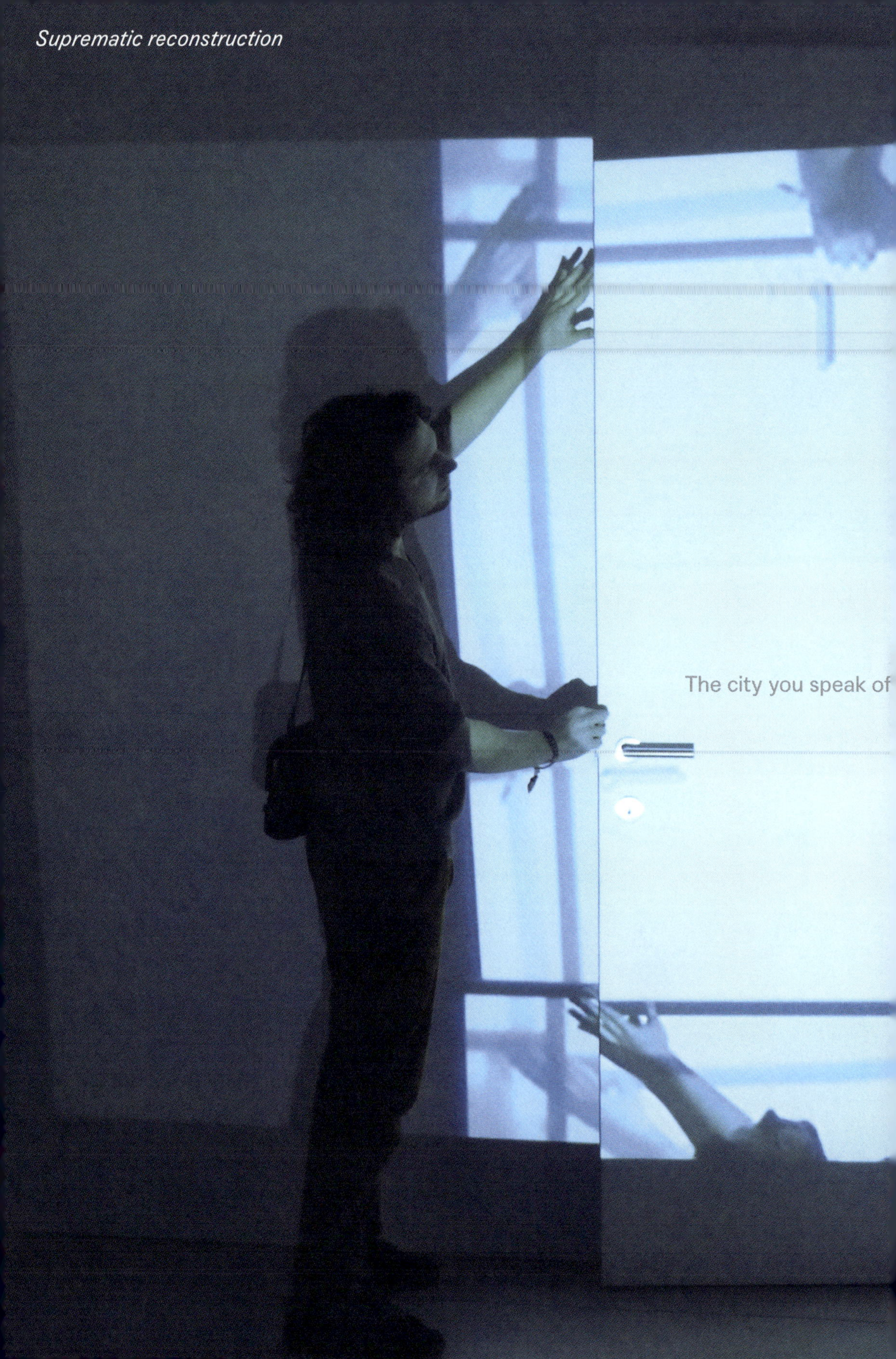
Suprematic reconstruction
The city you speak of

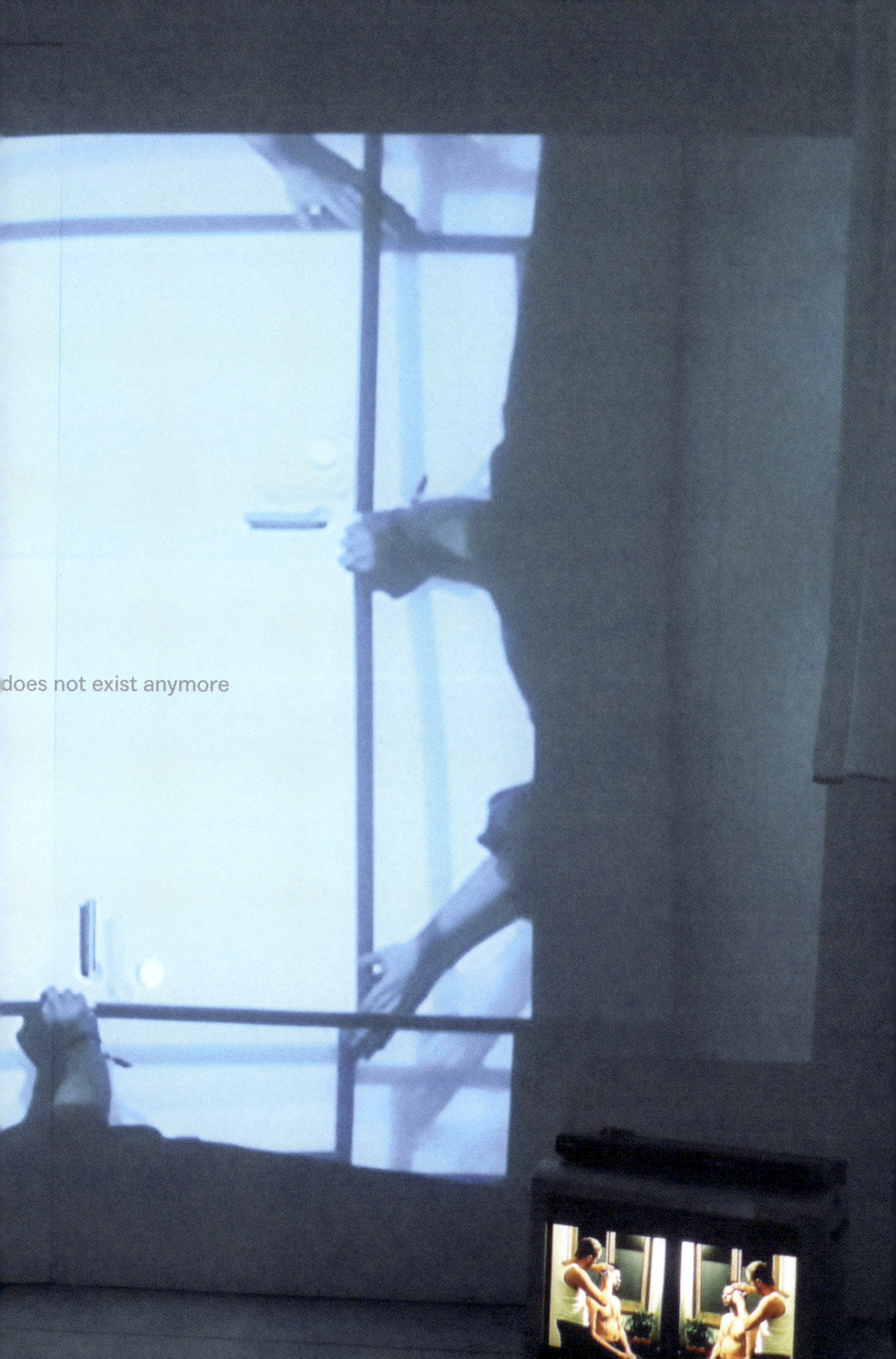
does not exist anymore

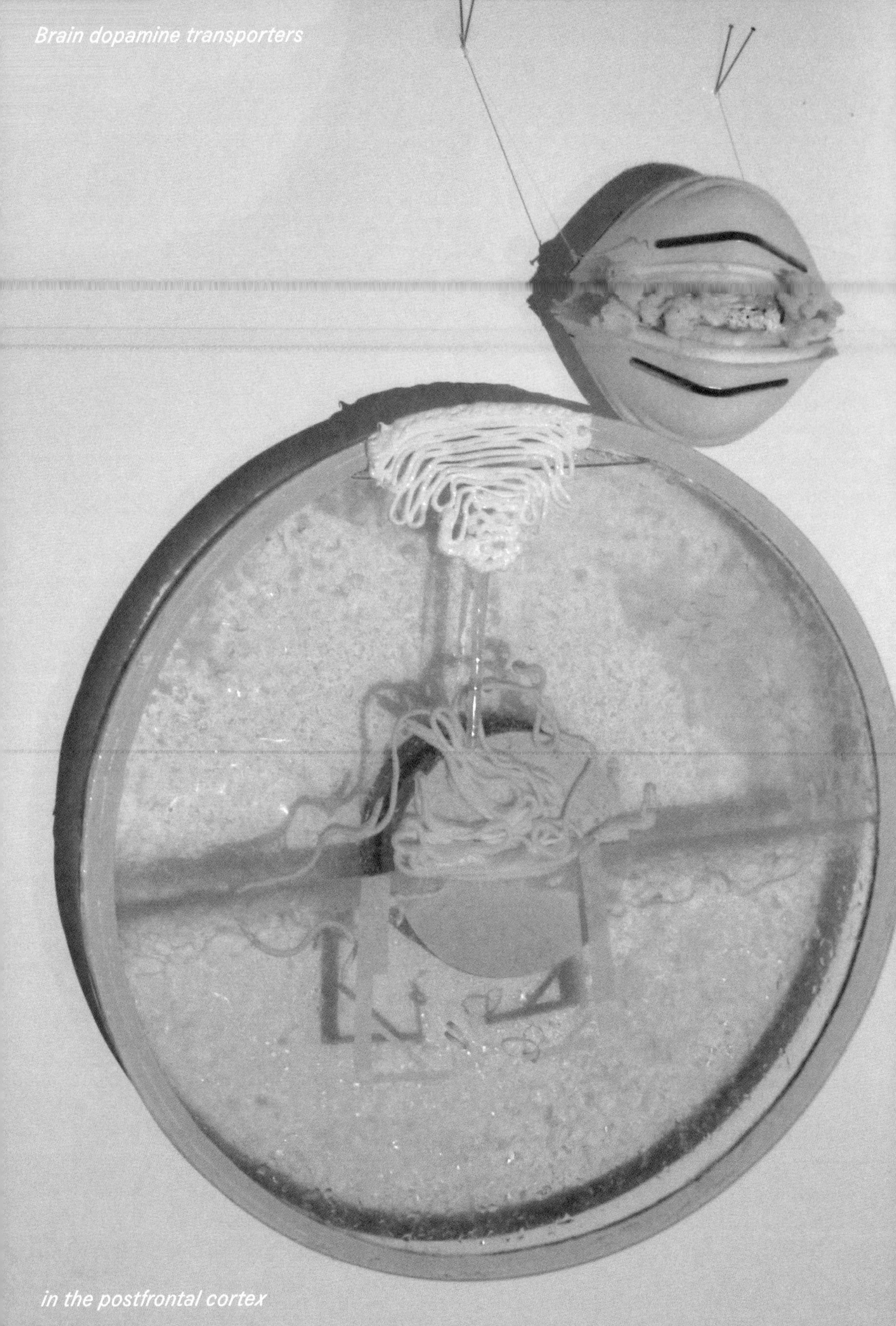
Brain dopamine transporters
in the postfrontal cortex

On 12 Jan 2015, at 13:35, Yves Coussement wrote:

Honoré!

Yesterday I returned from two weeks at sea
not soaked through but recharged without the internet
instead of working on through I had surfed the waves of the glorious
quantum kitchen of life

listened to mussels, whistled to sirens (oh, those 6 queens)
smoked cigarettes with the sea wind (to quit smoking),
rescued an anchovy from dehydration (looked like a transparent smile)
apprenticed myself to the blessed dogs at the sea line (that joyfulness
off the leash)
threw hats in the opposite direction to my thoughts (to find openings in
the illusion of three-dimensionality)
witnessed astonishing sand erosions (the universe briefly suspended
one millimetre above the surface of the earth)

—Ultimate Doubt. And what then, are man's ultimate truths? They are
the irrefutable errors of man. (Nietzsche, *Die Fröhliche Wissenschaft*).

Honoré, three times I tried to visit your exhibition (which I followed
regularly on your blog [vibrationsoff.tumblr.com]),
and three times on the way to you something prevented me (a monster
traffic jam in Brussels, hospital situation and an asymmetric key)

… and I also missed your invitation for the finale
I hope this will not strain our butter bond

I wish you a year full of red, white, orange, blue, green and pink
globules!!!
+ + + + +++++++ + + + ++ +++ +++++   + + +   +
+   ++   + +   ++++++++++++++

see you sooonn

what is your address in case I want to send you something by post
sometime soon?

kisses filled with iodine,
ÿ / p,o,è,t,e,q,u,a,n,t,i,q,u,e.

On 12 Jan 2015, at 13:35, Yves Coussement wrote:

Honoré!

*Ben sinds gisteren terug van een tweeweekse zeeperiode
niet doorgeweekt maar opgeladen zonder internet
niet doorgewerkt maar gesurft op de golven van de heerlijke
kwantumkeuken of life*

*geluisterd naar mossels, gefloten naar sirenes (o, die 6 koninginnen)
sigaretten gerookt met de zeewind (om het roken af te leren),
een ansjovis gered van de dehydratie (zag eruit als een doorzichtige
glimlach)
in de leer gegaan bij de zalige honden aan de zeelijn (die vrolijkheid
zonder leiband)
hoeden gegooid in de tegenovergestelde richting van mijn denken (om
openingen te vinden in die illusie der driedimensionaliteit)
getuige geweest van verbluffende zanderosies (het universum even
zwevend één millimeter boven het aardoppervlak)*

*—Ultimate Doubt. And what then, are man's ultimate truths? They are the
irrefutable errors of man. (Nietzsche,* Die Fröhliche Wissenschaft*).*

*Honoré, drie keer heb ik geprobeerd naar jouw tentoonstelling (die ik
regelmatig volgde op jouw blog [vibrationsoff.tumblr.com]) te komen,
en drie keer kwam er 'onderweg-naar-jou' iets tussen (monsterfile in
brussel, ziekenhuistoestand en een asymmetrische sleutel)*

*… en jouw uitnodiging voor de eindfinale heb ik ook gemist
ik hoop dat dit geen haar duwt in de hand van onze boterband*

*je te souhaite une année plein de globules rouges, blancs, oranges, bleus,
verts et roses !!!!*

+ + + + +++++++ ++ + ++ +++ +++++   + + +   +
+   ++   + +   +++++++++++++

tot binnennenkoortt

wat is jouw adres (aders) als ik jou binnenkort per post iets wil toesturen?

*bisous remplis d'iode,
ÿ / p,o,è,t,e,q,u,a,n,t,i,q,u,e.*

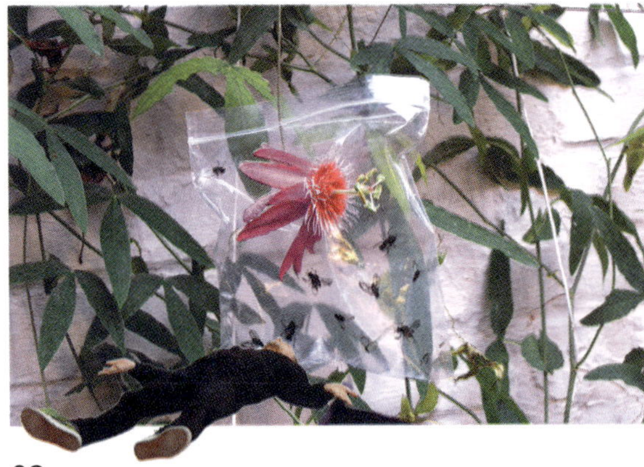

                                          Yves Coussement

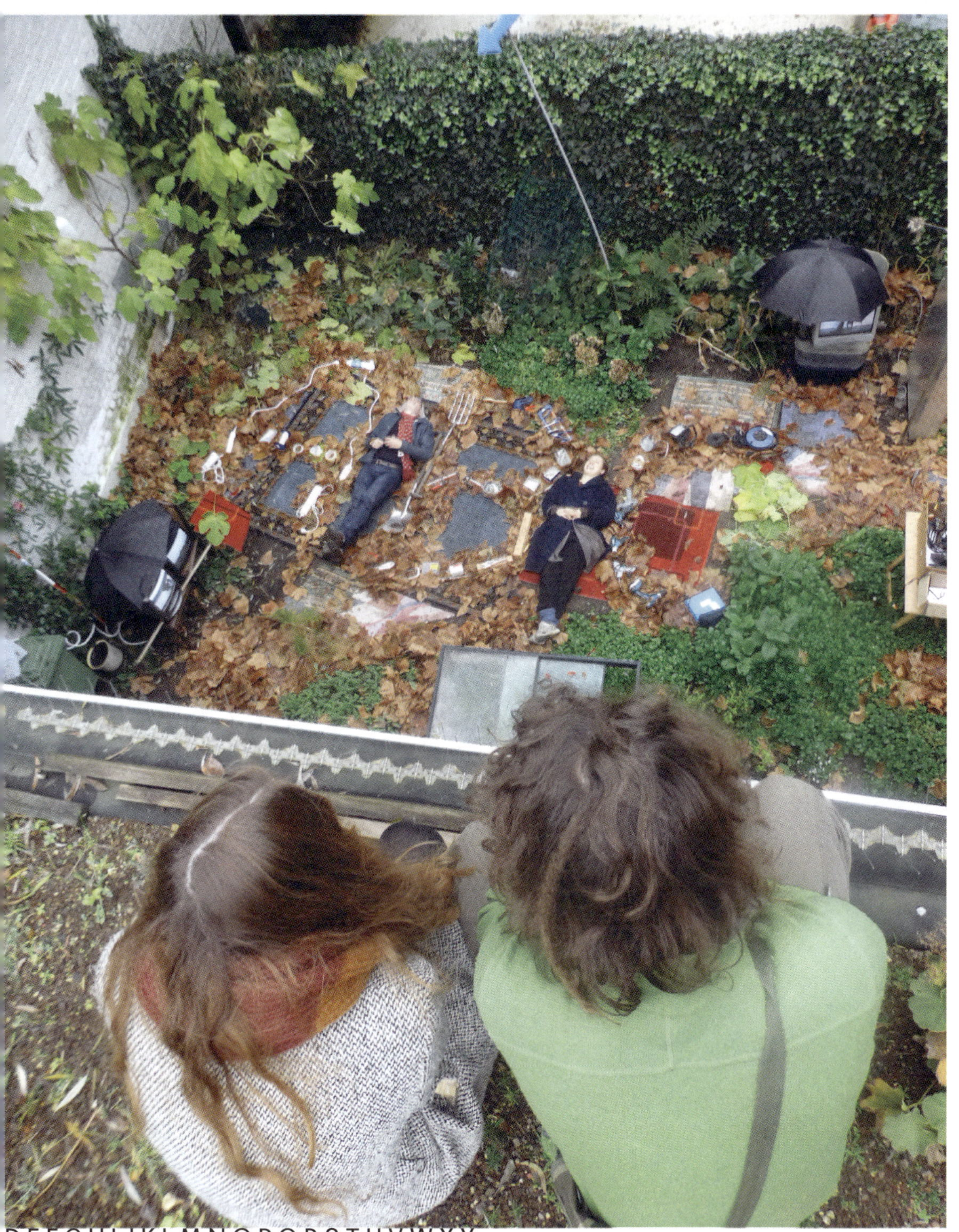

DEFGHIJKLMNOPQRSTUVWXY

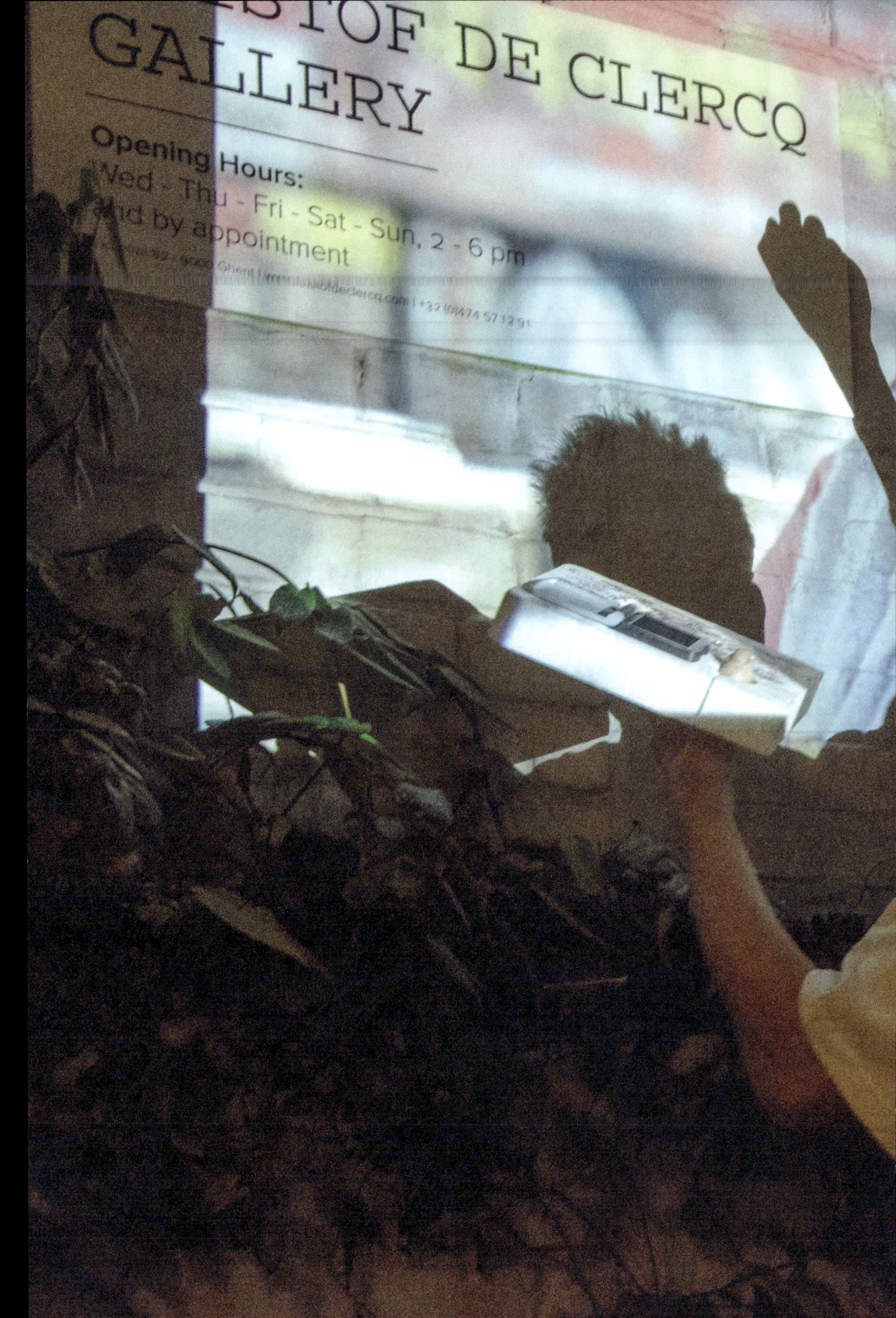
STOF DE CLERCQ
GALLERY
Opening Hours:
Wed - Thu - Fri - Sat - Sun, 2 - 6 pm
and by appointment

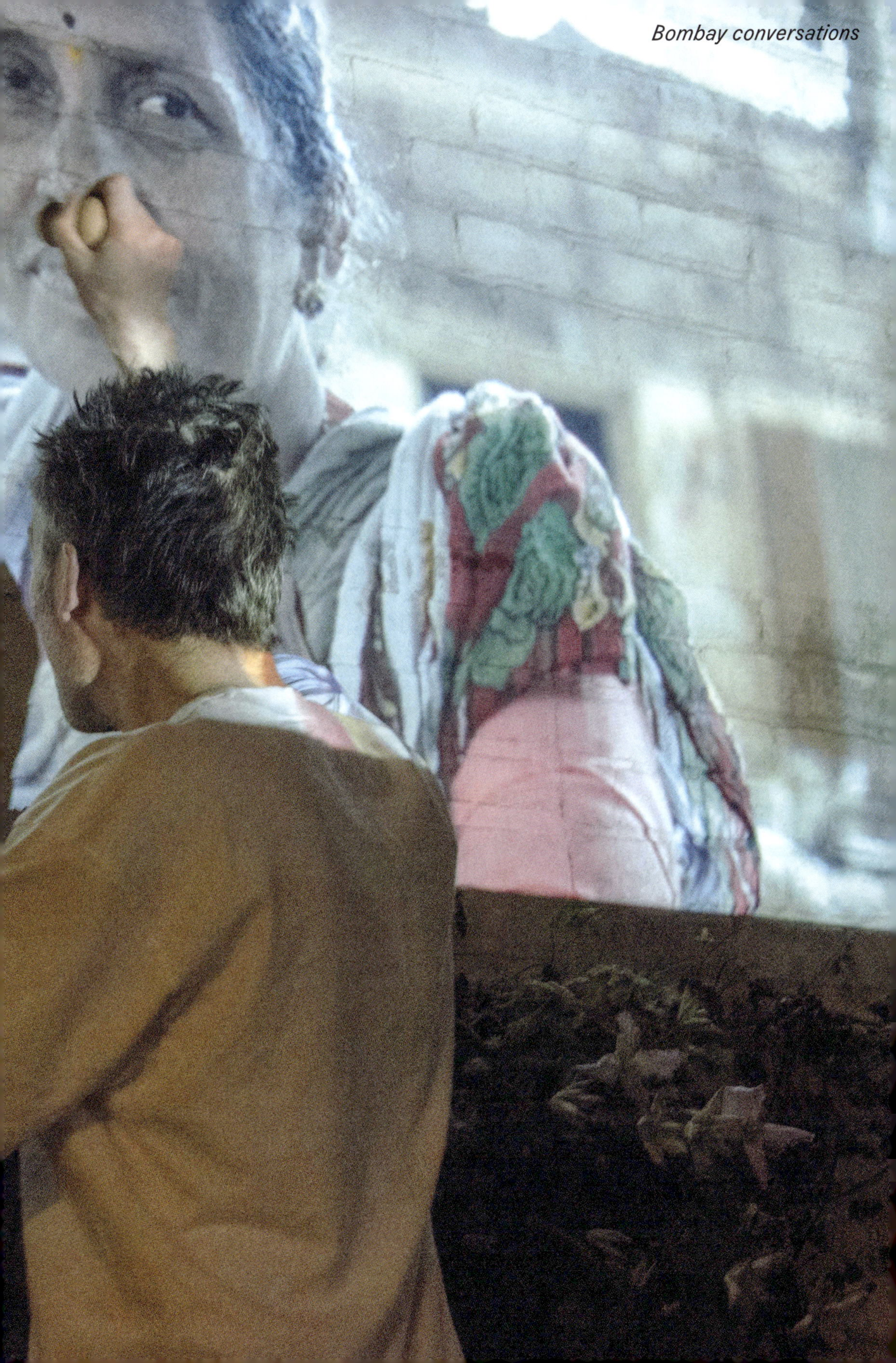
Bombay conversations

zaad zaag zaaien zaak zaal zacht zachtaardig zachtjes zachtzinnig zadel zagen zak
zakdoek zakelijk zakenman zakgeld zakken zaklantaarn zalf zalig zalm zand zandbak
zang zanger zaniken zappen zat zaterdag ze zebra zebrapad zede zedelijk zee zeef
zeehond zeeman zeep zeer zeespiegel zegel zegen zegenen zegevieren zeggen
zeggenschap zeil zeilboot zeilen zeilschip zeker zekerheid zelden zeldzaam zelf
zelfbeheersing zelfmoord zelfs zelfstandig zelfvertrouwen zelfverzekerd zenden zender
zending zenuw zenuwachtig zenuwstelsel zerk zes zestien zestig zet zetelen zetpil
zetten zeulen zeuren zeurpiet zeven zeventien zeventig zich zicht zichtbaar zichzelf ziek
zieke ziekelijk ziekenfonds ziekenhuis ziekenwagen ziekte ziel zielig zien zienderogen
zienswijze ziezo zigeuner zigzaggen zij zijde zijdelings zijden zijkant zijn zijwaarts zilver
zin zindelijk zinderen zingen zinken zinloos zinnelijk zinnig zinsnede zinspelen zintuig
zinvol zitten zitting zitvlak zo zo-even zoal zoals zodanig zodat zode zodoende zodra
zoek zoeken zoemen zoen zoenen zoet zoetigheid zoeven zogenaamd zojuist zolang
zolder zomaar zombie zomer zomers zon zondag zonde zondebok zonder zonderling
zondig zondigen zondvloed zone zonnebaden zonnen zonnestelsel zonnig zoogdier
zool zoölogie zoöloog zoom zoon zorg zorgelijk zorgeloos zorgen zorgvuldig zorgzaam
zot zout zoutje zoveel zover zowaar zowat zowel zozeer zucht zuchten zuid zuiden
Zuidpool zuigeling zuigen zuiger zuil zuinig zuipen zuivel zuiver zuiveren zulk zulke zullen
zus zuster zuur zuurpruim zuurstof zwaai zwaaien zwaan zwaar zwaard zwaarlijvig
zwaarmoedig zwaarte zwaartekracht zwaartepunt zwager zwak zwakte zwakzinnig
zwaluw zwammen zwanger zwangerschap zwart zwavel zweem zweep zweepslag
zweer zweet zwellen zwelling zwembad zwemmen zwempak zwendel zwendelen
zwenken zwerm zwerven zwerver zweten zweven zwichten zwiepen zwieren zwierig
zwijgen zwijgzaam zwijn zwoegen zwoel

Speculoos Algorithm, delivered on 06.12.14
(An algorithm is a procedure or formula for solving a problem)
(Speculoos is a blend of pepper, cinnamon, ginger, cloves, cardamom and nutmeg)

THE CHRONOTOPE
How can one have eternity if one doesn't have temporality?
How can one have an event that changes one's thoughts, if one doesn't
dwell in longevity?
The chronotope is not only valid for literature and language, it is intimately
intertwined with visual art.
Art only exists in chronotopes. It is the very condition that distinguishes it
from its reproductions.

Fine art, art from days of yore, passed through different chronotopes.
It came into being at a moment of financial transactions, manual labour and
joyful embellishment, then existed in the semi-obscurity of private houses,
semi-public residencies or churches with altar boys and masses and empty
moments of reflection. Later on it was exported to a sphere of bourgeois
strolling and now it tends to arrive in the turmoil of consumption, as does
everything.
Contemporary art at its best weaves and unweaves time-space, and thus
secures the potential of experience.
Sometimes it does so by brutal rupture, sometimes by generous dancing.
It is this continuous enactment that secures the continuation of the space of
art, its time-space, that is.
Museums and other presentation spaces have not yet learned this magic, so
up to this point, the art has had to go it alone.
Oh you pretty things, you're amazing, you're a chronotope.

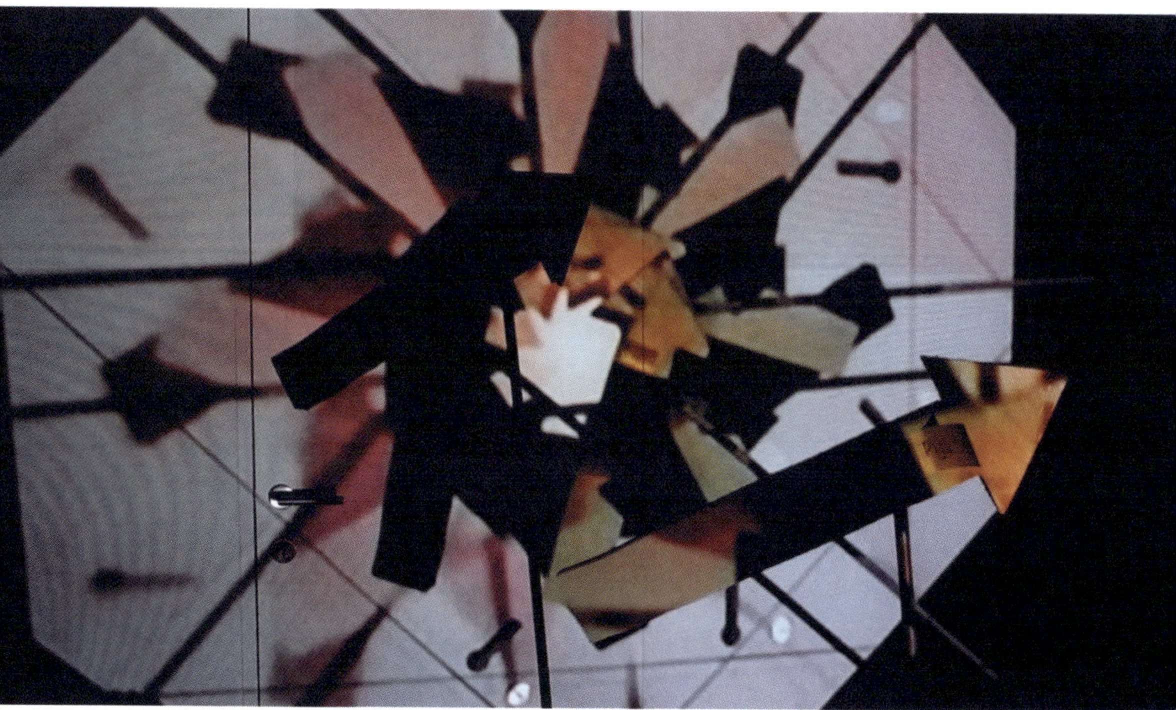

DE CHRONOTOOP

Hoe kan iemand eeuwigheid hebben, als hij geen tijdelijkheid bezit?

Hoe kan iemand een gebeurtenis beleven die iemands gedachten verandert, als iemand geen lang leven beschoren is?

De chronotoop geldt niet enkel voor literatuur en taal, maar is ook intiem verstrengeld met de beeldende kunst.

Kunst bestaat alleen in chronotopen. Het is net die toestand waardoor ze zich onderscheidt van haar reproducties.

De schone kunsten, kunst van weleer, doorlopen verschillende chronotopen.
Ze begon op een moment van financiële transacties, handenarbeid en vreugdevolle verfraaiing, daarna bestond ze verder in het semi-obscure van privéwoningen, van semipublieke verblijven of van kerken met misdienaars en veel volk en lege momenten van reflectie. Later werd ze geëxporteerd naar een bourgeoisiesfeer, om nu te belanden in de onrust van de consumptie, zoals alles en iedereen.

Op haar best verweeft en ontrafelt de hedendaagse kunst de tijdsruimte, en verzekert zo de mogelijkheid van de ervaring.

Soms gebeurt dit door een brute breuk, soms door een genereus dansen.

Het is deze voortdurende bepaling die de continuïteit verzekert van de kunstruimte, dat wil zeggen: haar tijdsruimte.

Musea en andere tentoonstellingsruimtes hebben deze magie nog niet ontdekt, daardoor staat de kunst er tot nu alleen voor.

O jullie mooie dingen, jullie zijn prachtig, jullie zijn een chronotoop.

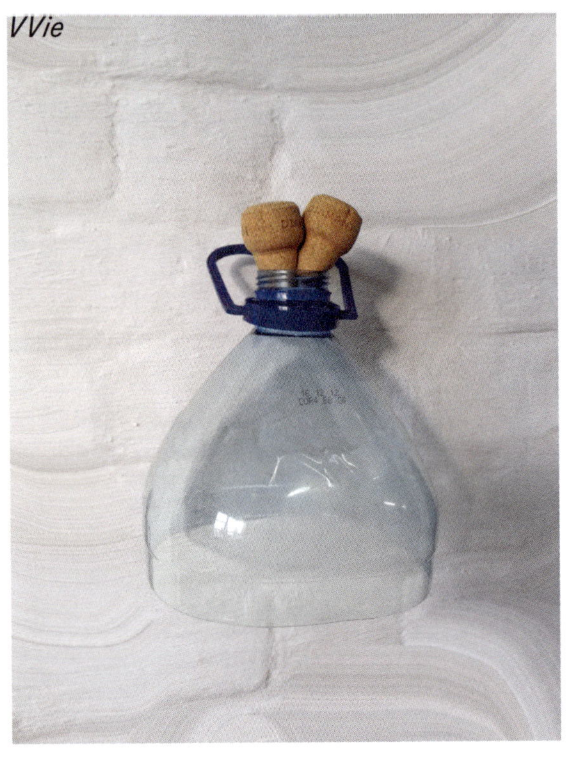

Bart De Baere

Kathariñas, for use and sale, 1 pair of cloud slippers a day,
delivered with certified moment and performance

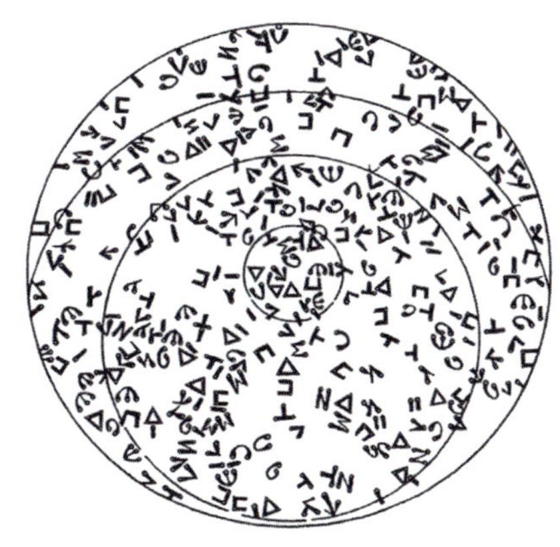

The Heaven Alphabet

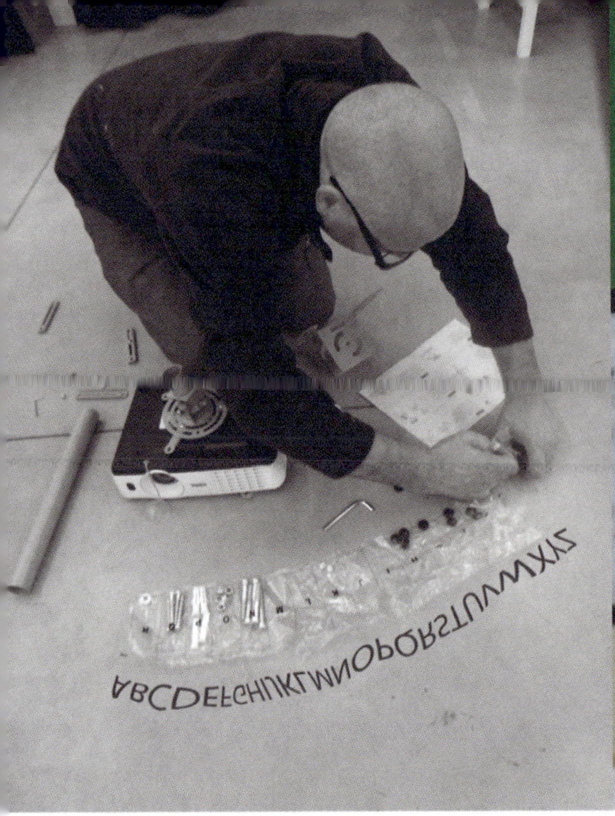

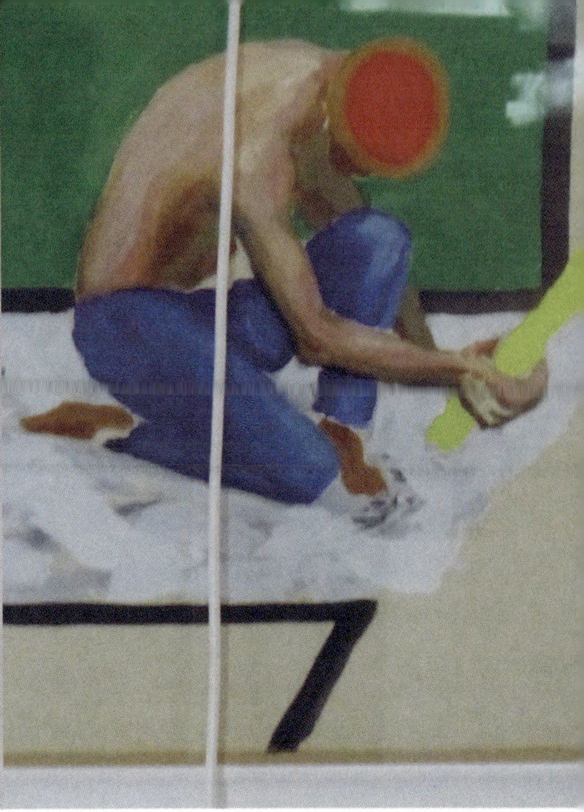

VIBRATIONS OFf composes, 15.11.14–28.11.14
Honoré photographs Dieter, 15.11.14
Sara discovers a look-alike, 21.11.14
Roger Raveel painted Lionel, father of Dieter (and Kristof), 1976

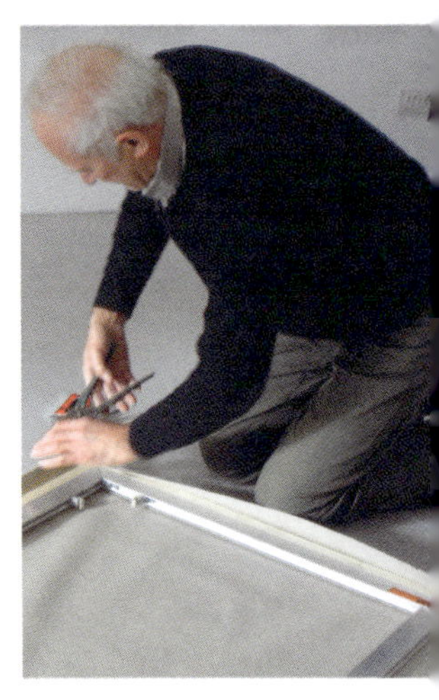

Lionel prepares the canvas for the Day of Agnes Maes, 17.12.14

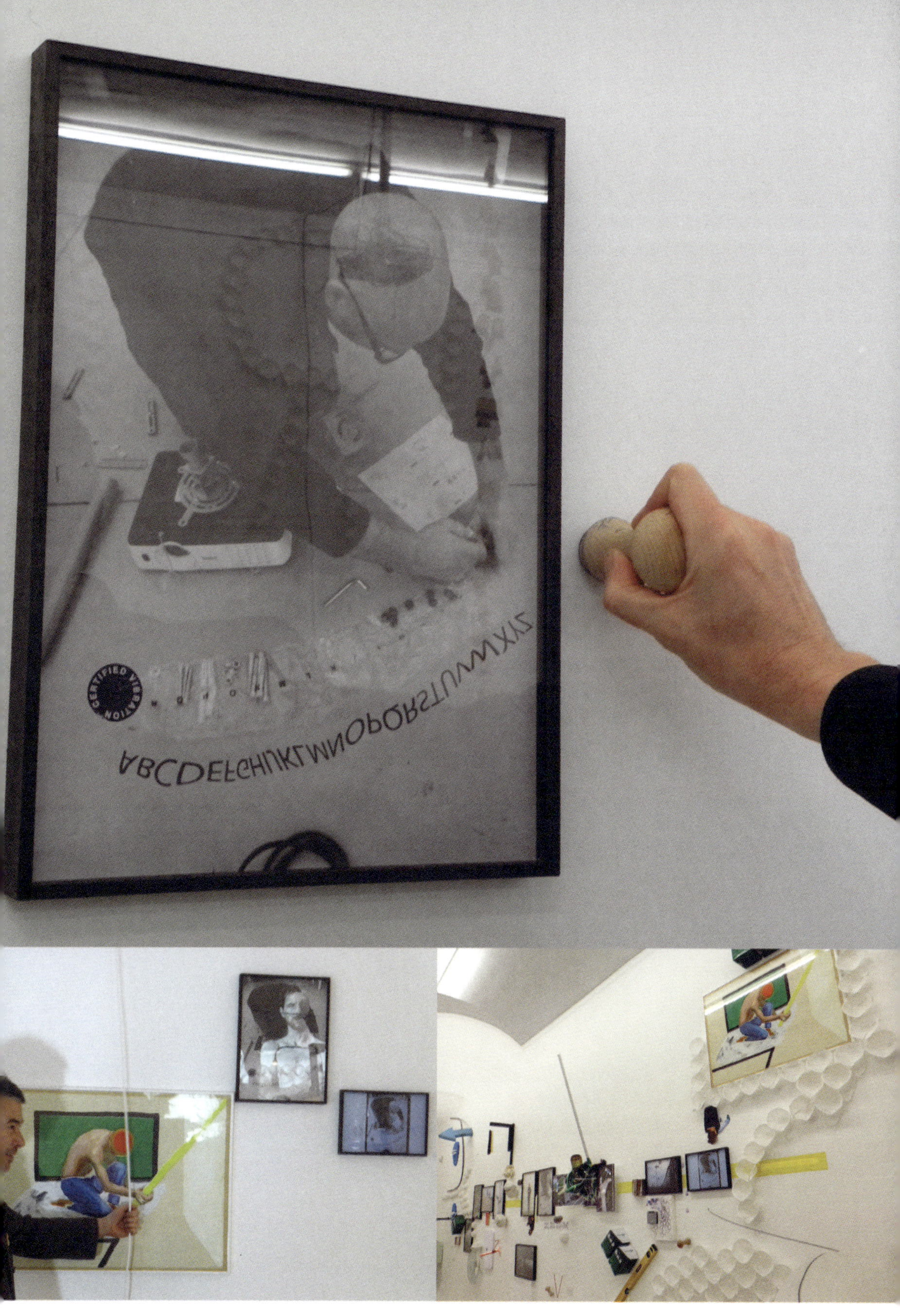

Bring it on (the path of programme)

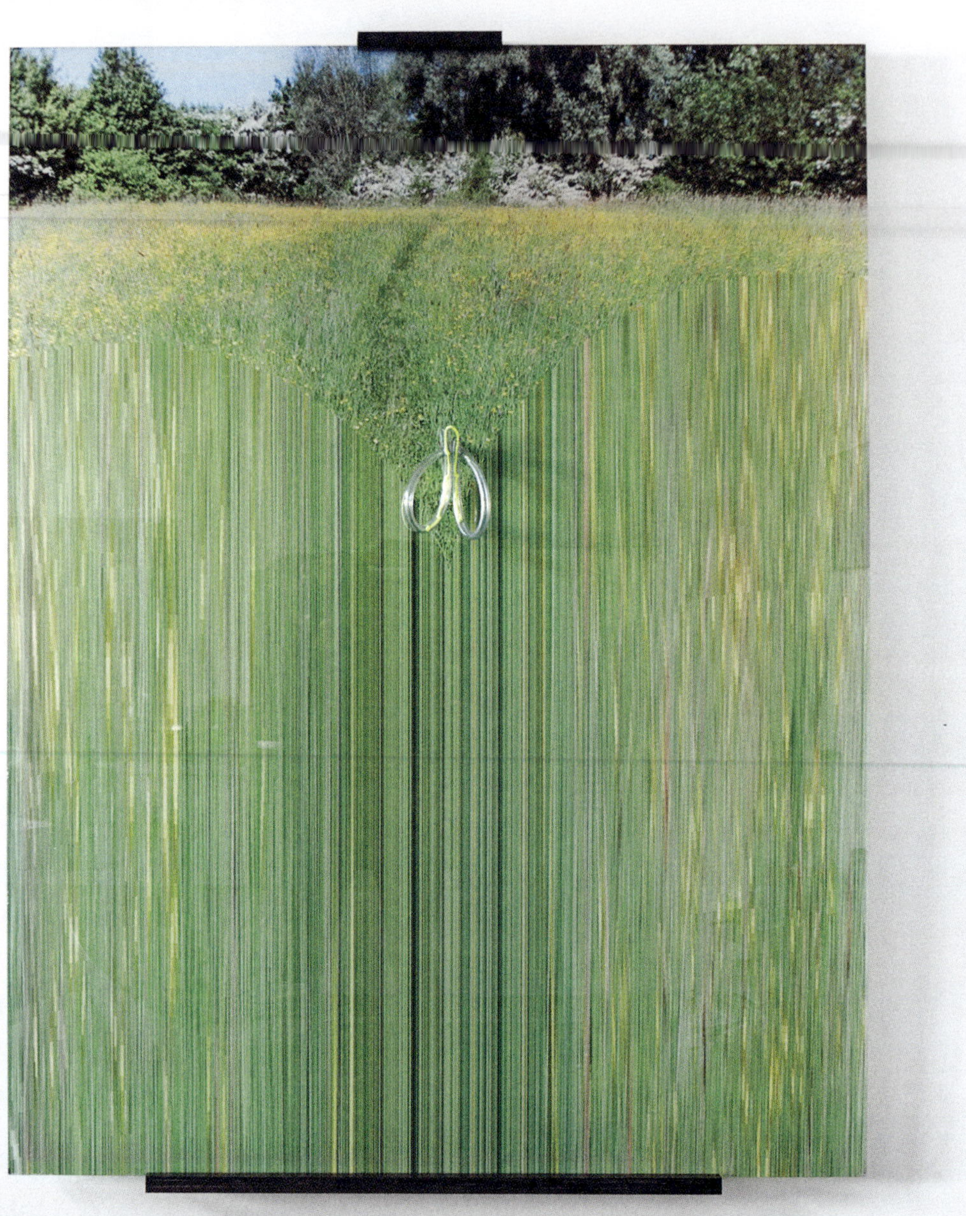

141
lange winterschaduwen bederven
de orchidee van je oksel
het profielportret aan de muur probeert
je vruchteloos aan te kijken
onder vreemde handen vinden ogen
een klank van verschijnen langzaam
maakt de sculptuur zijn intrede
een vindingrijke arcering spoort op papier
zoals benen gratievol schrijden
gaat het huis uit zicht na
een ontmoeting die zal kunnen tellen
en inzichten werpt op een bewegende dag

en angst en wil om te vinden

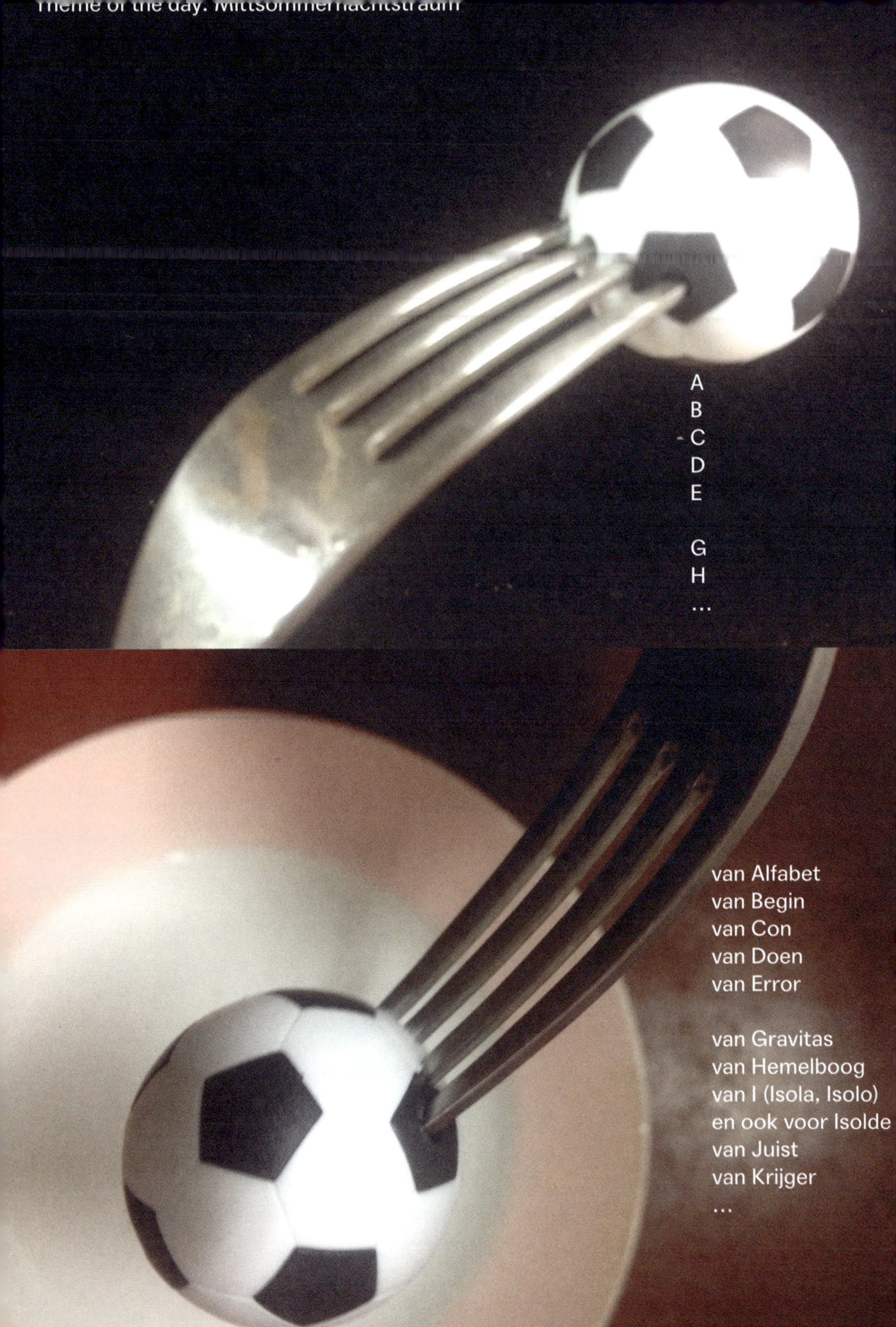
Theme of the day: Mittsommernachtstraum
A
B
C
D
E
G
H
...
van Alfabet
van Begin
van Con
van Doen
van Error

van Gravitas
van Hemelboog
van I (Isola, Isolo)
en ook voor Isolde
van Juist
van Krijger
...

F VAN FIGUUR
Zingen. Je doet het niet meer. Waarom? Het is alles wat je bent.
Het zijn je longblaasjes, zeg je, de angst in je stem.
Maar je kan je toch niet blijven verbergen?
Je leven gaat voorbij.
Onophoudelijk.
Ril maar.
Ja.
Ik weet dat je graag eens zou huilen op het midden van het plein.
Dat je veel houdt van vallend naar de hemel kijken
Op een schommel. Het mirakel in het woord
Mirakel. En dat zwijgen
Zonder twijfel
Stom is.
Nee?
Je kan het niet rijmen, zeg je. Met je natte lippen van een sirene
Kan je niet ondergaan als sint-sebastiaan, mast en
Bast doorboord maar evengoed een sucker.
Je zou moeten kunnen
Willen niets dan
Mythe,
Flow.
Maar je gaat dood van dorst op zee. Je wordt wakker en je beslist
Er niet te zijn. Je honger te stillen met theorieën als
Smeerolie op je eeuwige vuur van excuses.
Of te doen alsof je werk
Een ziekte is
Die niet
Stopt.
Zo is het gemakkelijk. Je wordt herkenbaar aan wat je niet bent.
Bereisd, bekaaid, bekend om je bescheiden gebrek
Aan valsheid, een meester in de schaduw van
Je drang iemand te zijn
Zoals het hoort.
Figuur.
Lijk.
Je moet eraan geloven. In je afwezigheid groeit de haat als hitte
Door het brandhout van je stem. Hou dus maar op
Te spelen met je talent bespeeld te worden.
Je bent een instrument
Van de muziek
Niet haar
Lied.
Gebroken belofte, eindelijk vrij van je ideale onbereikbaarheid
En vormdwang. Ook als je niet zingt, lijk je sprekend
Op een zanger, het is als het pure verschijnen
Van een dier dat niet afziet
Van de jacht op
Louter
Taal.

Tom Van Imschoot

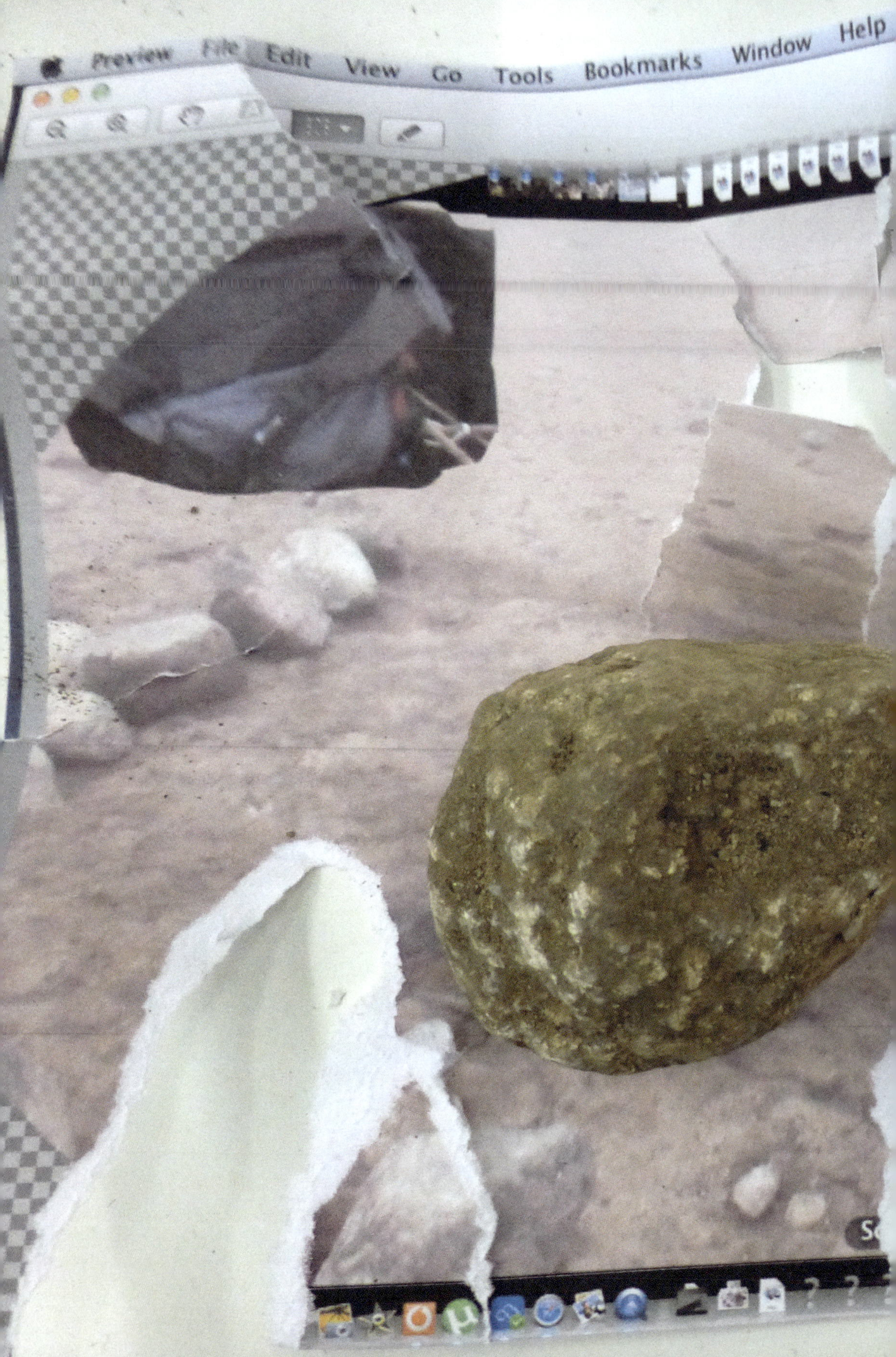

Preview   File   Edit   View   Go   Tools   Bookmarks   Window   Help

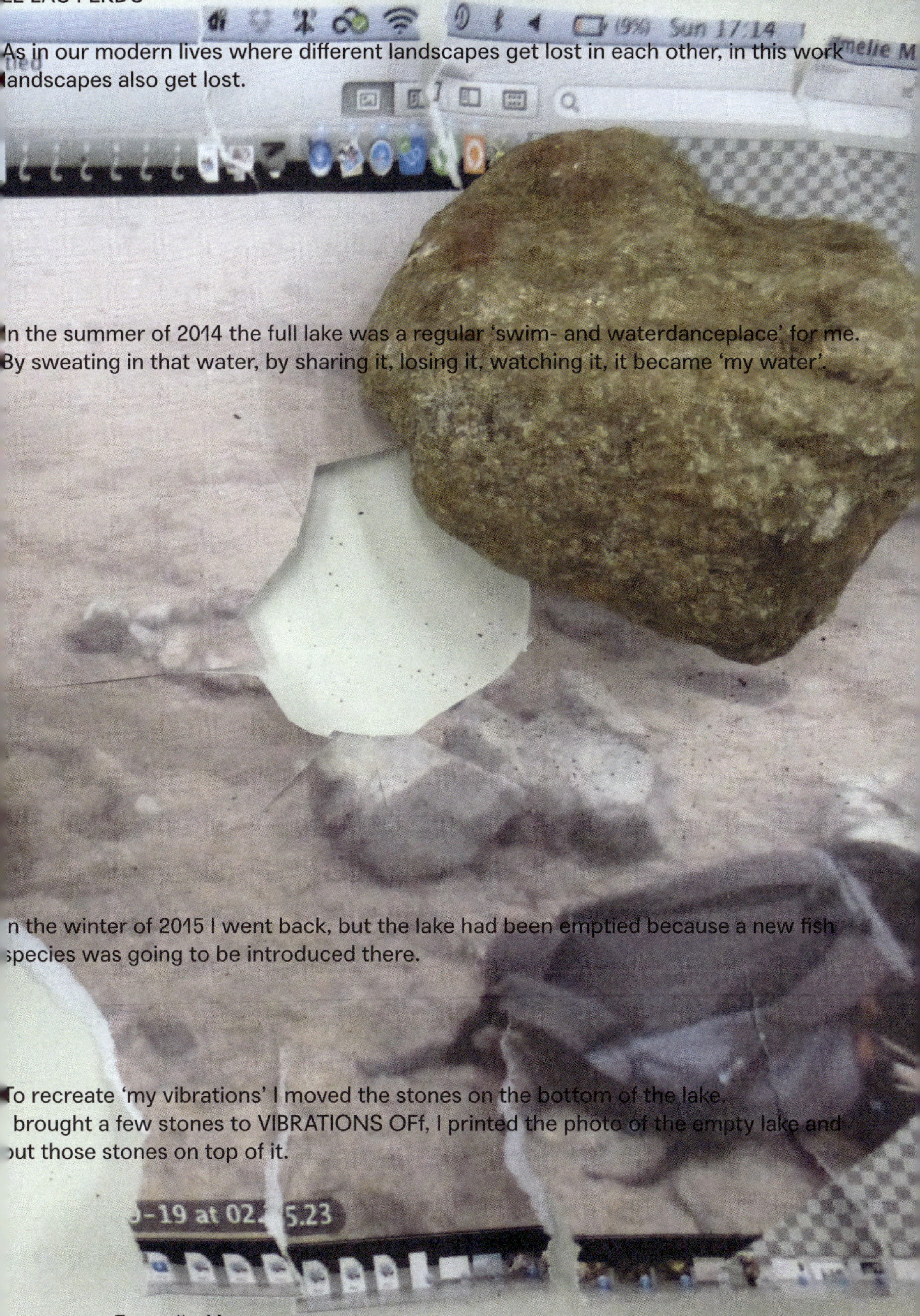

As in our modern lives where different landscapes get lost in each other, in this work landscapes also get lost.

In the summer of 2014 the full lake was a regular 'swim- and waterdanceplace' for me. By sweating in that water, by sharing it, losing it, watching it, it became 'my water'.

In the winter of 2015 I went back, but the lake had been emptied because a new fish species was going to be introduced there.

To recreate 'my vibrations' I moved the stones on the bottom of the lake. I brought a few stones to VIBRATIONS OFf, I printed the photo of the empty lake and put those stones on top of it.

Emmelie Martens

vacancy vacant vacantly vacate vacation vacationer vaccinate vaccination vaccine vacill
vain vainly valedictorian valentine Valentine's Day valet valiant valiantly valid validate vali
vanguard vanilla vanish vanishing vanity vanity plate vanquish vapor vaporize variability
vasectomy vast vastly vat vault VCR VD veal veer vegan vegetable vegetarian vegetarian
velour velvet

ventila
ventril
ventril
ventur
veran
verbal
verbos
verific
verital
vernac
versat
versus
vertica
vertig
vessel
vestig
veterir
veterir
via via
viaduc
vibran
vicaric
presid
vicinity
circle
victim
victor
victory
videoc
video
vie vie
viewpc
vigilan
vigor
vile vil
village
vindica
vindict

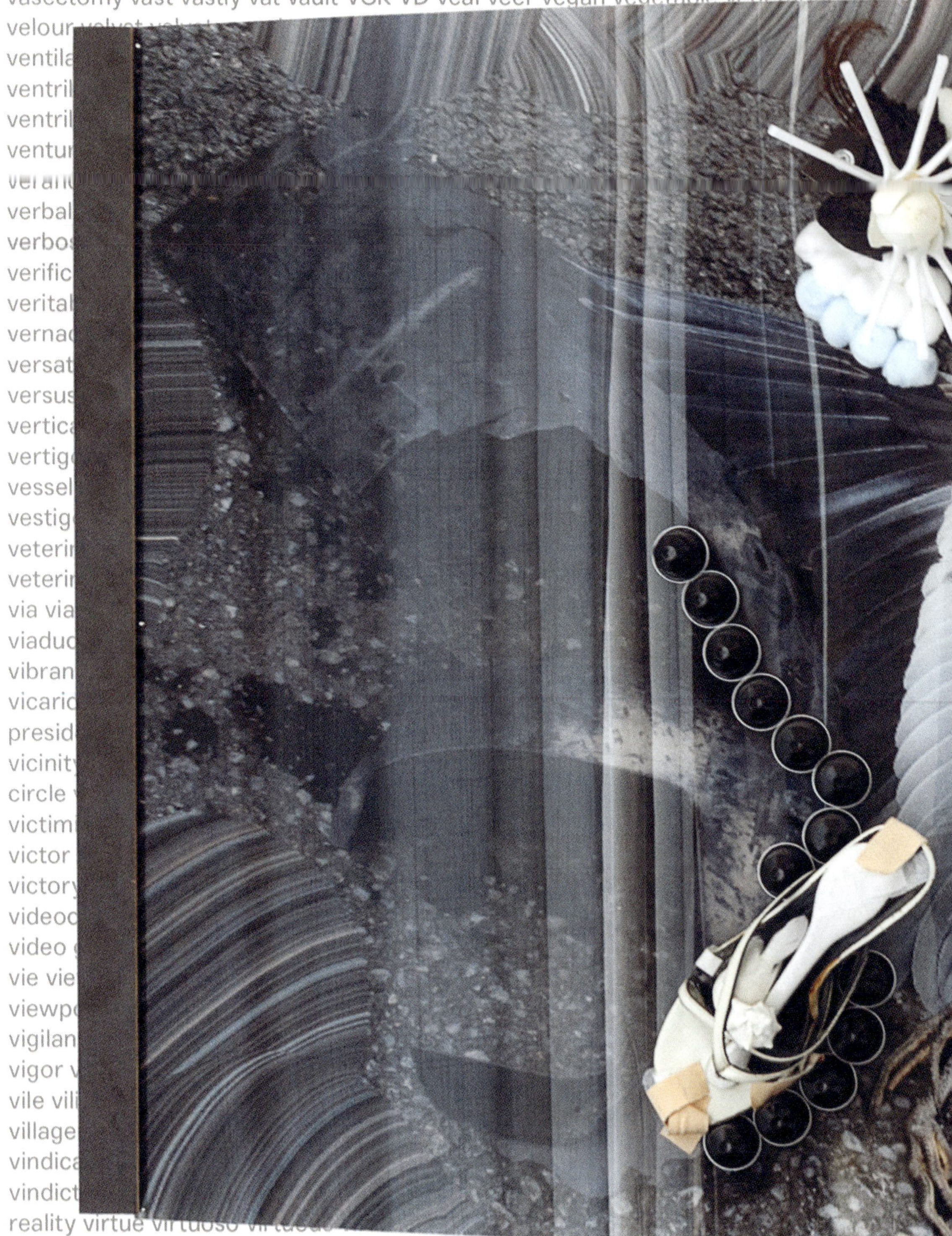

reality virtue virtuoso virtue
visually vital vitality vitally vital statistics vitamin vivacious vivaciously vivacity vivid vivid
vogue voice voice mail void vol. volatile volatility volcanic volcano volition volley volleyb

m vacuum cleaner vacuum-packed vagina vaginal vagrant vague vaguely vagueness
valor valuable valuables value values valve vampire van vandal vandalism vandalize
ariance variant variation varied variety various variously varnish varsity vary vase
ggies vehement vehemently vehicle vehicular veil veiled vein Velcro velocity

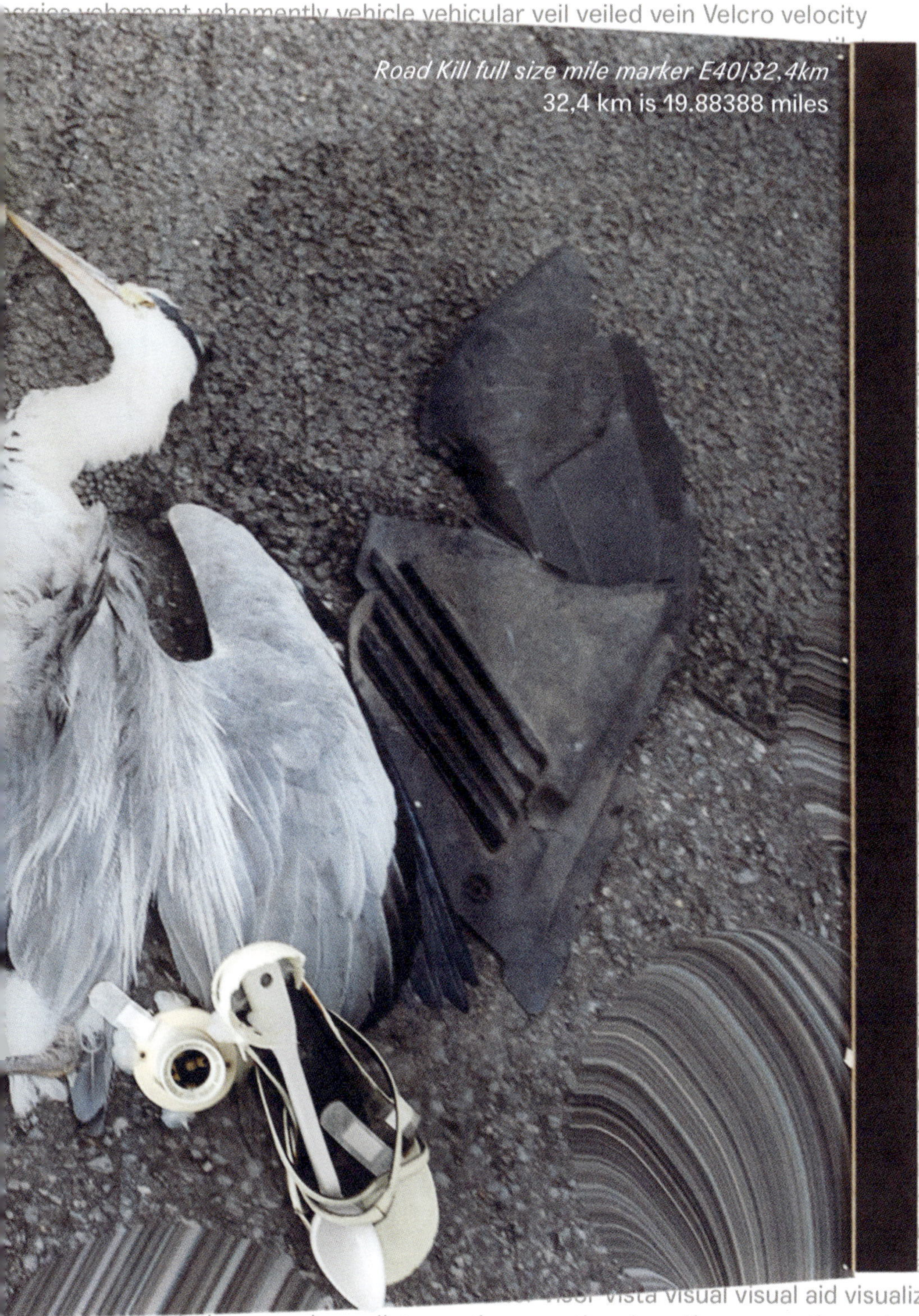

ilator
us
al
atim
e
y
hin
atile
on
ebrae
cally
bule
ran
vex
e
s
ation
vice
a
us
n
mise
rious
tape
ing
nce
nte
ously
e
ny
cation
al
isor vista visual visual aid visualize
on V-neck vocabulary vocal vocalist vocation vocational vociferous vociferously vodka
age volume voluminous voluntarily voluntary volunteer voluptuous vomit voodoo

Do not light, do not blow out

VIBRATIONS OFf
[바이브레이션 오프]

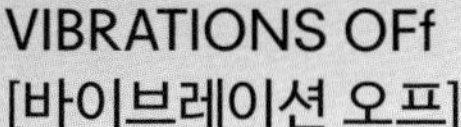

ㅂ ㅂ ㅂ ㅂ ㅂ ㅂ　　+　VVVVVVV　　= ㅂVㅂbㅂvㅂBㅂ
　　　　　　　　　　　　BBBBBB

In Korean, we don't have the sound 'V'. The sounds of V and B are all translated as the Korean consonant ㅂ[b].
V, gets lost in a different tongue. You live. You forget. You lose that you are
lost. You still live. Not having V does not alarm you immediately. However,
you find your new vibe, you find a new part of your brain.
Visiting the exhibition VIBRATIONS OFf was like that. It gave me new V. It
shook not only my tongue but also my eyes and brain.
Honoré welcomes everyone as an artist. He gives VVVV, its vvvvirus of
vvvvibration. You feel live vibrations going through. You participate to
vibrate the exhibition. Then you would question who is an artist; it is the
exhibition of the artist, Honoré δ'O and the artist, You.
The exhibition, Honoré δ'O and the participants certainly touched me. I con-
fess here, this touch still lives with its strong visual image. It would be lovely
if it could play VVVV with Korean participants to make it ㅂVㅂbㅂvㅂBㅂ.

Yunkyung Kam 감윤경

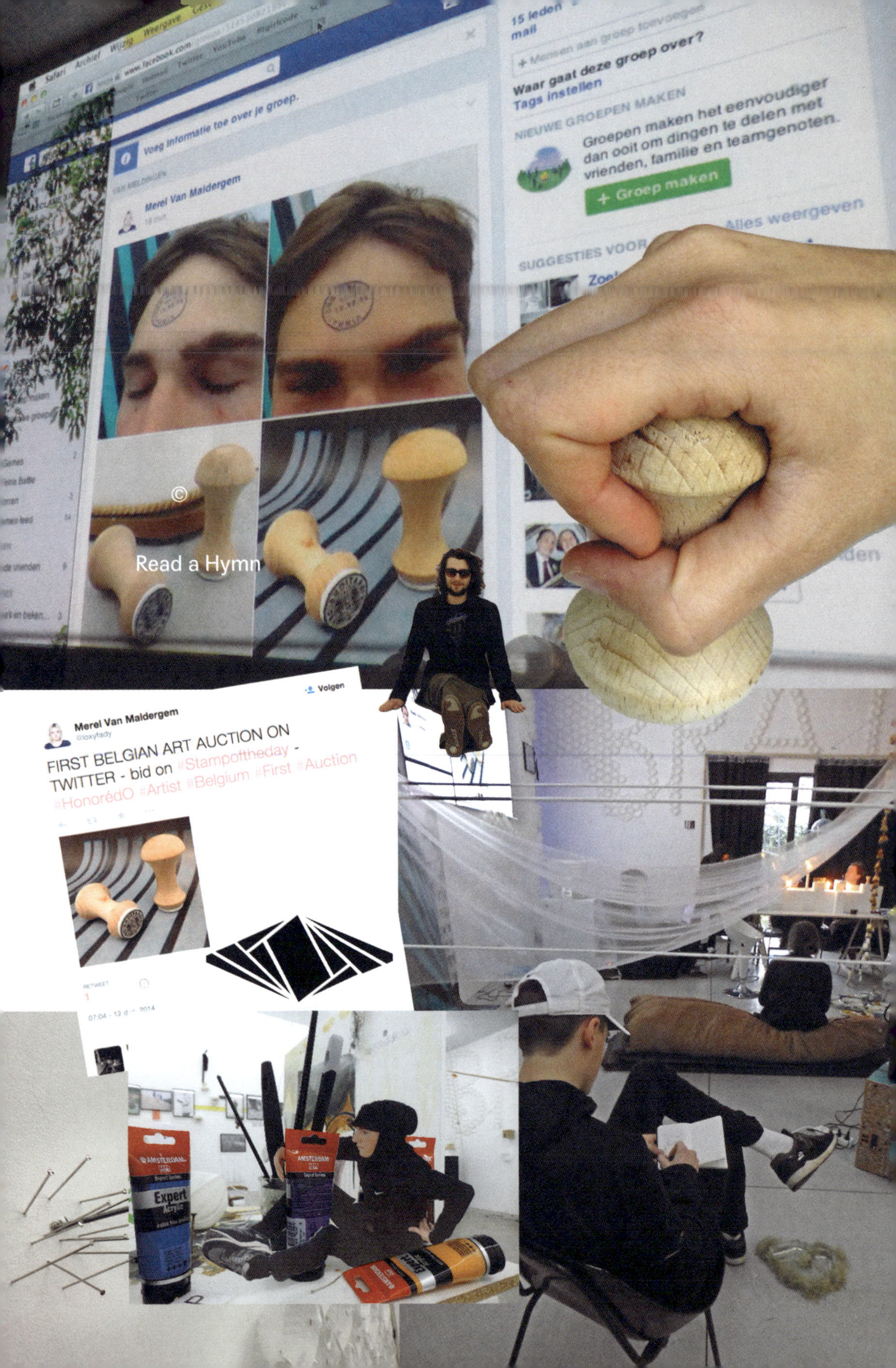
15 leden
mail
Waar gaat deze groep over?
Tags instellen
NIEUWE GROEPEN MAKEN
Groepen maken het eenvoudiger
dan ooit om dingen te delen met
vrienden, familie en teamgenoten.
+ Groep maken
SUGGESTIES VOOR
Voeg informatie toe over je groep.
Merel Van Maldergem
Read a Hymn
Merel Van Maldergem
@loxyfady
FIRST BELGIAN ART AUCTION ON
TWITTER - bid on #Stampoftheday -
#HonorédO #Artist #Belgium #First #Auction
RETWEET
1
07:04 - 12 d - 2014

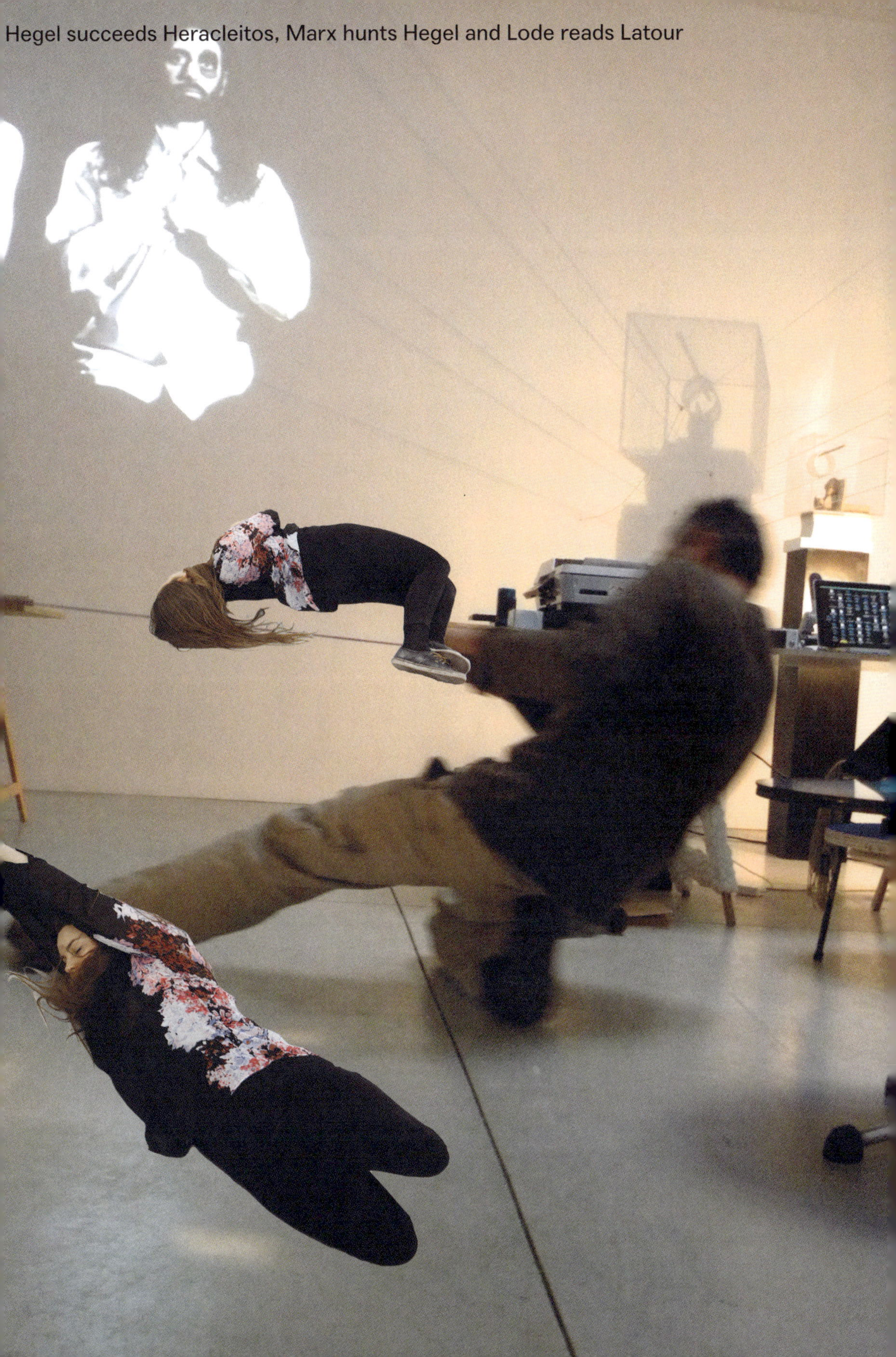

Hegel succeeds Heracleitos, Marx hunts Hegel and Lode reads Latour

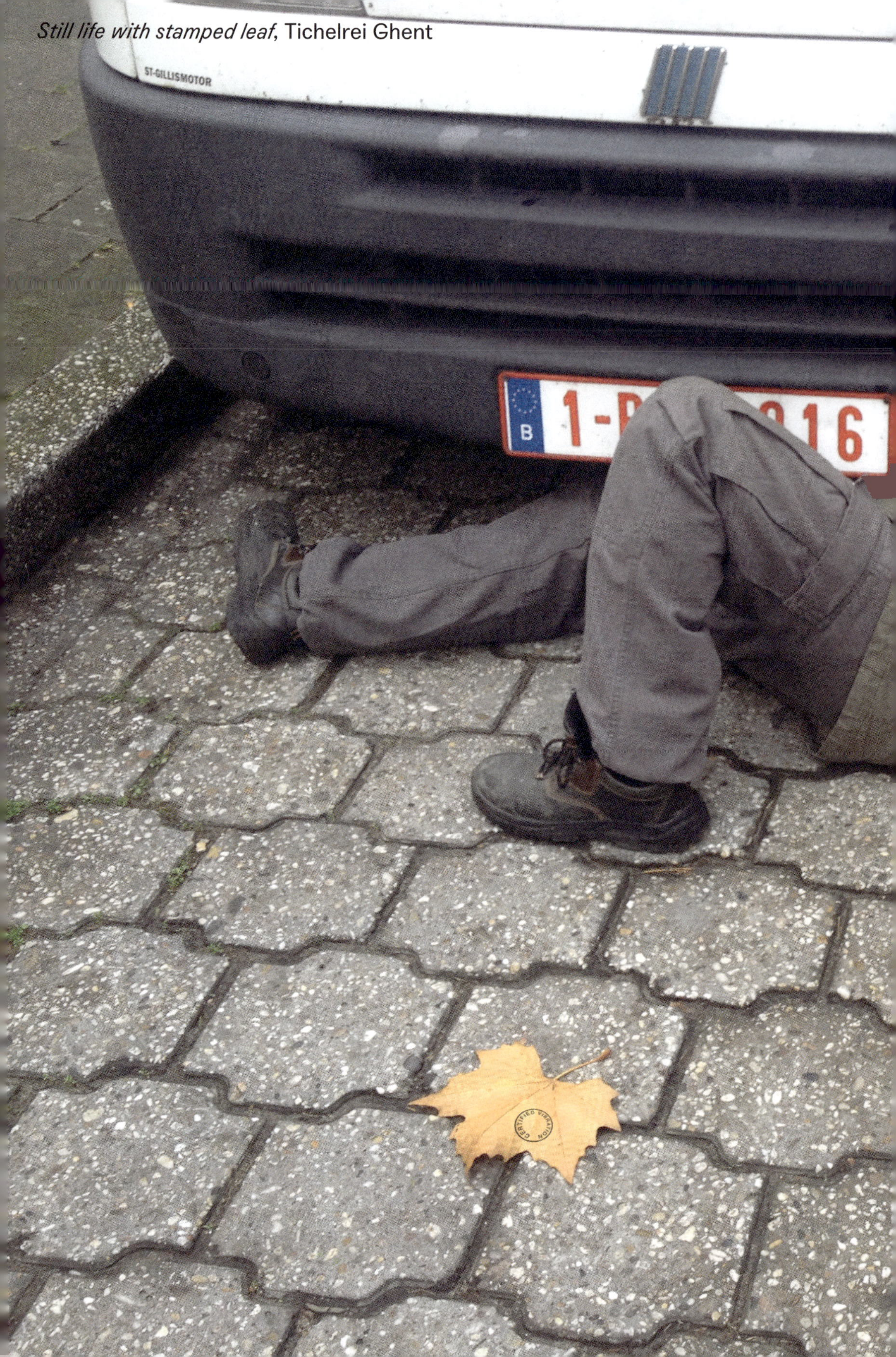

Still life with stamped leaf, Tichelrei Ghent

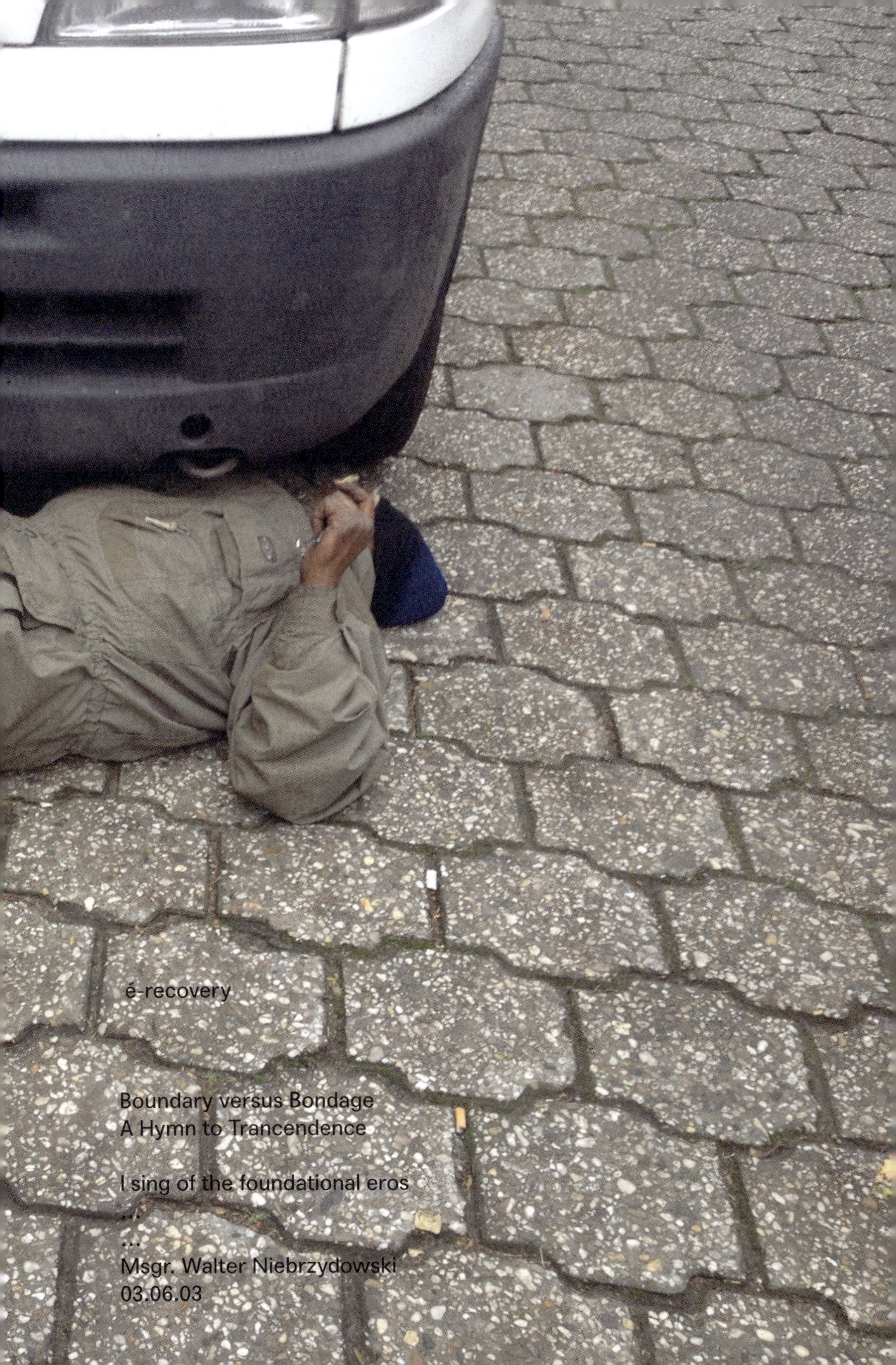
è-recovery

Boundary versus Bondage
A Hymn to Trancendence

I sing of the foundational eros

...
Msgr. Walter Niebrzydowski
03.06.03

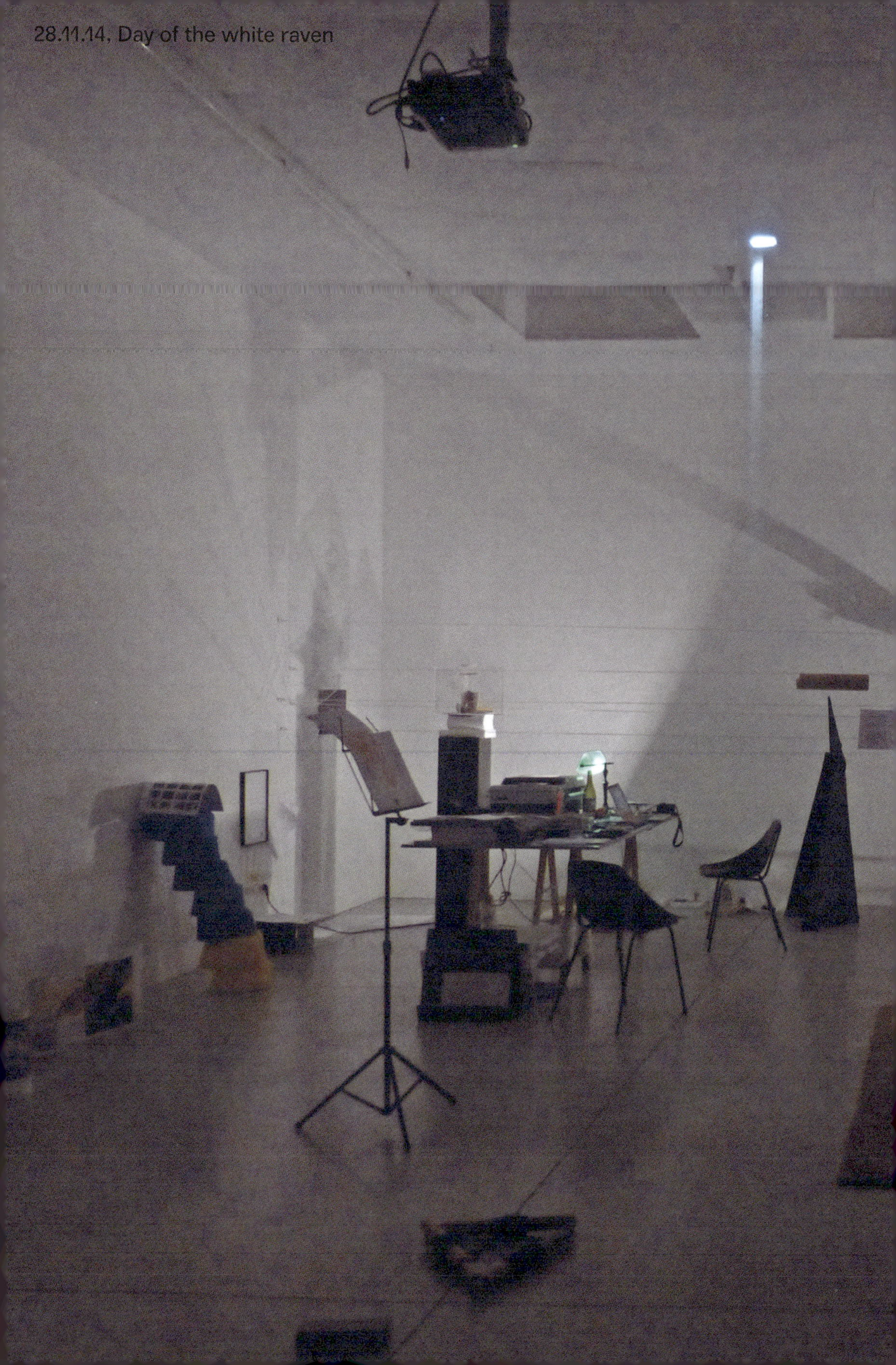

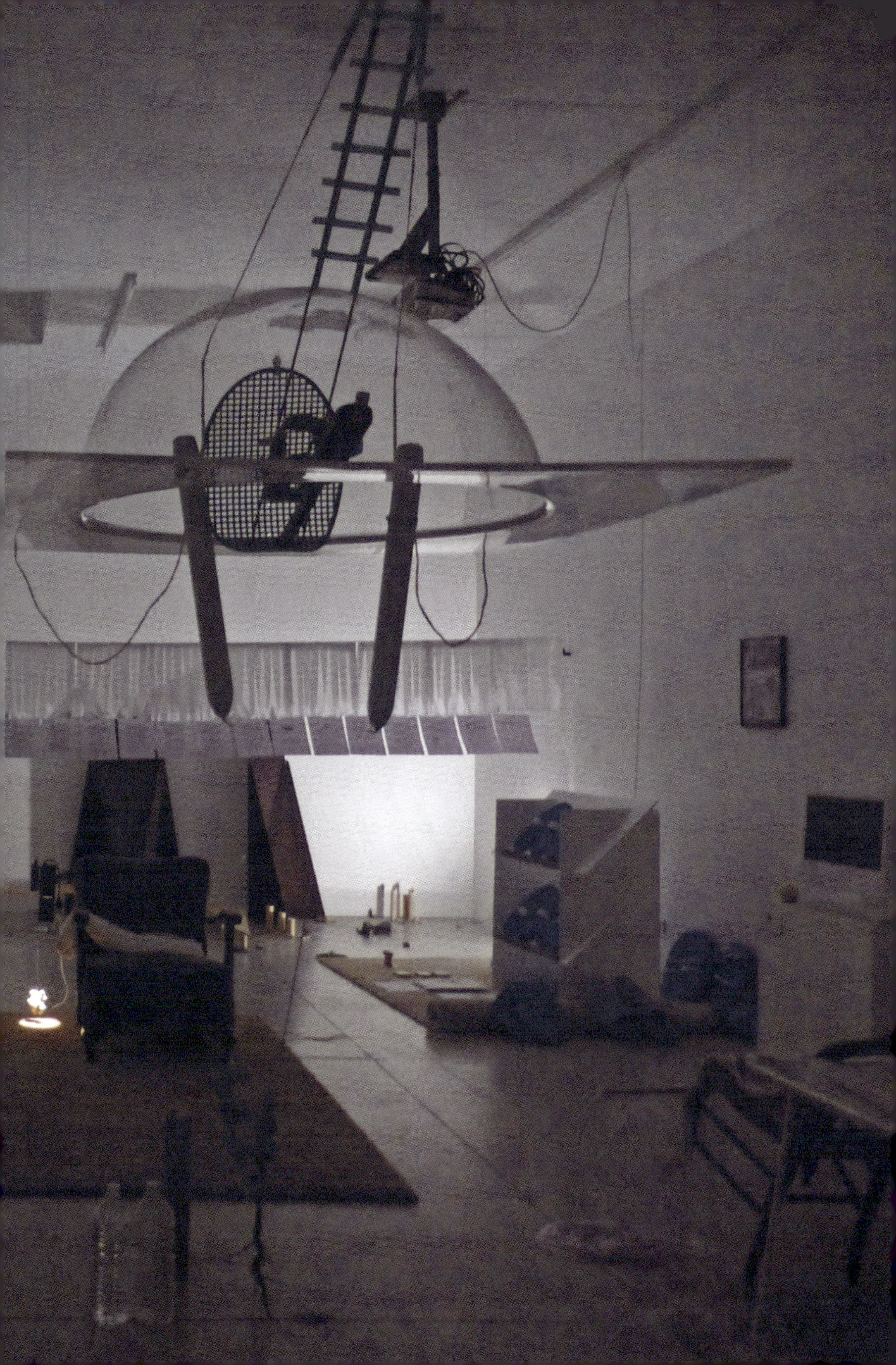

Honoré ∂'O writes about 'extra édition, extra mémoire'

extrait du souvenant:

(...)
tant pis de tête, pourquoi 'honoré' si un autre passé composé est disponible,¿,
un odorat du hasard de survie, le passé touché commence à mener une double vie,
grâce aux extra éditions de vitesse de l'heure vraie et juste, en pochette rougie de
bleu et de joie redécouverte, plus loin que just for fun funeste, pour ceux qui étaient
bio-présents autre part et se souviennent la distance et l'autorité par inévitabilité
naturelle, et pour ceux qui savent oublier pour connaître, par volonté visionique,
la réflexion chantante s'est faite dans la carroserie renault d'excuse, embetée par
le zoo de pardon, la blue key s'est froissée, coupée en dvd à repasser l'histoire, un
grattoir à tête de cloche tinte son petit son à cordes, à portée plissée, munie d'un
cahier rempli de musique plié, entendu dans le perpetuum associatif projeté sans
fin sur l'écran du crâne, le démarrage repris: l'intérieur corporel va nous offrir la
philosophie du courage intellectuel, sans illustrer la didactique aimable par l'ajout
d'une tapisserie d'incrustation, achevée jusque dans les moindres nanomillimètres,
au surface de la vie répandue d'atrocités de la ruelle à l'étage (allez, allez colle-tout
d'art, collez collez tout), on n'exagère pas l'unité du premier mai, 1 mai d'hommage
inactif, début de transformation de garde et de souplesse créative ... everybody
may start here a further textualism of the exposed continuity, à traverser cette fin
virtuelle, par participation ou par démission, la suite est préférable au rôle d'ana-
lyste qui s'enroule vers l'hiver de la conscience fermée à clé ou au code, qui donne
à son tour son poids à la multiplication informative en accélération hors système ou
contrôle, et hors repas humain, les fruits ...... des cœurs ....
(...)
entre le 0 et le 2 mai 2008

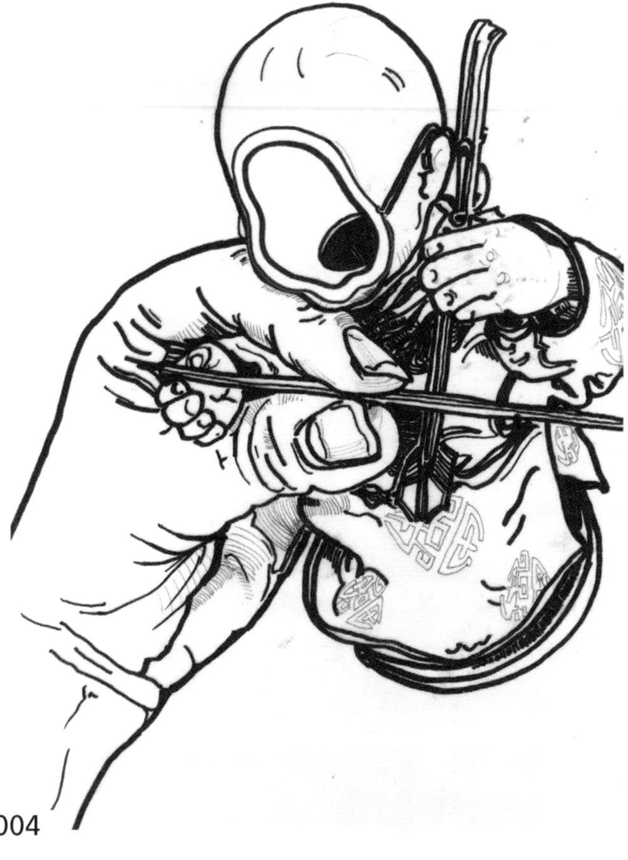

Cover proposal for extra edition *Help*, 2004

Robert Filliou talks about DHARMA AND HIS WORK AS AN ARTIST

fragment of a conversation with Louwrien Wijers, Amsterdam, October 11, 1981

(…)
Our generation has tried… we have tried… many, many of us… in many ways… to put art back on the right track, through an intuitive understanding of what it is all about… Namely, that art is a spiritual adventure… And once we put it back… again the whole field is open…
And our Tibetan masters know what they teach… our masters live what they know… our Tibetan masters practice what they advise other people to do… Theirs is the Art with a capital letter…
Our art is an art that aims at theirs… and illustrates it for everybody…
I always think about this in terms of paradoxes… That, unlike our masters, as artists we have to work 'as if' and 'in spite of'… We have to light the way 'as if' we knew where we come from… and 'in spite of' not knowing where we are going… Intuitively you know it! And this is a great function of art… in the twentieth century… in Western society…
(…)
So, this particular paradox for me runs this way: 'Looking both ways is the artist's poor privilege…'
The minimum knowledge required of an artist is… that the artist sees both sides of every question… I think that our great Tibetan masters, in all the traditions, who have realized the nature of their own mind, appreciate this function of art…

Modern Video Model, Robert Filliou, 1984, ed. Griffelkunst, Hamburg, 541 ex.

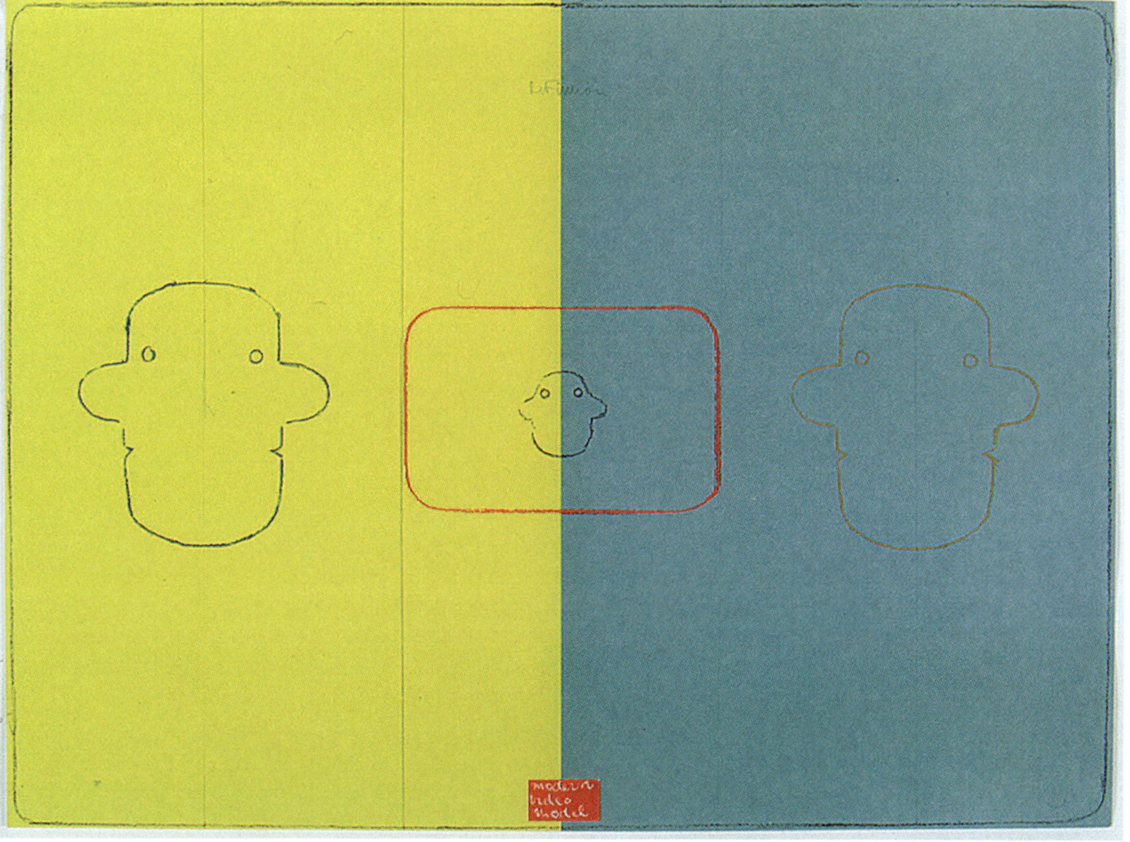

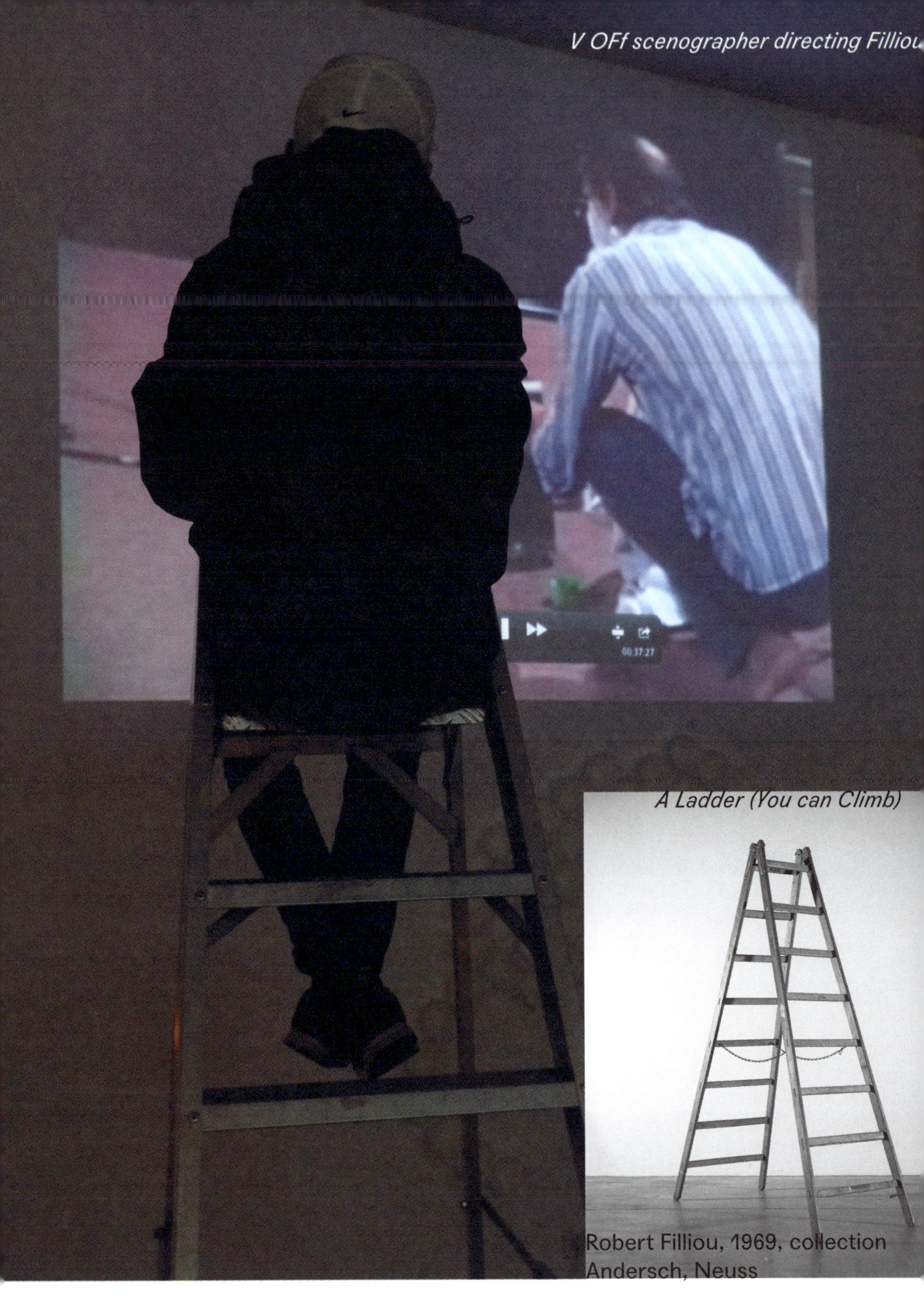

L'art est ce qui rend la vie plus intéressante que l'art
Art is what makes life more interesting than art

R.F

Sylvie Jouval

La proposition linguistique – VIBRATIONS OFf – telle qu'Honoré ẟ'O la verbalise, impose implicitement une double lecture quasiment paradoxale : une focalisation sur la notion de vibrations (vibrations de…, vibrations avec…, soit en vibrations) et l'annonce d'une possible interruption de(s) vibrations. L'énoncé, dès sa première appréhension, ne peut donc pas se concevoir comme l'événement d'une présence ou d'une absence de vibrations mais comme l'expérience de multiples vibrations dans un temps étendu, le temps étendu de l'expérience, de sa durée processuelle : les vibrations se propagent, s'éprouvent de sujet à sujet, de sujet à objet, d'objet à sujet, d'objet à objet et cessent !
Identifier la nature des champs vibratoires en co-présence, déceler les causes de cette agitation, comprendre les lois et les propriétés physiques qui procèdent aux champs peut nous aider à préciser la formulation, a priori, paradoxale de l'intitulé VIBRATIONS OFf.

Première variation : sur-le-champ sémantique de VIBRATIONS OFf

Du point de vue de l'analyse sémantique, envisager les nuances que recouvre l'intitulé, c'est considérer non seulement la diversité de sens propre au langage et aux signes usités mais aussi leur complémentarité : la proposition n'est jamais duale – vibrations d'un sujet / d'un objet, IN / OFF, avec / sans vibrations, etc. –, elle se redéfinit sans cesse, au contraire, selon l'acuité de l'attention portée aux combinatoires plus ou moins élaborées. Un premier niveau de vigilance se concentre sur la singularité de chaque proposition offerte par la lecture du champ sémantique VIBRATIONS OFf :

VIBRATION(S) OF…	VIBRATION(S) OFF
d'un sujet avec un sujet	d'un sujet sans sujet
d'un sujet avec un objet	d'un sujet sans objet
d'un objet avec un objet	d'un objet sans objet

Puis, chaque entité singulière estime à nouveau son niveau de réalités objective et subjective alors qu'elle s'inscrit dans un environnement où se déploient paroles, pensées, actions, constructions, installations… Elle identifie alors une pluralité de champs, des champs en résonance qui modifient son propre champ. L'attention se déplace de l'unité vers la multiplicité, vers les combinaisons possibles et les interférences réciproques. Chaque entité actualise sa propre dynamique dans un mouvement plus vaste auquel elle participe. Dans cette mise en abîme, c'est finalement le procédé de transformations et de transmutations des champs – *in process* – qui prédomine et motive une prise de conscience de plus en plus subtile de la réalité objective et subjective des champs : *Rien ne se crée ni se détruit, tout se transforme !*

Les prolégomènes à la sémantique générale, tels qu'Alfred Korzybski[1] les a décrits entre 1933 et 1950, ouvrent des voies pour assimiler la richesse et la complexité inhérentes au champ sémantique VIBRATIONS OFf, d'autant que les échos avec de nombreux détails de la proposition d'Honoré δ'O apparaissent particulièrement ténus. À partir de la découverte des théories de la relativité restreinte et de la relativité générale d'Albert Einstein, Alfred Korzybski propose de reconsidérer les catégories définies par Aristote dès lors que les notions de 'temps absolu' et d''espace absolu' sont remises en question dans le continuum espace-temps : l'espace et le temps étant unis pour former une même entité 'espace-temps', toute déformation de l'espace induit une flexibilité du temps comme toute action sur le temps provoque une courbure de l'espace.

Pour réévaluer 'ce qui est' en termes 'simple' / 'complexe' / d''essence' / en 'substance' / 'relatif' / 'en relation' / de 'genre' / etc. dans ce continuum, Alfred Korzybski prône l'usage de « procédés extensionnels » (comme dans le langage mathématique) qui favorise une connaissance inférentielle plutôt qu'abstraite, déductive plutôt qu'absolue. Parmi ces « procédés extension-nels », il différencie, par exemples :
~ les « indices » qui rendent explicites les variations d'une même entité A dans divers états A_1, A_2, A_3, …
~ les « indices-en-chaînes » qui introduisent des facteurs, conditions, situa-tions, etc., liés à l'environnement et qui symbolisent, par exemples, des processus organiques, des relations inter-personnelles ou des processus de « time-binding », c'est-à-dire des chaînes de feed-back en spirales car *dans un monde où la 'cause' donnée produit ou peut produire une multiplicité d''effets', chaque 'effet' devient ou peut devenir une 'cause' et ainsi de suite indéfiniment.*
~ les « dates » qui orientent des ordres temporels et précisent les différentes strates de temps qui se chevauchent dans une pensée ou une situation ; parler, par exemple, à un temps t_n d'un événement *e* qui s'est déroulé aupa-ravant – disons en t_0 – et prendre conscience des altérations de la mémoire qui procède par coupes, adjonctions, projections en différenciant grâce aux indices les réalités objectives et subjectives de l'événement $e\text{-}t_0$ de celles de $e\text{-}t_n$ permet de réaliser ou de communiquer, avec nuances, les dynamiques conscientes et inconscientes sous-jacentes à toute pensée en évolution.
~ les « traits d'union » lient différents groupes en un système et font valoir une dynamique propre au système, avec des propriétés qui peuvent varier par rapport à un groupe considéré isolément. Considérant « l'homme » comme « un organisme-comme-un-tout-dans-un-environnement », Alfred Korzybski argumente l'intérêt d'une telle séquence verbale en indiquant que *« organisme-comme-un-tout » ne peut exister a fortiori sans environnement et qu'envisagé dans un 'isolement absolu' il n'est que fiction.*

Les notions de 'principe', 'substance', 'qualité', 'quantité', 'genre', etc., se redéfinissent ainsi par des séquences structurelles – telles que les chaînes

logiques induites par des procédés d'inclusion / combinaison / union / exclusion – qui développent 'ce qui est' 'même' / 'semblable' / 'autre' / 'différent',
'ce qui est' 'entier' / 'altéré', 'combiné' / 'sans combinaison', 'opposé' / 'com-
plémentaire' / 'contraire', 'intérieur' / 'extérieur', 'antérieur' / 'postérieur', etc.

<u>Deuxième variation sur-le-champ de VIBRATIONS OFf</u> : *an imagination to*
connect !

En exprimant des analogies entre la sémantique et les arts plastiques, en
intégrant systématiquement le langage à sa créativité, Honoré δ'O use
volontiers de métaphores liées à la structure du langage – vocabulaire
/ grammaire / syntaxe – ; il convoque et invente des outils proches des
« procédés extensionnels » suggérés par Alfred Korzybski pour améliorer
les modes de pensée et de communication ; il rend plus perceptibles, plus
directes des connexions de sens, de formes et de connivences. *An imagina-*
tion to connect, expression qu'Honoré δ'O actualise et développe depuis ses
premières créations, pourrait être un statement de VIBRATIONS OFf.

Pour présenter la nature et les variables de VIBRATIONS OFf, différents tampons ont été créés pour l'occasion :
~ Un tampon qui figure cinq cercles concentriques symbolise la présence
d'un champ de résonance, la vibration d'un champ électro-magnétique
ou la propagation d'une onde ; ce tampon apposé sur une carte de fidélité
mentionne le passage d'un membre sur la scène de la galerie Kristof De
Clercq ; chaque visiteur / invité étant a fortiori le centre du champ qu'il émet,
ses champs successifs se superposent et entrent en collision – sur la carte
comme sur la scène – dès lors qu'il devient passager récurrent.
~ Un autre tampon, avec la mention CERTIFIED VIBRATION sur le pourtour
d'un cercle, atteste la réalité de connexions entre plusieurs champs si bien
qu'un mur, une création, un corps, etc. peuvent en porter la marque.
~ Une série d'autres tampons précise la date du jour où un élément de
VIBRATIONS OFf a été créé : 26 jours d'ouverture de la galerie, soit 26
tampons-date.
~ Un multiple a été édité où chaque tampon-date est uni par un lien à son
'pseudo-tampon', la même forme en bois du tampon mais sans signe, c'est-
à-dire la forme restée vierge si bien qu'elle peut accueillir l'empreinte du
tampon encreur et former avec le tampon-date, de main à main, un couple
positif-négatif, direct-indirect, endroit-envers si l'on s'en tient à la lecture en
miroir du calibre et de son empreinte.

Chacun de ces indices peut varier de forme et de valeur par le truchement
de sa trace en infographie que ce soit au sein d'une publication, sur l'écran
d'un ordinateur ou bien sous la forme d'une projection : des variations de
taille ou de forme introduisent des jeux d'échelle réciproques, des lectures
secondaires – une empreinte tronquée devient un croissant de lune en
orbite avec une autre planète / une inégalité de densité des cercles peut

dessiner un champ de vibrations centripètes ou, au contraire, un champ de vibrations centrifuges ; elle peut aussi désigner un champ en ascension ou en déclinaison ; un champ d'intensité croissante ou décroissante / la même figure sur des fonds colorés variés s'agrège, en contraste, de nouvelles valeurs propres à la symbolique des couleurs, symbolique toujours ambivalente / …

L'imaginaire révélé par les variations de forme et de valeur des empreintes de tampons s'enrichit de la polysémie du mot 'tampon' et renvoie (selon les expressions françaises) à des associations d'esprit qui valorisent, en la circonstance, la pertinence du choix de cet outil indiciel : 'zone tampon' ou zone de protection / 'état tampon' ou situation intermédiaire entre deux états qui empêche le conflit / 'coup de tampon' ou collision entre deux trains de chemin de fer / 'en tampon' ou froissé en boule / …

Au fur et à mesure que les visites, les actions, les créations se succèdent, se juxtaposent, se combinent… par le jeu des rencontres, des communications, des collaborations…, les traces indicielles signalent une multitude d'indices-en-chaînes et, de ce fait, un grand nombre de réactions-en-chaînes potentielles. VIBRATIONS OFf se manifeste comme un champ de propagations complexe, toujours en transformation, où des ondes passées / présentes / à venir, perceptibles / imperceptibles, matérielles / immatérielles se côtoient et s'influencent, à l'image du continuum espace-temps chargé de réalités enchevêtrées.

<u>Troisième variation sur-le-champ de VIBRATIONS OFf : quelques notes sur la chorégraphie mise en scène par Honoré δ'O</u>

Honoré δ'O, initiateur du projet, a choisi de créer un dispositif qu'il a souhaité ouvert à tous les champs vibratoires tels qu'ils soient : pas d'œuvre de l'artiste qui s'impose au moment de l'inauguration, mais la mise en place d'un dispositif avec un programme, dont l''ABC' réside, entre-autres, en à la présentation des protagonistes potentiels, les 'invités', qui deviennent autant de co-auteurs, co-arteurs – 'invités' considérés dans l'acceptation la plus large, c'est-à-dire qu'ils soient sollicités comme amis en connivence artistique ou participant de la dynamique créative d'Honoré δ'O, comme l'accueil de groupes avec le transfert à la galerie de certains cours de l'école d'art, KASK-School of Arts, où il enseigne ou que les 'invités' soient de simples visiteurs… Pour aiguiser l'imagination des différents protagonistes sans pour autant les contraindre par des règles préétablies, Honoré δ'O introduit la notion subtile de 'guide' : être guidé / être son propre guide / guider / … Il rejoint alors la partition générale de la notion de l'être – être avec / être ensemble ; être en mouvement / être immobile ; etc. –, que Giorgio Agamben [2] distingue en *deux grands ensembles ou classes : d'une part les êtres vivants* et *de l'autre les dispositifs à l'intérieur desquels [les êtres vivants] ne cessent d'être saisis*, (…). Notons que Giorgio Agamben appelle

'dispositif', en poursuivant la réflexion entamée par Michel Foucault, *tout ce qui a, d'une manière ou d'une autre, la capacité de capturer, d'orienter, de déterminer, d'intercepter, de modeler, de contrôler et d'assurer les gestes, les conduites, les opinions et les discours des êtres vivants. (...)* Agamben précise aussi qu'*entre les deux* – entre les êtres vivants et les dispositifs – apparaissent, *comme tiers, les sujets* – un 'sujet' étant défini, précisément, comme *ce qui résulte de la relation, et pour ainsi dire, du corps à corps entre vivants et dispositifs*, c'est-à-dire le processus de subjectivation, la capacité d'adaptation et de concordance de l'être dans l'espace-temps co-relatif.

Ce dispositif devient une 'scène' où Honoré δ'O opère, en tant que 'chorégraphe', la coordination de la multitude de vibrations, des différents mouvements ; les énergies, les expériences s'échangent, se répondent et s'influencent ; les créations éparses sont autant de dynamiques et d'éléments qui s'intègrent, sont appropriés ou prolongés au sein d'une installation en permanente évolution ou 'en train de se faire'. Honoré δ'O, chorégraphe, assemble sur cette scène des détails désordonnés en un agencement ordonné sujet à d'incessantes mutations ; il recompose une réalité continue à partir de réalités fragmentées et dissociées comme pour faire apparaître ce qui 'est dans l'air du temps', ce qui est dans 'l'esprit du temps', et rendre concret le processus de création au sein du continuum espace-temps – *all the details extended, en fractures recomposées.*[3]

Pour accentuer les subtilités du processus créatif, où l'artiste *agit*, selon Marcel Duchamp[4], *à la façon d'un être médiumnique qui du labyrinthe par-delà le temps et l'espace, cherche son chemin vers une clairière* et va, *pendant l'acte de création, (...) de l'intention à la réalisation en passant par la chaîne de réactions totalement subjectives (...), une série d'efforts, de douleurs, de satisfactions, de refus, de décisions qui ne peuvent ni ne doivent être pleinement conscients, du moins sur le plan esthétique,* Honoré δ'O redistribue sur un mode transitif ce qui est actif et / ou passif, ce qui est conscient et / ou inconscient dans toute pensée ou tout acte ; il introduit dans l'espace-temps des phénomènes apparents – le monde du vivant soumis à la 'flèche du temps', à la fois linéaire et irréversible sous l'influence des champs de force gravitationnelle – des distorsions spatiales et temporelles qui participent et perturbent ce continuum. Ces contextualisations / dé-contextualisations / re-contextualisations sont autant de scènes en tension, de niveaux de réalités comme séparés par des rideaux, autant de réalités qui peuvent se connecter ou s'isoler, relativiser leur autonomie propre.

Avec *Formally Feed Me*, un repas où les convives se restaurent par personnes interposées, Abigail Liparoto propose pour VIBRATIONS OFf de réapprendre à boire et à manger, à 'se nourrir' comme un acte de communion : plutôt qu'activité ou passivité, le corps-à-corps combine l'activité-passive de celui qui tend les mets avec la passivité-active de celui qui les consomme. Entre volonté et pouvoir, entre liberté et contrariété, les contingences de

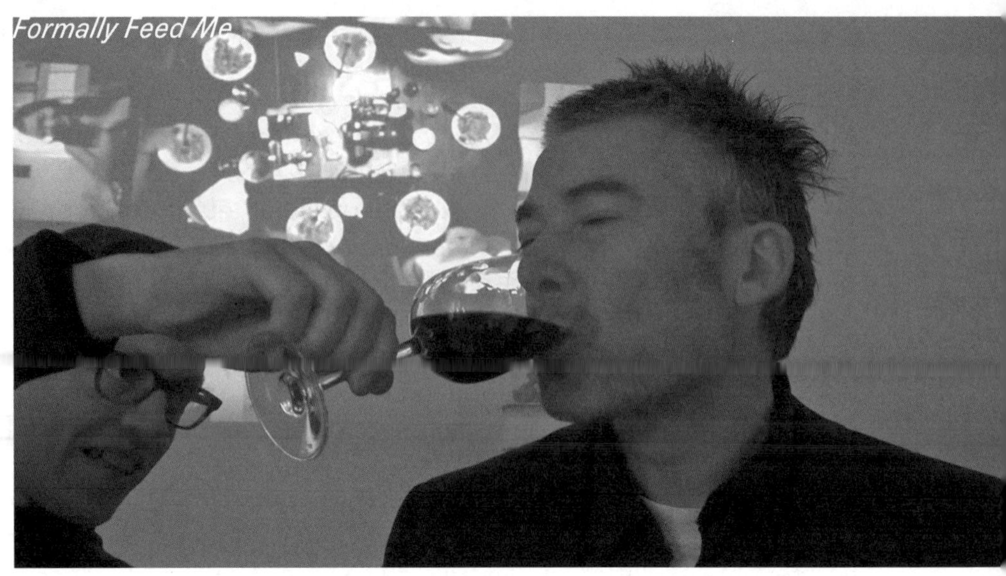

l'acte nécessitent la coordination de co-présences, de soi avec l'autre.
MANGE-MOI peut s'interpréter comme le fait de 'se nourrir', de s'impré-
gner de l'autre jusqu'à intégrer, s'approprier, voire s'identifier à l'autre –
CERTIFIED VIBRATION. C'est aussi changer de point de vue comme l'atteste
la rétro-projection connexe et simultanée du banquet vu de haut. *A new form
of knowledge, of servitude, of amazement, whatever: an invention is a new form
of source. It sometimes implicates learning how to drink once again. You can
invent without even knowing it. Sometimes it is someone else who notices it.
In many cases an invention creates itself. You are a mixed lot of parameters, of
golf patterns in a quantum space*, argumente Honoré δ'O.[5]

Lorsque Honoré δ'O expose une variation sur un paysage avec deux de ses
créations, l'une réalisée jeune homme et l'autre réinterprétant le paysage de
manière contemporaine, il rend compte du changement d'états, de l'évolution des esthétiques au cours du temps tout en insistant sur le changement
d'identité qui s'est opéré entre temps. *From Raf Bert Livinus Vanommeslaeghe
to Honoré δ'O, 1982–2014* présente deux états du paysage – paysage assi-
milé au psychisme ou à l'esthétique de l'artiste – avec un saut spatio-tempo-
rel, le passage d'une rive à l'autre.

Avec l'intervention d'un oracle en la personne de ManfreDu Schu, qui par
connexions Skype ou par e-mails transmettait ses prédictions, c'est une
supra-temporalité qui s'immisce dans l'espace-temps physique humain
par l'intermédiaire de la sphère divine. On peut se demander dans quelle
mesure, l'annonce d'un événement ou d'une situation future interfère avec
la réalité du présent? L'interprétation que nous en avons peut-elle orienter,
voire bouleverser le cours des événements? – autant d'énigmes que les
mythes relatent sous une forme poétique et rejouent jusqu'à l'absurde, du
complexe d'Œdipe au mythe de Sisyphe. Si *le devant a disparu, le derrière a
également été disparu. Vous comprenez?*, interpelle ManfreDu Schu.

Lorsqu'au programme apparaît *A Special Day for Robert Filliou, génie sans talent,* c'est une invitation extra-spatio-temporelle lancée le 27.11.2014 par Honoré δ'O à Robert Filliou, décédé le 2.12.1987 ; une invitation à activer la pertinence des propositions artistiques de Filliou, à re-visiter les œuvres et les pensées en termes de connivences artistiques, à jouer une *musique télépathique* qui induit d'être sur une même longueur d'ondes. Robert Filliou voulait *partager l'esprit de création permanente* et son œuvre déploie, comme celle d'Honoré δ'O, les paramètres de *la création permanente d'une liberté permanente, une recherche sur les dynamiques et les statiques comparées / Research in Dynamics and comparative Statics.*

Ce qui lui importe avant tout c'est *la créativité, l'esprit en état de marche* et *la participation au rêve collectif / l'innocence* et l'*imagination* sont deux qualités requises ou les *outils de la création permanente /* créateur de *la galerie légitime,* une galerie contenue dans sa casquette, parce qu'un chapeau couvre la tête et que *tout provient du cerveau,* estampillée avec le tampon *Galerie Légitime – couvre-chef(s)-d'œuvre(s)* en jouant sur la double lecture : chapeau (couvre-chef) qui couvre des œuvres (chef-d'œuvres) – ; une galerie nomade parce qu'*il est légitime que l'art descende de ses hauteurs, dans la rue,* dont il annonce la création de *branches autonomes* avec une édition sous la forme d'une affiche à plier en chapeau car *il est fortement conseillé au propriétaire de [chaque galerie légitime] de s'en coiffer de temps en temps : dans les rues, au cours de soirées, vernissages, etc., car son aspect poésie vivante, d'action, de comportement n'est point négligeable /* sachant qu'*en étant homme ou femme on est un génie,* pourquoi ne pas instaurer son propre *territoire de la république géniale* et renouer avec le génie qui est en nous car *la plupart des gens l'oublie (ils sont trop occupés à exploiter leurs talents) / sa recherche en pré-biologie* aboutit à l'idée que *la stratégie de l'évolution est de changer d'erreur et que sa tactique est de changer de solitude ! / intégrer plutôt*

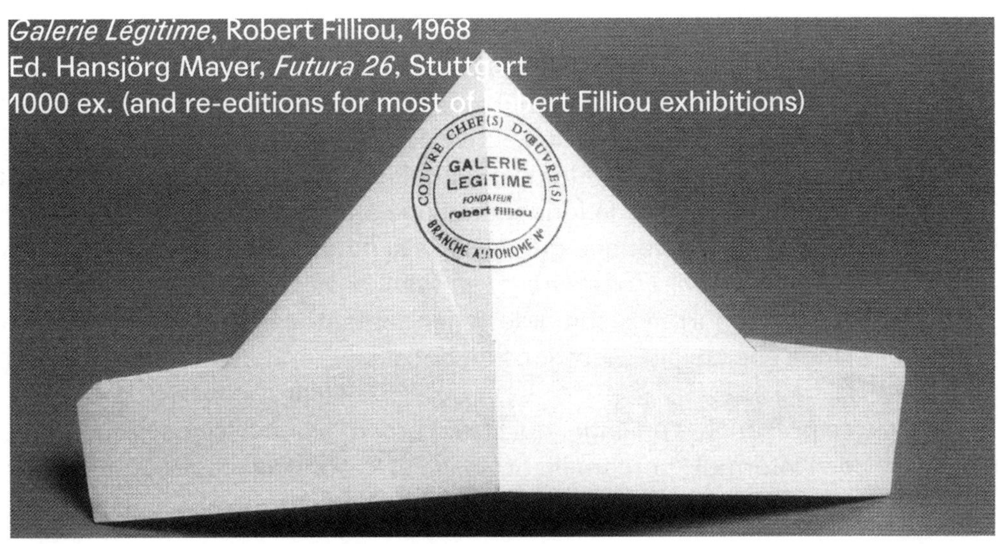

Galerie Légitime, Robert Filliou, 1968
Ed. Hansjörg Mayer, *Futura 26*, Stuttgart
1000 ex. (and re-editions for most of Robert Filliou exhibitions)

que surajouter, built-in versus built-upon / avec George Brecht, il proclame
l'ouverture de *The Eternal Network* ou, dans sa traduction française, *la fête
permanente* ; *The Eternal Network est formé du réseau horizontal qui regroupe
l'ensemble des activités humaines, dont l'art fait partie, et du réseau vertical
des activités supranaturelles qui nous relie au cosmos* / passer du concept
du temps logique au *concept du temps intuitif* (où *le temps passe à rebours
et ce que nous considérons comme notre futur est du passé*) permettrait de
*trouver une fantastique source d'énergie en étudiant le point de rencontre entre
le temps réel (qui passe à rebours) et le temps apparent (qui va de l'avant)* /
*développer son 3ᵉ œil et l'attention au corps subtil qui étend les sens dans
le continuum espace-temps, nous fait passer de l'autre côté du miroir,
nous invite à concevoir, selon la tradition bouddhiste, la nature multiple de
l'homme avec l'interaction de 3 mondes – le monde physique, le monde vital
(qui forme un plan intermédiaire entre les deux autres) et le monde mental*
/ *l'exposition pour le 3ᵉ œil* abouti à *la possibilité de perdre le poids du passé,
puis de l'avenir, puis du présent* / *from madness to nomadness* soit, avec la
multiplicité des traductions françaises, passer *de la folie à l'absence de folie,
de la folie au nomadisme* ou encore, d'après la formulation de l'artiste, *de
la folie au fou rire* / *la carte n'est pas le territoire* rappelle-t-il en citant Alfred
Korzybski / …

… en conversation télépathique avec Eddy, aussi…

Apprendre à désapprendre pourrait être un statement de cette conversion de
l'esprit, comme le suggéraient George Brecht et Robert Filliou en ouvrant *la
non-école de Villefranche : échange insouciant d'information et d'expérience.
Ni maître, ni élève. Parfaite licence. Parfois parler, parfois se taire*, comme le
stipulait le papier en-tête.

<u>Cinquième variation sur-le-champ de VIBRATIONS OFf : les champs unifiés
ou *I can do with One*</u>

D'ors et déjà initiés à une sémantique générale, aux connections, aux cartographies, aux chorégraphies tracées par VIBRATIONS OFf – depuis A jusqu'à
Z, depuis α jusqu'à ω, de 1→∞ –, les mouvements du dehors se résorbent
dans l'être et la quête subjective se transmue en une quête métaphysique ; le
monde des manifestations matérielles s'étend au monde des manifestations
immatérielles. Par la fondation d'une altérité, le 'je' tend vers le 'je idéal'[6],
vers un état extatique qui opère la synthèse entre le visible et l'invisible.
Du mouvement au détournement (*Van weg naar omweg*)… *deviens un avec
l'autre*[7], pourrait résumer les changements qui s'opèrent grâce à une vigilance accrue aux vibrations de notre environnement élargi (*Umwelt*).

La présence d'un linga, qui littéralement signifie 'signe', représente la nature
de l'informel : personnifiant Shiva, être non-manifesté – 'unique Non-né',
'pure essence', 'sans signe distinctif', 'indifférencié'… –, le linga est le signe

par lequel on reconnaît la nature de Shiva. Associé au Yoni, qui signifie 'énergie' ou 'nature manifestée', Shiva, 'progéniteur' ou 'dispensateur de semences' – nommé le 'Seigneur-du-sommeil' –, peut se manifester et devenir 'procréateur' – soit nommé le 'Seigneur-des-larmes'. L'union mystique de Shiva et de sa parèdre *représente un lien entre deux mondes, un pont où la vie matérielle, où l'esprit divin s'incarne* [8] : « *L'espace est le linga, la terre est son autel. En lui résident tous les dieux. Il est le 'signe', car tout se dissout en lui* » (Skanda Purâna [9]).

Avec les trois tendances fondamentales de l'énergie (le Yoni symbolisé par un triangle) – *la concentration qui illumine, la dispersion qui obscurcit et l'orbitation ou dynamisme qui crée* [10] – Shiva, à la fois créateur et destructeur, est l'unificateur, l'harmonisateur de la triade des mondes – monde physique de l'existence phénoménale, soit état de veille / monde vital de la non-existence, soit état de rêve / monde mental de ce 'qui est au-delà', soit état de sommeil profond. Il est celui qui, par 'volition' ou acte de volonté, vient ébranler, mettre en mouvements son essence pure jusqu'à atteindre l'essence la plus grossière, l'essence-Terre, puis entamer un processus inverse où les essences (le plus souvent, 36 essences [11] sont dénombrées) se résorbent de l'essence la plus grossière à la plus subtile, jusqu'à l'essence-Shiva, c'est-à-dire l'Absolu, à la fois immobile et inactif, qui subsiste en attente d'une nouvelle Création. À la fois symboles de l'''axe-du-monde' et de sa rotation, de l'''axe-de-lumière' et de la 'Kundalini', l'''énergie enroulée' autour de l'axe vertical des chakra-s, champ de vibrations de la syllabe primordiale *AUM* ou *Om*, le linga et le Yoni font se coïncider les forces et leur puissance tant dans l'univers que dans le corps, dans le cosmos que dans l'homme.

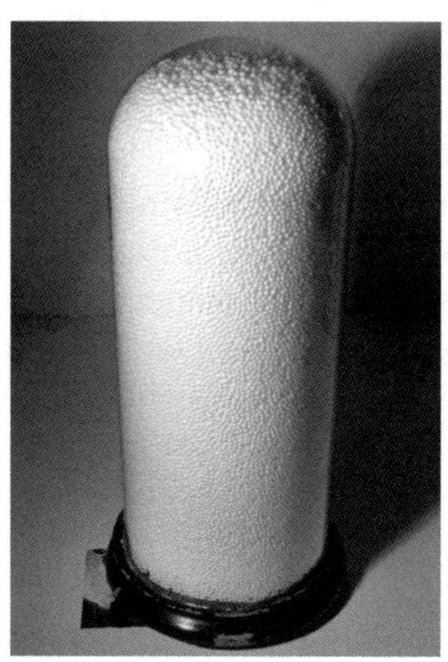

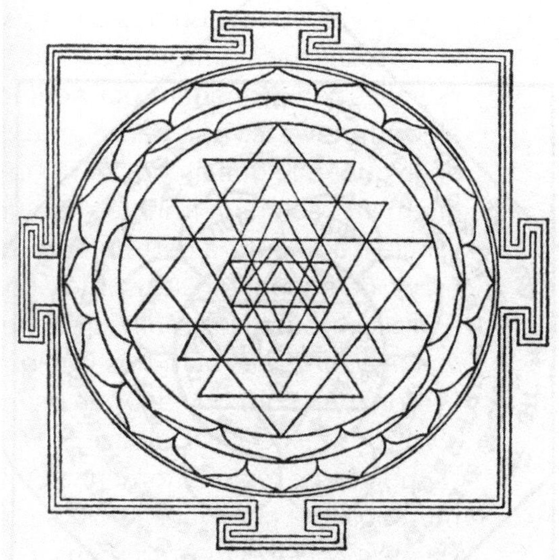

Honoré δ'O, *Connaître ses Maîtres-Mythology Piece*, 2009
Shri-Yantra, ou diagramma symbolique de la beauté, de l'harmonie

Honoré ð'O, bouddhiste, adepte de l'école du Mahâyâna ou grand-véhicule, introduit régulièrement un linga dans ses installations pour symboliser les principes et les mouvements de la création, tant à l'échelle de l'univers qu'à celle du corps. *Connaître ses Maîtres* [13] – tel qu'il avait intitulé l'une de ses expositions où le linga était la pièce majeure, la clé pour circuler dans cet ensemble agencé ou architecturé tel un temple ou un corps selon les accrochages successifs – c'est être capable de reconnaître 'le Champ', sa nature, et de s'identifier à lui en tant que 'Connaissant du Champ'.

Le Bienheureux seigneur dit :
comprends-Moi comme le Connaissant du Champ en tous les Champs, ô
Bhârata ; c'est la connaissance du Champ et de son Connaissant à la fois qui
est la vraie illumination et la seule sagesse.
(Shri Aurobindo, *La Bhagavad-Gîta*, traduction française de Camille Rao et Jean Herbert, XIII-3)

Au sein de VIBRATIONS OFf, les champs de vibrations dans la multitude de leurs manifestations se résorbent dans l'Un, procèdent suivant les cycles de déformations – création et destruction / attraction et aversion… – à des re-générations successives, où chaque corps individuel peut s'accorder avec le corps universel et le 'Connaissant du Champ' réaliser que *les paradoxes se résolvent d'eux-mêmes !*

De <u>VIBRATIONS OFf à VIFOFf… à suivre…</u>

Du corps par le corps avec le corps depuis le corps et jusqu'au corps !
(Antonin Artaud)

Depuis l'identification des champs de VIBRATIONS OFf – du mode réflexif, en passant par les modes transitif et distributif : je / tu / il / elle / nous / vous / ils / elles ; en procédant par addition, soustraction, multiplication, division, algorithme / etc. –, le paradigme de VIBRATIONS OFf consiste peut-être en la quête, le défi à considérer la multitude des manifestations avec 'détachement', selon un principe 'indifférencié' (et non pas 'déterminé' ou 'différencié'), à aboutir à cette ultime 'compassion' qui nous permet, sans-jugement, de supporter, subsumer, consumer tous les mouvements, toutes les énergies, toutes les réalités enchevêtrées dans un hors-champ, depuis les *images morcelées du corps* (Mélanie Klein) en passant par un *corps athlétique* (Antonin Artaud) ou sa *forme orthopédique* (Jacques Lacan) jusqu'au *corps sans organes* (Gilles Deleuze & Félix Guattari) ; c'est peut-être concevoir les rapports que les phénomènes du vivant établissent avec le corps en tant que métabolisme et organisation, se projeter comme *machines désirantes* (Gilles Deleuze & Félix Guattari) dans le champ étendu, ex-tendu de la Création, dans le hors-champ inachevé, en devenir… où la Nature assure *la conformité des parties les unes avec les autres et avec le Tout* (Werner Karl Heisenberg) !

1. Alfred Korzybski, écrits assemblés in *Une carte n'est pas le territoire*, Paris, éd. de l'éclat, 1998.

2. Giorgio Agamben, *Qu'est-ce qu'un dispositif ?*, traduit de l'italien (2006), Paris, éd. Payot & Rivages, 2007, pp. 30–32.

3. Titre d'une 'réinstallation' d'Honoré δ'O en 2001 au Frac Champagne-Ardennes, Reims.

4. Marcel Duchamp, conférence « Le processus créatif » de 1957, transcrite in *Duchamp du signe*, éd. Flammarion, « Champs », Paris, 1994, pp. 187–189.

5. Honoré δ'O, extrait du texte « The Longest Miracle », 2008.

6. Voir aussi le texte « Variations sur la fondation d'une altérité, vers une 'totalisation de l'être' ou 'Je Idéal' » par Sylvie Jouval.

7. Installation d'Honoré δ'O, *Van weg naar omweg*, théâtre, Victoria-festival, Gand, 1995.
L'installation consistait en un dispositif collectif où un public était convié à s'installer sur des chaises vacantes, à lire quelques instructions ou, plutôt, un préambule pour participer pleine-ment, devenir acteur de cette perfor-mance : « *soyez silencieux, soyez aussi vigilent que possible, entrez dans le monde de 'van weg naar omweg', regar-der, prenez le temps, (…) la musique est jouée, deviens un avec l'autre* » (dans le texte original : « *wees stil, wees zo voorzichtig mogelijk, treed binnen in de wereld van 'van weg naar omweg', kijk, neem de tijd, (…), word weer één met de andere omgeving* »).
À portée de main, une manivelle liée au siège, permettait de dérouler des rideaux blancs tendus sur toute la hauteur du site, mais la manivelle d'un siège actionnait les rideaux en un autre lieu de l'installation : sans être maître de l'isolation de son propre espace, chacun pouvait assister à la transformation du dispositif collectif jusqu'à se trouver isoler et être convié à observer avec une vigilance nouvelle les transformations qui s'opèrent tant dans l'espace que dans l'esprit.

8. Alain Daniélou, *Mythes et dieux de l'Inde - le polythéisme hindou*, Paris, éd. Flammarion, « Champs », p. 350.

9. Cité par Alain Daniélou, *op. cit.*, p. 352.

10. Daniélou, *op. cit.*, p. 356.

11. De l'essence la plus grossière à la plus subtile, se succèdent 36 essences : 1.essence-Terre, 2.essence-Eau, 3.essence-Feu, 4.essence-Air, 5.essence-Espace, 6–10.essences-Éléments subtils, 11–15.essences-Organes d'ac-tion, 16–20.essences-Organes de la connaissance, 21.essence-Es-prit, 22.essence-Intelligence, 23.essence-Ego, 24.essence-Na-ture inerte, 25.essence-Principe créateur, 26.essence-Attache-ment, 27.essence-Connaissance limitée, 28.essence-Division cos-mique, 29.essence-Nécessité, 30.essence-Temps, 31.essence-Il-lusion, 32.essence-Connais-sance pure, 33.essence-Grand Seigneur, 34.essence-Éternel Shiva, 35.essence-Puissance, 36.essence-Shiva.

12. Tout comme Robert Filliou !

13. *Connaître ses Maîtres* est à la fois le titre d'une exposition personnelle d'Honoré δ'O à la galerie Aline Vidal (Paris, automne 2010) et le titre d'un linga, *a mythology piece*, datée de 2009 et présentée, notamment lors de l'exposition collective « How to change your life in a day » à la galerie Aline Vidal (Paris, printemps 2009).

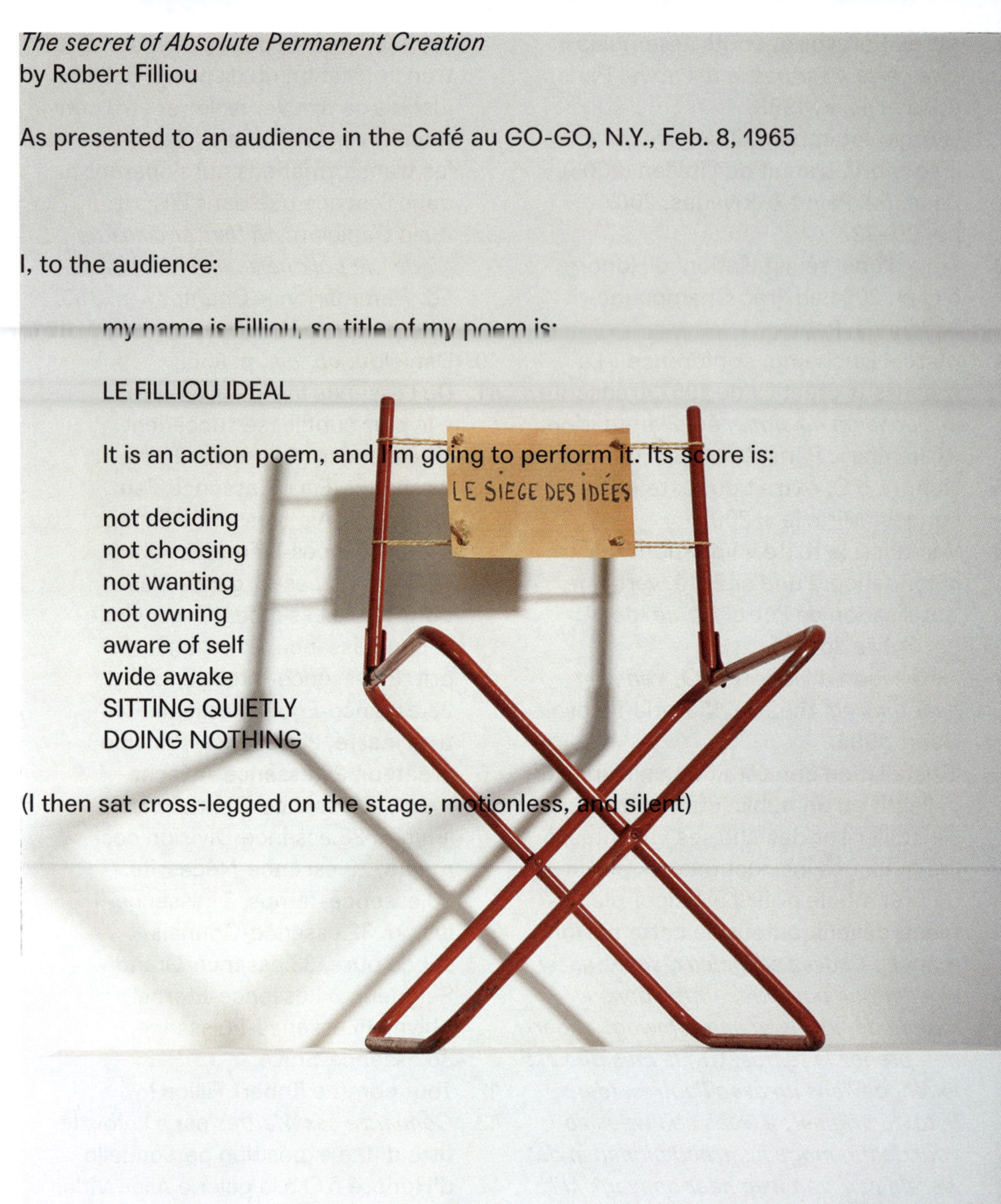

Le siège des idées, Robert Filliou, 1976, Collection Lebeer Hossmann, Bruxelles

Text extract from the video *The artist resides abroad at the moment*
by Honoré δ'O, 2007

(…)

We travel with danger. We walk in company of danger.
I can't imagine myself in the skin of a flying arrow,
maybe in the tail feathers.
Or in the body of the wood.
Or as a metal point in the cockpit of the top, as a lens.

But my right eye can't take wind.
Nor my left one either.
Neither image, nor duet, nor triptych, nor manipulation, nor groove.
We may not save the evening with video, but we can succeed by means of an
adventure.

(…)

We walk
because in the meantime nuclear development and product development have also
progressed, progressed successfully even.

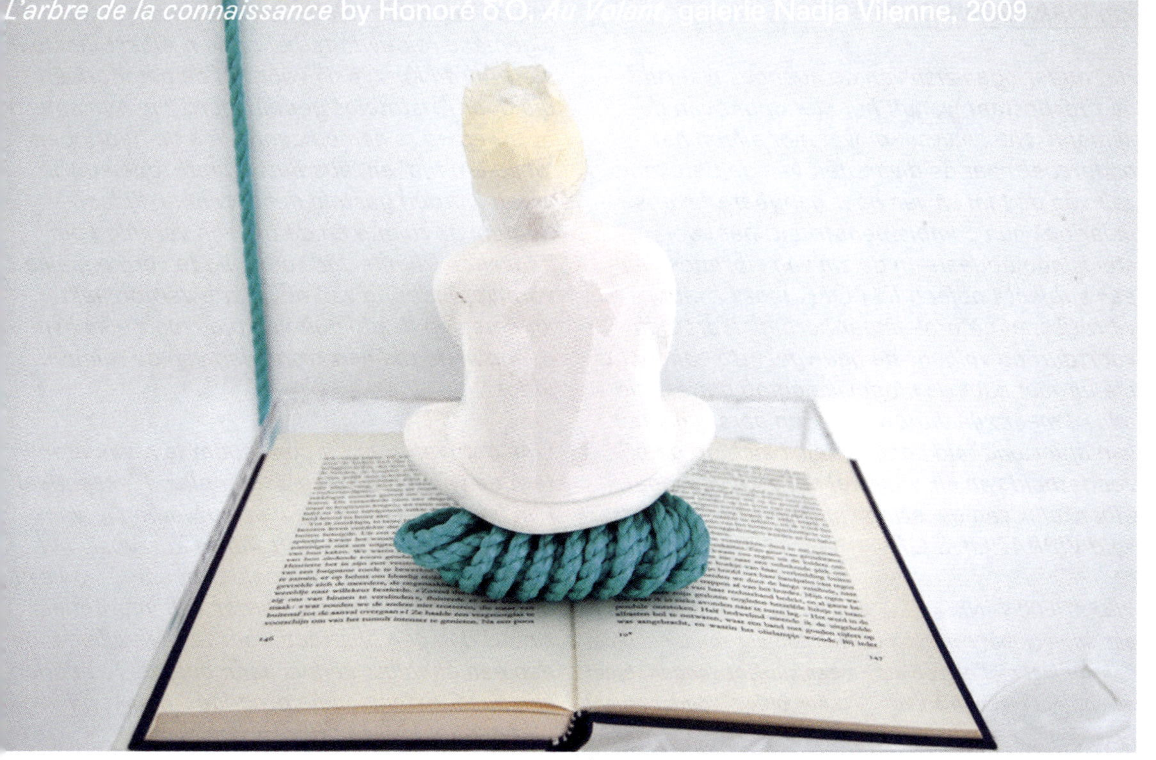

L'arbre de la connaissance by Honoré δ'O, *Au Volant*, galerie Nadja Vilenne, 2009

Het linguïstische voorstel—VIBRATIONS OFf—
zoals Honoré δ'O het onder woorden brengt,
veroorzaakt als het ware paradoxaal en op een
indirecte manier een dubbele lectuur: enerzijds
een focus op het begrip van vibraties (vibraties
van…, vibraties met, … of in vibraties), anderzijds de mogelijkheid om vibratie(s) te onderbreken. De uitdrukking ervan kan oorspronkelijk
niet geconcipieerd worden als het feit van één
aanwezigheid of van een afwezigheid van vibraties, maar als de ervaring van verschillende
vibraties in een uitgestrekte tijd, namelijk de tijd
uitgebreid door de ervaring, door haar proces-
suele tijdsduur: de vibraties planten zich voort,
beproeven onderwerp per onderwerp, van subject naar object, van object naar subject, van
object naar object, en ze houden ook op!
Het identificeren van de aard van de vibrerende
velden in een co-aanwezigheid, het ontdekken
van de oorzaken van deze heftige beweging,
het begrijpen van de wetten en de fysieke ken-
merken die voortkomen uit de verschillende
gebieden, kan ons helpen om de formulering van
de titel VIBRATIONS OFf, a priori, op een paradoxale manier te preciseren.

Eerste variatie: wat betreft het semantische veld van VIBRATIONS OFf

Het onder ogen zien van de nuances waaruit
de titel bestaat, vanuit het standpunt van de
semantische analyse, omvat niet alleen het
onderzoek naar de diversiteit van de betekenis
zelf van de taal en van haar gangbare tekens,
maar ook hun complementariteit: het voorstel is nooit duaal—in de zin van vibraties van
een subject / object, IN / OFF, met / zonder
vibraties, et cetera—maar herdefinieert zich
voortdurend volgens de nauwgezette aandacht
die uitgaat naar de mogelijke combinaties, die
min of meer zijn uitgewerkt. Een eerste niveau
van oplettendheid concentreert zich op de bij-
zonderheid van elk voorstel dat zich voordoet,
afhankelijk van de lezing van het semantische
veld VIBRATIONS OFf:

VIBRATIE(S) VAN…	VIBRATIE(S) WEG VAN
een subject met een subject	een subject zonder subject
een subject met een object	een subject zonder object
een object met een objec	een object zonder object

Elke unieke entiteit waardeert vervolgens haar
niveau van objectieve en van subjectieve realiteit opnieuw, terwijl ze zich inschrijft in een
context waar woorden, gedachten, daden,
constructies, installaties, … zich ontplooien.
Ze vereenzelvigt zich dus met een veelheid van
operatiegebieden, zelfs resonerende, die hun
eigen gebied veranderen. Op die manier verplaatst de aandacht zich van de eenheid naar de
veelheid, naar de mogelijke verbindingen en de
wederkerige interferenties. Elke entiteit actua-
liseert haar eigen dynamiek met een beweging
die veel omvangrijker is dan die waaraan ze
deelneemt. Met dit droste-effect is het uiteindelijk het procedé van veranderingen en van trans-
mutaties van de gebieden—in process—dat
overheerst en aanleiding geeft tot een meer en
meer subtiele bewustwording van de objectieve
en van de subjectieve realiteit van die gebieden:
er wordt niets gecreëerd noch vernietigd, alles
wordt veranderd!

De prolegomena van de algemene semantiek—zoals Alfred Korzybski ze tussen 1933 en
1950 heeft beschreven—openen de weg om de
rijkdom en de complexiteit die inherent zijn aan
het semantische veld VIBRATIONS OFf op te
nemen, te meer daar de echogolven en hun talrijke details van Honoré δ'O's voorstel bijzonder
subtiel tevoorschijn komen. Vanaf de ontdekking
van de beperkte relativiteitstheorieën en de
algemene relativiteitstheorie van Albert Einstein
stelt Alfred Korzybski voor om de categorieën
die door Aristoteles gedefinieerd zijn opnieuw in
overweging te nemen aangezien de begrippen
'absolute tijd' en 'absolute ruimte' opnieuw in
vraag worden gesteld in het ruimte-tijdcon-
tinuüm: de ruimte en de tijd zijn verenigd om
eenzelfde 'ruimte-tijd'-eenheid te vormen, elke
vormverandering van de ruimte veroorzaakt
immers een flexibiliteit van tijd, zoals elke handeling in de tijd een kromming van de ruimte
uitlokt.

Om 'dat wat is' in dit continuüm te revalueren in
termen van 'eenvoudig' / 'complex' / 'essentieel'
/ 'in het kort' / 'relatief' / 'in verbinding' / 'van
de soort' / et cetera looft Alfred Korzybski het
gebruik van de 'extensionele procedés' (zoals in
de wiskundige taal) die eerder een inferentiële
kennis dan een abstracte, eerder een afleidende
dan een absolute kennis aanmoedigt. Te midden
van deze 'extensionele procedés' maakt hij een
onderscheid tussen bijvoorbeeld:

<u>FIVE VARIATIONS IN-THE-FIELD OF
VIBRATIONS OFf</u>

The linguistic proposal 'VIBRATIONS OFf', in the way Honoré δ'O describes it, implicitly asks for a double, nearly paradoxical reading: it focuses both on the notion of vibrations (vibrations of…, vibrations with,… or in vibrations) and it announces a possible interruption of these vibration(s). Initially, on first hearing, the expression should therefore not be conceived as the occurrence of a presence or an absence of vibrations, but as the experience of different vibrations over an extended period of time, a time spread out by the experience itself, or the timeframe needed to process it. The vibrations reproduce, are tested by subject upon subject, go from subject to object, from object to subject, from object to object and they stop.
To identify the nature of the vibrating fields that are simultaneously present, to discover the causes of their oscillations, to understand the laws and physical characteristics that sprout from them, all this can help us to specify the (a priori) paradoxical formulation of 'VIBRATIONS OFf'.

<u>First variation on the semantic field of
VIBRATIONS OFf</u>

From the point of view of semantic analysis, to envision the nuances in the title does not only entail the consideration of the diversity of its proper linguistic sense and the signs used, but also their complementarity. The proposition is never dualistic—vibrations of a subject / object, IN / OFF, with / without vibrations, etcetera. To the contrary, it is redefined continuously according to the focus of attention on the possible combinations that are, or have been, more or less elaborated.
A first level of attention centres around the particularity of every single proposition that is offered in reading 'VIBRATIONS OFf' as a semantic field:

VIBRATION(S) OF…	VIBRATION(S) OFF…
A subject with a subject	a subject without subject
A subject with an object	a subject without object
An object with an object	an object without object

Subsequently, every singular entity re-evaluates the level of its objective and subjective reality while it enters a context in which words, thoughts, deeds, constructions, installations… are unfolding. It then identifies a plurality of resonating fields that modify its own field. The attention changes from unity to multiplicity, to possible combinations and mutual interferences. Every entity realises its own dynamic by a far more extensive movement in which it participates. Finally, as a result of this Droste effect, the process of transformation and transmutation of fields (at work) grows dominant and leads to a gradually more subtle awareness of the objective and subjective reality of these fields: *nothing is created or destroyed, everything is changing!*

The prolegomena to general semantics, as Alfred Korzybski has described them between 1933 and 1950, offer a way to grasp the richness and intrinsic complexity in the semantic field 'VIBRATIONS OFf', especially since the way in which they echo numerous details in Honoré δ'O's proposition appear particularly subtle.[1] Starting from the discovery of the limited and general theory of relativity by Albert Einstein, Korzybski proposed to question and reconsider the categories of 'absolute time' and 'absolute time' as defined by Aristotle by means of the notion of the space-time continuum. Since space and time are united in one and the same 'space-time'-entity, every mutation of space causes a flexibility of time, like every manipulation of time provokes a bending of space.

To re-evaluate 'what is' in terms of 'simple' / 'complex' / 'essential'/ 'substantial' / 'relative'/ 'related' / 'typical' / etcetera in this continuum, Korzybski recommended the use of "extensional devices" (as in the language of mathematics) that favour inferential over abstract knowledge, deductive over absolute knowledge. Among these "extensional devices" he differentiated for example between:
~ "Indexes" that represent variations of one and the same entity A in different states (A_1, A_2, A_3, …)
~ "Chain-indexes" that introduce factors, conditions, situations, … that are linked to the surroundings and that, for example, symbolise organic processes, interpersonal relations or processes of "time-binding", in other words: spiralling feedback loops, for *in a world where a given 'cause' produces or may produce a*

111

~ de tekens die de variaties van eenzelfde entiteit A uitdrukkelijk weergeeft in de verschillende posities A_1, A_2, A_3 …
~ de 'opeenvolgende tekens' die factoren, voorwaarden, situaties, et cetera invoeren, die verbonden zijn met de omgeving en die, bijvoorbeeld, organische processen, intermenselijke relaties of processen van 'time-binding' symboliseren, meer bepaald spiraalsgewijze opeenvolgingen die feedback genereren omdat in een wereld waar een bepaalde 'oorzaak' een veelheid van 'effecten' produceert of kan produceren, elk 'effect' een 'oorzaak' wordt of kan worden, en op die manier onmiddellijk eeuwig is.
~ de 'data' die zorgen voor tijdelijke volgordes en de verschillende tijdlagen verduidelijken, welke elkaar overlappen in een gedachte of in een situatie; praten, bijvoorbeeld, op een tijdstip t_n over een gebeurtenis e die zich daarvoor heeft afgespeeld—laten we stellen in t_0—en zich bewust worden van de aantasting van het geheugen; iets wat het gevolg is van onverwachtse bewegingen, toevoegingen, projecties die zich differentiëren dankzij de tekens van de objectieve en de subjectieve realiteiten van de gebeurtenis e-t_0 van die van e-t_n, maken het mogelijk om met nuances de bewuste en de onbewuste (die liggen onder elke evoluerende gedachte) dynamieken te realiseren of erover te communiceren.
~ De 'koppeltekens' verbinden verschillende groepen in een systeem en doen een eigen dynamiek in het systeem ontstaan, met eigenschappen die kunnen veranderen al naargelang van een afgezonderde groep. Wanneer 'de mens' beschouwd wordt als 'een organisme zoals een geheel in een omgeving' dan houdt Alfred Korzybski een betoog voor de interesse van zo'n verbale sequentie die aantoont dat 'het organisme als een geheel' zonder omgeving a fortiori niet kan bestaan en niets anders dan fictie is in een 'absolute afzondering'.

De begrippen 'principe', 'substantie', 'kwaliteit', 'kwantiteit', 'genre', et cetera herdefiniëren zich op die manier door structurele sequenties—zoals logische opeenvolgingen die afgeleid zijn van de procedés van inclusie / verbinding / vereniging / uitsluiting—die 'dat wat is' 'zelf' / 'gelijkwaardig' / 'anders' / 'verschillend' / 'als dat wat is' / 'volledig' / 'aangetast' / 'verbonden' / 'zonder verbinding' / 'in strijd met' / 'aanvullend' / 'tegengesteld' / 'inwendig' / 'uitwendig' / 'vroeger' / 'later', et cetera ontwikkelen.

Tweede variatie wat VIBRATIONS OFf betreft: een verbeelding om te verbinden!

Door de overeenkomsten uit te drukken die er bestaan tussen de semantiek en de beeldende kunsten, door op een systematische manier de taal te integreren in de creativiteit gebruikt Honoré δ'O graag metaforen die gelieerd zijn aan de structuur van de taal—vocabularium / grammatica / syntaxis—; hij convoceert en vindt instrumenten verwant aan de 'extensionele procedés' die door Alfred Korzybski worden voorgesteld om de verschillende manieren van denken en van communiceren te verbeteren; hij maakt de betekenisverbanden, de verbindingen van de vorm en van de verstandhouding meer zichtbaar, meer direct. Een verbeelding om te verbinden _is een uitdrukking die Honoré δ'O verwezenlijkt en ontwikkelt sinds zijn eerste creaties, en zou een statement kunnen zijn van VIBRATIONS OFf._

Om de aard en de variabelen van VIBRATIONS OFf te presenteren zijn er voor de gelegenheid verschillende stempels gemaakt:
~ Een stempel met vijf concentrische cirkels symboliseert de aanwezigheid van een resonantieveld, de vibratie van een elektromagnetisch veld of de uitbreiding van een golfbeweging; deze stempel op een loyaliteitskaart maakt gewag van het aantal keren dat een deelnemer langskomt op de tentoonstelling in de Kristof De Clercq gallery; terwijl elke bezoeker / genodigde a fortiori _het centrum is van het geformuleerde veld, rijgen deze opeenvolgende velden zich aaneen en botsen ze met elkaar—zowel op de loyaliteitskaart als op de galeriescène—gelet op het feit dat elke bezoeker herhaaldelijk langskomt._
~ Een andere stempel met de vermelding VIBRATION CERTIFIED midden in een cirkel getuigt van de realiteit van de verbindingen tussen de verschillende gebieden zodat een muur, een creatie, een lichaam, et cetera er een kenteken van kunnen dragen.
~ Een serie van andere stempels preciseert de datum van de dag waarop een element van VIBRATIONS OFf gecreëerd werd: de galerie was 26 dagen open, er waren 26 datumstempels.
~ Er is een multipel uitgegeven waarop elke

plurality of 'effects', every 'effect' becomes or may become a 'cause' and so forth in an indefinite sequence.
~ "Dates" that structure and organise temporal orders and that specify the different time layers that overlap in a thought or situation; talking, for example, at a point in time t_n about an event e that has happened before—let us say at t_0—and becoming aware of changes in memory that make it possible to differentiate between the events $e\text{-}t_0$ and $e\text{-}t_n$ allows one to realise and to communicate (in a nuanced way) the conscious and unconscious dynamics that underlie every thought in process.
~ "Hyphens" link different groups within a system and contribute their own dynamic to that system, with characteristics that can change with regard to a group that is considered by itself (or in an isolated way). For instance, when 'man' is considered to be "an organism-as-an-entity-in-an-environment", Korzybski argues in favour of such a verbal sequence by pointing out that *"an organism-as-an-entity" cannot exist without an environment and that it is nothing but a fiction when considered in 'absolute isolation'.*

The notions 'principle', 'substance', 'quality', 'quantity', 'genus', etcetera are in this way redefined by structural sequences—like logical chains deducted from the processes of inclusion / combination / union / exclusion—that develop 'what is' 'itself' / 'similar' / 'other'/ 'different', or that 'what is' 'entirely' / 'altered', 'combined' / 'without connection', 'opposite to' / 'complementary' / 'in contradiction to', 'interior' / 'exterior', 'sooner' / 'later', etcetera.

<u>Second variation in-the-field of VIBRATIONS OFf:</u> *An imagination to connect !*

By expressing the similarities between semantics and visual art, by integrating language systematically in his creative process, Honoré δ'O likes to use metaphors that are related to the structure of language—vocabulary / grammar / syntax. He convokes and invents instruments that are close to the "extensional devices" as proposed by Alfred Korzybski to improve ways of thinking and communicating. Thus, he makes connections of meaning, form and understanding more visible, more direct. *An imagination to connect*, an expression that Honoré δ'O has brought to the fore and developed from his first creations onwards, could therefore also be a statement made by VIBRATIONS OFf.

To present the nature and variables of VIBRATIONS OFf, different stamps were made:
~ A stamp showing five concentric circles symbolises the presence of a field of resonance, the vibration of an electromagnetic field or the expansion of a wave. Put on a loyalty card this stamp signals the times a participant has visited the exhibition in the Kristof De Clercq gallery. Since every visitor or invitee is a fortiori the centre of the resonances he emits, both fields of resonance start to overlap and collide—both on the loyalty card and at the gallery—as soon as he or she becomes a recurring visitor.
~ A stamp with the words CERTIFIED VIBRATION within a circle, testifies to the reality of connections between different fields, be it a wall, a work, a body and so forth, that can carry its mark.
~ A series of other stamps indicate the date on which an element of VIBRATIONS OFf was created: the gallery was open for 26 days, hence there were 26 date stamps.
~ A 'multiple' was made on which every date stamp was connected with a 'pseudo-stamp', being the same wooden stamp but without a sign. The virginal shape could accommodate the imprint of the ink stamp so as to form a positive-negative, direct-indirect, recto-verso couple with it, when read as a mirror image of the diametrical volume and its imprint.

Each of these marks can vary as to its shape and its value by its anchoring in a specific data processing communication, whether it is in the middle of a publication, on the computer screen or as (part of) a projection. The variations of the volume or the shape introduce a scale game, second readings: a maimed print becomes a crescent moon in the orbit of another planet; an inequality in the density of the circles seems to picture a centripetal or, on the contrary, a centrifugal field of vibrations; it can also designate an ascending or a declining field of vibrations, a field of increasing or diminishing intensity; or the same figure on differently coloured backgrounds may adopt, by way of contrast, new values inherent to the symbolism of colours, which is always ambivalent …

datumstempel verbonden is door die band die
hij heeft met zijn 'pseudostempel', die dezelfde
vorm in hout bezit maar dan zonder kenteken,
namelijk de vorm is maagdelijk gebleven zodat
ze de afdruk van de inktstempel kan opnemen
en met de datumstempel, van hand tot hand,
een positief-negatief, direct-indirect, recto-ver-
so-koppel kan vormen wanneer men zich houdt
aan een lezing in de spiegel van dat kaliber en
zijn afdruk.

Elk van deze tekens kan van vorm en van waarde
veranderen naargelang het medium waarin
welke beeldcommunicatie ook plaatsvindt: of
het nu is midden in een publicatie, op het com-
puterscherm of door een projectievorm, de
variaties van het formaat of van de vorm zorgen
voor een wederkerig soort bordspel (snakes
and ladders), secundaire lezingen—zo wordt
een 'beschadigde' afdruk een soort maancrois-
sant in de loopbaan met een andere planeet
/ zo lijkt een ongelijkheid in densiteit van de
cirkels op een tekening van een centripetaal
of, integendeel, een centrifugaal vibratieveld;
maar kan eveneens een opwaarts of neerwaarts
vibratieveld lijken te tekenen; of een veld van
toenemende of van afnemende intensiteit /
dezelfde gedaante op verschillende gekleurde
achtergronden echter voegt zich tot een con-
stellatie van nieuwe waarden die eigen zijn aan
de symboliek van kleuren; een altijd ambivalente
symboliek / ...

De verbeelding die onthuld wordt door de vorm-
en de waardenvariaties van de stempelafdruk-
ken, verrijkt zich dankzij de polysemie van het
woord 'stempel / tampon' en verwijst (volgens
de Franse uitdrukkingen) naar de associaties van
de esprit die, gelet op de situatie, de relevantie
van de keuze voor dit bewijsinstrument valori-
seert: 'stempelzone' of de beschermingszone /
'staat van stempel' of de overgangssituatie tussen twee toestanden die elk conflict verhindert /
'coup van stempel' of de verbinding tussen twee
treinen: 'in stempel' of als een bol gekneusd / ...

Al naargelang de bezoeken, de handelingen,
de creaties elkaar opvolgen, naast elkaar worden geplaatst, zich combineren... door het
spel van de ontmoetingen, de contacten, de
samenwerkingen, ... kondigen de merktekens
een veelheid van opeenvolgende tekens aan en
daardoor een groot aantal van mogelijke ket-
tingreacties. VIBRATIONS OFf openbaart zich

als een veld van complexe uitbreidingen, voortdurend onderhevig aan veranderingen, waar
vroegere / huidige / toekomstige, waarneembare
/ niet-waarneembare, materiële / immateriële
golfbewegingen met elkaar omgaan en elkaar
beïnvloeden tot 'het' beeld van een ruimte-tijd-
continuüm, dat beladen is met in elkaar ver-
strengelde realiteiten.

*Derde variatie wat VIBRATIONS OFf betreft:
enkele aantekeningen over de choreografie in
scène gezet door Honoré δ'O*

Honoré δ'O, de baanbreker van het project,
heeft ervoor gekozen om een installatie te creëren die hij heeft open gezet voor alle vibrerende
gebieden die er bestaan: geen kunstwerk dat
zich doet gelden op het ogenblik van opening,
maar een 'plaatsing' van een installatie met een
programma, waarvan het ABC onder andere
gebaseerd is op de aanwezigheid van mogelijke
protagonisten, de 'genodigden', die evenzeer
mede-auteurs, mede-creators worden—'genodigden' dus in de meest brede zin, namelijk dat
er een beroep op hen wordt gedaan als vrienden in een artistieke verstandhouding of dat
ze deelnemen aan de creatieve dynamiek van
Honoré δ'O, of dat ze als groep worden ontvan-
gen waarbij bepaalde lessen van de academie,
KASK, School of Arts, waar Honoré lesgeeft, in
de galerie plaatsvinden of waar de 'genodigden'
verworden tot eenvoudige bezoekers... Om de
verbeelding van de verschillende protagonisten
te verscherpen zonder hen voor een keer door
vooraf vastgestelde regels te beperken, introduceert Honoré δ'O het subtiele begrip 'gids':
gegidst worden / zijn eigen gids zijn / gidsen...
Hij voegt dus de algemene compositie samen
met de notie van het zijn—zijn met / samen zijn;
in beweging zijn / onbeweeglijk zijn; et cetera—
iets wat Giorgio Agamben onderscheidt in twee
grote ensembles of klassen: aan de ene kant
de levende personen en aan de andere kant
de dispositieven welke de levende personen
in niets kunnen belemmeren, (...). Laten we
opmerken dat Giorgio Agamben alles, volgens
het aan het wankelen gebrachte denken van
Michel Foucault, 'dispositief' noemt wat op de
een of andere manier het vermogen bezit om
gebaren, houdingen, opinies en gedachtegan-
gen van levende personen te vangen, te plaatsen, te bepalen, te onderscheppen, te vormen
te controleren en te verzekeren. (...) Agamben
preciseert dan ook dat tussen beide—namelijk

The imagination these variations of the form and the value of the stamps disclose, is also enriched by the polysemy of the word 'stamp' ['tampon']. It triggers (at least in French expressions) mental associations that valorise, in this particular context, the relevance of opting for this indexical instrument: 'zone tampon' (protection zone) / 'état tampon' (an intermediary situation between two states so as to prevent their collision) / 'coup de tampon' (the collision between two trains) / 'en tampon' (crumpled into a ball) / ...

As the visits, actions, creations succeed one another, are juxtaposed or combined by the interplay of encounters, communications, cooperation and the like, the indexical traces mark a multitude of chain-indexes and signal a huge number of potential chain reactions. VIBRATIONS OFf shows itself to be a field of complex expansions, constantly subject to changes, where waves that have passed, that are present or that are to come, waves that can or cannot be perceived, that are material or not, interact with and influence each other, in consonance with the image of the space-time continuum being bent or loaded by entangled realities.

Third variation in-the-field of VIBRATIONS OFf: some notes on Honoré δ'O's choreography

Honoré δ'O, the initiator of the project, has chosen to create an installation that he wished to be open vis-à-vis all occurring fields of vibration. No piece of art imposed itself at the moment of the opening. Instead, there was the 'setting' of an installation with a programme of which the ABC resided, among others, in the presence of possible protagonists and 'invited guests', who became as much co-authors and co-creators—'invited', by the way, in the broadest sense of the word, either being asked to come as friends with an artistic complicity, as participants in the creative dynamism of Honoré δ'O, as in the case of groups from the art school where Honoré δ'O teaches or as mere visitors in general. To sharpen the imagination of the different protagonists without constraining them by means of pre-established rules, Honoré δ'O introduced the subtle notion of the 'guide': being guided / being your own guide / guiding... Thus, he joined the general score of the

notion of 'being'—being with / being together with; being in movement / being motionless; etcetera—that the Italian philosopher Giorgio Agamben has differentiated into *two main sets or classes: on the one hand the living beings, on the other hand the 'dispositives' these living beings are incessantly held back by.* By 'dispositive' (apparatus, systemic device, machinery...) Agamben means, along the line of thought that was initiated by Michel Foucault, *'everything that, in one way or another, has the ability to capture, to orientate, to determine, to intercept, to model, to control and to certify the gestures, ways of behaving, opinions and discourses of living beings.'*[2] Agamben also specifies that, *between living beings and dispositives, a third party can be distinguished, namely the subject*—this 'subject' being carefully defined as *that which springs from the relation and, in a way, 'the body to body' between life and the dispositive,* in other words: as the very process of 'subjectivisation', or the capacity of 'being' to adapt and to match in accordance with a correlative space-time.

This dispositive becomes a scene where Honoré δ'O, as 'choreographer', coordinates a plurality of vibrations, of different movements. Energies, experiences are exchanged, feedback on one another and influence each other. The scattered creations function as dynamisms and elements that merge into one another, that are appropriated or even prolonged in the heart of an installation that is in constant evolution or busy becoming, in other words: emerging. As a choreographer, Honoré δ'O assembles disorderly details in a designed pattern that is itself subject to permanent mutations. He reconstructs a continuous reality out of fragmented and dissolved particles of reality as if to make appear an image of what is 'in the air' and of 'the defining spirit of the age', as well as to concretise the process of creation at the core of the space-time continuum—*'all the details extended, en fractures recomposées'.*[3]

In the creative process the artist 'acts', in the words of Marcel Duchamp, *'If we give the attributes of a medium to the artist, we must then deny him the state of consciousness on the aesthetic plane about what he is doing or why he is doing it. All his decisions in the artistic execution of the work rest with pure intuition and*

tussen de levende personen en de dispositieven—zoals derden, de onderwerpen—*een
'onderwerp', dat nauwkeurig wordt gedefinieerd* als dat wat voortvloeit uit de relatie, en
in zekere zin, van lichaam tot lichaam tussen
de levenden en de dispositieven, *namelijk het
procedé van subjectivering, de mogelijkheid van
adaptatie en van overeenstemming met het zijn
verschijnen in de correlatieve ruimte-tijd.*

*Dit dispositief wordt een scène waar Honoré
δ'O, in de hoedanigheid van 'choreograaf', de
coördinatie van de veelheid van vibraties, van
verschillende bewegingen bewerkstelligt; energieën, ervaringen worden uitgewisseld, geven
een antwoord op elkaar, en beïnvloeden elkaar;
de verspreide creaties worden des te meer
dynamisch en zich integrerende elementen,
hebben zich aangepast aan en zijn doorge-
drongen tot het hart van de installatie die zich
voortdurend verandert of 'bezig houdt met zich
te voltooien'. Honoré δ'O, choreograaf, voegt
ongeordende details samen op deze scène in
een samenstelling die het subject ordent tot
onophoudelijke veranderingen; hij herstelt een
doorlopende realiteit vanuit de gefragmenteerde
en ontbonden realiteiten om dat wat 'is in de
lucht van de tijd' en in de 'tijdgeest' te doen verschijnen, en het procedé van de creatie midden
in het continuüm van de ruimte-tijd concreet te
maken*—all the details extended, *via weer tot
eenheid gevormde breuken.*

*Om de subtiliteiten van het creatieve procedé,
waar de kunstenaar* handelt, *volgens Marcel
Duchamp, te benadrukken* op de manier
waarop een mediamiek wezen, die van het
labyrint—niettegenstaande de tijd en de
ruimte—zijn weg zoekt naar een open plek *en
gaat,* gedurende de creatiedaad, *(…)* van de
intentie tot de realisatie terwijl hij voorbijgaat
aan de opeenvolging van compleet subjectieve
reacties *(…),* naar een serie van inspanningen,
van pijn, van voldoening, van weigeringen, van
beslissingen die niet volledig bewust kunnen

noch moeten zijn, op zijn minst op esthetisch
vlak, *herverdeelt Honoré δ'O op een transitieve
manier dat wat actief en | of passief is, dat wat
bewust en | of onbewust is in elke gedachte of
elke daad; hij introduceert verwante fenomenen in de ruimte-tijd*—terwijl de wereld van het
zijn onderworpen is aan de 'pijl van de tijd', die
tegelijk lineair en onomkeerbaar is onder invloed
van de zwaartekrachtvelden—ruimtelijke en
tijdelijke vervormingen | verstoringen die zowel
deelnemen aan als de orde verstoren in dit continuüm. Deze (de)contextualiseringen en recon-
textualiseringen zijn evenzeer scènes onder
spanning, realiteitsniveaus zoals ze gescheiden
zijn door gordijnen, als realiteiten die zich kunnen verbinden met elkaar of zich kunnen isole-
ren, terwijl ze hun eigen autonomie relativeren.

Met Formally Feed Me, *een maaltijd waar de
tafelgenoten een hapje eten via tussenpersonen,
beoogt Abigail Liparoto tijdens VIBRATIONS
OFf om opnieuw te leren drinken en eten, om
'zich te voeden' als een communiedaad: eerder
dan een activiteit of passiviteit combineert men
van lichaam-tot-lichaam de activiteit-passiviteit
van degene die de ander voedt met de passivi-
teit-activiteit van degene die een glaasje drinkt
en een hapje eet. Tussen wil en macht, tussen
vrijheid en tegenwerking maken de toevalligheden van de handeling de coördinatie van de
gemeenschappelijke aanwezigheid noodzakelijk,
van zichzelf met de ander. MANGE-MOI (EET
ME) kan worden geïnterpreteerd als het 'feit'
van 'gevoed worden', van 'beïnvloed worden'
door de één tot die zich geïntegreerd, zich
ingepalmd, zich geïdentificeerd voelt met die
ander—CERTIFIED VIBRATION. Het houdt ook
het wisselen van het standpunt in zoals het
gebruik van een overhead-projector verbonden
en gelijktijdig getuigt van het banket van boven
af gezien.* Een nieuwe vorm van kennis, van
onderworpenheid, van verbazing, hoe dan
ook: een uitvinding is een nieuwe vorm van
een bron. Het impliceert soms hoe opnieuw
te leren drinken. Men kan zelfs iets uitvinden

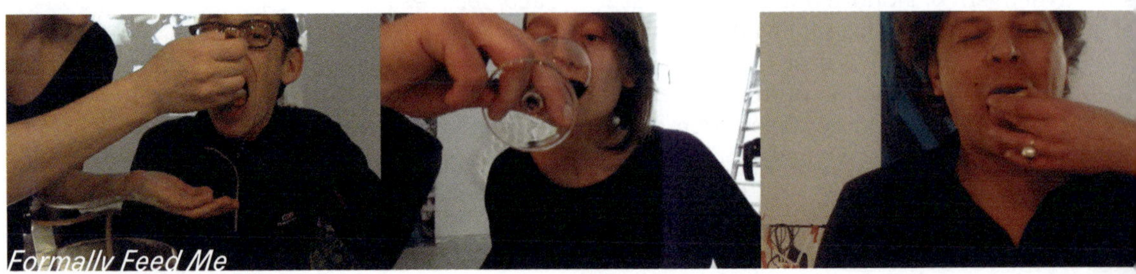

cannot be translated into a self-analysis, spoken or written, or even thought out.'[4] To emphasise the subtleties of the creative process, Honoré δ'O therefore redistributes (in a metaphorical way) what is active and / or passive, what is conscious and / or unconscious in every thought or any action. He introduces spatial and temporal distortions that both participate in and disturb the space-time of appearing phenomena—the world of the living subjected to the arrow of time, both linear and irreversible under the influence of gravity. These contextualisations, de- and recontextualisations produce scenes under tension, levels of reality as if separated by curtains, realities that may connect or isolate themselves, or that put their autonomy in perspective.

In *Formally Feed Me*, a meal in which the guests assist one another in eating, Abigail Liparoto proposes learning to drink and eat again, to 'feed' (oneself and the others) as an act of communion in the setting of the gallery. Rather than being an activity or passivity, the body-to-body-relationship combines the passive activity of the person feeding with the active passivity of the person fed. Between will and power, between freedom and cooperation, the contingency of the action necessitates the coordination of the simultaneous presences from oneself to the other. EAT ME can be interpreted as the act of 'feeding oneself', of being imbued by the other up to the point of being integrated, of appropriating to and even identifying oneself with the other—VIBRATION CERTIFIED. It also entails changing the point of view, as is shown by the connected projection simultaneously registering the event from above. *A new form of knowledge, of submission, of amazement, whatever: an invention is a new form of source. It sometimes implicates learning how to drink once again. You can invent something without even knowing. Sometimes it is somebody else who notices it. In many cases an invention creates itself. You are a mix of parameters, of wave patterns in a quantum space*, Honoré δ'O argues.[5]

When Honoré δ'O exposes a variation on a landscape by means of two of his artworks—one that he made as a young artist and the other a contemporary reinterpretation of it—he shows awareness of the changing states, the evolution of aesthetics over time, while at the same time insisting on the change of identity that has meanwhile taken place. *From Raf Bert Livinus Vanommeslaeghe to Honoré δ'O, 1982–2014* presents two states of a landscape—adapted to the psyche or the aesthetic of the artist—by means of a spatio-temporal lapse, the passage from one shore to the other.

With the intervention of ManfreDu Schu a.k.a. The Oracle, who conveyed his predictions over Skype or by e-mail, a supra-temporality interferes in the physical and human space-time by the mediation of a divine sphere. One can wonder to what extent the announcement of an event or a future situation interferes with the present reality. Can the interpretation that we make of it determine or even subvert the course of events—as many enigmatic myths tell and retell us by means of a poetic form and up to the point of absurdity, from Oedipus tot Sisyphus? *When the front has disappeared, so has the back. Do you understand?*, ManfreDu Schu asks.

<u>Fourth variation in-the-field of VIBRATIONS OFf: with Robert Filliou</u>

When *A Special Day for Robert Filliou, génie sans talent* is on the programme, it implies an invitation out of the current space-time, set in motion by Honoré δ'O on 27.11.2014 to Robert Filliou, who died on 2.12.1987. It is an invitation to activate the relevance of Filliou's artistic proposals, to revisit his works and thoughts in

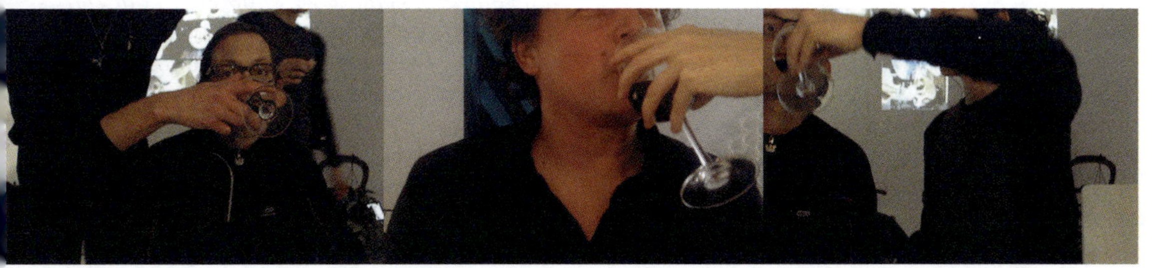

zonder het te weten. Soms is het de ander die het opmerkt. In de meeste gevallen creëert een uitvinding zichzelf. Je bent een mix van parameters, van golfpatronen in een kwantumruimte, *argumenteert Honoré δ'O.*

Op het moment dat Honoré een variatie op een landschap exposeert aan de hand van twee kunstwerken—het ene gemaakt als jonge kunstenaar terwijl het andere het landschap op een hedendaagse manier interpreteert—is hij zich bewust van de verandering van beide toestanden, van de esthetische evolutie in de loop van de tijd waarbij hij zijn inspanning richt op de identiteitsverandering die zich in die periode heeft verricht. Van Raf Bert Livinus Vanommeslaeghe naar Honoré δ'O, 1982– 2014, *stelt twee situaties van een landschap voor—een landschap dat gelijkgesteld is met de psyche of met de esthetiek van de kunstenaar—aan de hand van een ruimtelijk-temporele sprong; namelijk de passage van de ene oever naar de andere.*

Met de tussenkomst van het orakel in de persoon van ManfreDu Schu, die via Skype of e-mails zijn voorspellingen deed, ontstaat er een supratijdelijkheid die zich inmengt in de menselijke en fysieke ruimte-tijd door de bemiddeling van een goddelijke sfeer. Men kan zich afvragen in welke mate de aankondiging van een gebeurtenis of van een toekomstige situatie interfereert met de huidige realiteit. De interpretatie die wij ervan hebben, kan zij de loop van de gebeurtenissen bepalen, doen omvergooien?—er zijn trouwens evenveel raadsels die de mythen onder een poëtische gedaante weergeven en opnieuw 'spelen' tot het absurde toe, namelijk van het Oedipuscomplex tot de mythe van Sisyfus. Wanneer de voorkant is verdwenen, is de achterkant evenzeer verdwenen. Begrijpt u?, interpelleert ManfreDu Schu.

Vierde variatie wat VIBRATIONS OFf betreft: met Robert Filliou

Wanneer A special Day for Robert Filliou, génie sans talent *op het programma staat, is dit een extra-ruimtelijke-tijdelijke uitnodiging, die op 27.11.2014 door Honoré δ'O voor Robert Filliou, op 2.12.1987 overleden, is op gang gebracht; een uitnodiging om de relevantie van de artistieke voorstellen van Filliou te activeren, om diens werken en gedachten in termen van*

artistieke verstandhouding te bezoeken, om een telepathische muziek te spelen die is afgeleid van een wezen met eenzelfde lengte van golfbewegingen. Robert Filliou wou de esprit van de permanente creatie delen *en zijn oeuvre ontplooit, zoals dat van Honoré δ'O,* de parameters van de onophoudelijke creatie van een permanente vrijheid, een onderzoek naar de dynamieken en de vergelijkende statica / Research in Dynamics and comparative Statics.

Wat voor hem boven alles van belang is, is de creativiteit, de 'bedrijfsklare' esprit *en de deelname aan de collectieve droom / de onschuld en de verbeelding zijn twee vereiste kwaliteiten of instrumenten van de permanente creatie / schepper van de legitieme galerie, namelijk een galerie als het ware ingedoken in haar pet— omdat een hoed het hoofd bedekt en alles wat van de hersenen komt—afgestempeld* Galérie Légitime / Wettige Galerie—couvre-chef(s)- d'oeuvre(s) / die meesterwerk(en) beschermt *en daarbij speelt met een dubbele lezing: een hoed (hoofddeksel) die werken beschermt (chef-d'oeuvres / meesterwerken)—; een nomadengalerie omdat het gegrond is dat kunst in de straat afdaalt van haar piëdestal, waarvan Filliou de creatie van de* autonome vertakkingen *aankondigt met een editie in de vorm van een affiche, die men kan plooien tot een hoed* omdat het de eigenaar (van elke legitieme galerie) sterk wordt aanbevolen om af en toe zijn hoofd te bedekken: in de straten, tijdens soirees, vernissages, et cetera aangezien dat aspect van levende poëzie, van actie, van handelwijze niet te verwaarlozen is / *Terwijl we weten dat men gewoon* door man of vrouw te zijn een genie is, waarom dan niet zijn eigen territorium van de geniale republiek oprichten en zich verzoenen met het genie dat in ons schuilt omdat de meerderheid van de mensen vergeet (omdat ze te druk bezig zijn met het exploiteren van hun talenten) / *Fllious onderzoek naar de prebiologie resulteert in het idee dat de strategie van de evolutie eruit bestaat om van vergissing te veranderen en dat zijn strategie is om van eenzaamheid te veranderen! / eerder in het geheel opnemen dan achteraf toevoegen / Met George Brecht verkondigt hij de ouverture van* The Eternal Network of, *in het Frans,* la fête permanente *(het voortdurende feest);* The Eternal Network *bestaat uit enerzijds een horizontaal netwerk dat het geheel van menselijke*

terms of artistic complicity and to play some *telepathic music* that derives from a being on the same wavelength. Robert Filliou wanted *to share the spirit of permanent creation* and his work develops, just like Honoré δ'O's, the very parameters of *a permanent creation of permanent freedom, a research in dynamics and comparative statics*.

Creativity is of primary importance to him, the *spirit in its operational mode* and *the participation in the collective dream | innocence and imagination* are two required qualities or *tools of the permanent creation* | creator of the *legitimate gallery* space, a gallery tucked in his hat—for a hat covers the head and everything *stems from the brain*—marked by the stamp *Galérie Légitime*. This is a nomadic gallery, for *it is legitimate for art to step down from its pedestal, into the streets*, about which Filliou announces the creation *of autonomous branches* by means of an edition in the shape of a poster that can be folded into a hat, *for it is strongly recommended to any owner (of every legitimate gallery) to cover his head every now and then, in the streets, during evening events, show openings, etcetera, because its outlook of living poetry, action, behaviour is not to be neglected | Knowing* that *just by being man or woman one already is a genius, so why not establish one's own territory of a genius republic* and reconnect with the genius that is inside us, *because most people forget about it* (*since they are too busy exploiting their talents*) | his *Research in Pre-biology* results in the idea that *the strategy of evolution is to change its error and its tactics is to exchange its solitude | to integrate rather than to add on, built-in versus built-upon! | with* George Brecht he declares *The Eternal Network* to be open—or, in its French translation, *La fête permanente* (*The permanent party*); *The Eternal Network consists of a horizontal network that reassembles the entirety of human activities, including art, and a vertical network of supernatural activities that reconnect us to the cosmos | to pass from the* concept of logical time to *the concept of intuitive time* (*in which time passes inverted, so what we consider our future is already past*) would enable us *to find a fantastic source of energy by studying the point where real time* (*which passes backwards*) *and apparent time* (*which progresses*) *meet | to develop one's third* eye and an attention to the subtle body that

spreads out one's senses in the continuous space-time, makes us pass through the looking glass and invites us to conceive, in tune with the Buddhist tradition, the multiple nature of mankind in interaction with three worlds— the physical world, the vital world (forming a transition between the two others) and the mental world—| *Exhibition for the third eye* leads to *the possibility of losing the weight of the past, then of the future, then of the present |* to pass *from madness to nomadness* would be, due to the richness of its French translations, to go *from madness to the absence of madness* [de la folie à l'absence de la folie], *from madness to nomadism* [de la folie au nomadisme] or else, in the words of the artist, *from madness to crazy laughter* [de la folie au fou rire] | *the map is not the territory*, he reminds us, citing Alfred Korzybski | …

… in a telepathic conversation with Eddy, too…

Learn to unlearn could be a statement of this very spiritual conversion, as George Brecht and Robert Filliou have suggested by opening the non-school of Villefranche: *Careless exchange of information and experience; Neither master nor student; Perfect freedom; To talk sometimes, to shut up sometimes*, its headed notepaper stipulated.

<u>Fifth variation in-the-field of VIBRATIONS OFf: the unified fields or *I can do with One*</u>

From now on initiated into the general semantics, the connections, the cartographies and the choreographies that were plotted by VIBRATIONS OFf—from A to Z, from α to ω, from $1 \rightarrow \infty$—the outward movements are resorbed in its being and the subjective quest is transformed into a metaphysical one. The world of material manifestations expands into the world of immaterial ones. By establishing an alterity, the 'I' tends to the 'ideal I', to an ecstatic state that engenders a synthesis between the visible and the invisible.[6] As in *Van weg naar omweg*, [*From pass to compass*] …the demand to become one with 'the other' once again, could summarise the variations that were created due to an increased watchfulness with regard to the vibrations of our enlarged context (*Umwelt*).[7]

119

activiteiten hergroepeert, waarvan kunst een deel uitmaakt, en uit anderzijds een verticaal netwerk van bovennatuurlijke activiteiten dat ons met de kosmos verbindt | de overgang van het concept van de logische tijd naar het concept van de intuïtieve tijd (waar de tijd in tegengestelde richting verstrijkt en dat wat we beschouwen als onze toekomst tot het verleden behoort) zou ons in staat stellen om een fantastische bron van energie te vinden door het gemeenschappelijk punt tussen de reële tijd (die in tegengestelde richting voorbijgaat) en de zichtbare tijd (die vooruitgaat) te bestuderen | de ontwikkeling van een derde oog en de aandacht voor het subtiele lichaam dat de betekenissen uitspreidt in het continuüm ruimte-tijd brengt ons naar de andere kant van de spiegel, nodigt ons uit om volgens de boeddhistische traditie de veelzijdige natuur van de mens in interactie met de drie werelden—de fysieke wereld, de vitale wereld (die tussen de twee andere een overgangsgebied vormt) en de mentale wereld— te begrijpen | de tentoonstelling voor het derde oog *leidt tot* de mogelijkheid om het gewicht van het verleden, vervolgens van de toekomst en van het heden te verliezen, from madness to nomadness *(van waanzin tot nomadendom), met de veelheid van de vertalingen, om te gaan van de waanzin naar de afwezigheid van waanzin, van de waanzin naar het nomadisme of meer nog, volgens de formulering van de kunstenaar,* van de waanzin naar het gek lachen | de kaart is niet het territorium *herinnert hij zich terwijl hij Alfred Korzybski citeert |* …

… eveneens in een telepathisch gesprek met Eddy…

Leren om af te leren *zou een statement kunnen zijn van deze conversatie van de geest, zoals George Brecht en Robert Filliou suggereerden bij de opening van de niet-school van Villefranche: zorgeloze uitwisseling van informatie en ervaring. Noch meester, noch leerling. Perfecte vrijheid. Soms praten, soms zwijgen, zoals het papier vooraf stipuleerde.*

<u>*Vijfde variatie wat VIBRATIONS OFf betreft: de eenvormig gemaakte velden of* I can do with one</u>

Reeds vertrouwd met een algemene semantiek, met de verbindingen, met de cartografieën, met de choreografieën uiteengezet door

VIBRATIONS OFf—van A tot en met Z, van α tot en met ω, van 1→∞—, lossen de bewegingen van buiten op in het zijn zodat de subjectieve zoektocht verandert in een metafysische zoektocht; de wereld van het materiële gebeuren breidt zich uit tot de wereld van het immateriële gebeuren. Door een anders-zijn te doen ontstaan streeft het 'ik' een 'ideaal ik' na, een extatische toestand die als synthese fungeert tussen het zichtbare en het onzichtbare. Van weg naar omweg één worden met de ander zou de veranderingen kunnen samenvatten die tot stand komen dankzij een natuurlijke aanwas van waakzaamheid voor de vibraties van onze wijder geworden omgeving *(Umwelt).*

De aanwezigheid van een 'lingam', wat letterlijk 'teken' betekent, vertegenwoordigt de natuur van het informele: door het verpersoonlijken van Shiva, door het niet geopenbaard worden—'een unieke niet-geborene', 'pure essentie', 'zonder onderscheidend kenteken', 'ongedifferentieerd'…—is de lingam trouwens het kenteken waaraan men de natuur van Shiva herkent. Geassocieerd met Yoni, die 'energie' betekent of de 'geopenbaarde natuur', staat Shiva voor 'het nakomelingenschap' of de 'verlener van sperma'—de Heer-van-de-slaap' genoemd—, kan hij zich openbaren en 'verwekker' worden— of de 'Heer-van-de-tranen' genoemd. De mystieke vereniging van Shiva en van diens paredre vertegenwoordigt een band tussen twee werelden, een brug waar het materiële leven, waar de goddelijke geest mens wordt: 'De ruimte is de lingam, de aarde is zijn altaar. In hem huizen alle goden. Hij is het "teken" want alles lost op in hem.' (Skanda Purâna) Aan de hand van de drie fundamentele tendensen van de energie (Yoni wordt gesymboliseerd door een driehoek)—waarbij de concentratie oplicht, de verstrooiing verduistert, en de loopbaan of het dynamisme creëert—is Shiva tegelijk schepper en vernietiger, de verzoener, de harmoniemeester van de drie-eenheid van de wereld—de fysieke wereld van het fenomenale bestaan, hetzij in een wakende staat | de vitale wereld van het niet-bestaan, hetzij in droomstaat | de mentale wereld van 'dat wat het hiernamaals is', hetzij de staat van de diepe slaap. Het is hij die door een wilsuiting of -daad zijn pure essentie aan het wankelen brengt of in beweging brengt om de meest choquerende essentie te bereiken, namelijk de essentie van de Aarde, om vervolgens een omgekeerd procedé aan te

The presence of a 'lingam', which literally means 'sign', represents the nature of the informal, the unformed: in being the personification of Shiva, a non-revealed being—'the unique unborn', 'pure essence', 'without a distinctive sign', 'undifferentiated'…—, the lingam is the sign by which one recognises the nature of Shiva. Associated with Yoni, which means 'energy' or 'revealed nature', Shiva, who is the 'progenitor' or the 'provider of seed' and who is named the 'Lord of sleep', can show himself and become the 'procreator' or the 'Lord of tears'. The mystical union of Shiva and his consort *represents a bond between two worlds, a bridge where material life, where the divine spirit becomes incarnated: 'Space is the lingam, the earth is its altar. In it the gods reside. It is the 'sign', for everything dissolves in it.'* (Skanda Purâna)[8]

By means of the three fundamental tendencies of energy (or 'Yoni', symbolised by a triangle), namely the concentration that illuminates, the dispersion that obscures and the orbital movement or dynamism that creates, Shiva, both creative and destructive at the same time, is the one who unifies and harmonises the triad of worlds—the physical world of phenomenal existence, or the state of waking / the vital world of non-existence, or the state of dreaming / the mental world of 'what is beyond' or the state of sleeping deeply. He is the one who, by 'volition' or by an act of will, arouses trembling, who puts into motion his pure essence up to the point of reaching the most coarse essence, the essence of the Earth, and then start an opposite, reverse process in which the essences (most often 36 essences are counted) are absorbed again from the most coarse essence into the most subtle one, up to the essence of Shiva, that is to say the Absolute, both immobile and active, who remains in anticipation of a new Creation.[9]

Simultaneously being the symbols of 'the world's axis' and its rotation, 'the light's axis' and its Kundalini, the energy which is wrapped around the vertical axis of the chakras and the field of vibrations stemming from the first syllable *AUM* or *Om*, both lingam and yoni make their forces and power coincide as much in the universe as in the body, as much in the cosmos as in man.

Honoré δ'O, Buddhist, supporter of the school of Mahâyâna (or 'the great vehicle'), just like Robert Filliou, often uses a lingam in his installations to represent the principles and movements of creation, both on a universal and on a corporeal scale. *Connaître ses Maîtres* ['To Know One's Masters'], as he named an exhibition where the lingam was both the main artwork and the key to walk around in this built, or even architectural ensemble (as if it were a temple or a body)…, to know one's masters, then, is to be capable of recognising the 'Field', its nature, and to identify with it as 'someone (the One) who holds knowledge of the Field'.[10]

The Blessed Lord says:
Understand Me as 'the One who holds the knowledge of the Field in all Fields', ô Bhârata; It is knowledge of the 'Field' and of 'the One who holds knowledge' which is at the same time the true enlightenment and sole wisdom.
(Shri Aurobindo, La Bhagavad-Gîta)

At the heart of VIBRATIONS OFf the fields of vibration were resorbed, notwithstanding the plurality of their manifestations, into the One. Subsequently, they continued, in tune with the cycles of deformation (creation and destruction / attraction and aversion, …), by means of successive regenerations, so that each individual body could reconcile itself with the universal body and where 'the One who holds knowledge of the Field' could realise that the paradoxes resolve themselves.

From VIBRATIONS OFf to VIFOFF… To be continued…

From the body through the body with the body since the body and up to the body!
(Antonin Artaud)

Having identified the multiple fields of VIBRATIONS OFf—from the reflexive mode up to the transitive and distributive mode: I / you / he / she / we / you / they; proceeding by addition, subtraction, multiplication, division, algorithm / etcetera—, the paradigm of VIBRATIONS OFf probably consists of the quest (or the challenge) to consider the plurality of manifestations with detachment, according to an undifferentiated principle (i.e. not 'determinate' or 'differentiated'), so as to lead to this ultimate 'compassion' that, without judgment, allows us to support, to

snijden waar de verschillende essenties (de 36 essenties worden het meest opgesomd) verdwijnen van de meest choquerende tot de meest subtiele, tot uiteindelijk de essentie-Shiva, namelijk het Absolute, dat tegelijk onbeweeglijk en inactief is, en blijft bestaan in afwachting van een nieuwe Creatie. Tegelijk symbolen van de 'as van de wereld' en van diens rotatie, van de 'as van het licht' en van de 'Kundalini', van de opgerolde energie rond de verticale as van de chakra's, en van het vibratieveld van de primordiale lettergrepen AUM of Om, zorgen de lingam en de Yoni ervoor dat ze overeenstemmen met de krachten en hun hogere macht, zowel in het universum als in het lichaam, zowel in de kosmos als in de mens.

Honoré δ'O, boeddhist, ingewijde van de school van Mahâyâna, maakt vaak van een lingam gebruik in zijn installaties om de principes en de bewegingen van de creatie te symboliseren, zowel op de ladder van het universum als op die van het lichaam. Connaître ses Maîtres—*zoals hij een van zijn tentoonstellingen heeft genoemd waar een lingam het hoofdwerk was, de sleutel om in dit opgebouwde ensemble of deze architectuur, zoals een tempel of een lichaam, te circuleren volgens de opeenvolgende accrochages—betekent in staat zijn om het 'Veld', diens natuur, te herkennen en zich ermee te identificeren in de hoedanigheid van 'Kennishebber van het Veld'.*

De Zalig verklaarde heer zegt:
begrijp Me zoals de Kennishebber van het Veld in alle Velden, ô Bhârata; het is tegelijk de Kennis van het Veld en van de Kennishebber dat de enige verlichting en de enige wijsheid is.
(Shri Aurobindo, La Bhagavad-Gîta)

Midden in VIBRATIONS OFf lossen de vibratiegebieden in de veelheid van de gebeurtenissen op tot het Ene, gaan ze overeenkomstig de cycli van vormveranderingen—creatie en destructie / aantrekking en afkeer...—over tot opeenvolgende wedergeboortes, waar elk individueel lichaam kan overeenstemmen met het universele lichaam en 'Kennishebber van het Veld' kan worden zodat de paradoxen zichzelf oplossen.

Van VIBRATIONS OFf naar VIFOFf... wordt vervolgd...

Van het lichaam door het lichaam met het lichaam sinds het lichaam en tot lichaam!
(Antonin Artaud)

Sinds de vereenzelviging met de verschillende gebieden van VIBRATIONS OFf—op reflexieve wijze, door het voorbijgaan aan de transitieve en de distributieve wijzen: ik / jij / hij / zij / wij / jullie / zij; door gebruik te maken van toevoeging, aftrekking, vermenigvuldiging, verdeling, algoritme / et cetera—, bestaat het paradigma van VIBRATIONS OFf misschien wel uit het onderzoek, de uitdaging om de veelheid van de gebeurtenissen met 'ongedwongenheid' gade te slaan, volgens een ongedifferentieerd principe (en niet 'bepaald' of 'gedifferentieerd'), om te resulteren in deze ultieme 'ontferming' die ons toestaat om zonder oordeel alle bewegingen, alle energieën, alle wild door elkaar groeiende realiteiten in een opname buiten het bereik van de camera te ondersteunen, te rangschikken, te consumeren, sinds de versnipperde beelden van het lichaam *(Mélanie Klein)* door voorbij te gaan aan een atletisch lichaam *(Antonin Artaud)* of zijn orthopedische vorm *(Jacques Lacan)* tot aan het lichaam zonder organen *(Gilles Deleuze & Félix Guattari); het is misschien het begrijpen van die verbanden die de fenomenen van het zijn onderbrengen bij het lichaam, in de hoedanigheid van metabolisme en organisatie, het zich projecteren als* begerige machines *(Gilles Deleuze & Felix Guattari) in het uitgestrekte veld, uit-gespannen van de Creatie, in de onvoltooide, in wording zijnde opnamen buiten het bereik van de camera,... waar de Natuur de* conformiteit verzekert van de delen, van de ene met de andere en met het Geheel *(Werner Karl Heisenberg)!*

subsume, to consume all the movements, all the energies and all the realities entangled off-screen, from the *fragmented images of the body* (Mélanie Klein), passing by *an athletic body* (Antonin Artaud) or *his orthopaedic shape* (Jacques Lacan) up to the *body without organs* (Gilles Deleuze & Félix Guattari); maybe it also entails conceiving the relations that the phenomena of life establish with the body as a metabolism and an organisation, to plunge oneself in the expanded field (an extension of Creation) like *desiring machines* (Gilles Deleuze & Félix Guattari), in the unfinished off-screen, in the process of becoming and emerging, where Nature *ensures the conformity of all parts with one another and with All!* (Werner Karl Heisenberg)

1. The writings of Alfred Korzybski are collected in *Une carte n'est pas le territoire*, Paris, ed. L'éclat, 1998.
2. Giorgio Agamben, *Qu'est-ce qu'un dispositif?* (2006), Paris, ed. Payot & Rivages, 2007, pp. 30–32.
3. Title of a 'reinstallation of Honoré δ'O' in 2001 at Frac Champagne-Ardennes, Reims.
4. Marcel Duchamp, 'Le processus créatif' (1957), in *Duchamp du signe*, ed. Flammarion, 'Champs', Paris, 1994, pp. 187–189.
5. Honoré δ'O, excerpt from the text 'The Longest Miracle', 2008.
6. See also my text 'Variations sur la fondation d'une altérité, vers une 'totalisation de l'être' ou 'Je Idéal'.
7. This is the title of an installation by Honoré δ'O, *Van weg naar omweg*, théâtre, Victoria-festival, Ghent, 1995. The installation entailed a collective 'dispositive' in which the audience was invited to take a seat on empty chairs, to read some instructions or (rather) a preamble to fully participate and to become an actor in this performance: 'be quiet, be as prudent as possible, enter the world of 'van weg naar omweg', look, take your time, […], become one with the other context once again'. ('*Wees stil, wees zo voorzichtig mogelijk, treed binnen in de wereld van 'van weg naar omweg', kijk, neem de tijd, (…), word weer één met de andere omgeving.*') Within hand's reach, a handle put on the seat allowed one to open and unfold the white curtains that were hanging from the ceiling all over the place, yet the handle of a seat moved the curtains in another place of the installation: without being the master of the isolation of one's own place, everyone could witness the transformation of the collective dispositive into the moment of finding oneself isolated and being invited to observe both the transformation in space and in one's mind with a new watchfulness.
8. See (here and futher) Alain Daniélou, *Mythes et dieux de l'Inde - le polythéisme hindou*, Paris, ed. Flammarion, 'Champs', 1994, pp. 350–356
9. From the most coarse, vulgar essence to the most subtle one, 36 essences succeed: 1.the essence of the Earth, 2.the essence of Water, 3.the essence of Fire, 4.the essence of Air, 5.the essence of Space, 6–10.the essences of Subtle elements, 11–15.the essences of Organs of action, 16–20.the essences of Organs of knowledge, 21.the essence of the Spirit, 22.the essence of Intelligence, 23.the essence of the Ego, 24.the essence of inert Nature, 25.the essence of the Creative principle, 26.the essence of Attachment, 27.the essence of Limited knowledge, 28.the essence of Cosmic division. 29.the essence of Necessity, 30.the essence of Time, 31.the essence of Illusion, 32.the essence of Pure knowledge, 33.the essence of the Great Lord, 34.the essence of the Eternal, 35.the Essence of power, 36.the essence of Shiva
10. *Connaître ses Maîtres* is both the title of a personal exhibition of Honoré δ'O at galerie Aline Vidal (Paris, autumn 2010) and the title of a linga, *a mythology piece*, dated in 2009 and presented in the collective expo *How to change your life in a day* at galerie Aline Vidal (Paris, spring 2009).

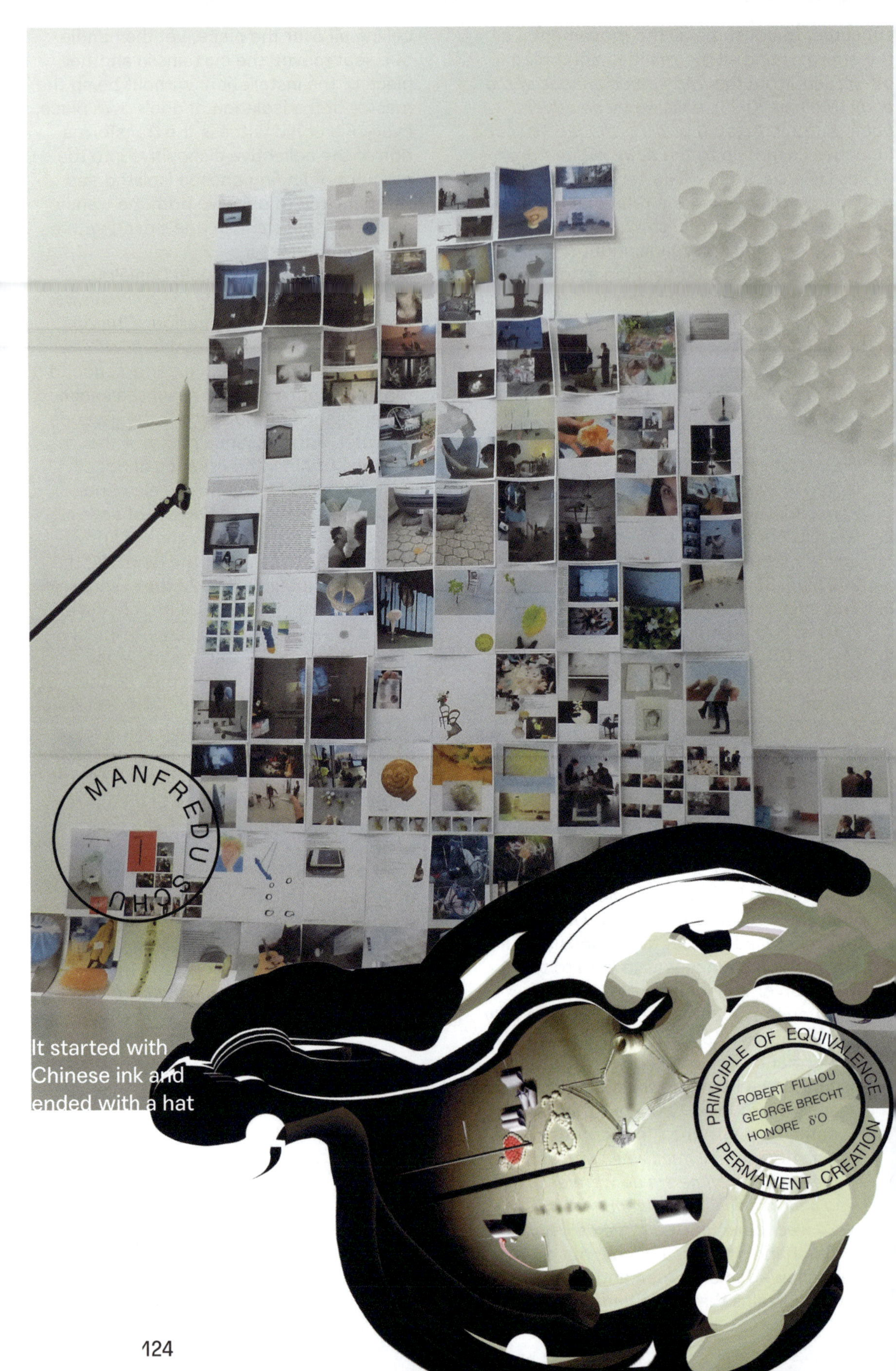
MANFREDU SCHU
It started with
Chinese ink and
ended with a hat
PRINCIPLE OF EQUIVALENCE
ROBERT FILLIOU
GEORGE BRECHT
HONORE δ'O
PERMANENT CREATION

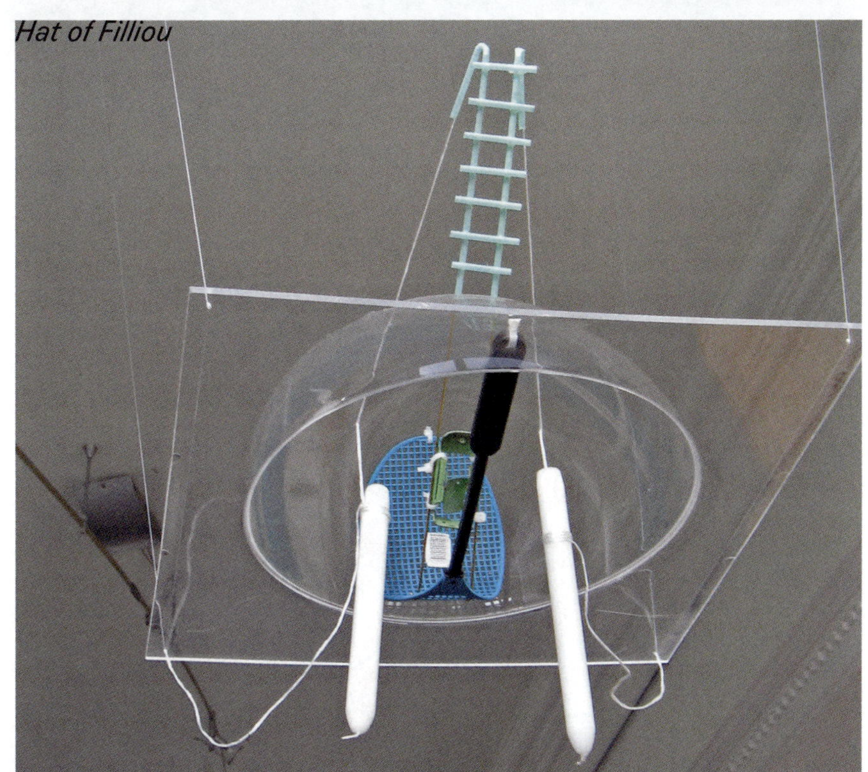

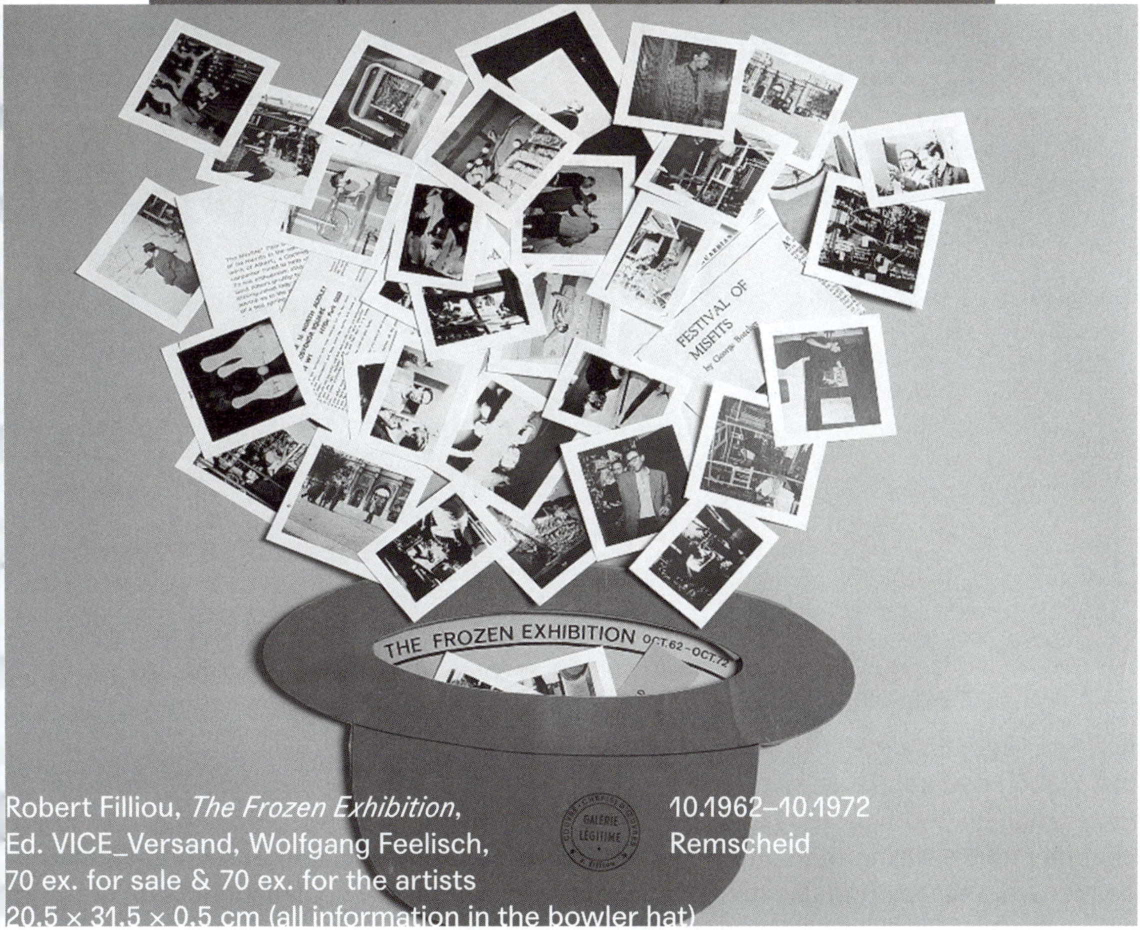

Robert Filliou, *The Frozen Exhibition*,   10.1962–10.1972
Ed. VICE_Versand, Wolfgang Feelisch,   Remscheid
70 ex. for sale & 70 ex. for the artists
20.5 × 31.5 × 0.5 cm (all information in the bowler hat)

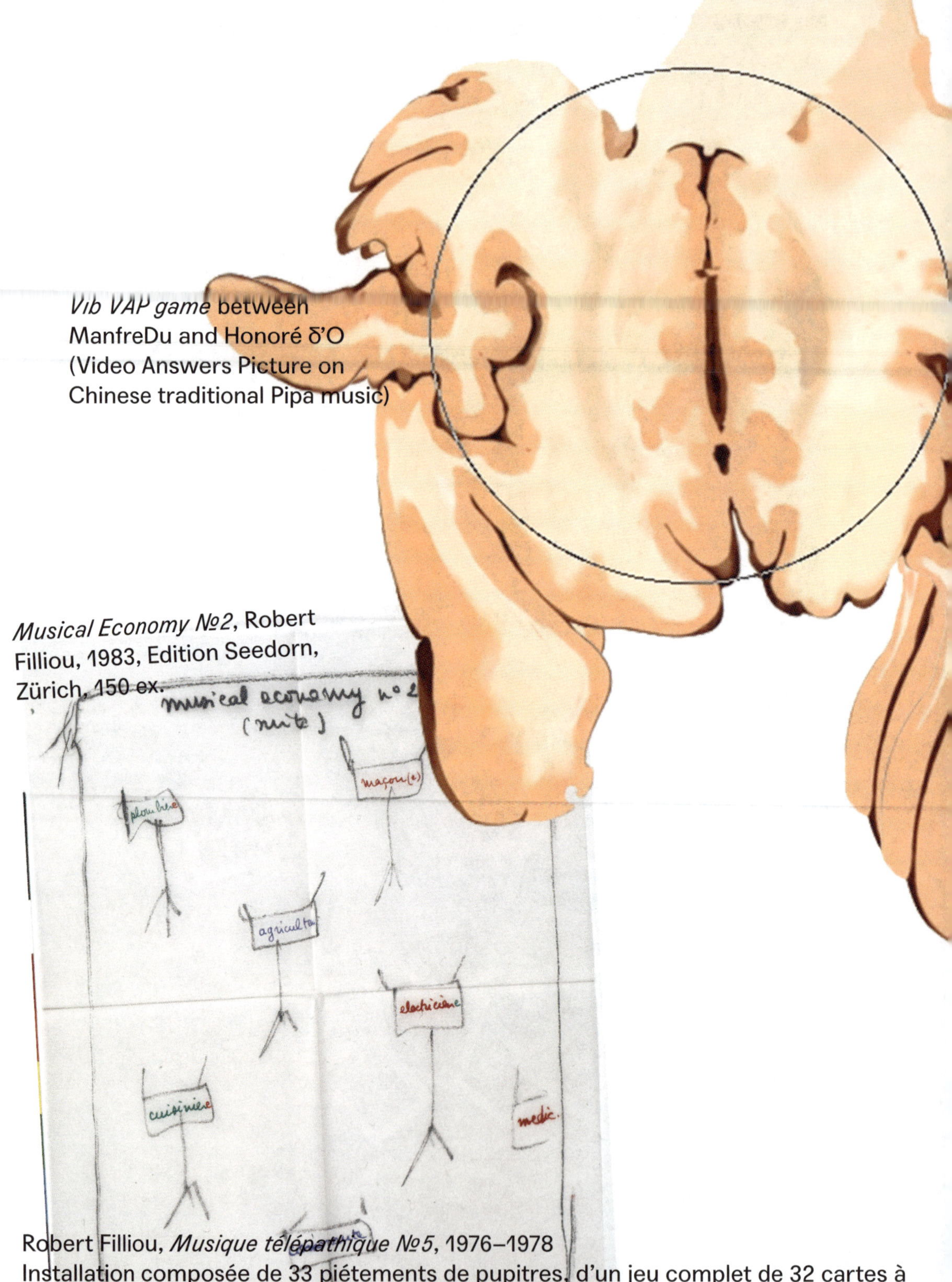

Vib VAP game between
ManfreDu and Honoré δ'O
(Video Answers Picture on
Chinese traditional Pipa music)

Musical Economy №2, Robert
Filliou, 1983, Edition Seedorn,
Zürich, 150 ex.

Robert Filliou, *Musique télépathique №5*, 1976–1978
Installation composée de 33 piétements de pupitres, d'un jeu complet de 32 cartes à
jouer et de 34 petits cartons avec des textes typographiés. La répartition des cartes sur
chaque pupitre surmonté d'une carte à jouer ayant variée lors des divers présentations
de l'œuvre, l'association des textes aux figures ici retranscrite correspond à un état.

126

Textes issus de l'installation *Musique télépathique №5* de Robert Filliou

Musique télépathique №5
Lorsqu'on veut démontrer la télépathie, quelqu'un regarde une carte, et loin
de là quelqu'un d'autre la devine ou ne la devine pas.
Ici c'est d'une proposition artistique dont il s'agit : si, au hasard, ici-même,
deux – ou plusieurs – personnes posent un même regard sur une même
carte, ne se rencontreront-elles pas sur une même longueur d'Onde
SI BRIEVEMENT SOIT-IL
R. Filliou

As	♥	sur-le-champ
Roi		ni plus ni moins
Dame		pêle-mêle
Valet		à pleines mains
10		à son heure
9		sans arrêt
8		de l'autre côté
7		bon gré mal gré
As	♣	au plus profond
Roi		cahin-caha
Dame		au fur et à mesure
Valet		en cachette
10		en nul autre endroit
9		tant et plus
8		tôt ou tard
7		en dépit de
As	♦	à la hâte
Roi		sans dessus dessous
Dame		comme si
Valet		peu à peu
10		enfin
9		à rebours
8		au-delà
7		quoi qu'il arrive
As	♠	d'un moment à l'autre
Roi		tout près
Dame		à vrai dire
Valet		à la renverse
10		dorénavant
9		bien des fois
8		à foison
7		à la hâte*

*Le texte a été intuitivement complété alors qu'un cartel est manquant
depuis que l'œuvre a été endommagée.

One eye open.
One eye shut.
Amazement and invention are travelling together. We have a haul, give us scenery!

I am an artist. I choose to create a climate. Maybe we can create an atmosphere in
which a chosen theme has just enough space to cope with alteration.
Amazement and invention are travelling together.
You invent something, I invent something.
Finally!
Incredible!
(...)
Change and atmosphere, who are travelling together, believe in the mind.
(...)
An invention goes hand in hand with purpose. An invention must go hand in hand
with future purpose.
Invention and purpose are travelling together. They are searching for a haul, while
they are already in scenery.
(...)
Let us invent something together. We are travelling together. Us and the path are
looking for a scenery.
(...)
There is no easy way out by saying: contradictions solve each other paradoxically
enough.
Contradiction and creation are travelling together.
(...)
We use rope, glass, paint, light and size of space, proportion, tempo and availability.
Besides substantial ingredients an invention needs transitoriness.
Change and atmosphere who are travelling together, still do not believe in the mind.
(...)
To be amazed you do not need to continuously amaze yourself.
When you are amazed, you had better recover from it as quickly as possible.
Surprise and amazement do not travel together.
There is no plan, so there is no city.
There is no country, so you will not reach a border.
(...)
The paralysed and the blind are travelling together, and they get on, as fast as
the handicap and the creativity. Creativity connects separated elements which
together form an alternative for the health condition.
Power and reflection travel separately.
(...)
You cannot look at what you do not know.
Knowledge and people are travelling separately.
(...)
Every image you see is in its details and logistical nature so new that it unbelievably
and unbearably challenges every faith and the perfection of knowledge.
The ethical quality simply depends on the empathic ability of health to recognise
itself in the sickness.
Open and closed travel together.

One eye open.
One eye shut

Extracts from *The Longest Miracle*, lecture by Honoré δ'O at AHH Conference,
The Tate Britain and Tate Modern, London, 04.04.08

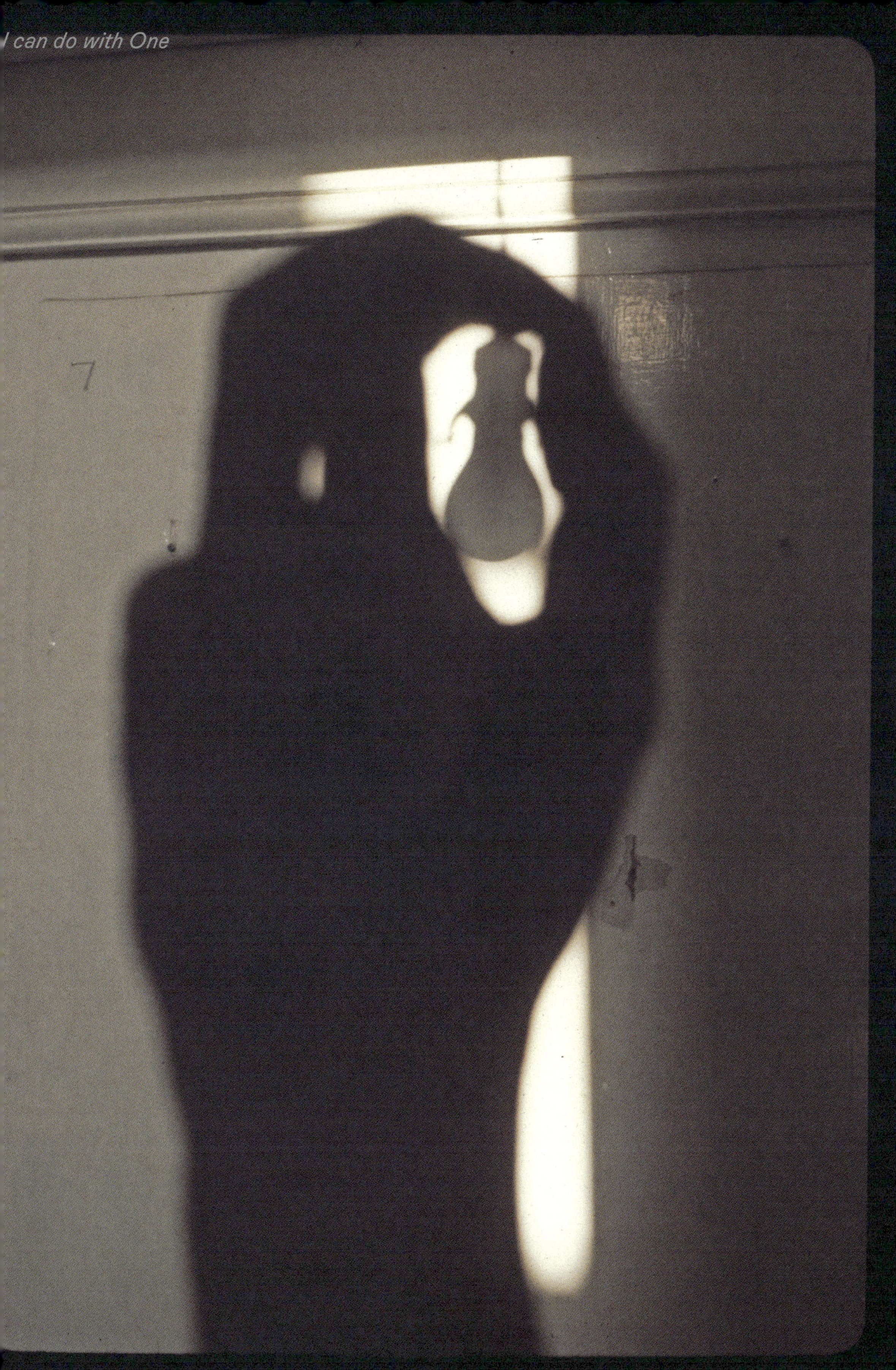
I can do with One

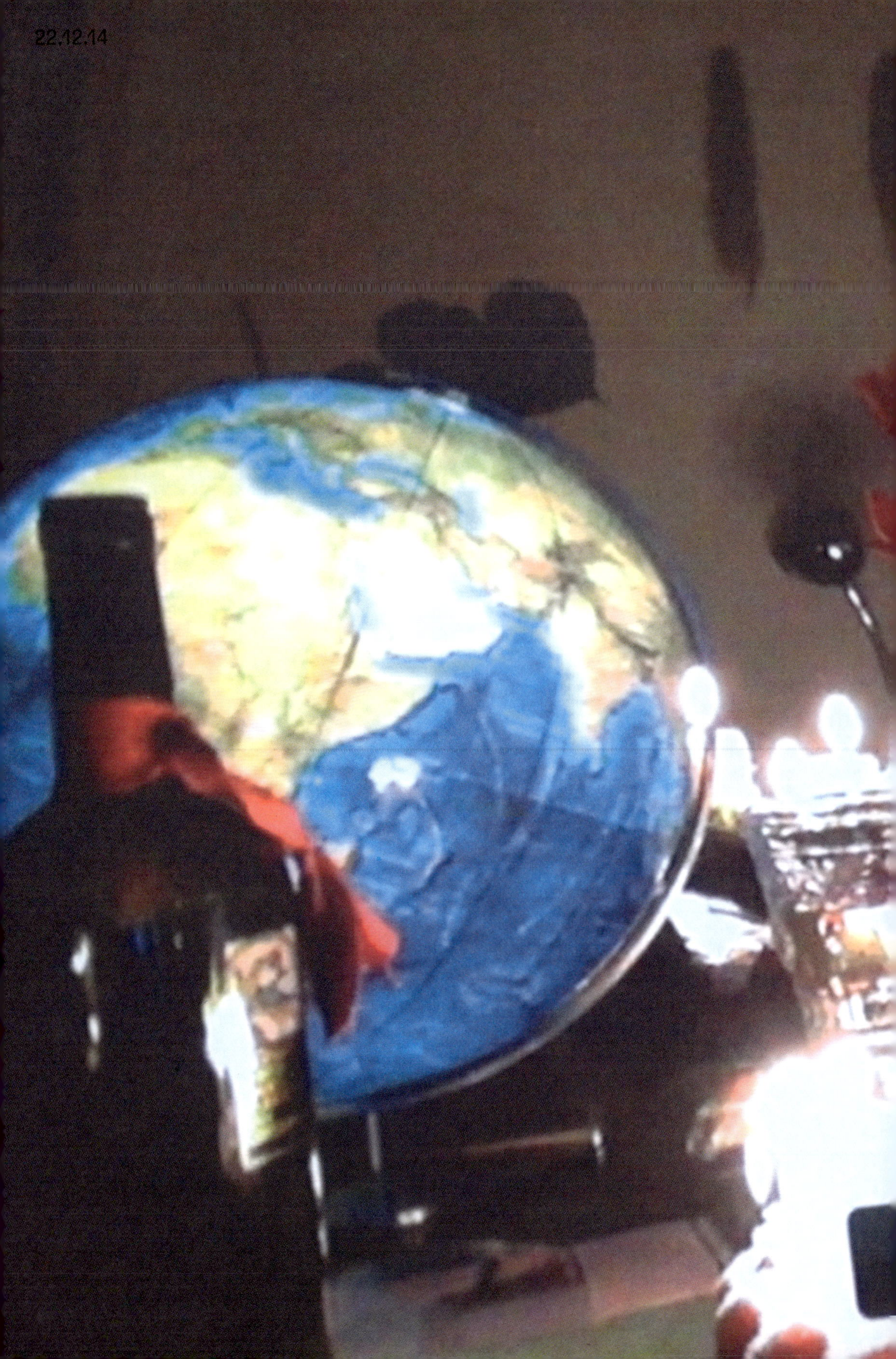
22.12.14

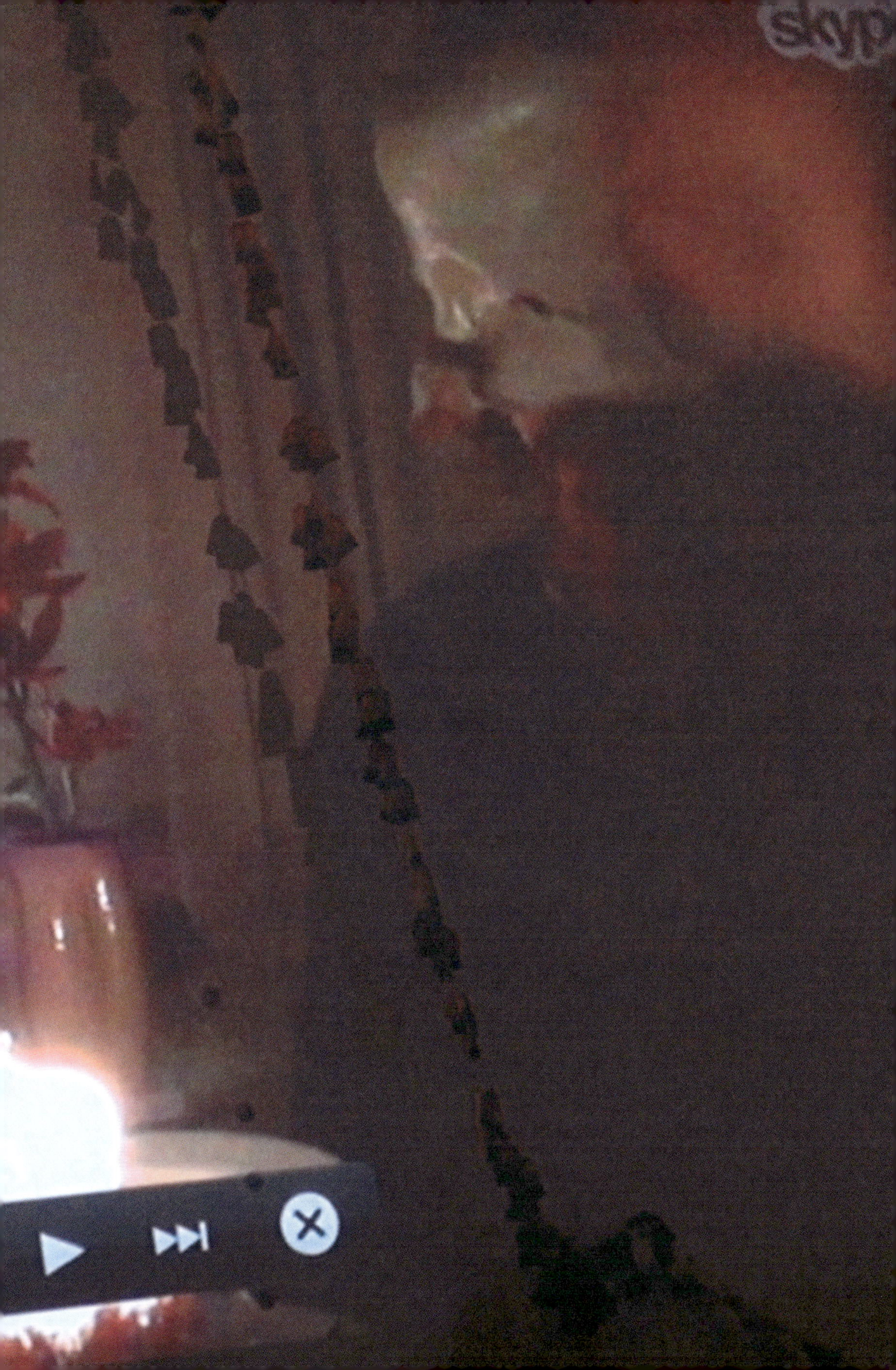
skype

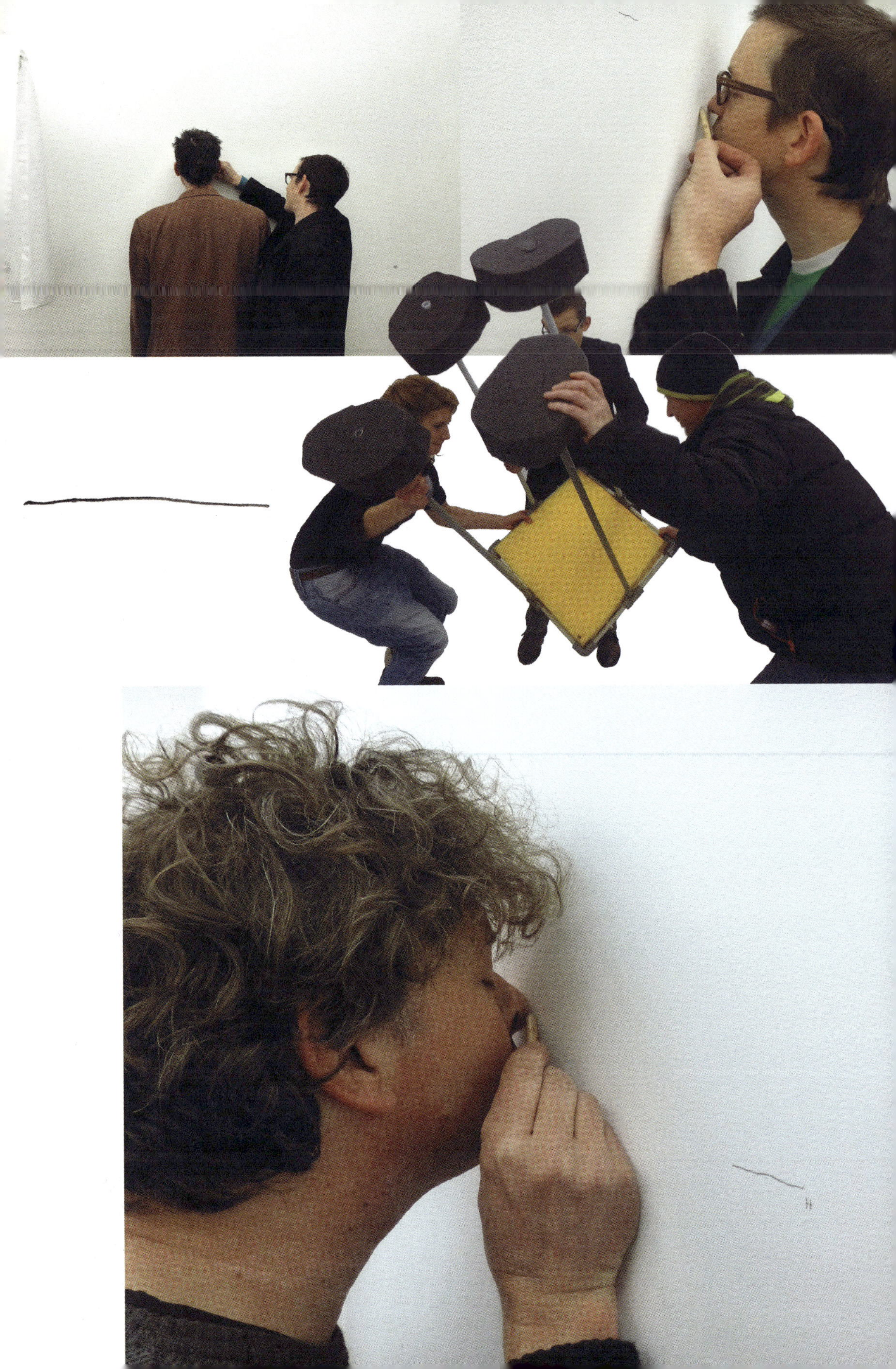

SOME OF HIS BEST ARTWORKS ARE PRODUCTS

Not that long ago there was a museum where the centre of every painting, every drawing or photograph hung at the exact same height. This height was not determined by a numerical measurement, there was no tape measure used. No, one rather short and voluminous man, slightly bent forward, pressed his nose against the wall and marked the line of height for the entire process.

This intimate moment between man and exhibition wall set in motion a correct, regular and unambiguous presentation of images, a horizon that allowed the spectator to approach all images in the same way, comparing them with correct, regular steps to the side, a little to the front and then back again, then taking a few steps to the next image. One might wish it were always this way, or indeed agree to make it so, we should strive for persistent concentration, regular respiration, no more bending, no more jumping, everything and everyone equal in a clear and unambiguous grid.

This anecdote—or better put this fairytale—was the occasion in VIBRATIONS OFf to make a mark on the wall at the height of my nose to confirm my temporary presence rather than a potential localisation of an image. In a way the desire described above to treat everything and everyone equally can serve as a guide to approaching this exhibition in retrospect. But in contrast to this, and any other fairytale, the roles were continually reversible, everything that moved was frozen and what was frozen was set in motion. Everything and everyone that came past subscribed to the activation of a zone for free discussion, criticism, production and refusal, an art that through parallel activities dismantled the obviousness of systems and roles to make the arbitrariness and the coincidences of these roles visible— and if possible—make them count.

Art can signify a proposition to turn a given situation to profit, art always has a commercial function, an exchange value and an economic value. You can put a number on it, as Honoré puts it. In any case our liberal society should allow any skilled individual to help himself in a manner of his own choosing. How something is done is in that sense a more difficult question than its meaning. The market is impervious, but also turns out to be a person, possessing its own 'will'; it reacts, it judges what is right and what is not, it incites people to industriousness and calls for a responsible life.

In conventional jobs, the stakes are usually immediately set out and made binding—I pay you this much in return for this and that—and it is in the interests of both parties to come to pleasant and beneficial terms. Art production is anything but efficient; that is what makes art production so different from any other work. Labour is conventionally understood as a means to an end. The labour of art folds means and end inevitably together. Not knowing the effect of our work is probably the reality of most artists. That is what our effort denies us. We don't get to know what our work is good for, if it is good for anything at all.

Stefaan Dheedene

It is almost impossible to suppress the dynamic of artists who want to engage with cultural life in a broader sense, without parodying the battle of previous avant-garde movements. One of the best ways to handle this may be to reject the division of roles and the trade structures that are so connected with art, and to embrace a form of artistic practice that makes it possible to operate with the dexterity and complexity of commercial enterprises. Essential for this is the adventure of the enterprise where we particularly value its consequences.
By operating in this way, the artist does not activate his adventurous space as an 'artist-genius' but mimics existing human behaviour, solutions and organisational structures in the 'real' world, possibly idealising these to simultaneously undermine this idealisation.

Artists thus claim their territory in such a way that it escapes the control of an art market, revealing a reality of relativistic techniques of criticism. Beyond traditional, institutional criticism, the gallery can be used for speculation, manipulation, documentation, fiction, reporting, storytelling and so on. Artists and art projects could be considered pressure groups, occupied not with criticising the market or gallery system but with using the art context to fight the ideological battle for cultural stratification, avoiding unilateral, economic trade structures.
It is, after all, better to be above these structures than to try to reorganise them.

SOMMIGE VAN ZIJN BESTE KUNSTWERKEN ZIJN PRODUCTEN
Niet zo lang geleden was er een museum waar het middelpunt van elk schilderij, van elke tekening of foto exact even hoog hing. Deze hoogte werd niet bepaald door een cijfermatige meting, er kwam geen meter aan te pas. Nee, één eerder kleine en lijvige man duwde licht voorovergebogen zijn neus tegen de muur en markeerde zo de hoogtelijn die de totale accrochage bepaalde. Dit intimistisch moment tussen deze man en de tentoonstellingswand zette een correct regelmatige en eenduidige presentatie van beelden in beweging, een horizon die het voor de toeschouwer toeliet alle beelden op eenzelfde wijze te benaderen en te vergelijken met de correct regelmatige stappen opzij, even naar voor en dan weer achteruit om daarna met enkele stappen naar het volgende beeld te bewegen. Men zou wensen of desnoods afspreken dat het steeds zo zou zijn, want dan zouden we streven naar een vol te houden concentratie, een regelmatige ademhaling, zouden we nooit meer bukken, nooit meer springen, zou alles en iedereen gelijk zijn in een duidelijk en eenduidig raster.

Deze anekdote—of beter—dit sprookje was in VIBRATIONS OFf de aanleiding om een markering te plaatsen ter hoogte van mijn neus op de muur, die eerder mijn tijdelijke aanwezigheid in plaats van een potentiële lokalisatie van een beeld bevestigde. In zekere zin kan het bovenvermelde verlangen om alles

                                                        Stefaan Dheedene

en iedereen gelijk te stellen wel als leidraad dienen om deze tentoonstelling retrospectief te benaderen. Maar in tegenstelling tot het bovenvermelde—en elk ander sprookje—waren alle rollen hier steeds omkeerbaar, werd alles wat beweegt stilgezet en werd wat stilstaat in beweging gezet. Alles en iedereen die er kwam, schreef zich in de activatie van een vrijplaats voor discussie, kritiek, productie en weigering in; een kunst die via parallelle activiteiten de vanzelfsprekendheid van systemen en rollen ontmantelde om de willekeur en de toevalligheden van deze rollen zichtbaar te maken—en als het kan—te gelde te maken.

Kunst kan een voorstel betekenen om een gegeven situatie te kenteren tot profijt, kunst heeft steeds een commerciële functie, een ruilwaarde en een economische waarde. Je kan er, zo zegt Honoré, een getal op kleven. In elk geval zou onze liberale maatschappij het moeten toelaten dat elk bedreven individu zichzelf kan beredderen op een eigen gekozen wijze. Hoe iets gedaan wordt, is in die zin een meer lastige vraag dan de vraag naar de betekenis ervan. De markt is onvatbaar, maar blijkt ook een persoon te zijn, want over een 'wil' te beschikken, te reageren, te oordelen over wat deugt en niet, aan te zetten tot nijverigheid en op te roepen tot een verantwoordelijk leven.
In conventionele arbeid worden de belangen gewoonlijk onmiddellijk uitgespeeld en bindend gemaakt—ik betaal u zoveel voor dit en dat—en het is in het belang van beide partijen om daarvoor aangename en voordelige termen

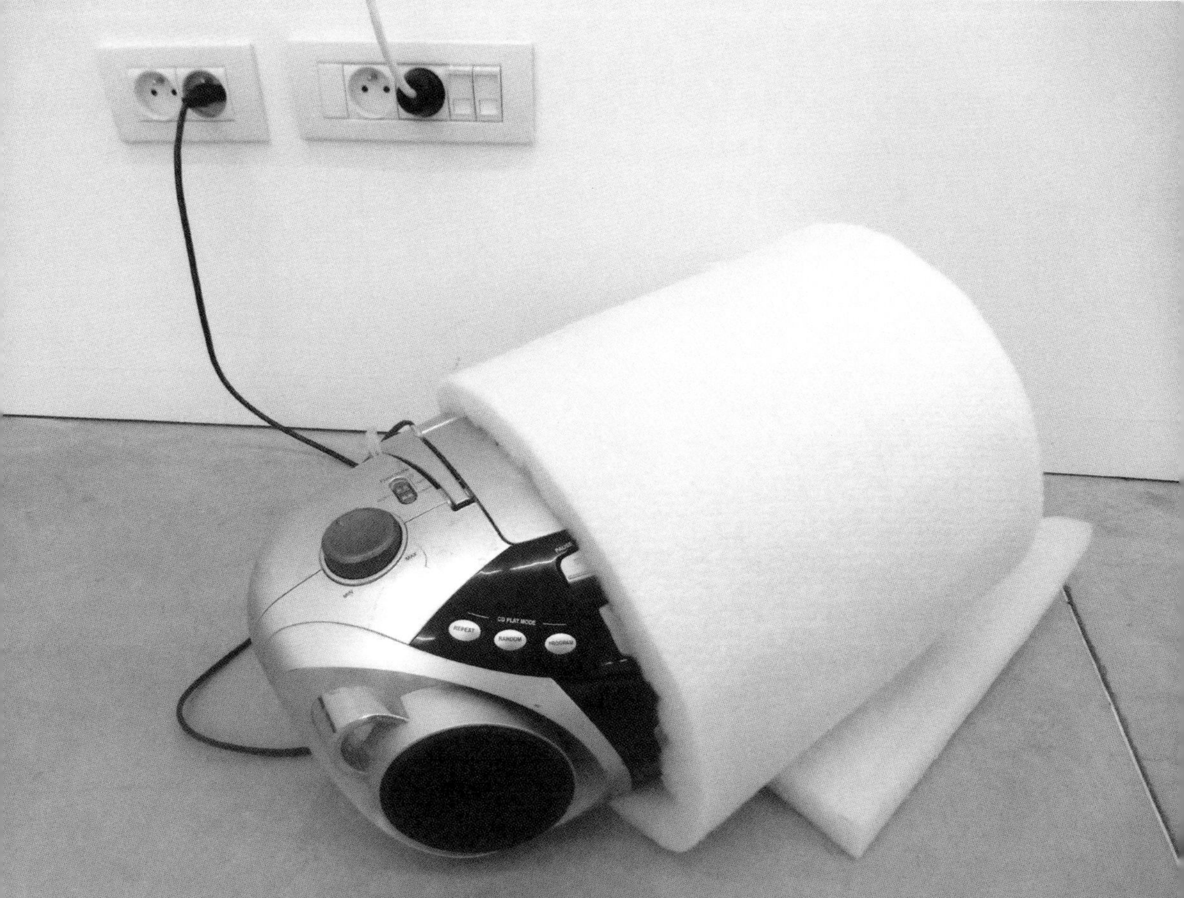

te doen ontstaan. Wat de arbeid van kunst verschillend maakt van een andere arbeid, is dat de kunst-productie allesbehalve efficiënt is. Arbeid wordt conventioneel begrepen als een middel om tot een eind te komen. De arbeid van de kunst vouwt de middelen en het eind onvermijdbaar samen. Het niet kennen van het effect van onze arbeid is waarschijnlijk de werkelijkheid van de meeste kunstenaars. Dat is wat onze inspanning ons ontzegt. Wij krijgen niet te weten waar onze arbeid goed voor is, als dit al zo is.

Het is bijna niet mogelijk om de dynamiek van kunstenaars te onderdrukken, die zich willen engageren met het culturele leven in een bredere zin, zonder dat dit een parodie wordt op de strijd van vroegere avant-gardebewegingen. Een van de beste manieren om hiermee om te gaan is misschien de aan de kunst verbonden rolverdeling en ruilstructuren af te wijzen, en een vorm van artistieke praktijk te omarmen die het ons mogelijk maakt net zo behendig en gecompliceerd te opereren als ondernemingen. Essentieel hierbij is het avontuur van de onderneming waarbij we vooral belang hechten aan de consequenties van de onderneming.
Zo activeert de kunstenaar zijn avontuurlijke ruimte niet als een 'artist-genius' maar treedt de kunstenaar op als een soort van 'mimic' die bestaande menselijke gedragingen, oplossingen en organisatiestructuren in de 'echte' wereld nabootst, die mogelijkerwijs idealiseert om tegelijk deze idealisering te ondermijnen.
Er wordt zo door kunstenaars een territorium geclaimd dat ontsnapt aan de controle van de kunstmarkt. Het laat een praktijk zien van relativistische technieken van kritiek.
Voorbij de traditionele, institutionele kritiek kan de galerie gebruikt worden voor speculatie, manipulatie, documentaire, fictie, reportage, verhalen vertellen enzovoorts. Kunstenaars en kunstprojecten zouden in die zin beschouwd kunnen worden als actiegroepen die er niet zo mee bezig zijn de aanwezigheid van het markt- of het galeriesysteem te bekritiseren, als wel om de kunstcontext te gebruiken voor het voeren van een ideologische strijd voor culturele gelaagdheid, buiten de eenzijdige, economische ruilstructuren om.
Boven die structeren staan is immers beter dan ze opnieuw te willen structureren.

Stefaan Dheedene

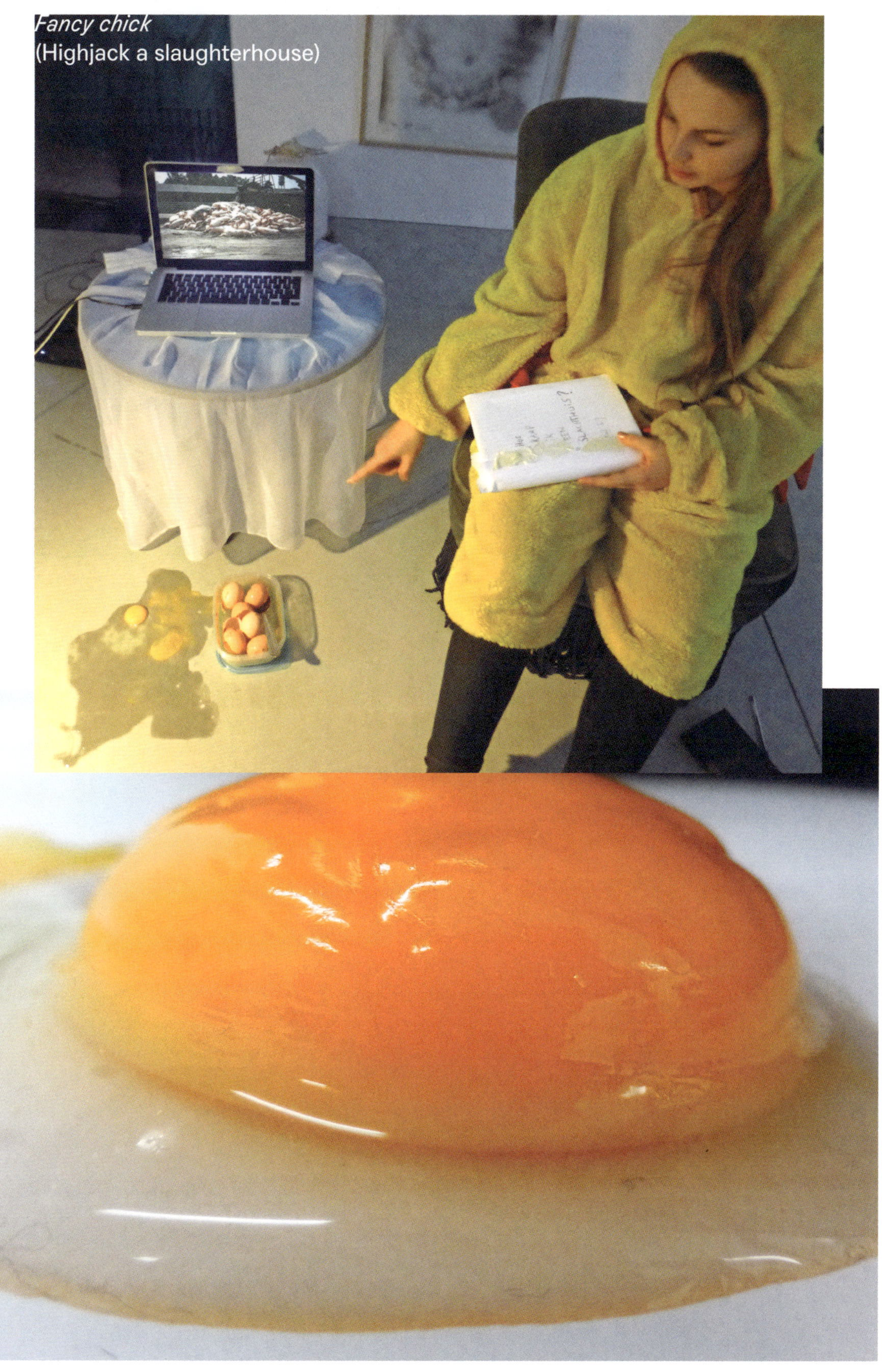
Fancy chick
(Highjack a slaughterhouse)

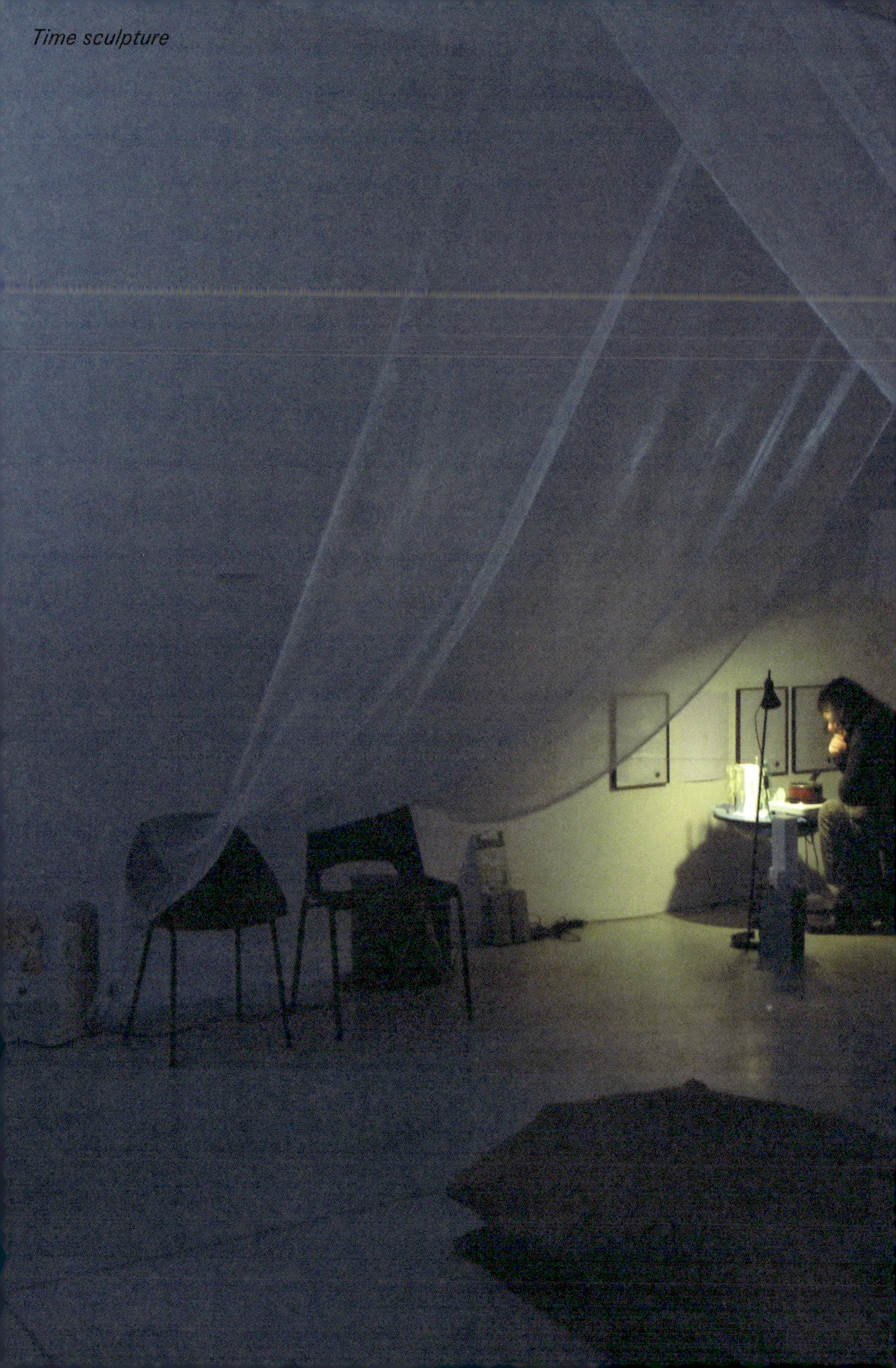
Time sculpture

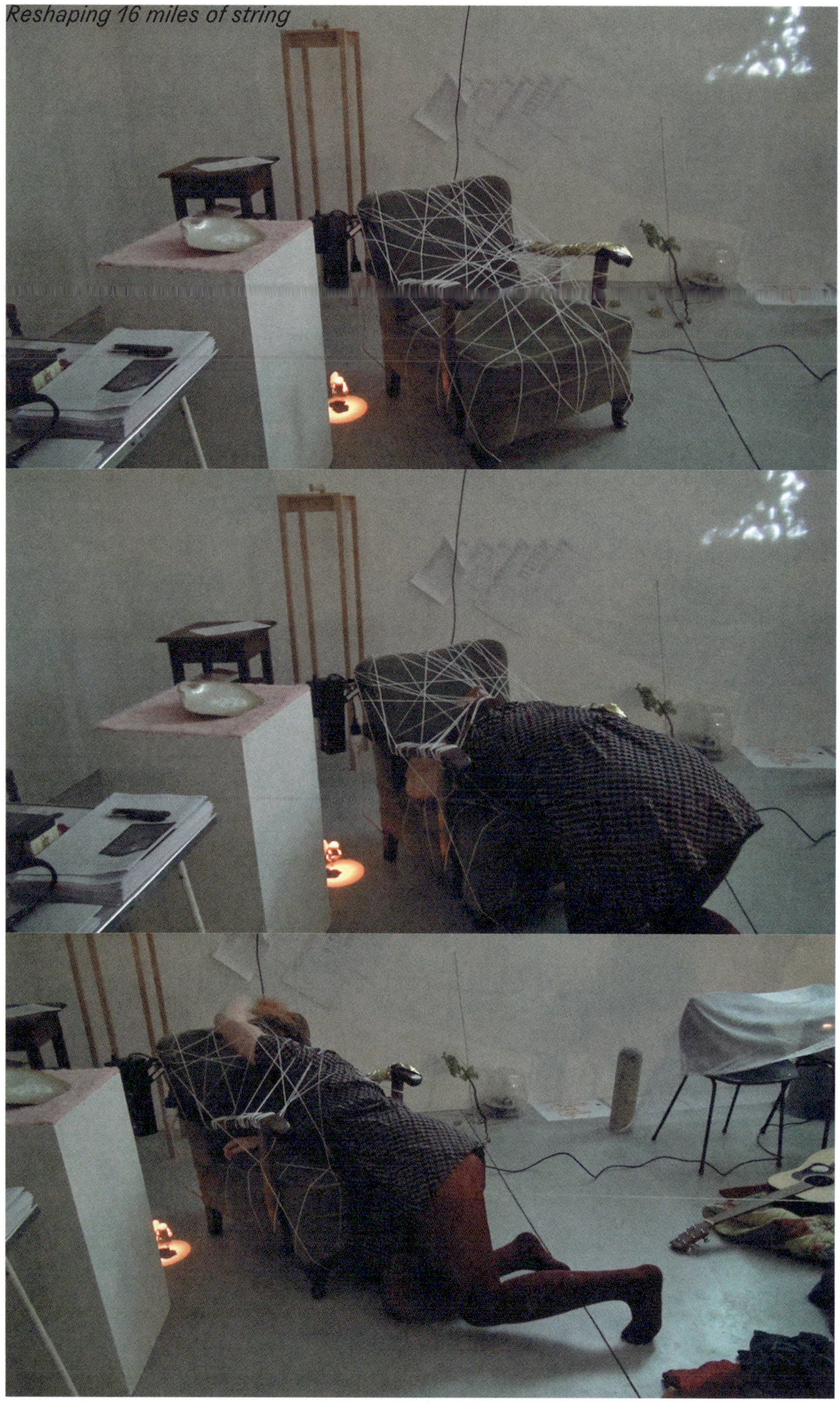

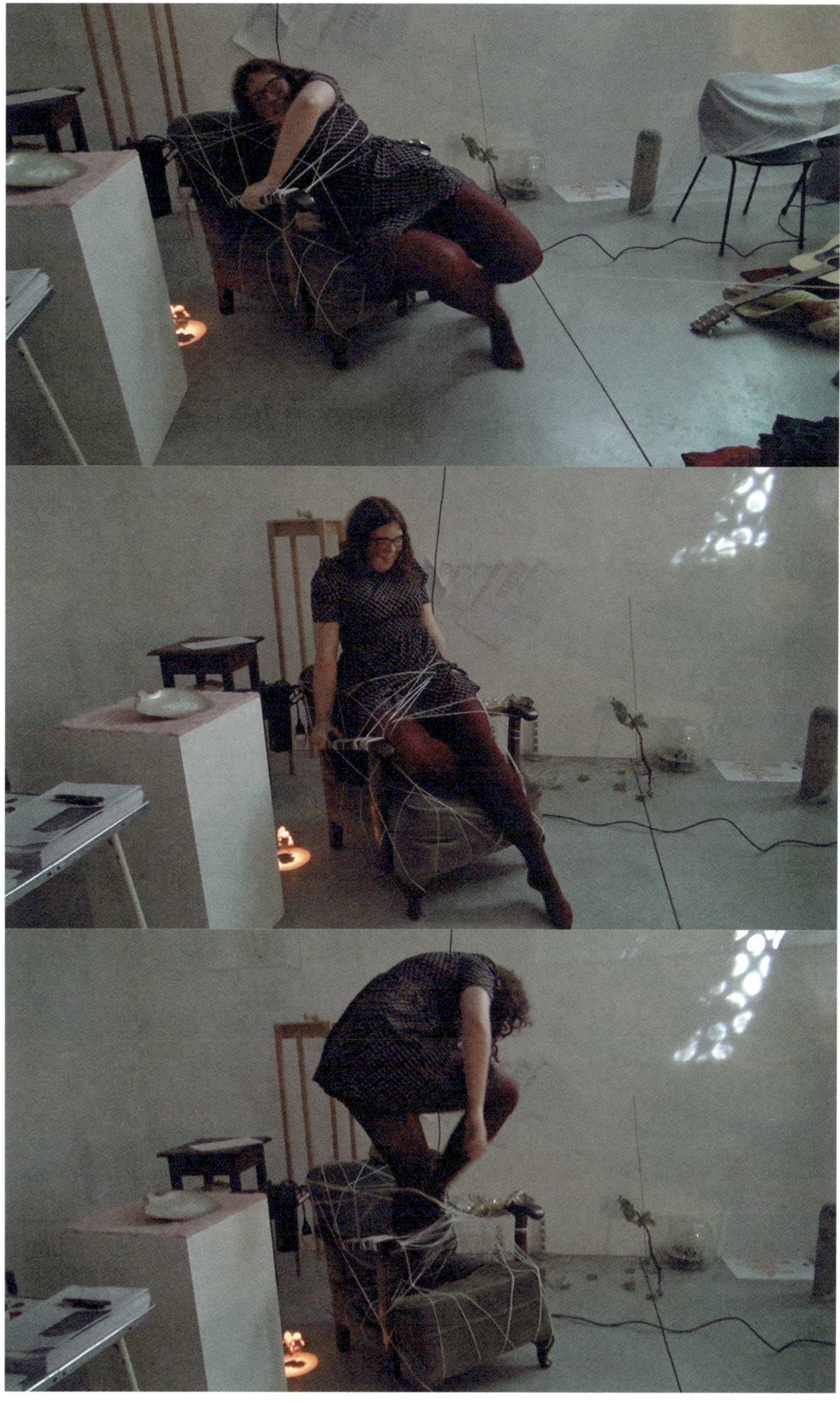

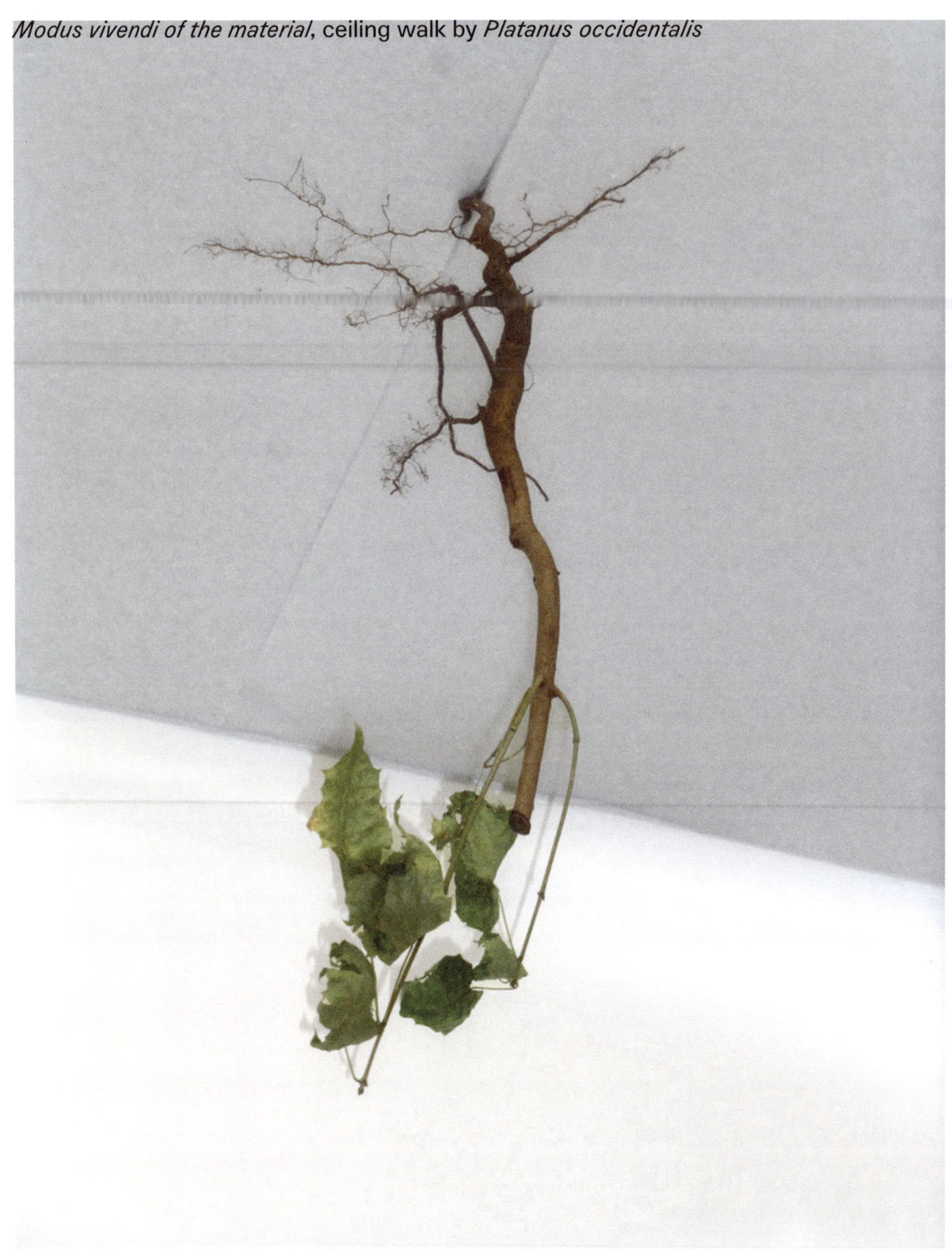

Modus vivendi of the material, ceiling walk by *Platanus occidentalis*

I am a big football fan. I really like to go home to the Rhineland to go to the football stadium on a Saturday and watch a match there. Players and spectators are kept together by a specific situation, one that literary theorist Hans-Ulrich Gumbrecht described as 'lost in focused intensity': time and space are absorbed in this extreme state of shared tension.
When I took part in the performance *De Meerderheid* (*The Majority*) by Honoré δ'O for the first time—I think it was in 2013 in Dendermonde during an exhibition *Deel 1: de inleiding* (*Part 1: the introduction*) curated by Philippe Van Cauteren and Ben Benaouisse—I experienced a similar intensity to that of this exhibition at the Kristof De Clercq gallery, the only difference being that Honoré doesn't need any competition for the creation of this time-sculptural intensity.

Ik ben een grote voetbalfan. Bijzonder graag ga ik naar huis, namelijk naar het Rijnland, om op zaterdag naar het voetbalstadion te gaan en daar een match te bekijken. Spelers en toeschouwers worden er bijeengehouden door een bepaalde toestand, die de literatuurtheoreticus Hans-Ulrich Gumbrecht heeft beschreven als 'lost in focused intensity': tijd en ruimte zijn geabsorbeerd binnen deze extreme staat van gemeenschappelijke spanning.
Toen ik de eerste keer deelnam aan de performance De Meerderheid *van Honoré δ'O—ik denk dat het in 2013 in Dendermonde was tijdens de door Philippe Van Cauteren en Ben Benaouisse gecureerde tentoonstelling* Deel 1: de inleiding*—ervaarde ik een vergelijkbaar intensief, dat ook bij deze tentoonstelling in de Kristof De Clercq gallery aanwezig was. Met het enige verschil dat Honoré voor de creatie van deze tijd-sculpturale intensiteit geen enkele competitie nodig heeft.*

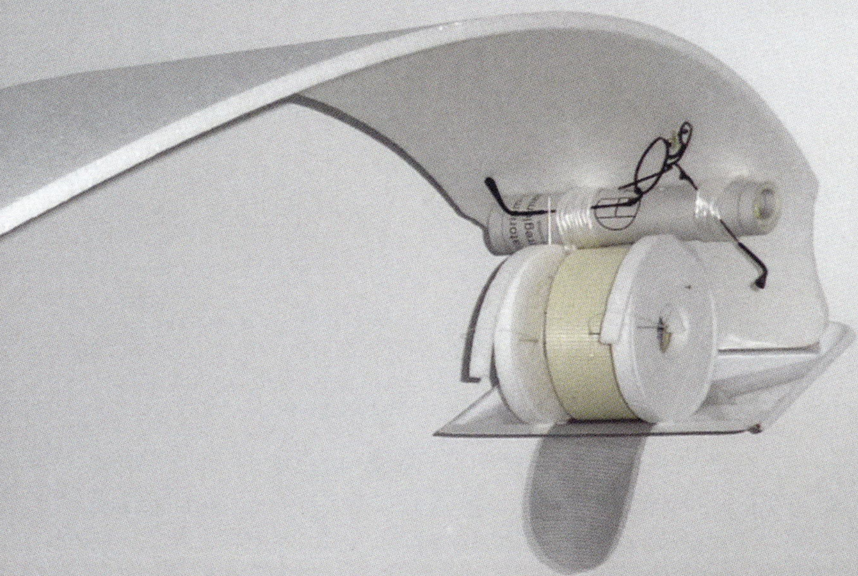

Since 'tomorrow' is a real product and time is pushed to become a trading technique, the lyrics of life may escape the machine of functions. Our inversed freedom easily throws words in the infrastructure of humanity, though an operational soul only discusses art as a condition. A hot plot for behaviour will not endanger oneself if air could squat down in the inner topologies of our derelict environment. Air and inner!

A longing wave configures the flux of vice-versas between the subject of the constituent and the horizon of the clause, to synchronise a vision with an experience. In that scenery, according to a reflective tradition that can be tracked back to Aristotle and to the never-written deeper down, the project mirrors its *contraject*: urgent inner commanding implants mental investigation in the vertical subject of 'the open body of art', *textualises* more mythological alchemy, generates wind philosophy and *sacrabsurd* grammar, ",,,,", before climate and culture will apply our senses into historical conscience and purely social need.

During the authorisation of a linguistic constellation—if classic drama forced me to choose: I would prefer the tongue and split the ear.
For humanity: little alternative.
For the eye: no relevant pseudonym.
For the air: extra inner.

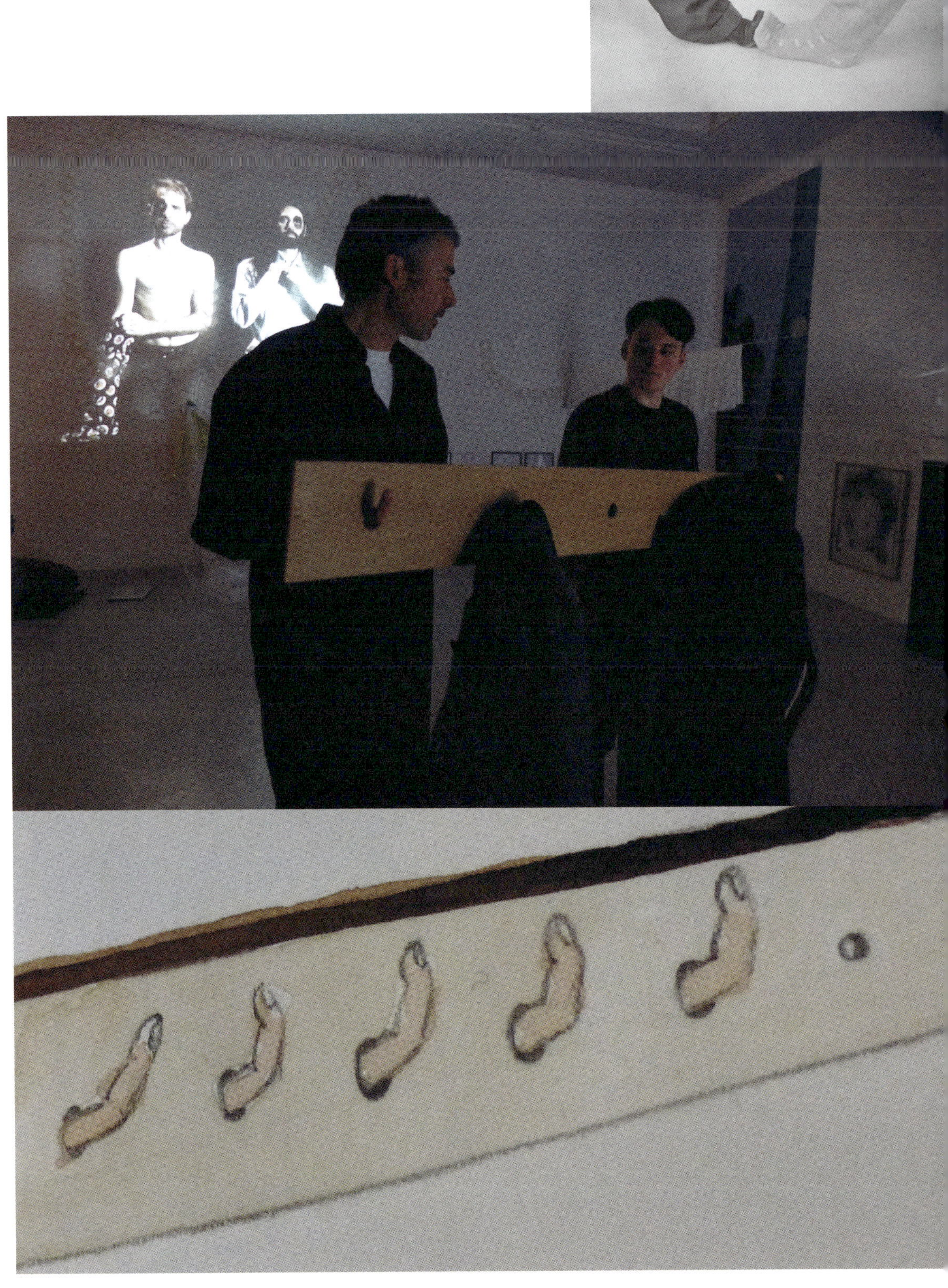

you visit the exhibition: first go to an ATM and
withdraw the maximum amount possible with
your card, visit the exhibition, go back to the
bank and put the withdrawn money back on
your account

visit the exhibition with your shoe (or shoes) in
your hand

walk up to someone in the exhibition and say:
'I will close my eyes, will you shake me for
at least one minute? Gently will do, rough is
allowed'

as if you are crucified to a wall you place the
palms of your hands on the stamp 'certified
vibration'; you maintain this pose until you are
convinced that everyone sees you as an integrated part of the exhibition

invite someone to visit the exhibition together
you agree in advance not to speak to each
other while in the exhibition space
stay together during your visit
leave the exhibition space together

invent a theme of the day
visit the exhibition and explore how much it
expresses your theme

bring an object to the exhibition
leave it behind on the pedestal 'leave something behind and take something with'
take something that already was on the pedestal home with you

stand with your nose against the window or
wall for one minute straight during your visit
to the exhibition
do not explain yourself to anyone

you visit the exhibition
choose a spot
stand still on that spot
turn around your own axis slowly
enjoy what you see
try to remember as much as possible
afterwards
repeat
choose a different spot
stand still on that spot
...

come inside
resolutely step to an undetermined spot on
the wall where you lay your hand on,
close your eyes,
hold this pose until you feel the holding rather
then the pose

bring an invoice to the exhibition
take it back home

(buy a news paper and go to the exhibition,
leave the paper behind on a bench without
reading it)

go to the exhibition
go inside
immediately lay down somewhere with closed
eyes, your back on the floor
do not open your eyes, do not speak, perse-
vere until you feel pleasure,
go outside without speaking
come back later to visit the exhibition in the
same or a different way

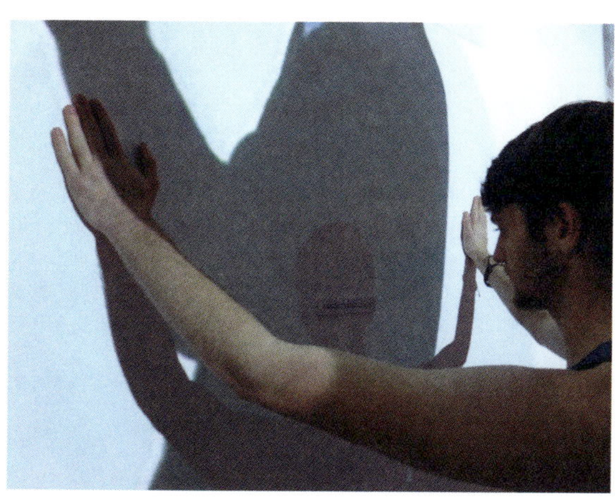

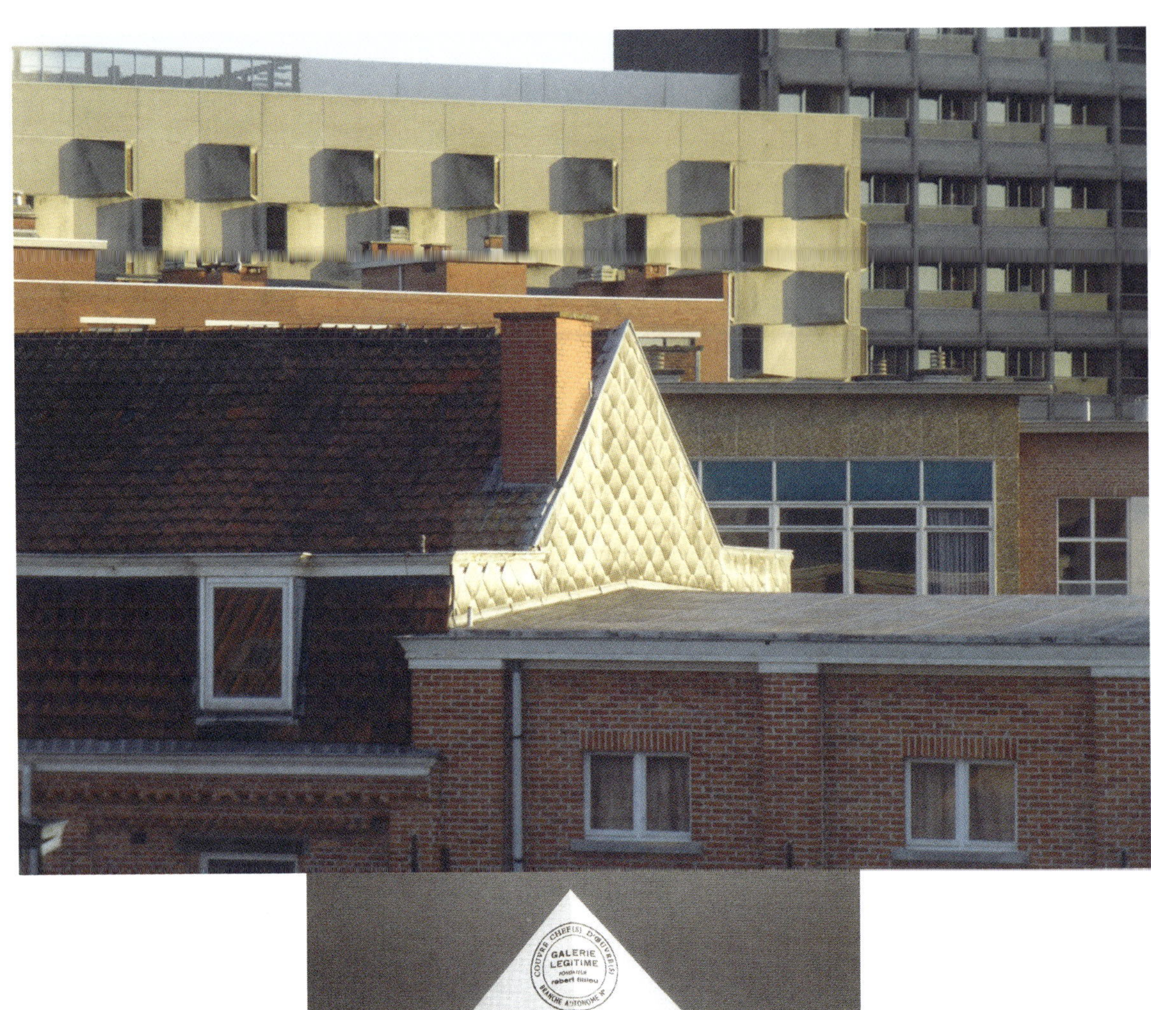

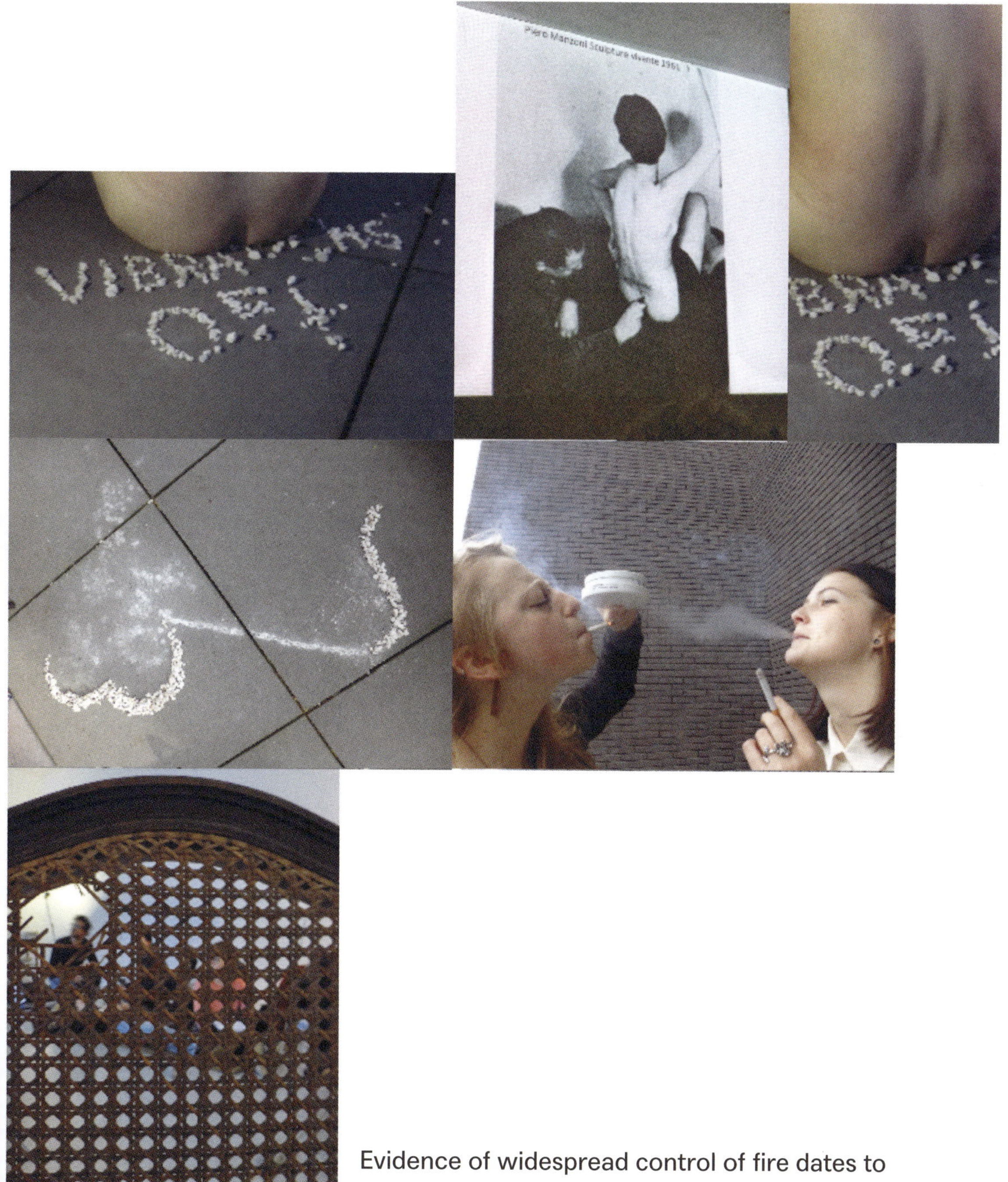

Evidence of widespread control of fire dates to
approximately 125,000 years ago and earlier

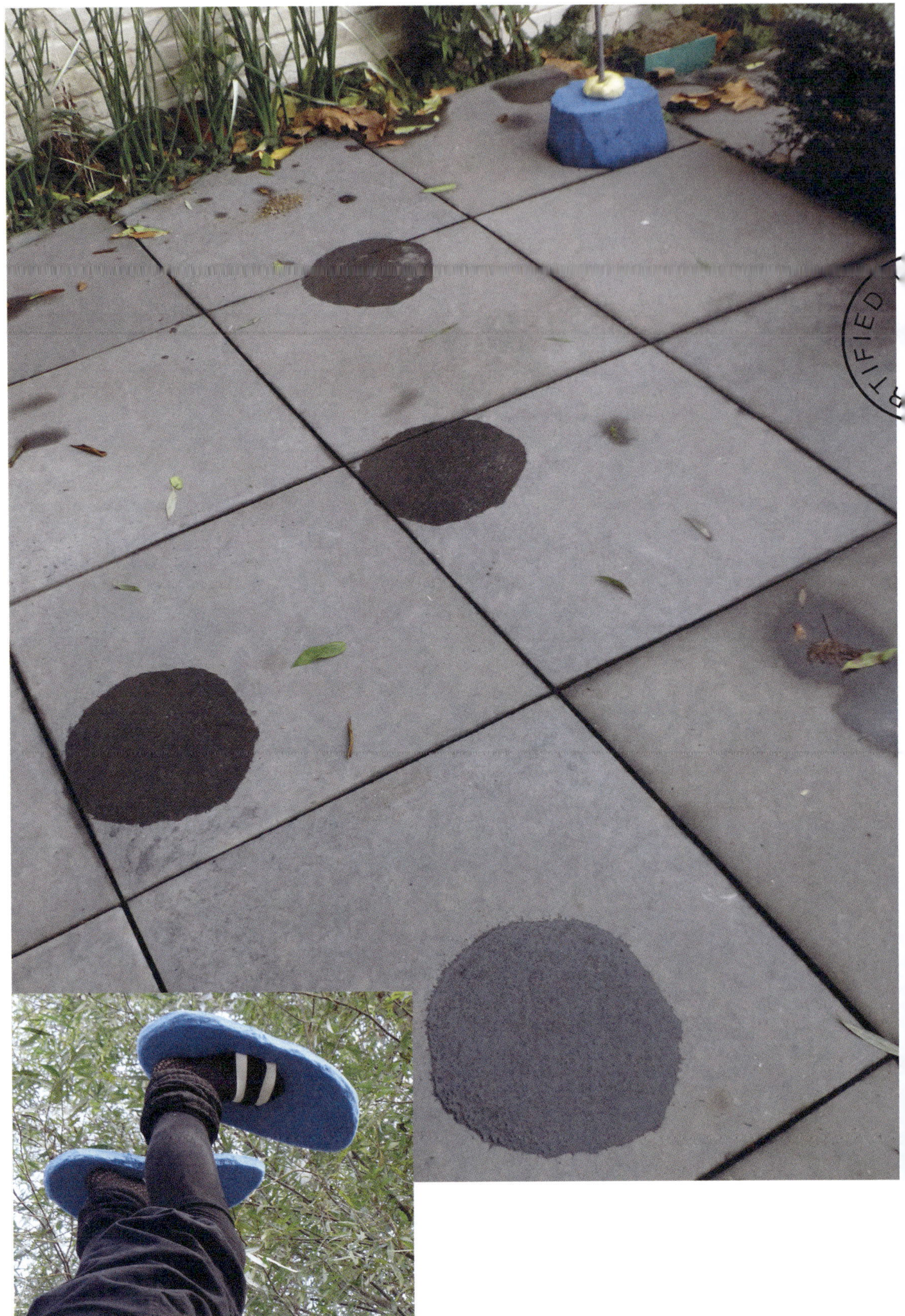

Idea for Korean VIBRATION OFf exhibition.

In Korea, the giving of certificates has been used already. It could still work and be considered interesting.
However approaching the exhibition giving V to Korea is more Honoré.
In Korea, learning English is essential, in a similar way people are obsessed with getting more certificates.
The English education industry is huge. Starting your vibration would be approached through the marketing idea of giving people V.

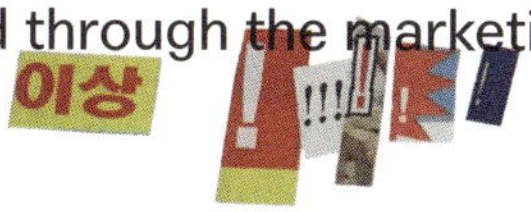

V
Vibration
Victory
Variety
or VVathever you use V with.

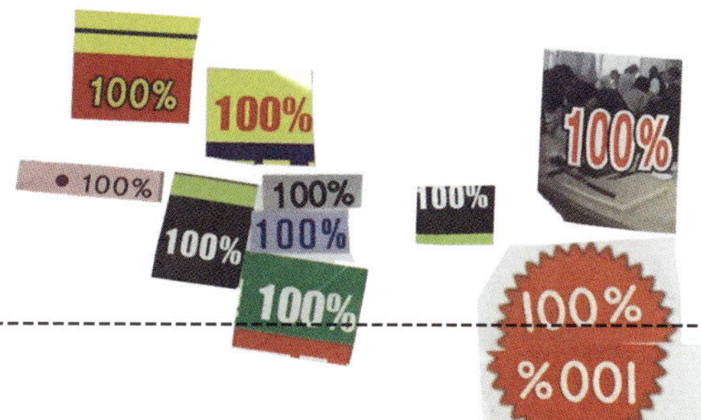

HOYY

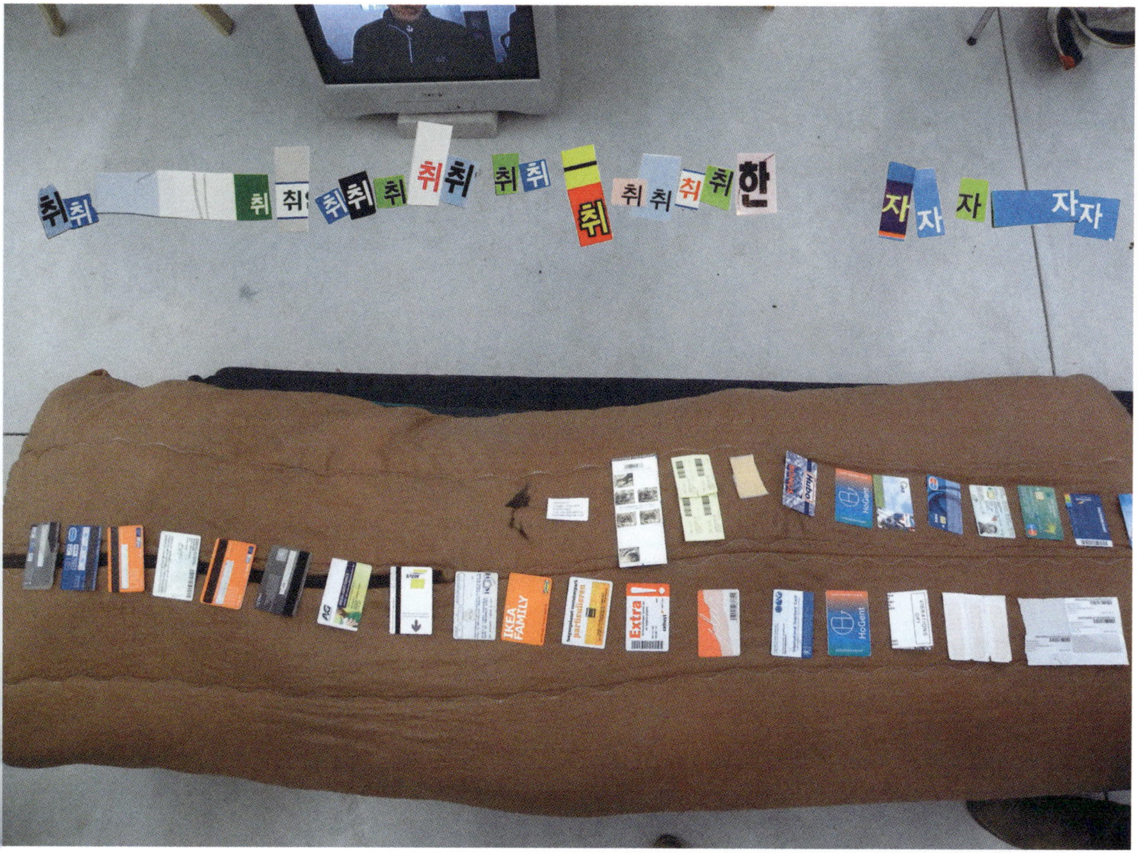

I AM NOT SURE THIS ARTWORK IS GOING TO
CHANGE MY LIFE

An audio guide through VIBRATIONS OFf

(The sound of raindrops on metal.)

I am going to use the next 26 days to learn to
speak slower.

I feel art should always be used to improve
yourself as a human being.
I would like to take this opportunity to slow
down, to become slower, to be slower.

Well, when I look around this room so far
there is not so much 'art',
but I am aware in the presence of 'art'
I become overwhelmed and transformed.

I am currently trying to make more pauses
between what I say.
I don't know if you can tell I am not speaking
naturally.
I am 'let's say' somewhat lost for words.

(Pause)

Lost for words

I am trying to breathe more.
I arch my back slightly and move my weight
from left to right.
My knee cracks.
Is it working already?
Ok so. How many plugs can I see?
One, two, three, four, five.

Maybe I should walk.
I am currently standing in the left hand corner
of the space nearest the door,
quite close to the black curtain.
I am now going to walk diagonally across the

space and count my steps as I go.
I can't actually get completely into the corner
as there appears to be some sort of desk here.
I guess all there is to do now is begin.
one, two, three, four, five, six, seven, eight,
nine, ten, eleven, twelve, thirteen, fourteen,
fifteen.
I now have my face in the corner of the room.
You may notice the difference in sound.
I turn and face back into the room.

I rock from the back of my heel to the front of
my toes.

(The sound of footsteps on gravel.)

I am going to try and do that again but slower
this time.
I am going to think slow thoughts.
I am going to think of slow moving traffic, and
slow gin and snails and sloths and…
Flemish people.

I am going to begin now.
one, two, three, four, five, six, seven, eight,
nine, ten, eleven, twelve, thirteen, fourteen,
fifteen.

I think I could do it slower.
Maybe I need to get energy out first.
I will walk fast.

If Peter Piper picked a peck of pickled peppers,
Where's the peck of pickled peppers Peter
Piper picked?
If Peter Piper picked a peck of pickled peppers,
Where's the peck of pickled peppers Peter
Piper picked?
If Peter Piper picked a peck of pickled peppers,
Where's the peck of pickled peppers Peter
Piper picked?

Can I say it slower?

If Peter Piper picked a peck of pickled peppers,
Where's the peck of pickled peppers Peter
Piper picked?

(Pause)

Abigail Liparoto

If Peter Piper picked a peck of pickled peppers,
Where's the peck of pickled peppers Peter
Piper picked?

Can you understand me?
Are you understanding me now?
Do you think I can speak slower?
Can I speak any slower?
You want me to speak slower,
I don't know if I can speak any slower than
this.
How slow exactly would you like me to speak!

I am not sure if this is really a possibility.
I don't know if I can speak any slower.
But you are constantly demanding it.
Constantly demanding me to speak slower.
Somehow this artwork does not seem to be
helping.
I am not sure this artwork is going to help me
speak slower.
I am not sure this art is going to change my
life.

(Pause)

Are you enjoying this pause?
Personally I can't stand the silence.
I will try again to speak slower. This time I will
try not to get angry.
I will try a children's nursery rhyme rather
than a riddle this time.

Bah, Bah a black Sheep, Have you any Wool?
Yes sir, Yes sir, Three Bags full,
One for my master, One for my Dame, One for
the little Boy.
That lives down the lane.

Do you know this? Was it clear?
Do I need to do it again?

Bah, Bah a black Sheep, Have you any Wool?
Yes sir, Yes sir, Three Bags full,
One for my master, One for my Dame, One for
the little Boy.
That lives down the lane.

This space does not appear to be helping.
I only hope as this process goes on things will
improve.
I will let my toes move and get some energy
out.
Now hands.

Bah, Bah a black Sheep, Have you any Wool?
Yes sir, Yes sir, Three Bags full,
One for my master, One for my Dame, One for
the little Boy.
That lives down the lane.

Bah, Bah a black Sheep, Have you any Wool?
Yes sir, Yes sir, Three Bags full,
One for my master, One for my Dame, One for
the little Boy.
That lives down the lane.
Bah, Bah a black Sheep, Have you any Wool?
Yes sir, Yes sir, Three Bags full,
One for my master, One for my Dame, One for
the little Boy.
That lives down the lane.

One for my master, One for my Dame, One for
the little Boy.
That lives down the lane.
Bah, Bah a black Sheep, Have you any Wool?
Yes sir, Yes sir, Three Bags full,
One for my master, One for my Dame, One for
the little Boy.
That lives down the lane.

Am I articulating enough for you?
Or would you like me to speak slower?
How much slower do you think I can talk.

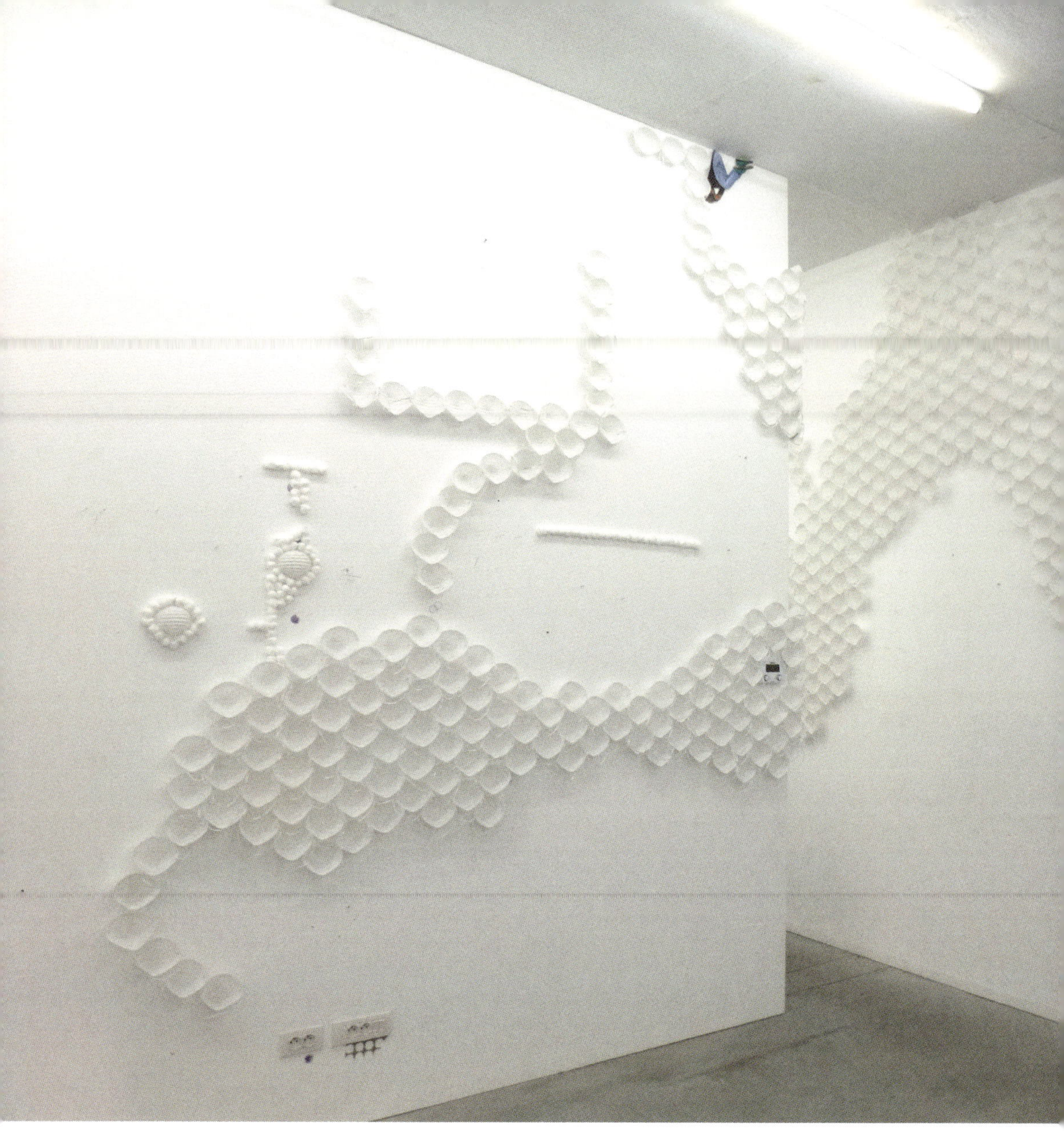

THE EXPERIENCE FACTOR

We know that the work of Honoré δ'O questions the autonomous art object. For him an artistic medium does not only refer to the artistic media in the installation but includes the entire special infrastructure in the work. Even more than that, our view is pushed sideways from the objects, up and down, to the front and back. The empty space offers potential for other possibilities, dimensions in space and time that have not been accomplished. That leads to speculations about the micro and macro cosmos, where particle physics and theories of multiple worlds enter the picture. It seems like a paradox that such nearby art interventions contain a high level of abstraction that runs parallel with scientific thinking patterns. On the other hand every fragment seems to have come from daily life before it became art.

Filip Luyckx

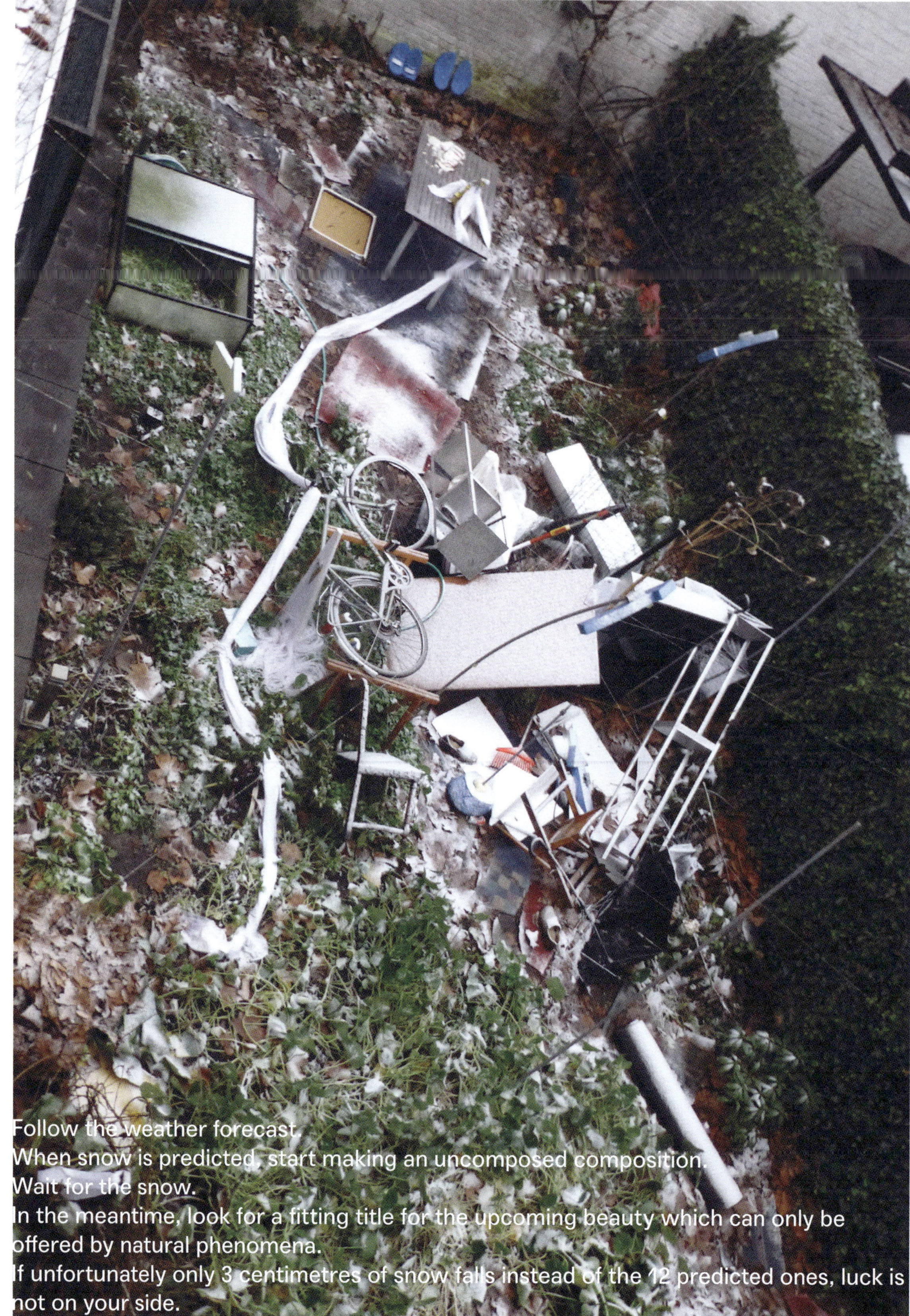
Follow the weather forecast.
When snow is predicted, start making an uncomposed composition.
Wait for the snow.
In the meantime, look for a fitting title for the upcoming beauty which can only be offered by natural phenomena.
If unfortunately only 3 centimetres of snow falls instead of the 12 predicted ones, luck is not on your side.
Another winter will come.

We recognise tools, hygienic accessories, frivolous paraphernalia. These elements invite the spectator to get started by him- or herself or to share experiences with others. The experience of the work is not limited to insight, the invitation to participate is latent. Interaction by spectators completes the visual image. That combination of coincidental factors underlines the value of the ephemeral moment, as much during the working process as during visiting hours.

Most of the time Honoré δ'O works by himself. The consecutive moments of creation result in the exhibited installation to which the audience responds. The visibility of the act is significantly different when the artist cooperates with a group of people. First the participants test their plastic ideas among themselves. A variety of images pop up, soon to be transformed into something else or, just because of the origin of the intervention, to disappear. Interested people can come and have a look or make a contribution to the project. Performances, projections and conversations complete the three-dimensional input. The meaning of a big part of these interventions is in the process of searching, the liberating of energy, the exchange of ideas. Every moment delivers interesting images, but is also subject to adjustments. These working moments almost literally float on the mental undercurrent of art. Participants and visitors fall into sync with the creative process of art.

Participating in life entails its own, irreplaceable dimension. This has to do with all kinds of things that we cannot process strictly theoretically. As a human we are in the first place responsible for the development of ourselves and our immediate surroundings. We practise practical skills, learn from setbacks and discover ourselves through life experience. As an individual we participate in social role-play and acquire empathy. Society calls us to responsibility, where we have to make ethical choices. Aesthetic experiences have different content when we develop our own creative potential. If we are not immediately given creative potential we can at least follow art closely by giving it our fullest attention. Time and experience cannot only be replaced by an object, let alone be bought just like that. Collecting as a passion has meaning, strictly formally acquiring art objects does not produce an artistic experience. Artistic experience only springs from our personal experience and repeatedly escapes the stratification of auction prices.

DE BELEVINGSFACTOR
We weten dat het werk van Honoré δ'O het autonome kunstobject in vraag stelt. Een artistieke drager verwijst bij hem niet alleen naar de andere artistieke dragers uit de installatie, maar betrekt de hele ruimtelijke infrastructuur in het werk. Meer zelfs, onze blik wordt zijwaarts gedreven van de objecten, naar boven en onder, naar voor en achter. De lege ruimte biedt potentieel voor andere mogelijkheden, dimensies in ruimte en tijd die niet werden

verwezenlijkt. Dat leidt tot speculaties over de micro- en macrokosmos, waarbij de deeltjesfysica en de vele-wereldentheorie in beeld komen. Het lijkt wel een paradox dat zulke levensnabije kunstinterventies een hoge graad van abstractie bevatten die parallel loopt met de natuurwetenschappelijke denkpatronen. Anderzijds lijkt elk fragment weggeplukt uit het dagelijkse leven voordat het kunst wordt. We herkennen werktuigen, hygiënische accessoires, ludieke prullaria. Die elementen nodigen de kijker uit om zelf aan het werk te gaan of ervaringen met anderen te delen. De beleving van het werk blijft niet beperkt tot inzicht, de uitnodiging om zelf te participeren is latent aanwezig. Interactie van toeschouwers vervolledigt het visuele beeld. Dat samenspel van toevallige factoren onderstreept de waarde van het efemere moment, zowel tijdens het werkproces als tijdens de bezoekuren.

Meestal werkt Honoré δ'O alleen. De opeenvolgende creatiemomenten vinden hun neerslag in de tentoongestelde installatie, waarop de toeschouwers vervolgens reageren. Beduidend anders is de zichtbaarheid wanneer de kunstenaar samenwerkt met een groep mensen. Vooreerst testen de deelnemers hun plastische ideeën onder elkaar uit. Tal van beelden duiken op die kort daarna transformeren tot iets anders, of uit de aard van hun ingreep gewoonweg verdwijnen. Belangstellenden kunnen een kijkje komen nemen en zelf een bijdrage leveren tot het project. Performances, projecties en gesprekken vervolledigen de driedimensionale inbreng. De betekenis van een groot deel van die interventies zit in het zoekproces, het vrijkomen van energie, de uitwisseling van ideeën. Iedere momentopname levert interessante beelden op, maar is ook aan bijsturingen onderhevig. Die werkmomenten drijven haast letterlijk op de mentale onderstroom van kunst. Deelnemers en bezoekers worden gelijktijdig met het ontstaansproces van kunst.

Zelf aan het leven participeren bezit een eigen, onvervangbare dimensie. Dat heeft met tal van zaken te maken die niet louter theoretisch kunnen worden verwerkt. Als mens zijn we in de eerste plaats verantwoordelijk voor de ontwikkeling van onszelf en van onze directe omgeving. We oefenen praktische vaardigheden in, leren van tegenslagen en ontdekken onszelf doorheen een levenspraxis. Als individu nemen we deel aan het sociale rollenspel en verwerven empathisch vermogen. Het maatschappelijke leven appelleert ons aan verantwoordelijkheid, waarbij we voor ethische keuzes komen te staan. Esthetische ervaringen krijgen een andere inhoud wanneer we zelf creatief potentieel ontplooien. Als dat niet meteen aan ons is gegeven kunnen we minstens dicht op de hielen van de kunst zitten door ze de volle aandacht te geven. Tijd en beleving kunnen niet louter door een object worden vervangen, laat staan zonder meer worden aangekocht. Verzamelen als passie draagt betekenis, het louter formeel verwerven van kunstwerken produceert geen artistieke ervaring. Die laatste komt alleen voort uit onze persoonlijke beleving en ontsnapt telkens weer aan een stratificatie van veilingprijzen.

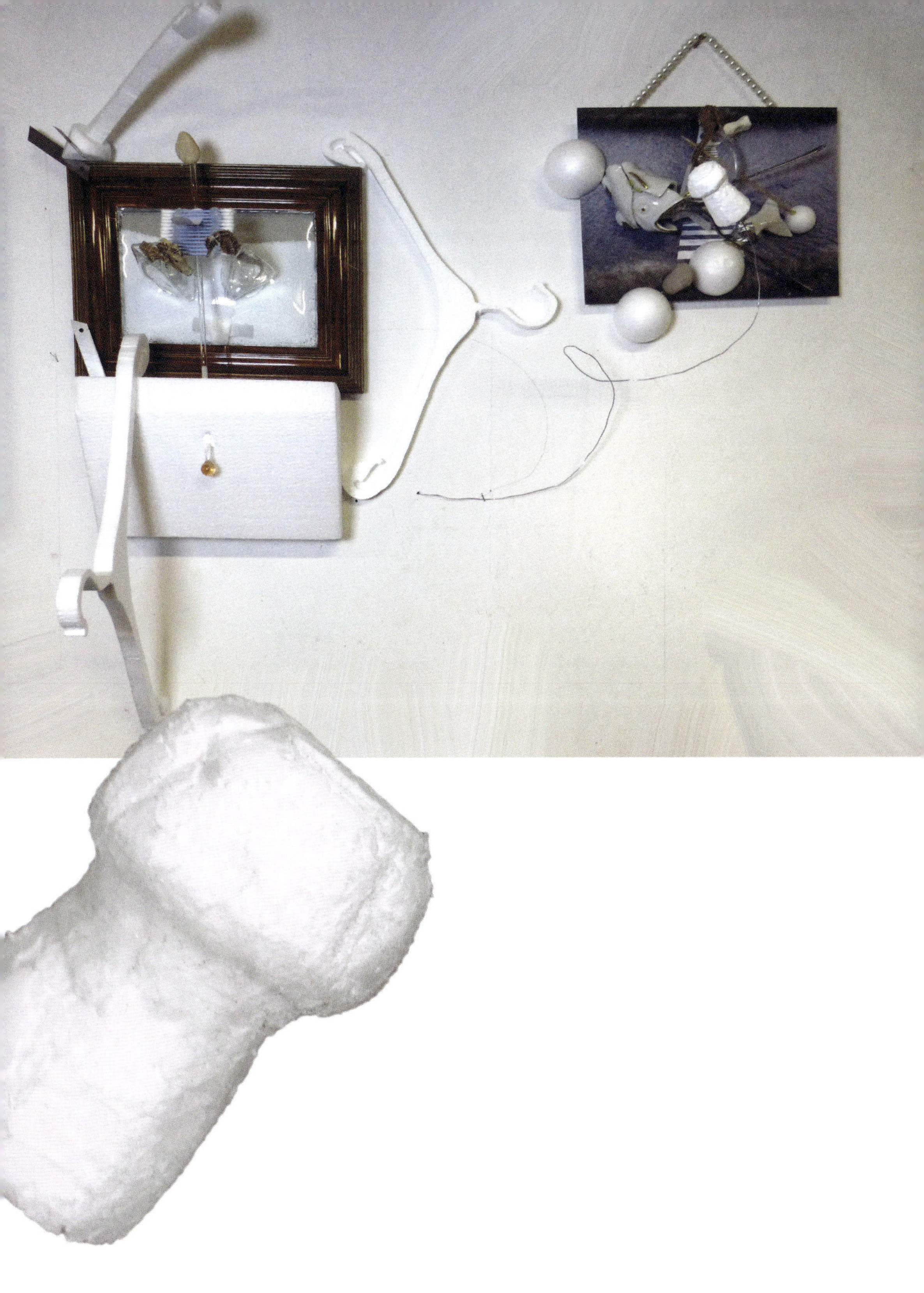

Driehoek van Petersen

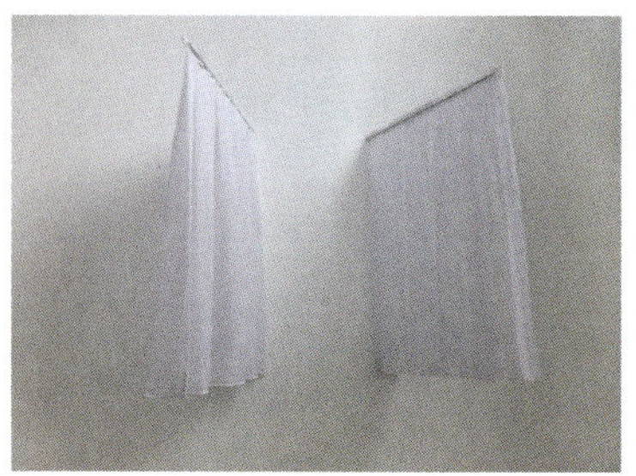

Stage Curtain, 70 × 100 × 45 cm, voiles on stick tige filetée, ©V OFf, value

ACQUIRABLES

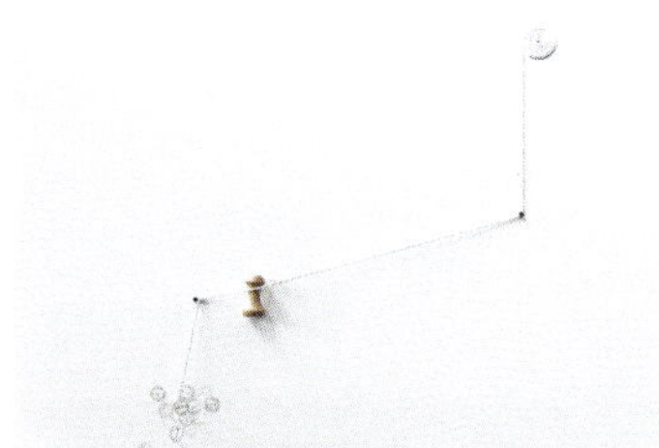

Home stamp with V-Spiral, Traject in situ, 100 × 40 × 4 cm, nylon, wood, rubber, ©V OFf, inspired variation

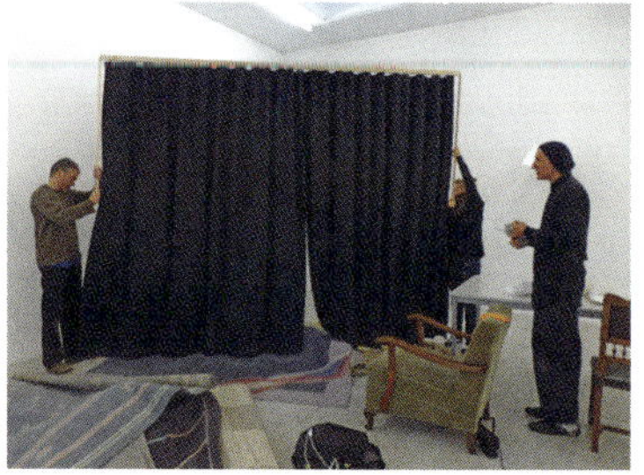

Walk of Fame (VIBRATIONS OFf Home theatre), 270 × 300 cm and on demand, curtain, wood

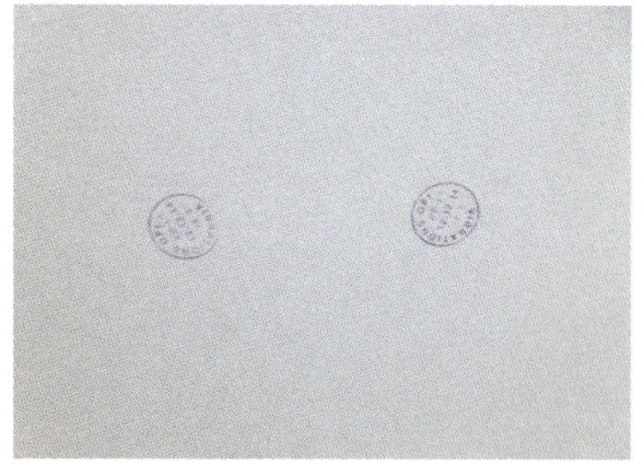

Certain Incertitude, stamp around favourite spot, 5 cm × 20 cm & variable

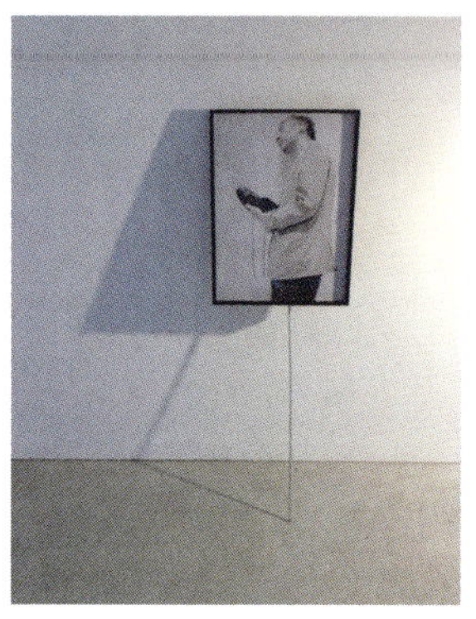

Honoré performing an instruction, 115 × 40 × 30 cm, print in frame 50 × 40 cm, leaning on rod Ø 0,3 cm, ©Lore and V OFf

Nuit Blanche, with artist and gallerist, date, colours and value to negotiate

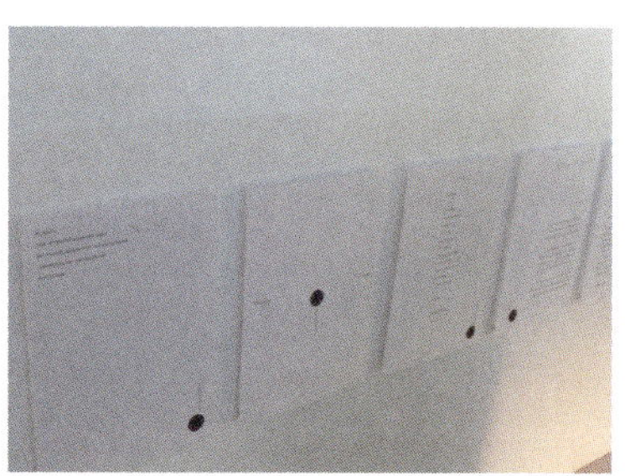

15 stamped poems of the day / Vibrations OFf 01, printed poetry, A3 160 gr/m² on support, ©Inge Braeckman

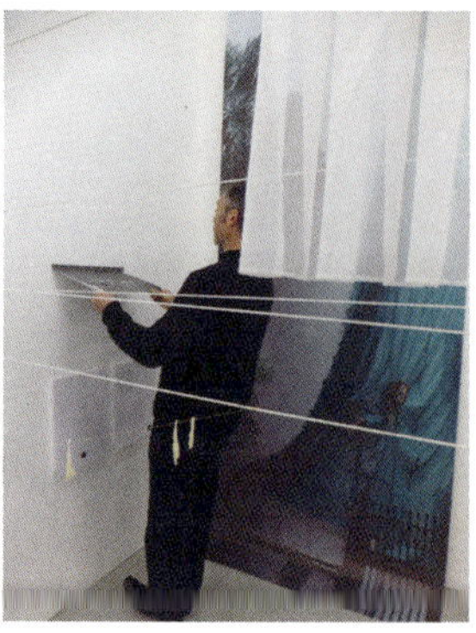

Curtain with 80gr/m² 80° 80" PRITT poem night print, clear subjective mixed media, participative potential, dimensions to negotiate

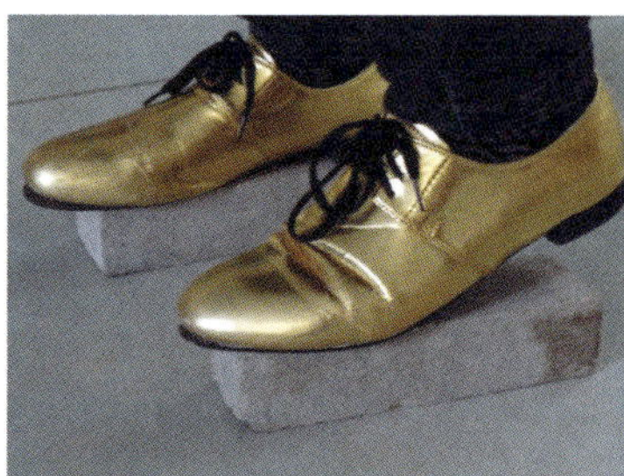

Concrete Golden Geta, dimensions and fixed shoe size, real concrete, royal golden shoes, *Concrete Silver Geta* available

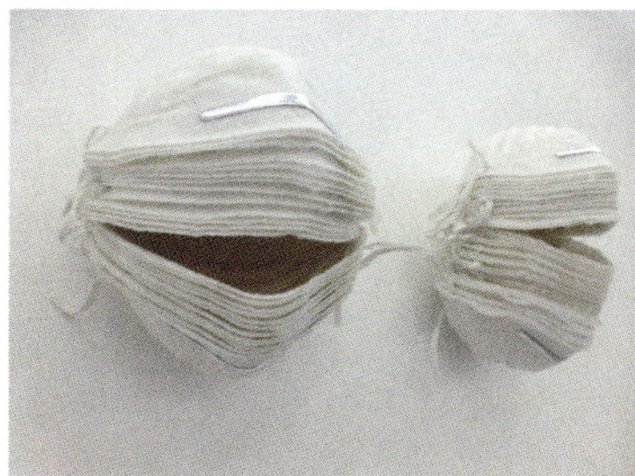

Idolatric Masks, twO connected characters, multilayered dust masks, 10 × ±15 × 10 cm, fixed width, ©ourtesy VV OFf

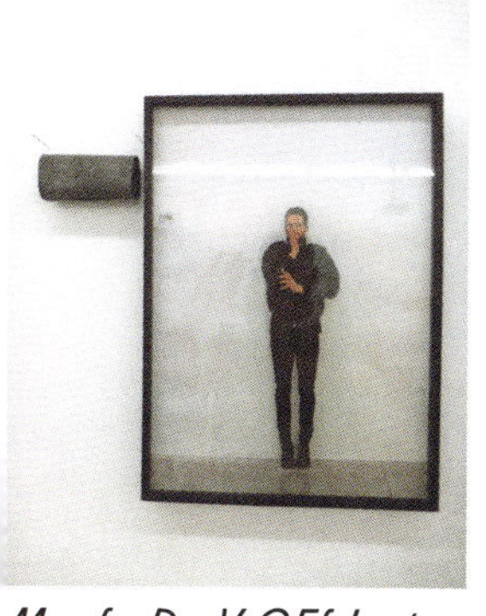

ManfreDu V OFf-Instruction, framed A3 print with roll pure lead, 50 × 50 × 5 cm

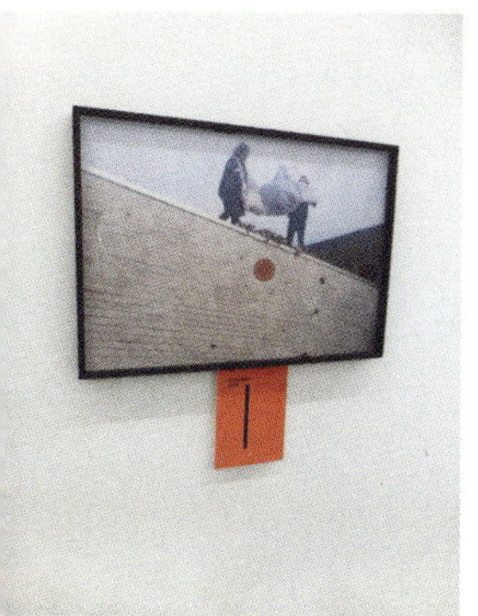

Stamped V-moment with artefact and extra surprise, 45 × 42 × 2 cm, with reserve card

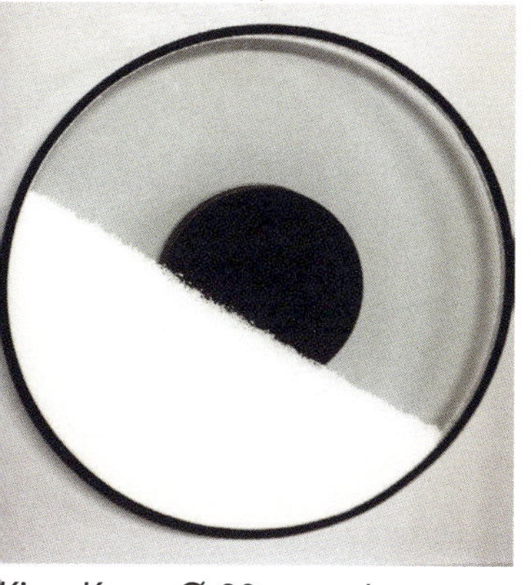

Ying-Yang, Ø 60 cm, glass, polystyrene, spherical roller bearing

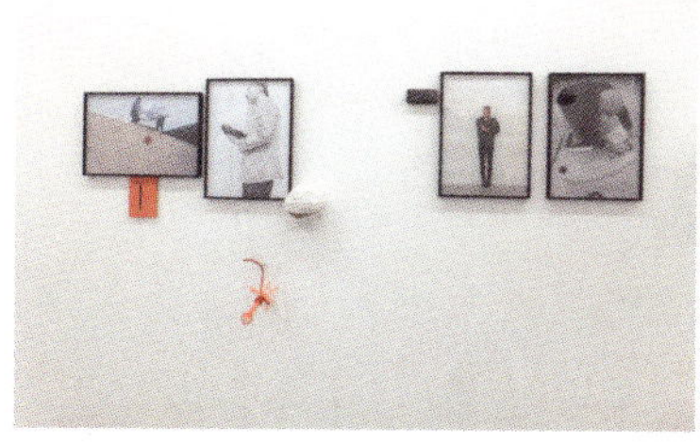

Small Prophecy Wall with Several Stamped V-moments, artefacts and artworks, prices, luck and sizes

Your Cut Out, 60 × 42 cm × variable, on demand

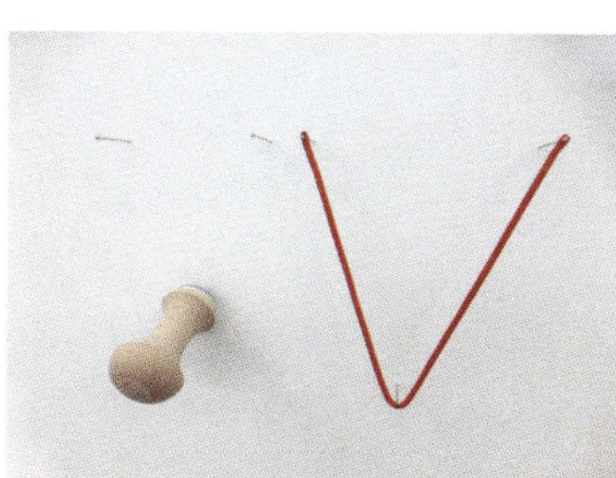

V Oblique with Filliou's Anniversary Stamp, small size, large or extra large V, sizing in presence of the artist, edition/ 1

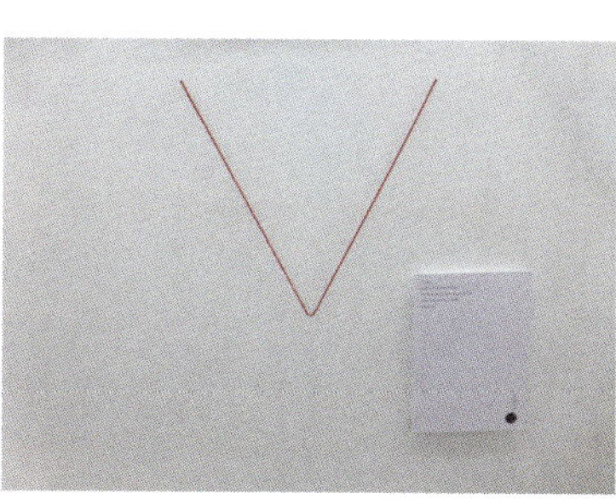

V Regular, red nylon, all sizes, accompanied with stamped inauguration poem, ©I.B. and V OFf

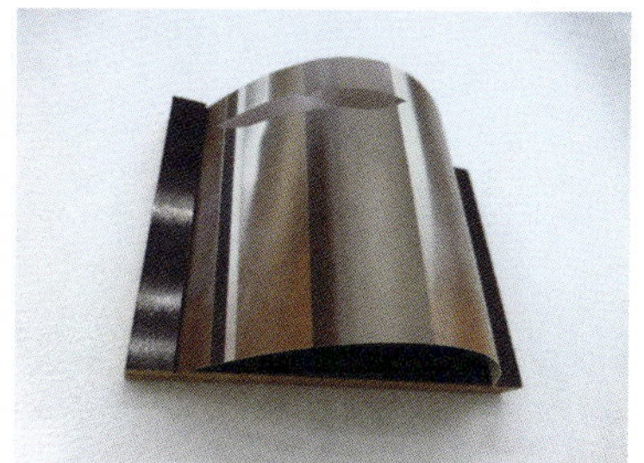

Invitation Statue: (if art could be a souvenir), stamped invitation card on sculptured support, with reserve card, 18 × 12 × 5 cm, edition/ 10

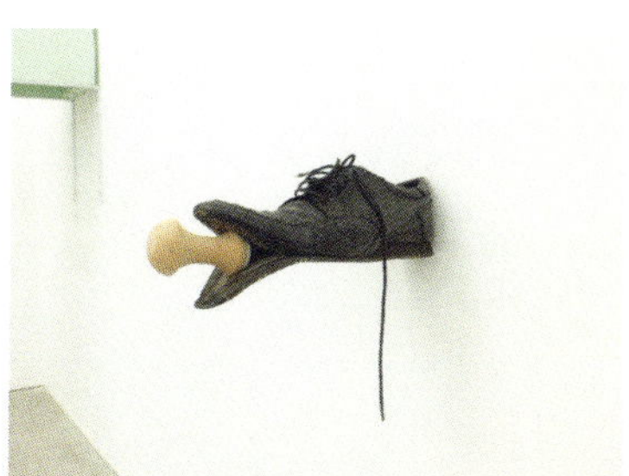

Biological Footprint, Honoré's right bio-schu eating stamp of the day, 5 × 8 × 40 cm, step price

Kristof De Clercq Gallery
opening Hours Wed–Thu–Fri–Sat–Sun, 2–6 pm
and by appointment

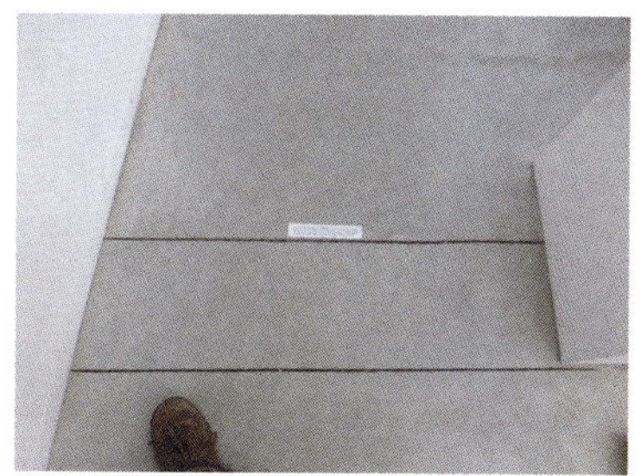

Instruction in floor, white bronze, in negotiation, 12 × 3 cm

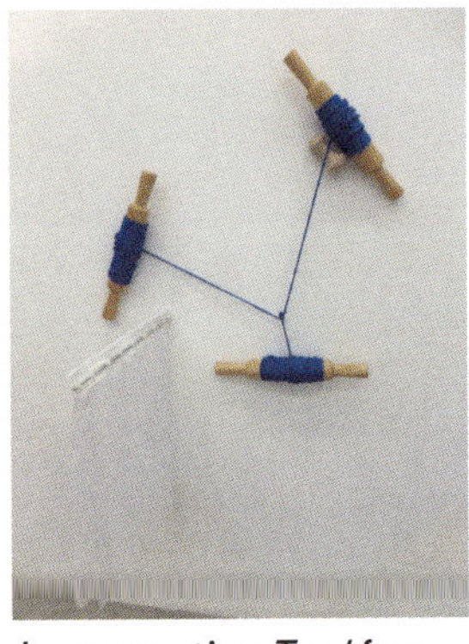

Inauguration Tool for VIBRATIONS OFf, rolled up ± 80 × 80 × 10 cm, unrolled floating ± circular 1 × 15 × 15 m, (additional curtain for V-fun 70 × 30 × 45 cm)

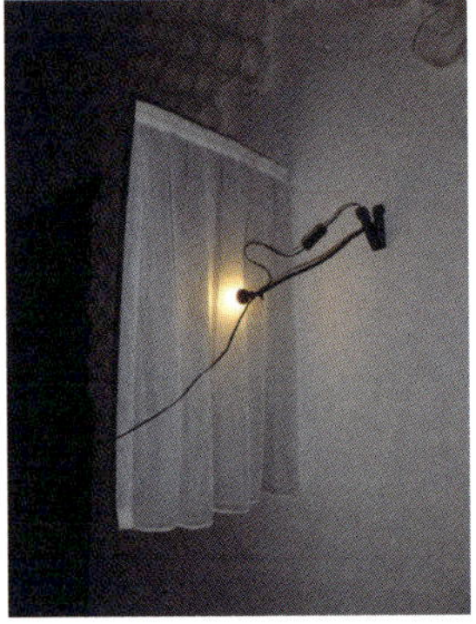

True moon through curtain, reading led lamp with touchable switch, installed

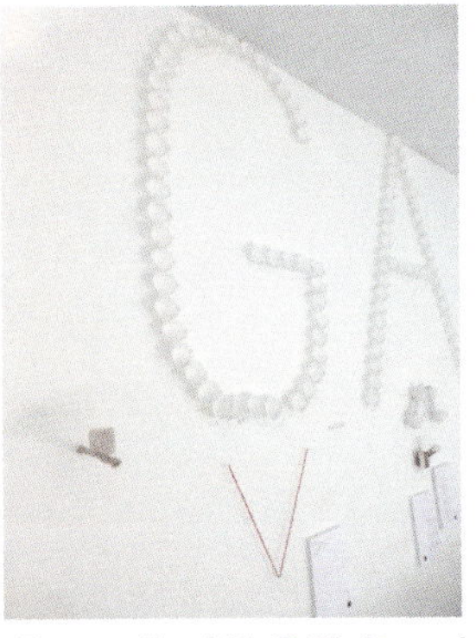

Extensibel V-OFf, Prophecy Wall on demand, with artefacts and artworks from VIBRATIONS OFf 01, including a personified WORD, size as required + installed by the living artist

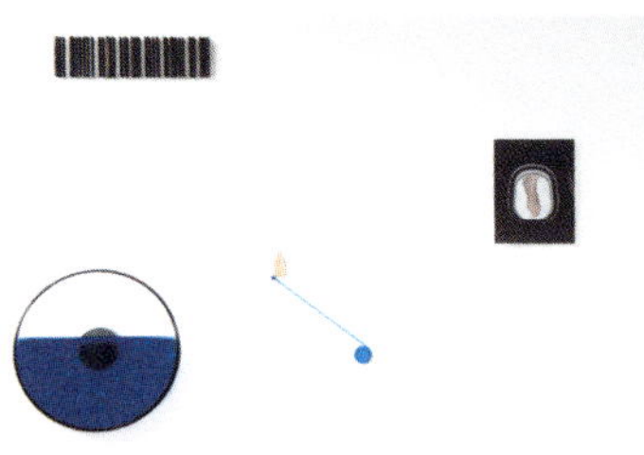

Pass the Parcel, variable size 'strict not strikt', mini-wall example with 4 pieces to negotiate

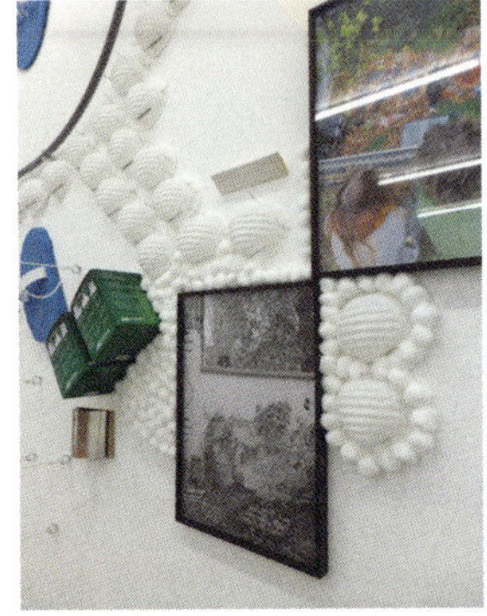

Extensibel V-OFf, Prophecy Wall on demand, with artefacts and artworks from VIBRATIONS OFf 01, size as required + installed by the living artist

to hire or to buy

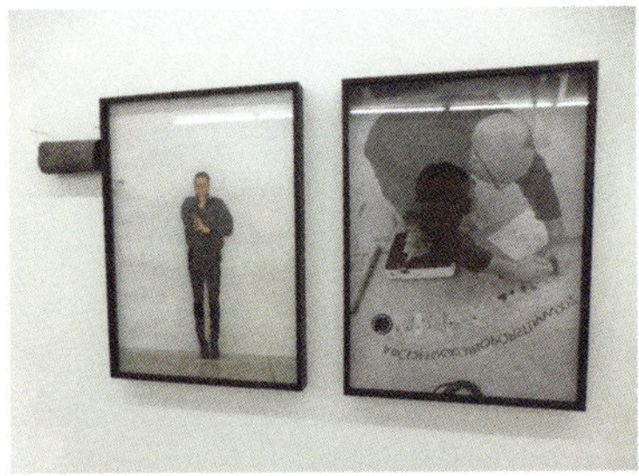

Several Stamped V OFf-moments + roll pure lead, size and price depending the amount of stamps, ink included

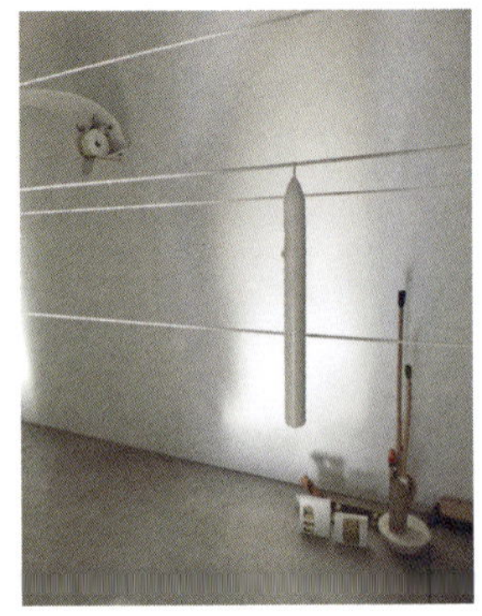

Candle on Stave, secondary home size, literary wax and nylon

value
enkele honderden
enkel duizenden euro
een kunstwerk
een euro
alle euro's

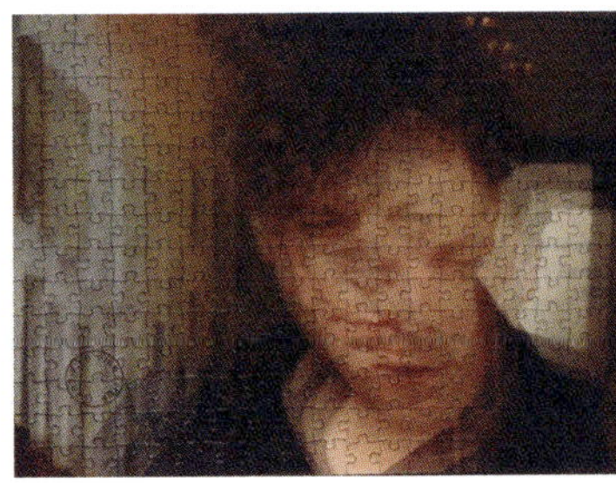

Trembling Puzzle, 280 fitting fragments of a vibrated gallerist, 36 × 25 cm, unique work, delivered with wishes

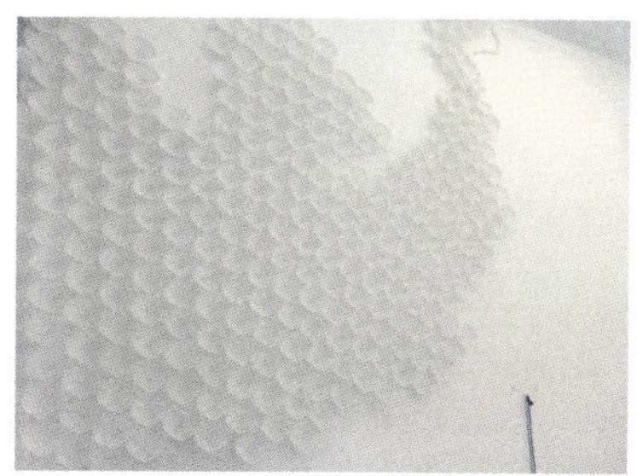

Ghostly Luck, dust mask in situ drawing, home size, ©O

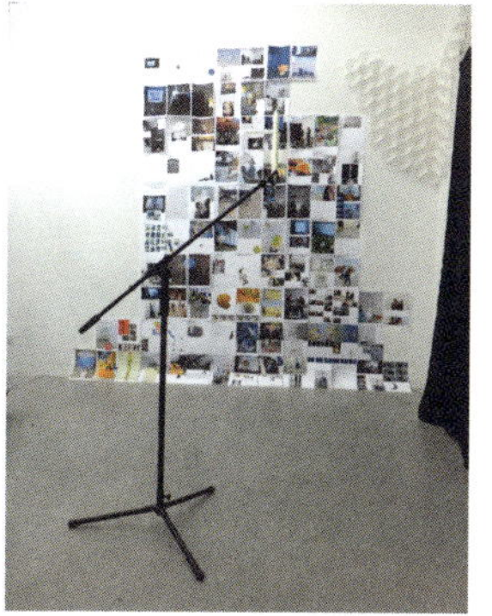

BABEL OFf, complete weekly publication sheets of Vibrations OFf 01, with candle, thermometer, music score stand, 290 × 270 × 100 cm, ©V OFf

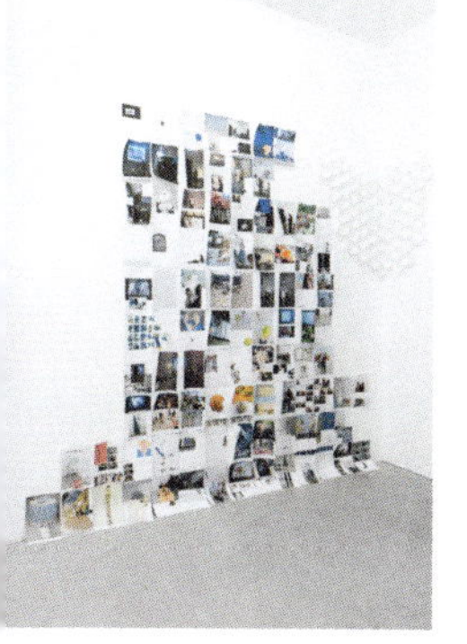

Masked BABEL OFf (identical tower as *Babel OFf*), accompanied with society masks, extra variable size

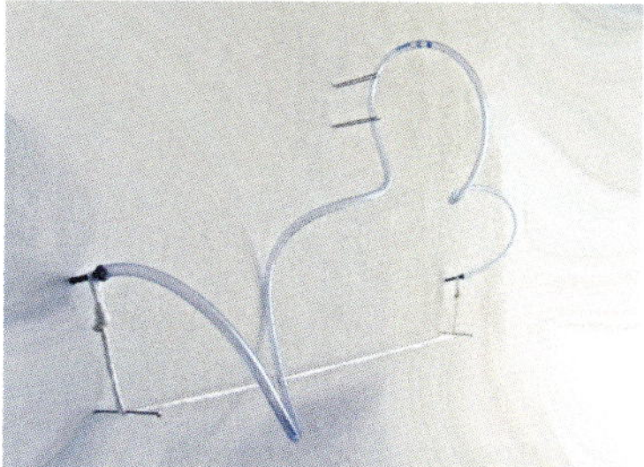

Wijwatervat, Holy Water Font, Balance d'Déséquilibre, 30 × 55 × 10 cm, plastic tube Ø 6mm, nylon, nails, pins, water

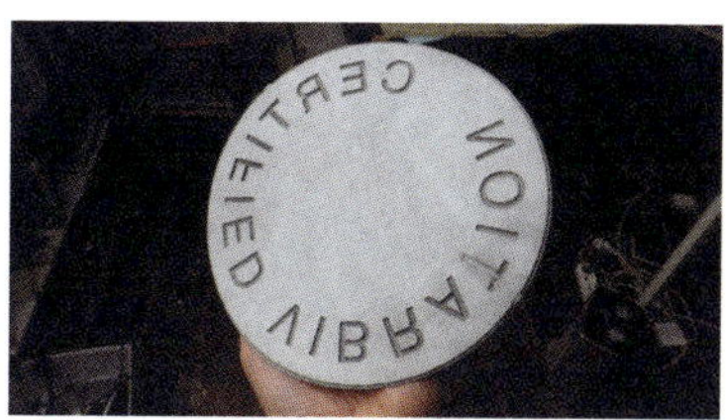

Monster Stamp, Ø 165 mm, with captions

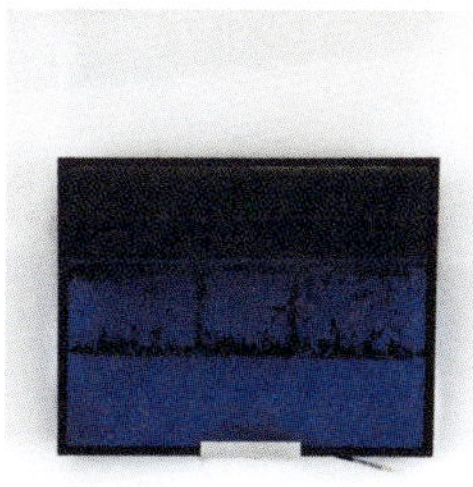

Impudent Seascape, 40 × 50 cm, glass, water, oil, brush, courtesy with certification

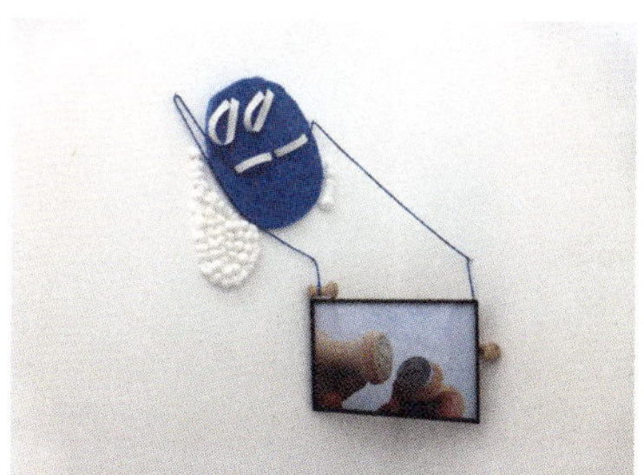

Happy Stamp Step with Kathariñas, 90 × 90 × 60 cm, framed V moment with stamps, string, cloud slippers (by Katharien de Villiers), cotton, ©Katharien and V OFf

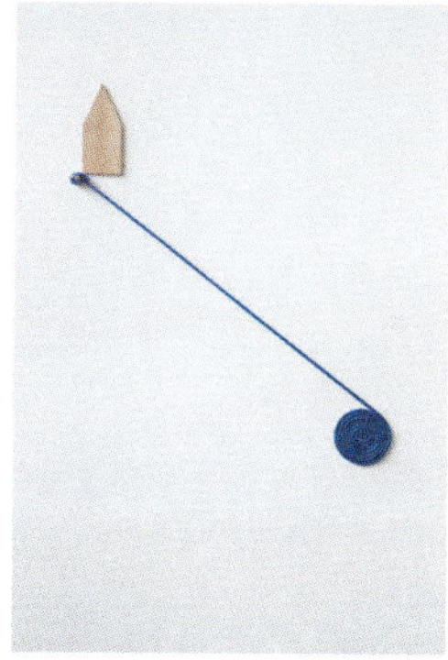

House of the Painter, from piece to environment, up to context, wood, nylon, hook, ideal size, courtesy the artist, not variable

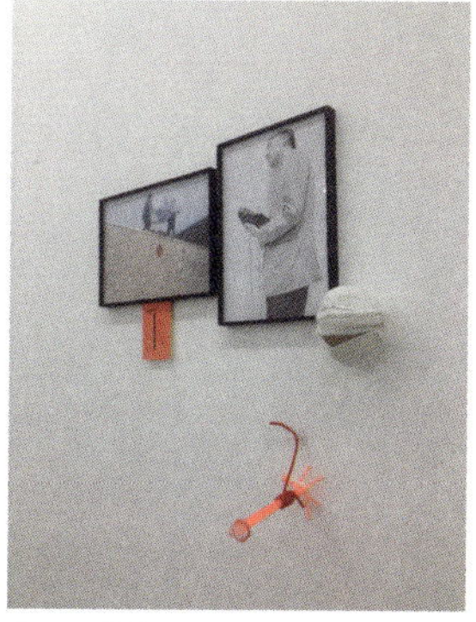

Small Prophecy Announcement, from piece to environment, up to context, not variable, ©ourtesy O & V OFf

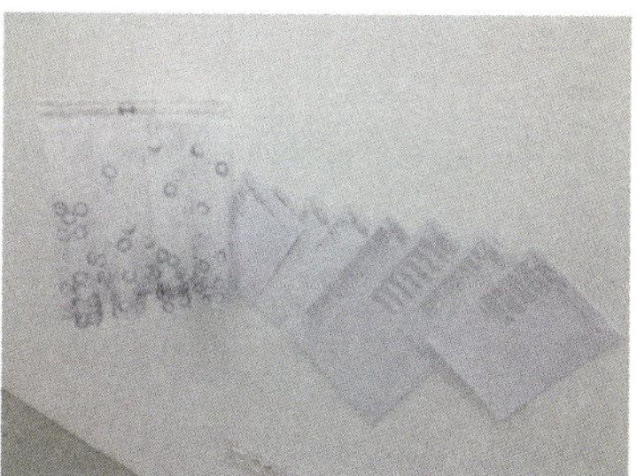

Stamped Curtain with wall paper, original e-Contributions by T.V.I., prints on A4 and A5, 65 × 120 × 40 cm

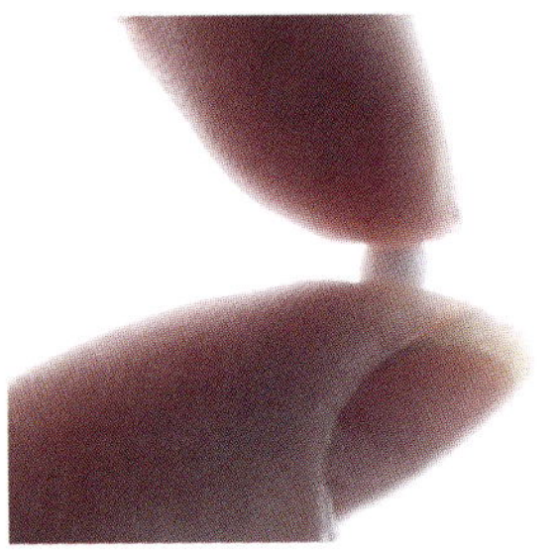

Antimatter Molecule (OFf),
2 materials, 2 sizes, 1©

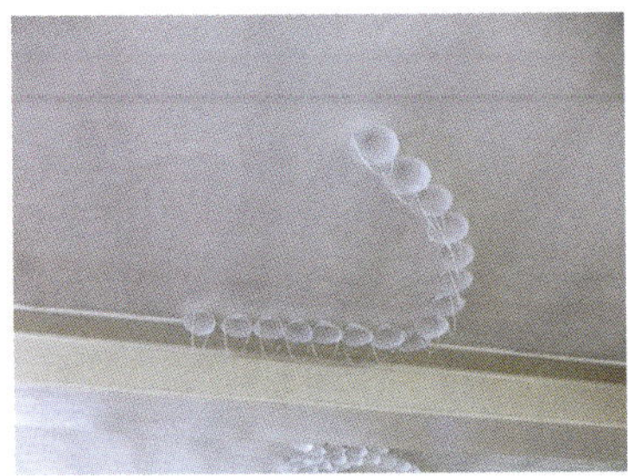

ORB, porte-bonheur on
ceiling, dust masks in curve,
120 × 120 × 8 cm, in your situ,
on demand, take the risk

coins or shelves

CERTIFIED q-label, 3D
barcode, 37 beech wood
pieces 150 × 4 / 8 / 12 / 16 ×
24 mm, installed on 37 pins

VIBRATION q(uality)-label,
3D barcode, 37 beech wood
pieces 150 × 4 / 8 / 12 / 16 ×
24 mm, installed on 37 pins

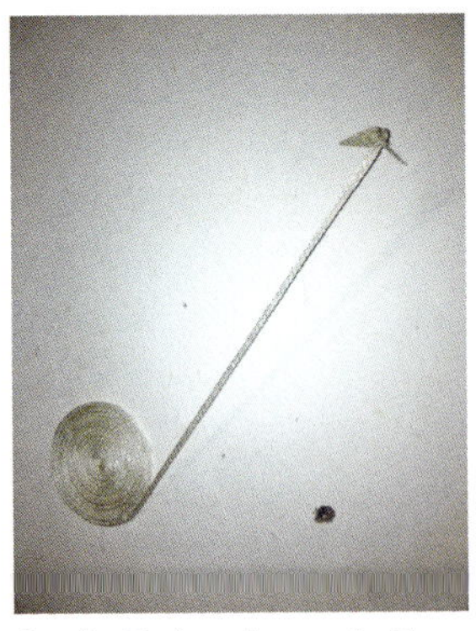

Ionic Epitonium clathrus,
40 × 40 × 4 cm, common
wentletrap and nylon, (Het
wenteltrapje leeft op zand en
slib tussen 5 en 70 m diepte)

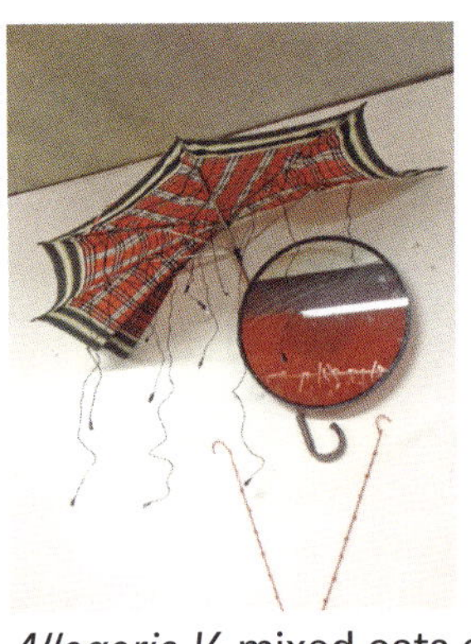

Allegoric V, mixed cats and
dog media, umbrella with rain
of remote control extender
cables, glass, water, oil, nylon,
courtesy the artist

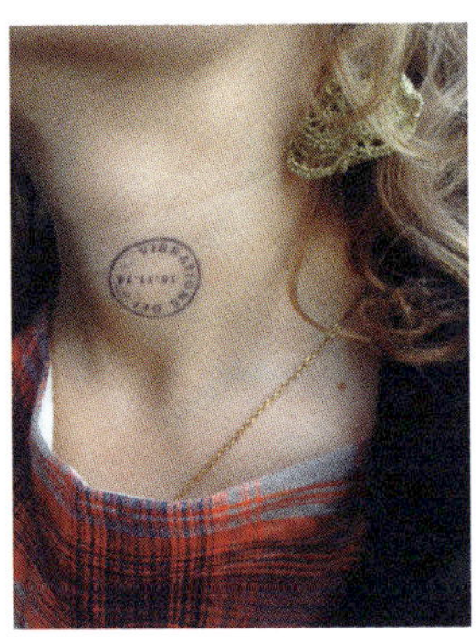

Certified Vibration, Tattoo or
Stamp, contact Kristof De
Clercq gallery

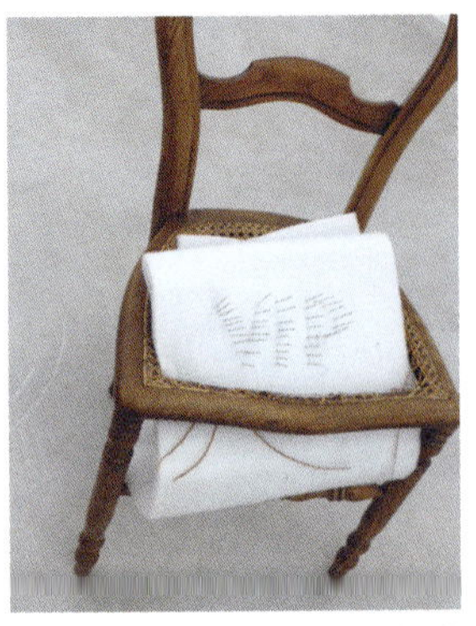

VIP Chair unfinished, chair,
acoustic foam, needles,
©V OFf

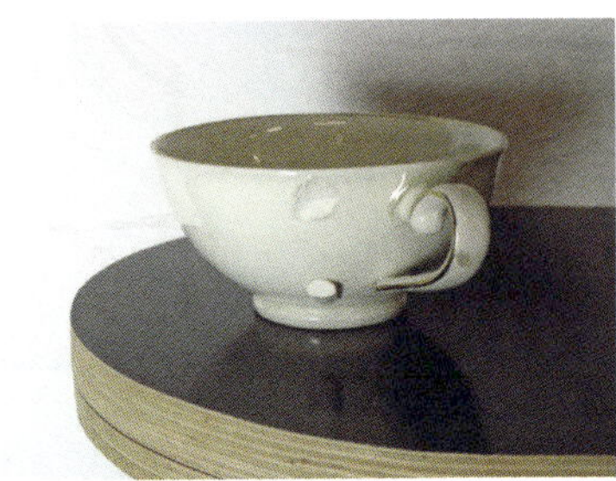

WAAROM! DAAROM?, perfect
solution / VIBRATIONS OFf
Start, porcelain of Maastricht,
courtesy the artist

certified certification

Capital and then in Bold Italic,
non-italic 3D barcode, beech
wood, 150 × 4 / 8 / 12 / 16 ×
24 mm

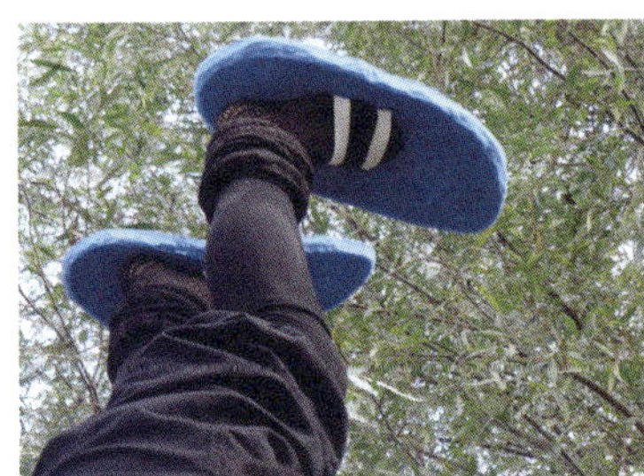

Katharinãs, Cloud Slippers by
Katharien de Villiers, edition
of 26 different models, foam
and imagination

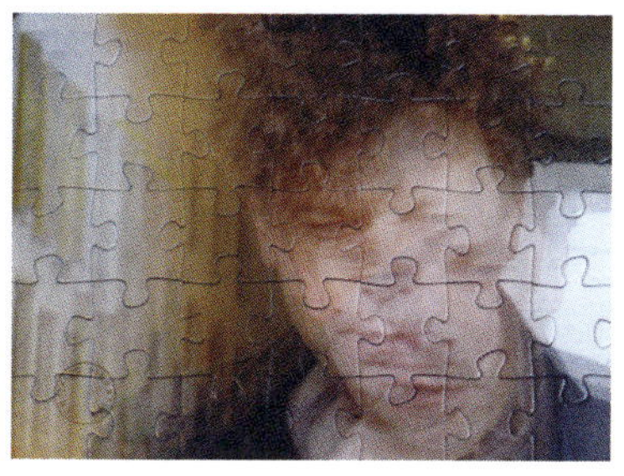

A puzzle is a game of ingenuity and persistence, VIBRATIONS OFf gallerist, 40 pieces framed and sealed, edition/ 3, signed by the portrait and the artist, ©V OFf

info available

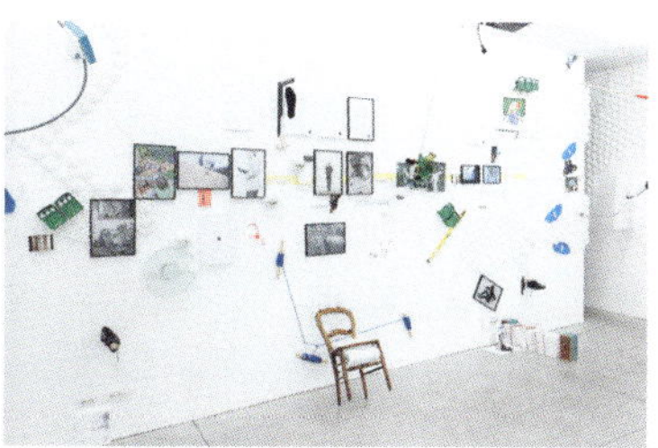

Your Home VIBRATIONS OFf, finissage wall contract, full challenge

purchase a spiritual capital ©V OFf

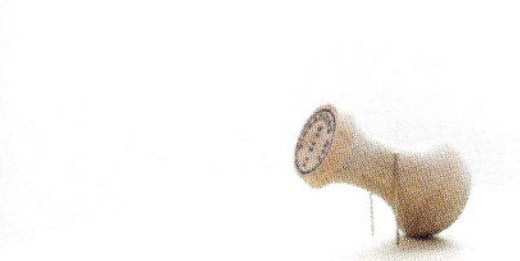

Pseudo Stamp, on wooden stage 120 × 30 × 30 cm

invent a theme of the day
visit an exhibition and explore how much it expresses your theme

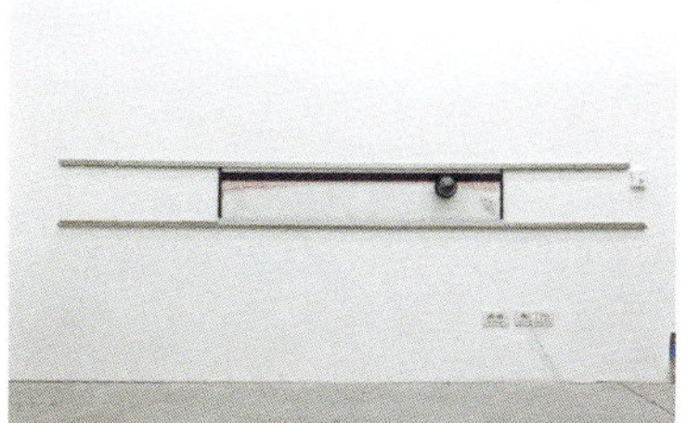

Oceania, glass, water, oil, camera, fire alarm, 30 × 300 × 10 cm

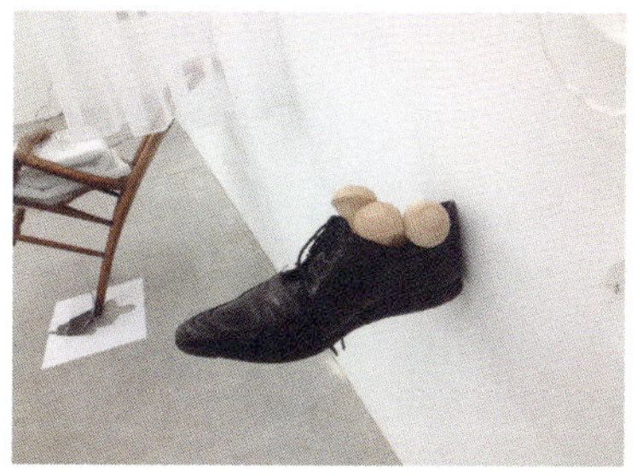

Biological Footprint, Honoré's left bio-schu with 3 stamps, 9 × 10 × 32 cm, step price, ©V OFf

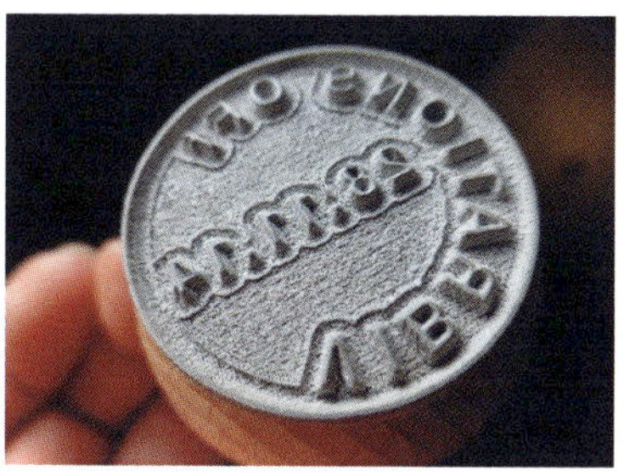

Stamp of the day, variable date, wooden mortar, rubber Ø 30 mm

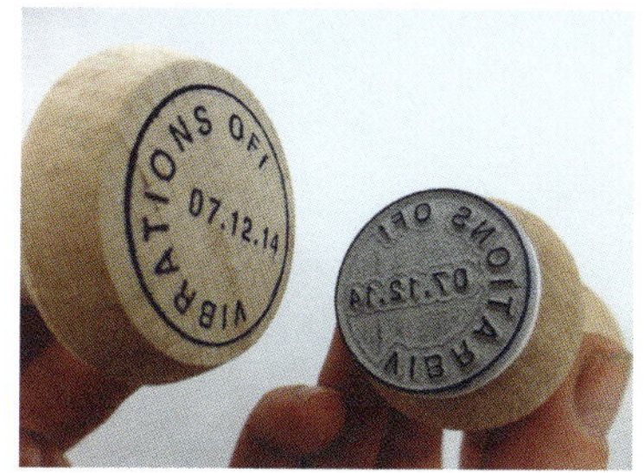

Stamp Pseudo Stamp, pseudoscopic shadow, 10 × 4 × 4 cm × 2

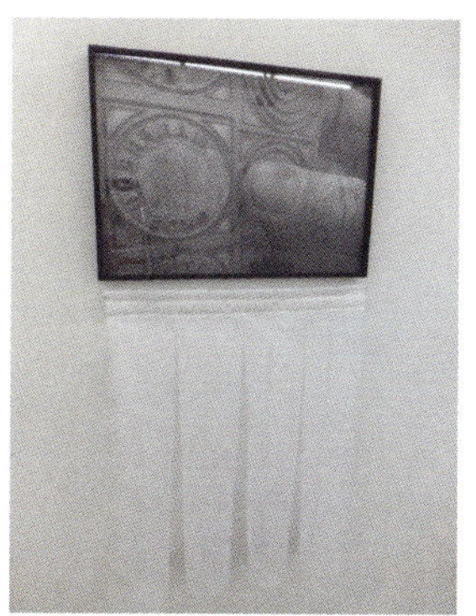

Vib Shrine, a framed VIBRATIONS OFf artwork above curtain, 42 × 83 × 9 cm

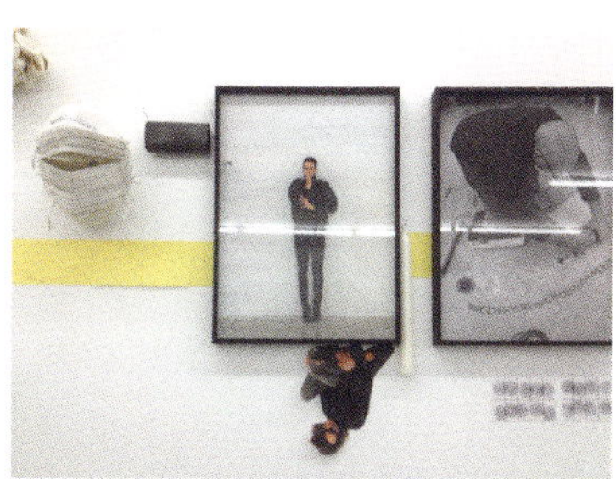

Intention & Extension, variable semantics, vib details of *Finnisage Wall*, courtesy ©V OFf

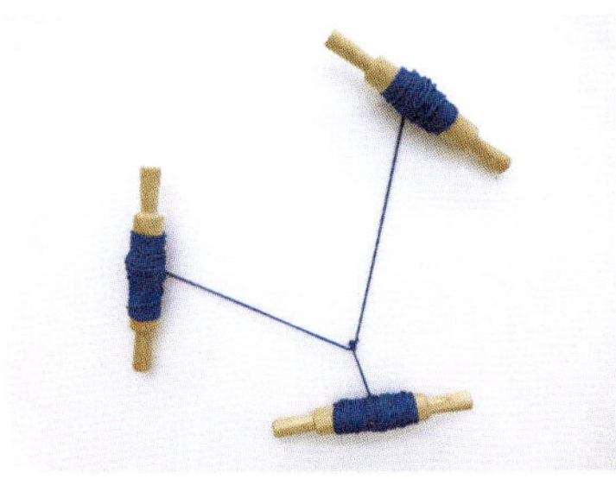

Rotor Moordnilap,
(= Inauguration Tool), wooden
rolling pins, nylon string,
extreme variable size

to rent or to sell

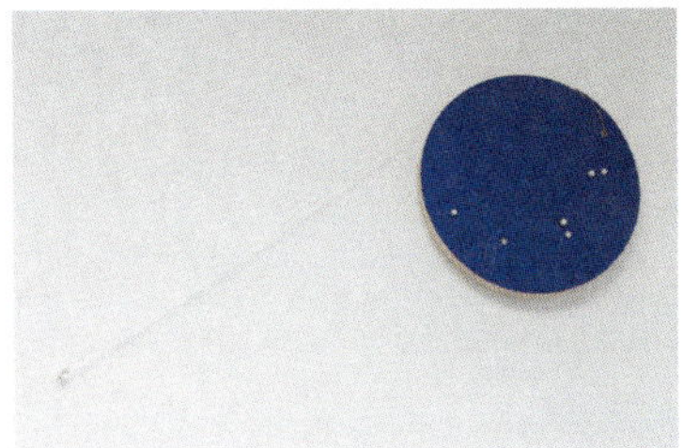

Blue Moon, Ø 40 cm,
multiplex, real pearls, white
nylon, turned white hook,
courtesy the artist

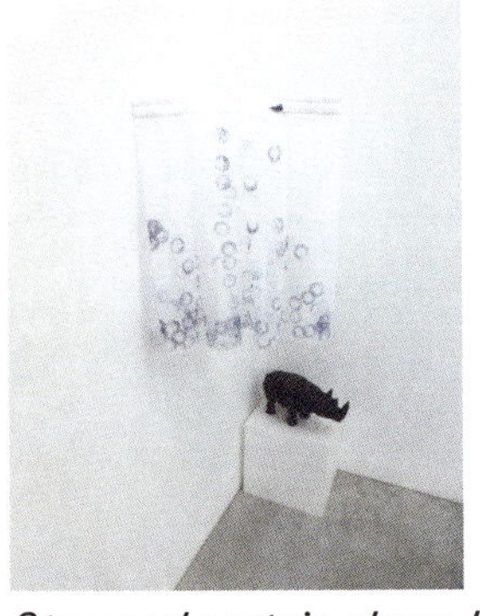

*Stamped curtain above Longlife
Bronze Rhino*, courtesy O and
F.R., scale sizes

An Oracle Skype, on
appointment

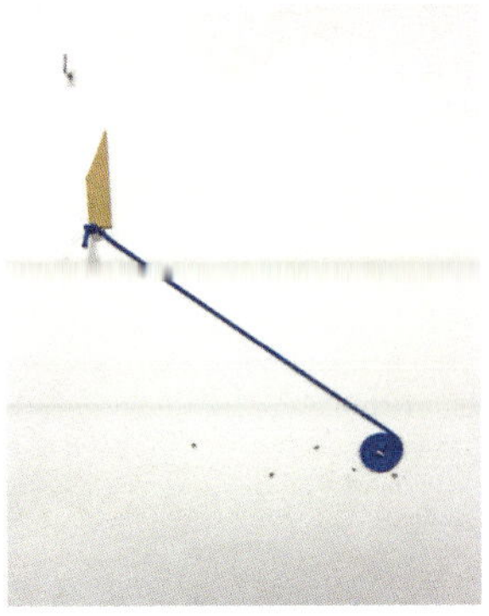

Half House of the Painter, half
the story, half wood, nylon,
hook, inviting courtesy

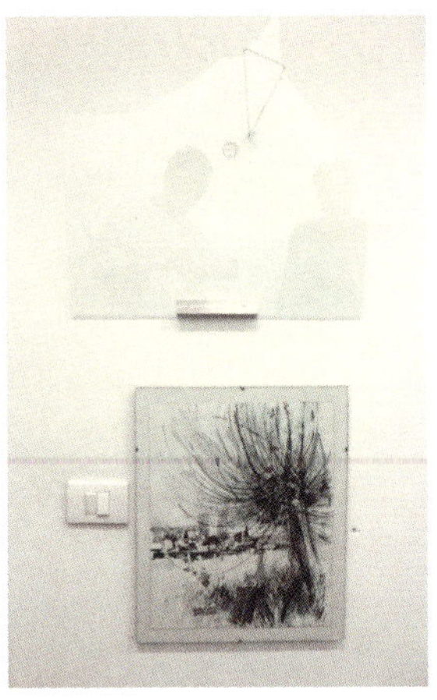

*From Raf Bert Livinus
Vanommeslaeghe to Honoré
δ'O, 1982–2014*, 115 × 50 ×
9 cm

DVD Vibrations OFf, ∞ images
in loop, Ken Burns effect in
loop

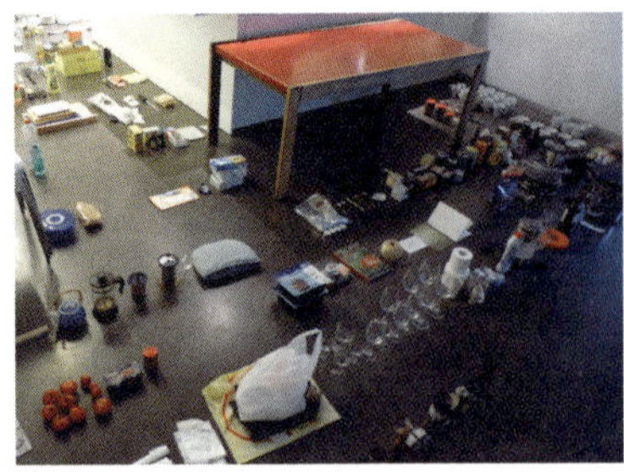

From A–Z, your kitchen
in alphabetical order, ©,
courtesy Elien Ronse

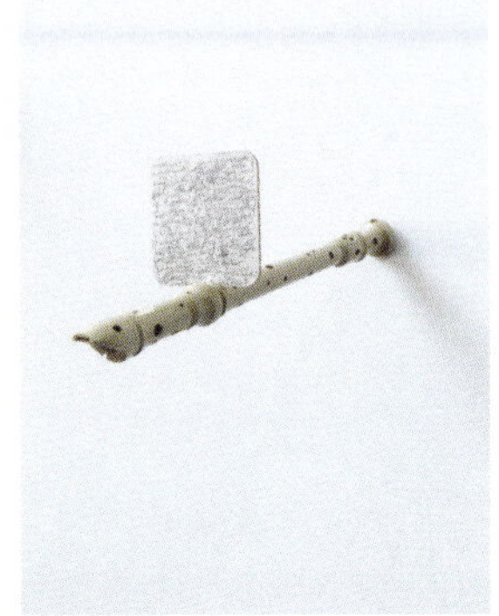

More music for more fingers,
ivory flute, cardboard,
courtesy the artist

Courtesies Kristof De Clercq
Public Courtesies
Private Courtesies
Courtesies of the artist
Singular Courtesy
known and unknown

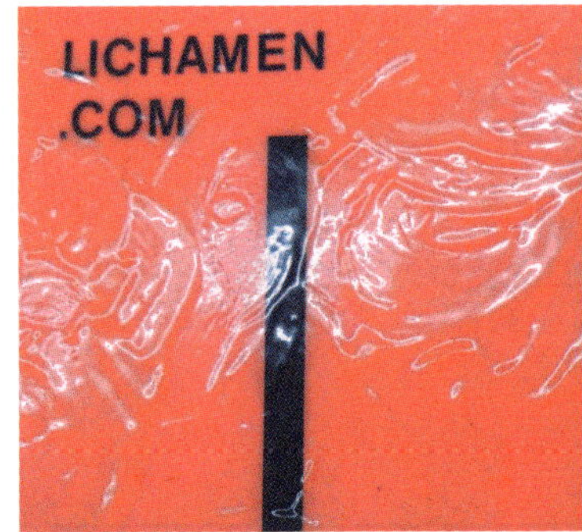

LICHAMEN.COM, poetry
book, special edition/ 15,
paper, crystal silicone, © I.B.
& VIBRATIONS OFf

166

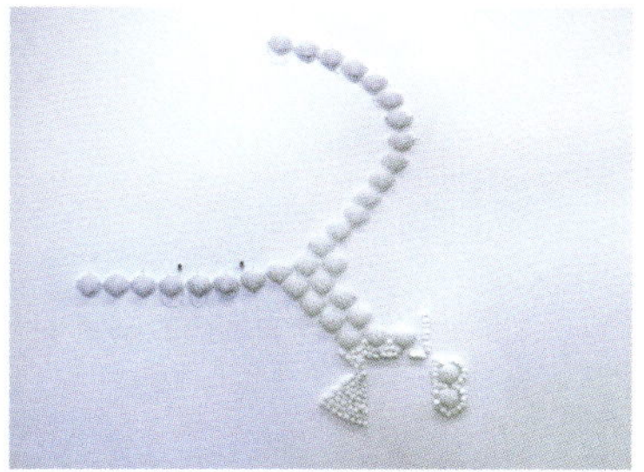

Full Loyalty Card, edition/ 7,
143 × 125 × 8 cm, courtesy
loyalty

Words with the letter…, audio
CD, one letter of the alphabet,
children's voices, 26 variations

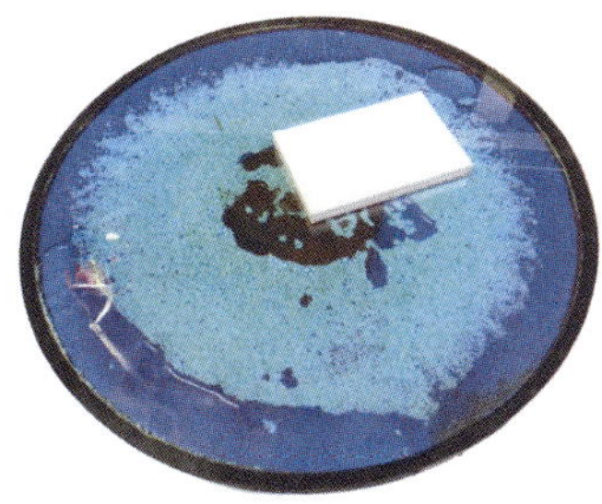

*Spinning table with note
block*, Ø 60 cm, glass, water,
polystyrene, happy courtesy

First choice

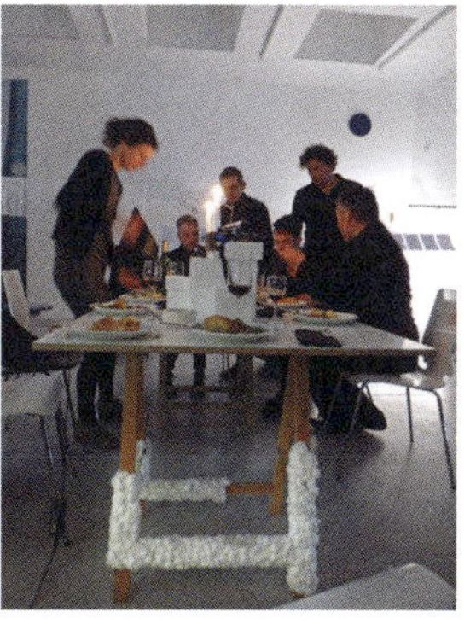

Formally Feed Me (feed the
others, be fed), ©, courtesy
Abigail Liparoto

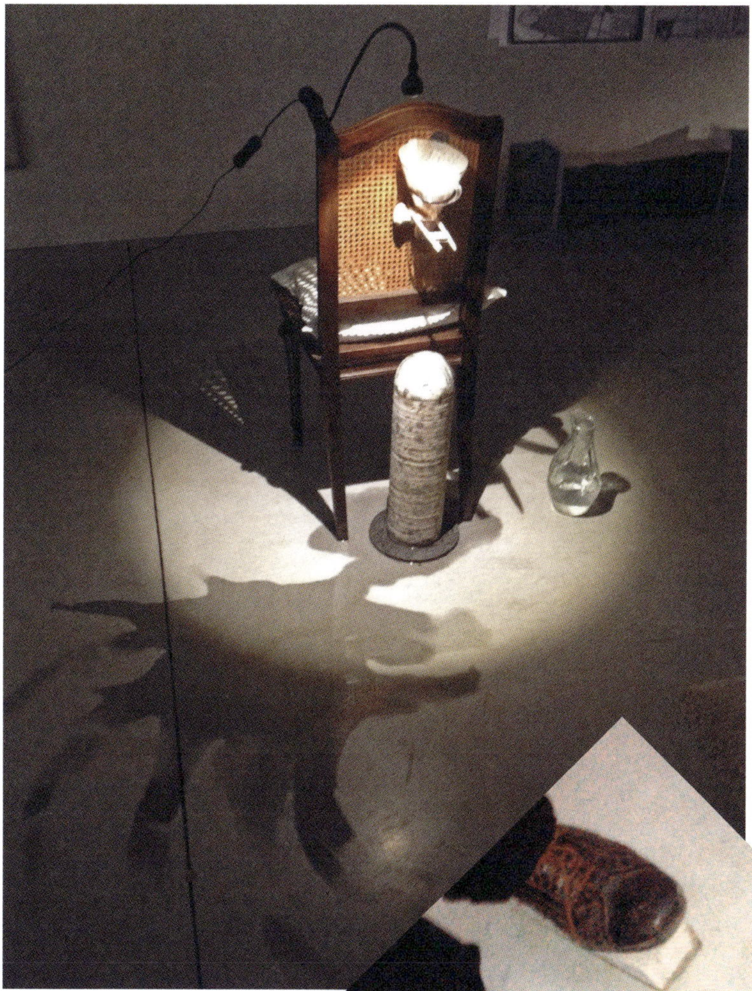

*The Story beyond
Acquirables*

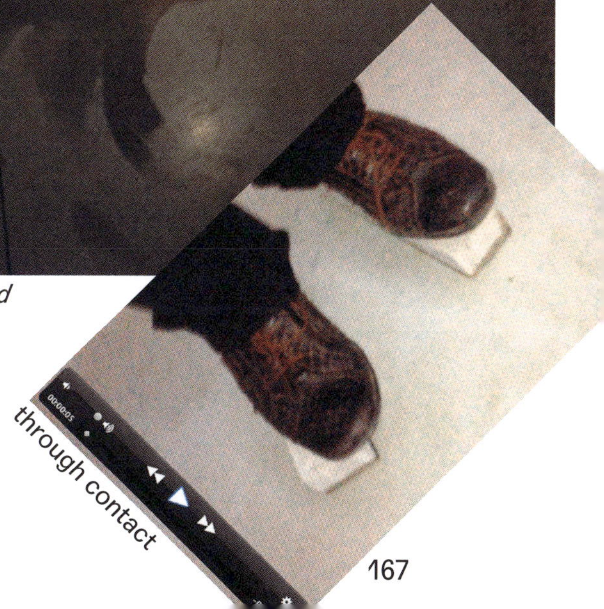

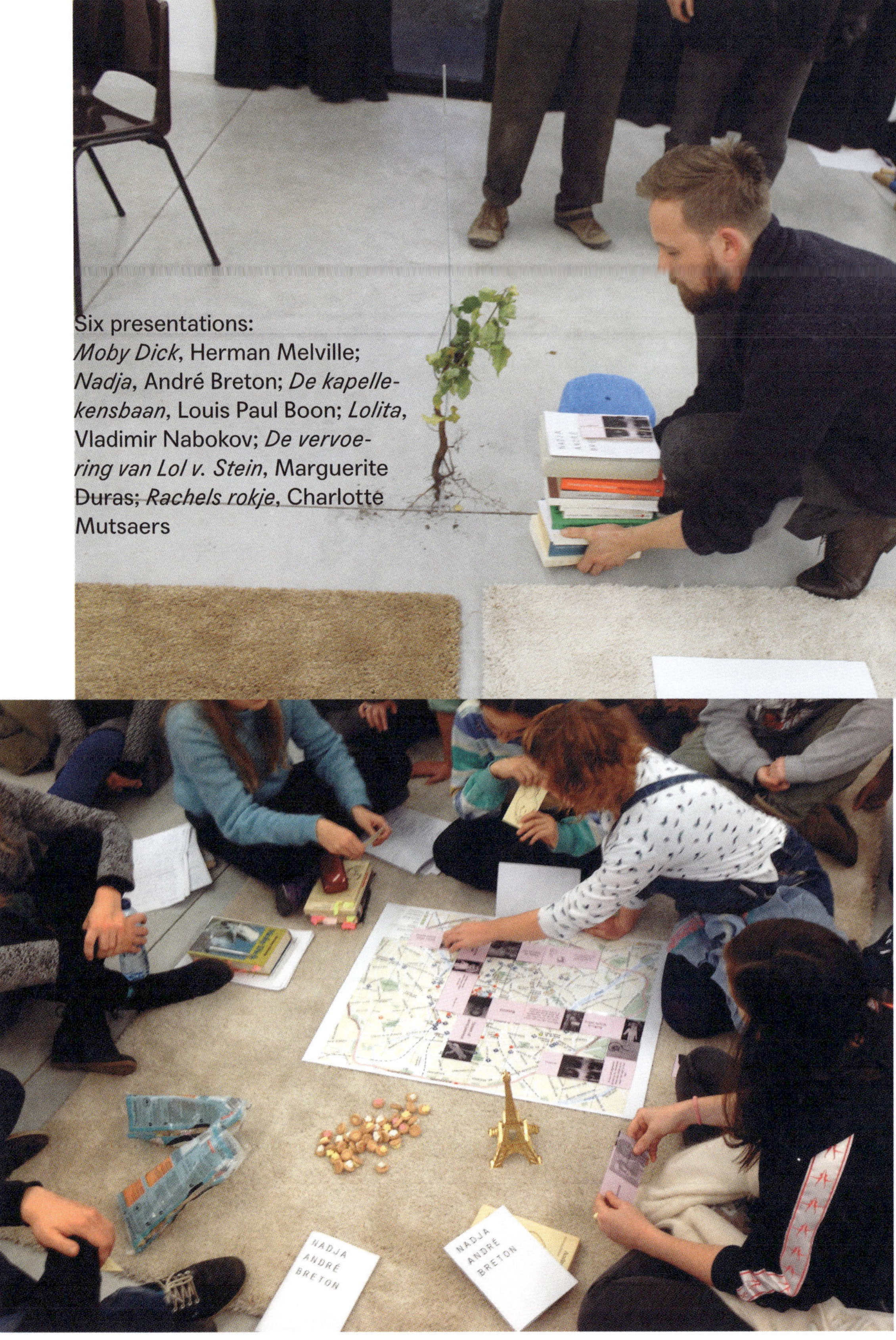

Six presentations:
Moby Dick, Herman Melville;
Nadja, André Breton; *De kapelle-
kensbaan*, Louis Paul Boon; *Lolita*,
Vladimir Nabokov; *De vervoe-
ring van Lol v. Stein*, Marguerite
Duras; *Rachels rokje*, Charlotte
Mutsaers

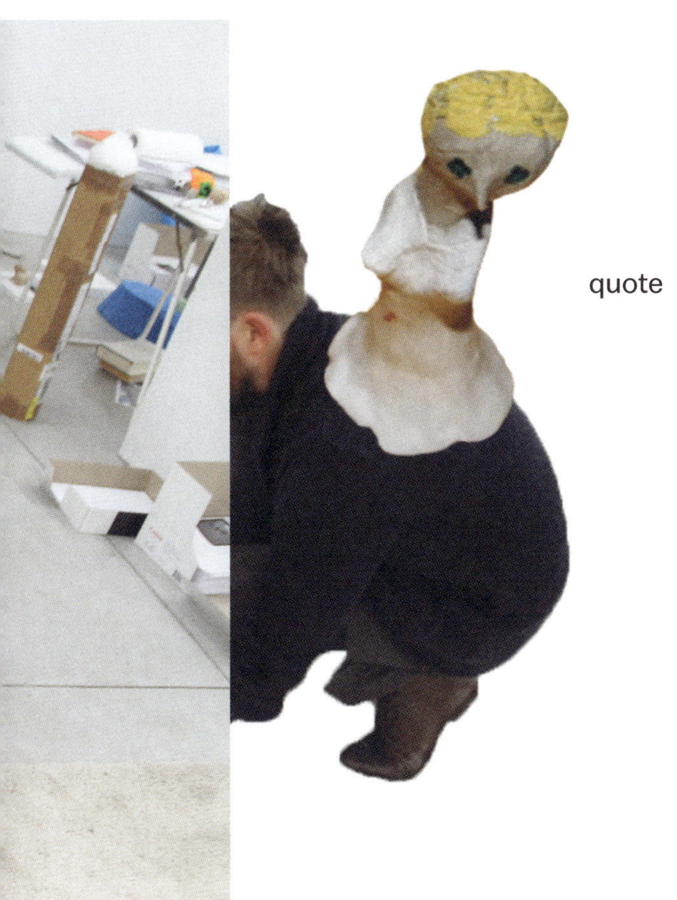

TO BE CONTINUED
Honoré δ'O's project VIBRATIONS OFf the Format, in cooperation with
the Viennese artist ManfreDu Schu and numerous likeminded people, was
developed according to a free script and resulted in a continuously changing
presentation. The extensive artistic interaction between the participating
artists and students, and the audience was at the centre of the project.
The exhibition took place at the Kristof De Clercq gallery in Ghent from
16th November until 21st December 2014. Although the project cannot be
restricted to the time frame of the exhibition: it certainly started sometime
before 16th November, and this publication, which forms an inseparable part
of the project, will be released after the exhibition.
VIBRATIONS OFf functions as a concentrated moment, a time-spatial container where an inexhaustible stream of ideas and images was set in motion.
It resulted in a constant orgy of images that drew on the artist's endless,
broad register of artistic elements and materials. This all sprouted from
a participative spirit, with Honoré δ'O acting as director and ManfreDu
Schu featuring as oracle, where the input from other participants and
the audience was valorised. The spectator was invited to visit the exhibition more than once and to discover the different phases of the project.
A loyalty card promising a surprise after ten visits was a simple way of
encouraging visitors.

Wim Waelput

The gallery transformed into an ambiguous environment: an exhibition, a scene, a laboratory and an editorial office. The residue of one intervention simultaneously announced the next event. The entirety unfolded as an expanding structure through the space, to then become defragmented and reduced again. In the universe of Honoré δ'O there is no hierarchical relationship between objects, events and the documented image. Every image or action simultaneously forms the core and the periphery of the event. The exhibition continually swings like a pendulum between a static spatial installation and dynamic environment. The work acquired its meaning in different chronological frames: in the short encounter during a onetime visit, in the speed with which the presentation constantly changed, in the absolute commitment and ditto long working hours of the participants and in the dedication of the returning visitors.

VIBRATIONS OFf seamlessly dovetails with Honoré δ'O's artistic practice where he playfully but critically dissects the reasons of existence, and the legitimisation of the art object and exhibition context. He plays masterfully with the applicable artistic conventions of form, in the area of the visual and aesthetic experience and in the existing contextual and conceptual frames. Furthermore he tests the boundaries of the exhibition format and wants to break through them. An example of this is the invitation to the holders of a 'full' loyalty card to invite the artist to continue VIBRATIONS OFf at a location of their own choosing. Holders will then experience the sequel in their own closed setting, in the presence of the artist. The loyal visitor to the exhibition thus receives a wonderful surprise: an art experience in its purest form!

WORDT VERVOLGD
Het project VIBRATIONS OFf the Format van Honoré δ'O, in samenwerking met de Weense kunstenaar ManfreDu Schu en talrijke gelijkgezinden, ontspon zich volgens een los script als een continu veranderende presentatie. Het was het resultaat van een doorgedreven artistieke wisselwerking tussen zowel de deelnemende kunstenaars en studenten, als het publiek. Het project kreeg vorm in een tentoonstelling van 16 november tot 21 december 2014 in Kristof De Clercq gallery in Gent. Al kan men het niet in strikte zin afbakenen in tijd: het project startte ongetwijfeld ergens voor 16 november en deze publicatie, die na de tentoonstelling verschijnt, vormt er een onlosmakelijk onderdeel van.
VIBRATIONS OFf the Format functioneerde als een geconcentreerd moment, een tijd-ruimtelijke container waar een onuitputtelijke ideeën- en beeldenstroom op gang werd gebracht. Het mondde uit in een constante beeldorgie die putte uit de kunstenaar zijn oneindig en breed register van artistieke ingrediënten en materialen. Dit alles gebeurde vanuit een participatieve geest waarbij Honoré δ'O handelde als regisseur en ManfreDu Schu figureerde als een soort orakel, en waarbij de inbreng van de andere deelnemers aan het project en aan het publiek werden gevaloriseerd. De toeschouwer werd uitgenodigd om

                                    Wim Waelput

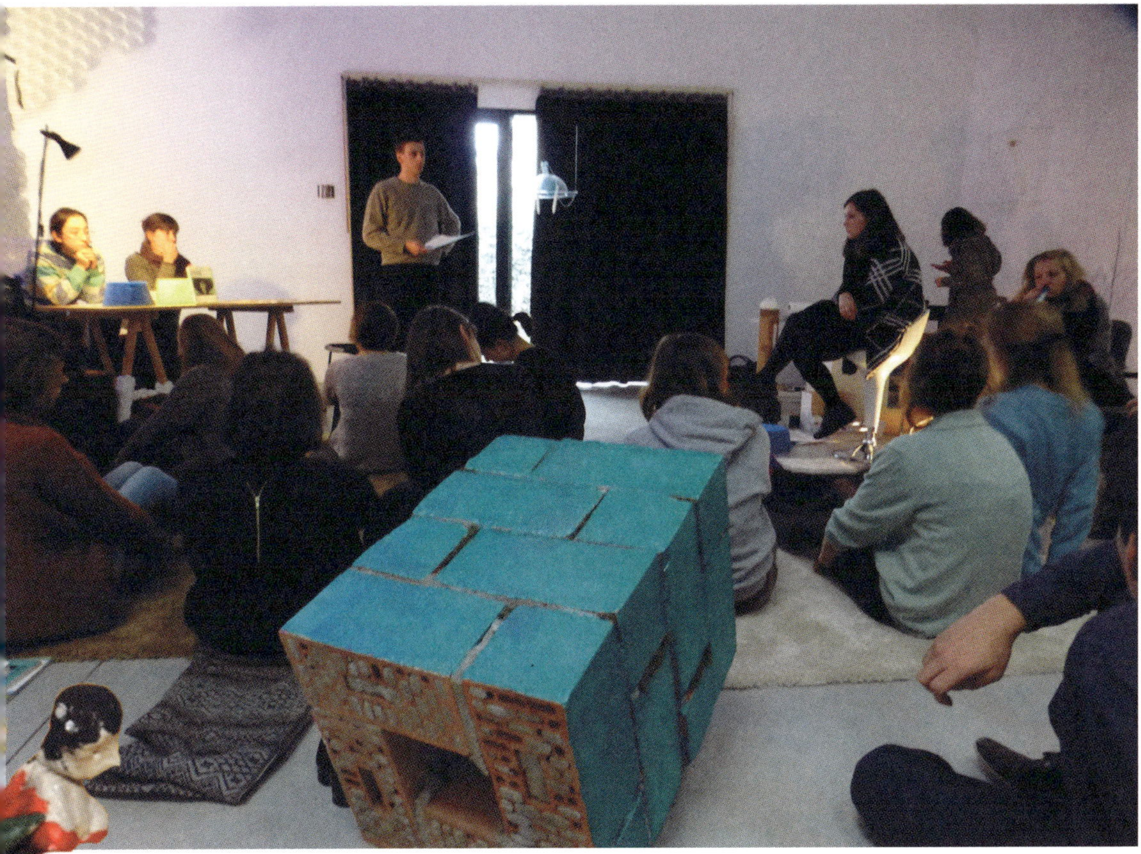

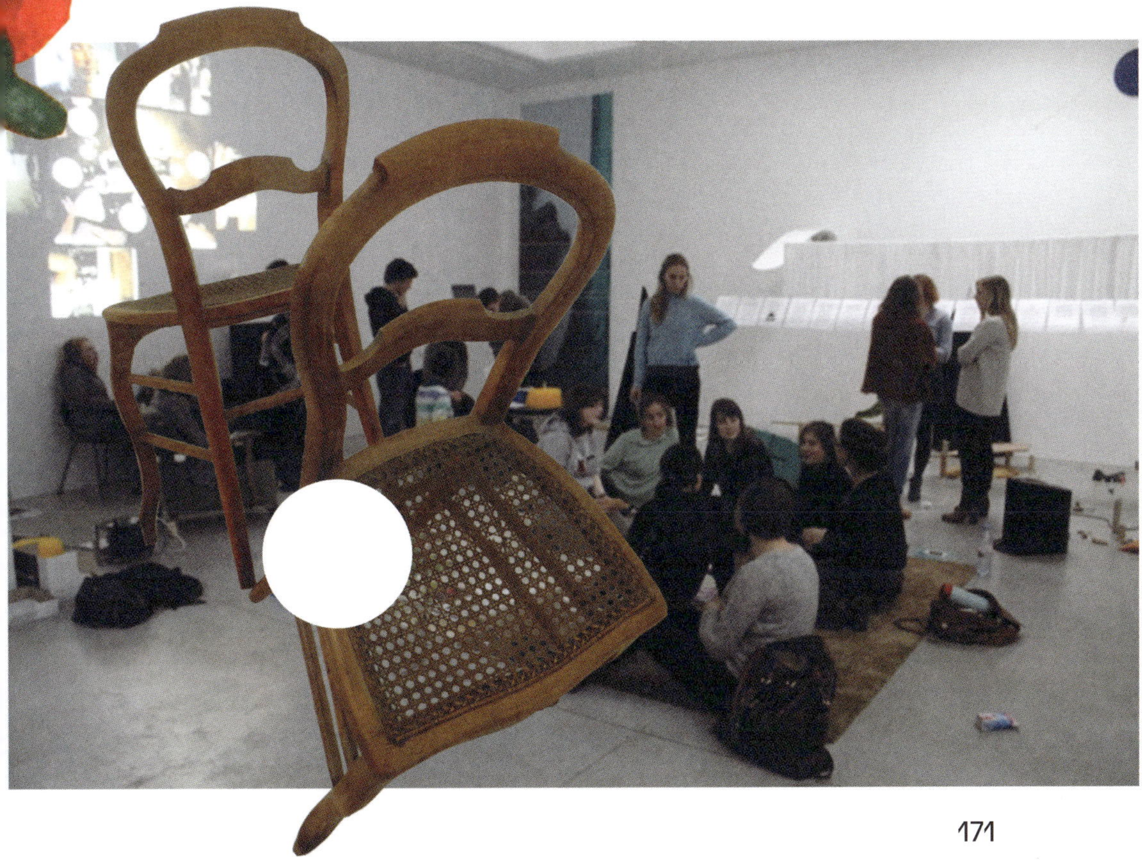

verschillende bezoeken aan de tentoonstelling te brengen en zo de verschillende ontwikkelingsstadia van het project te ontdekken. Men werd hier handig
toe aangezet door middel van een loyaliteitskaart die na tien bezoeken recht gaf
op een verrassing.
De galerie ontwikkelde zich tot ambigue omgeving: een tentoonstelling, een
scène, een laboratorium en een redactielokaal. Het residu van een welbepaalde
interventie kondigde tegelijk het volgende gebeuren aan. Het geheel ontvouwde
zich als uitdijende structuur doorheen de ruimte, om dan weer gefragmenteerd
en gereduceerd te worden. In het universum van Honoré δ'O bestaat er geen
hiërarchisch verband tussen objecten, gebeurtenissen en het geregistreerde
beeld. Elk beeld of elke handeling vormt tegelijk de kern en de periferie van het
gebeuren. De tentoonstelling maakte een continue pendelbeweging tussen een
statische ruimtelijke installatie en een dynamische omgeving. Bovendien kreeg
het werk zijn betekenis binnen verschillende chronologische kaders: in de kort-
stondige ontmoeting bij een eenmalig bezoek, in de snelheid waarmee de presentatie constant veranderde, in de absolute overgave en dito lange werktijden
van de deelnemers, en in de toewijding van de weerkerende bezoekers.
VIBRATIONS OFf sluit naadloos aan bij de artistieke praktijk van Honoré δ'O,
waarbij hij de bestaansredenen en de legitimatie van zowel het kunstobject
als de tentoonstellingscontext, speels maar kritisch ontleedt. Hij bespeelt
meesterlijk de geldende artistieke conventies op vlak van vorm, in het domein
van de visuele en esthetische ervaring, en binnen de bestaande inhoudelijke
en conceptuele kaders. Daarenboven tast hij de grenzen van de tentoonstel-
lingsformat af en wil hij ze doorbreken. Getuige hiervan is de uitnodiging aan
de houders van een 'volle' loyaliteitskaart om de kunstenaar uit te nodigen om
VIBRATIONS OFf verder te zetten op een zelfgekozen plek. Het vervolg beleeft
men dus in de eigen, besloten omgeving, in aanwezigheid van de kunstenaar.
De trouwe bezoeker aan de tentoonstelling ontvangt dus een geweldige verrassing: een kunstbeleving in zijn zuiverste vorm

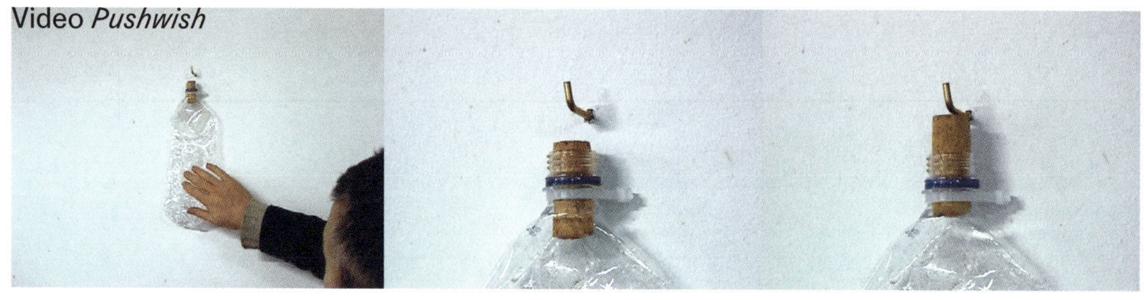

Wim Waelput

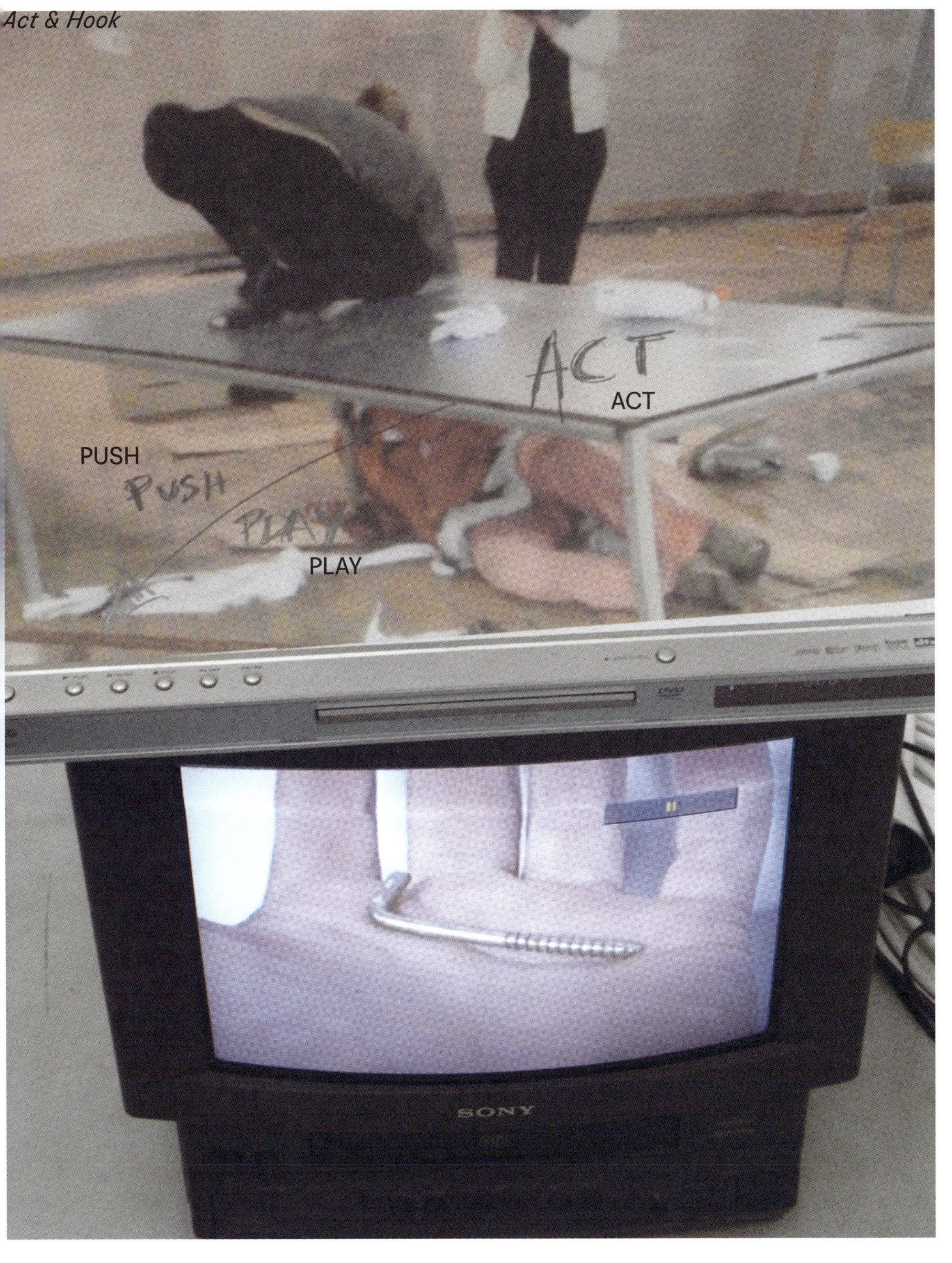
ACT
ACT
PUSH
PUSH
PLAY
PLAY
SONY

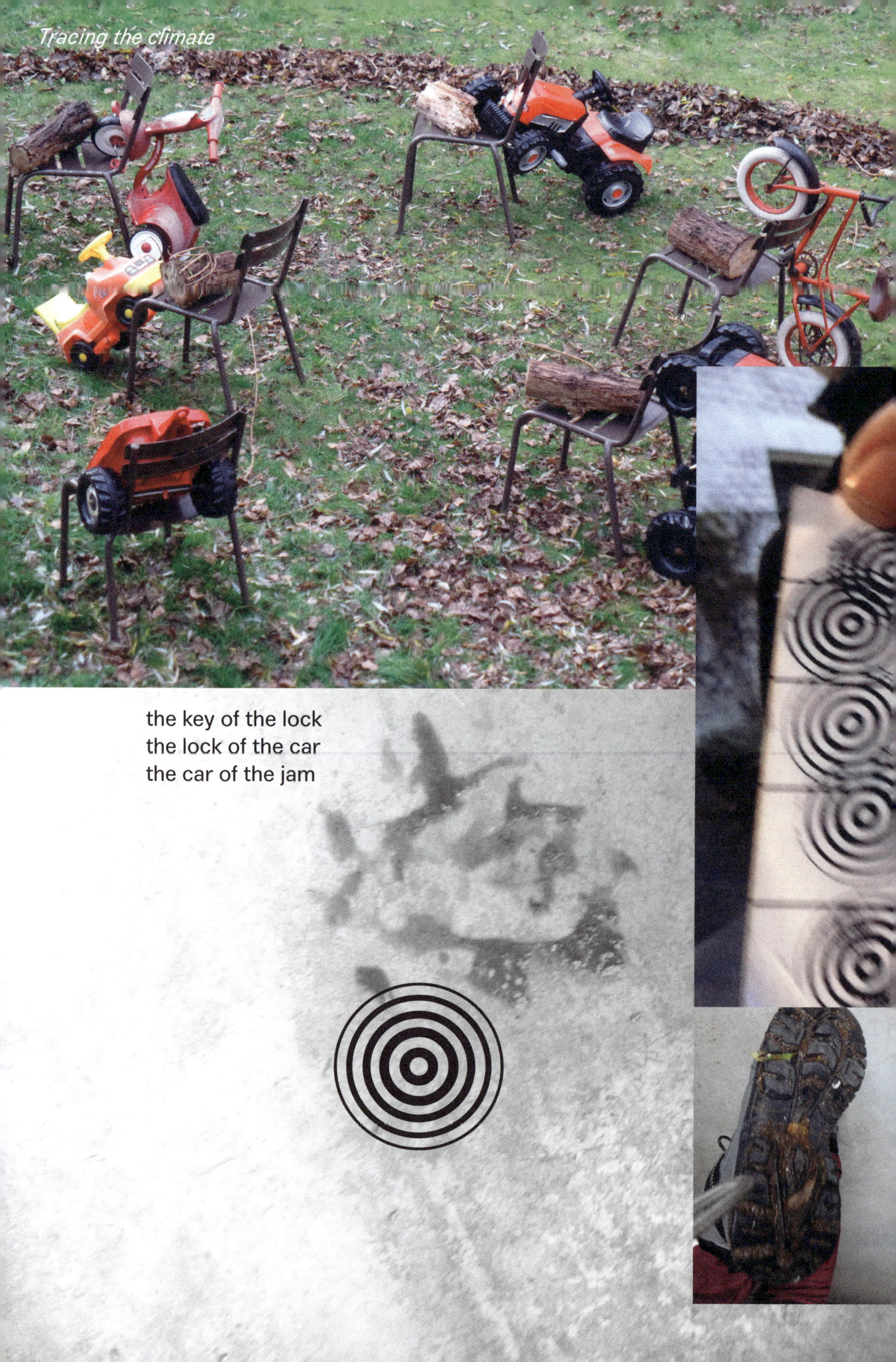

the key of the lock
the lock of the car
the car of the jam

Nov. 16th. Opening: VIBRATIONS. I bring along my mother.
A stamp and a card immediately give us the feeling that we better stay close
because we won't have seen it all with this one visit…
VIBRATIONS, you are never capable to understand the entirety,
VIBRATIONS, it moves you in circles,
VIBRATIONS, for who sights and dares to look in the corners,
VIBRATIONS, a libretto written by Honoré δ'O, but all ideas are welcome!
VIBRATIONS, you consider to hire people who can step by daily to fill up,
your loyalty card (what a nice idea to boost employment in Ghent!)
VIBRATIONS, sad I live in Ostend. Should I send my mother daily?

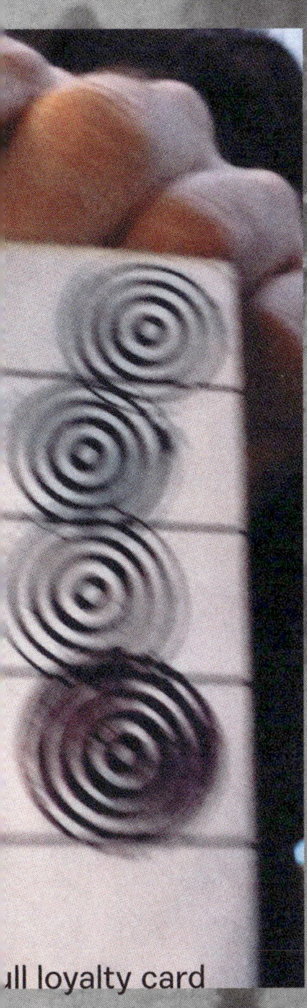

Mieke Mels

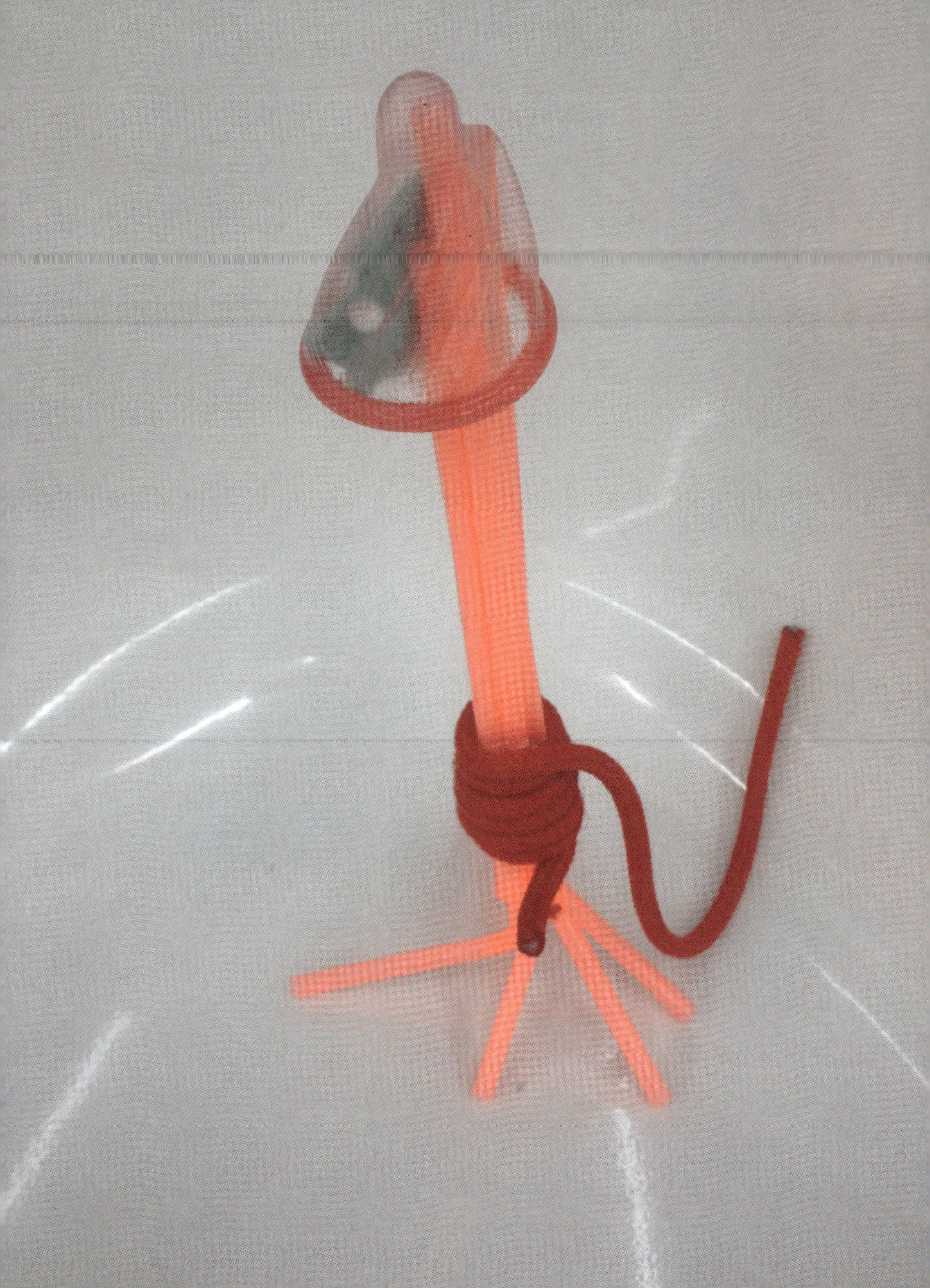

Theme of the day: from day of the body part to night of the sex

Migraine

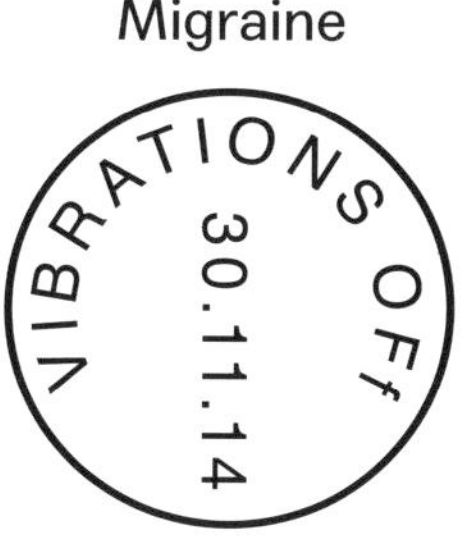

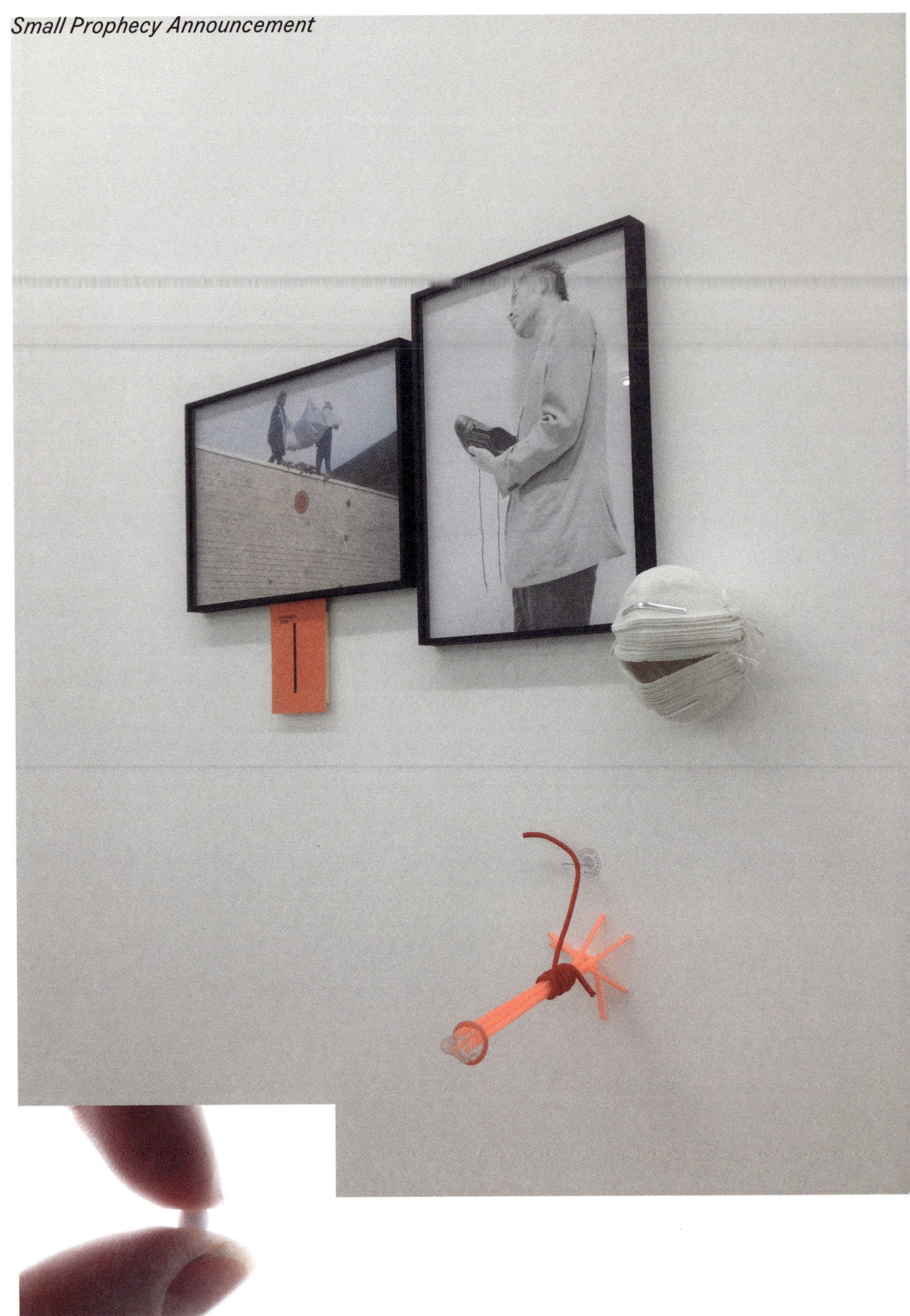

ODE AAN DE VEELHEID
PALINGENESE VAN DE INSTALLATIE

Love and intuition play the cards
Lady Gaga

Wahid, Ithnain, Thalatha...Alf

Het volstaat om tot drie te tellen en alles wordt een werkelijkheid. Het kunstwerk
opent zich, is bedwarm, steekt de kaarsen aan voor een mentaal en visueel festijn.
In de white box van de galerie die tot sokkel verwordt. *Gratia sui* en niet voor een
of ander praktisch doel. Maar uit de puurheid van de liefde, voor de verheffing van
het genot, het vermeerderen van de kennis over de huidige tijd, volgens een niet in
macht en niet in materie uit te drukken waarde.

Deze pagina's, geschapen in het verleden, maar tot leven wordend in elk heden.
Over grenzen en leeftijden heen. Het volstaat om at random te lezen en midden in
de werkelijkheid te vallen. *Alice is een wonderland.* Een bibliotheek van beelden om
in te scrollen, een onvoltooide en onophoudelijke eeuwigheid. Zoals een omelet in
de ochtend een icoon van een openbaring is. Elk beeld om mee wakker te worden.

Betekenis kan nooit eenduidig zijn. Via de omweg kent men de weg veel beter.
VIBRATIONS OFf. DUBAI On. Er bloeien vandaag viooltjes in de woestijn terwijl
toeristen in Palm Jumeirah met zicht op de skyline zwemmen in de Perzische Golf.
Alsof het de gewoonste zaak ter wereld is.

Uit onmacht de tijd te grijpen, zal blijken wat rijpt en blijft. Want de tijd strooit graag
met vergetelheid en toont vergankelijkheid als een evidentie. Materie is een specu-
lerend aas voor wie zich graag vastklampt aan boeien.

Tijd en vergetelheid zijn één. Kunstenaars een symbiose met wat via vergankelijkheid onvergankelijk is. Als één lange adem, liefde ook. De dag glanst wak en warm.
Meisjes gaan in de moestuin liggen en kleden zich aan met een beeld.

De installatie is als een onstilbare oceaan met veel zin voor water, voor alles wat
herbergzaam is. De stempel maakt bewaarheid, bakent de grenzen af en schept
ruimte als elk perspectief op canvas. Terwijl op een elleboog van de snelweg appartementsgebouwen als een kaartenhuisje worden gebouwd, hechten stofmaskers
zich vast aan de ruimte, nietsvermoedend te midden van windstille gedachten. Met
hetzelfde verlangen als een stille vrijheidsroes die zintuigen verstoort.

Elk detail draagt in zich de betekenis van een hele wereld. Als meeuwen die op het
terras naar dat ene stukje kaas speuren wanneer ze vergeten te waken over het
open- en dichtgaan van de zee.

O, zomerpunt

•

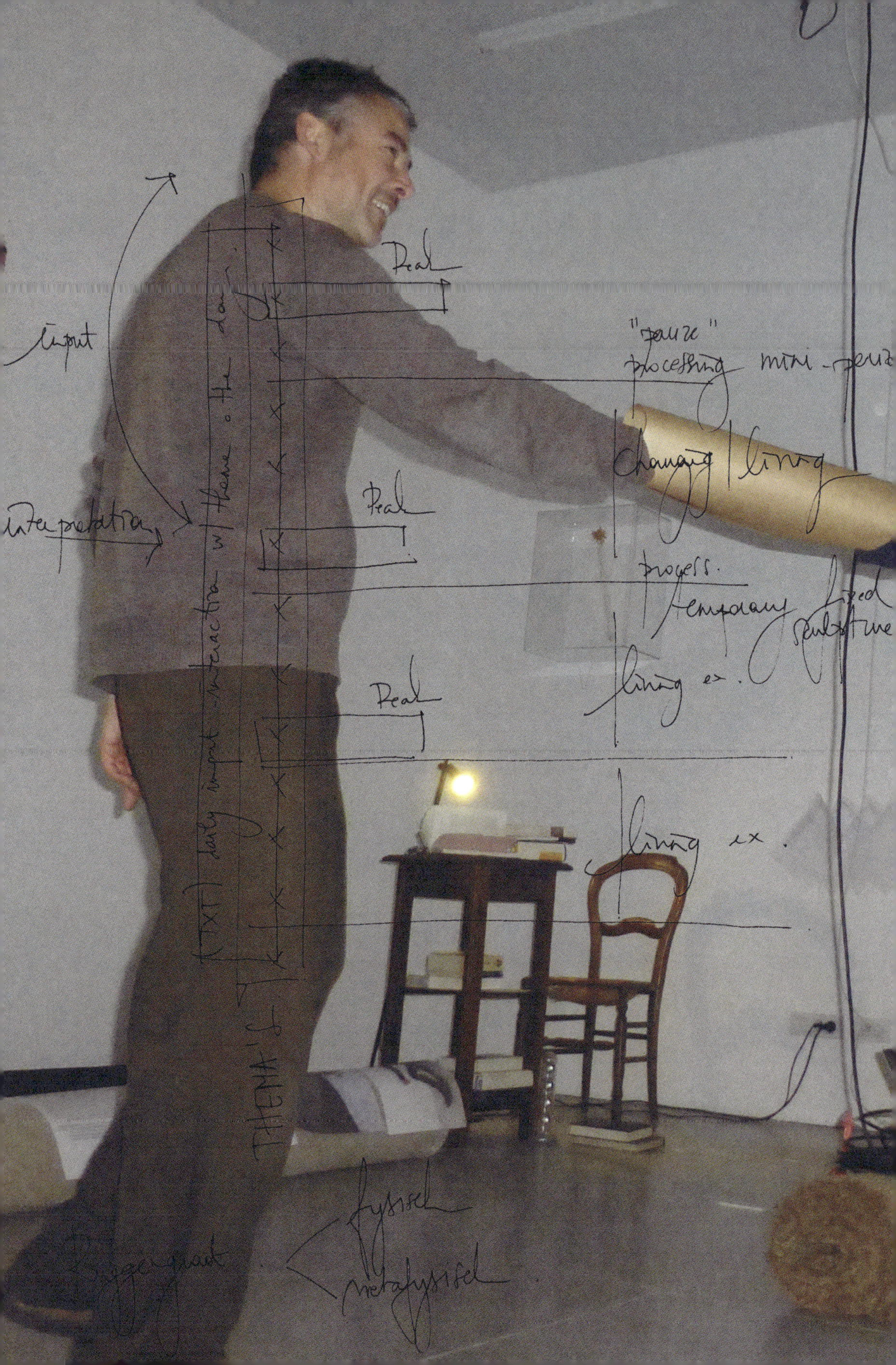

input

Interpretation

Real

Real

Real

THEMA'S

(TXT) early input interaction w/ theme o the dom

"pause"
processing mini-period

changing / living

progress.
temporary fixed
structure

living ex.

living ex.

fysisch

metafysisch

engagement

(Honoré) + guest. / home artist .

rode ?

veranderwaardelijk .
variatie .
monograaf .

kwaliteitsbewaarder .
↳ kwaliteit
   rol telenig .

wat is permanente kwal. .
alles / juist afgetend
op elkaar
spreiding / indeling .
structuur .

HOME
(group)

clovd.

Scheppend vermogen vd Scène .

technische dienst .   )— productieverantwoordelijk
...eke dienst .

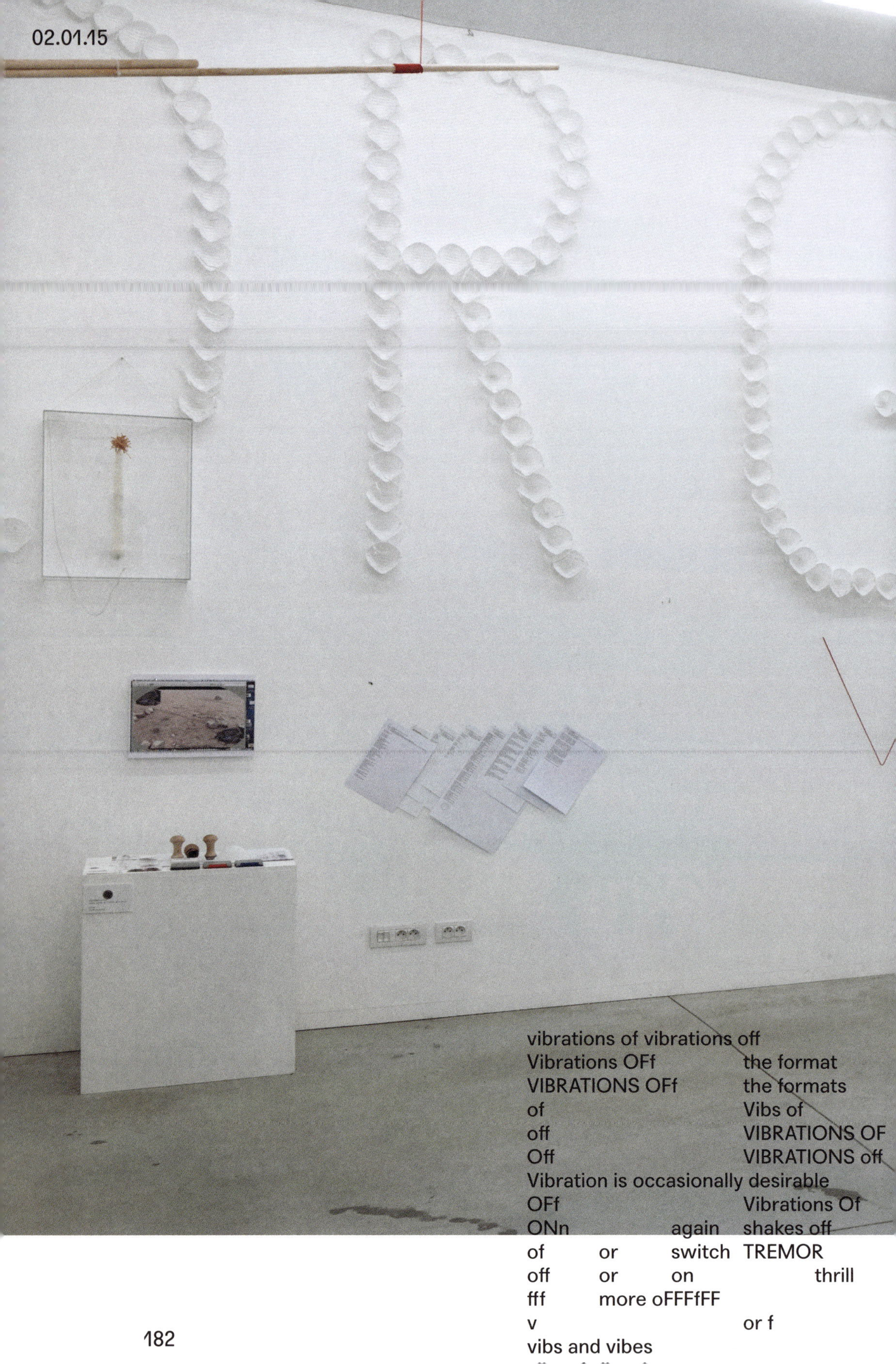

vibrations of vibrations off
Vibrations OFf   the format
VIBRATIONS OFf   the formats
of   Vibs of
off   VIBRATIONS OF
Off   VIBRATIONS off
Vibration is occasionally desirable
OFf   Vibrations Of
ONn   again   shakes off
of   or   switch   TREMOR
off   or   on   thrill
fff   more oFFFfFF
v   or f
vibs and vibes

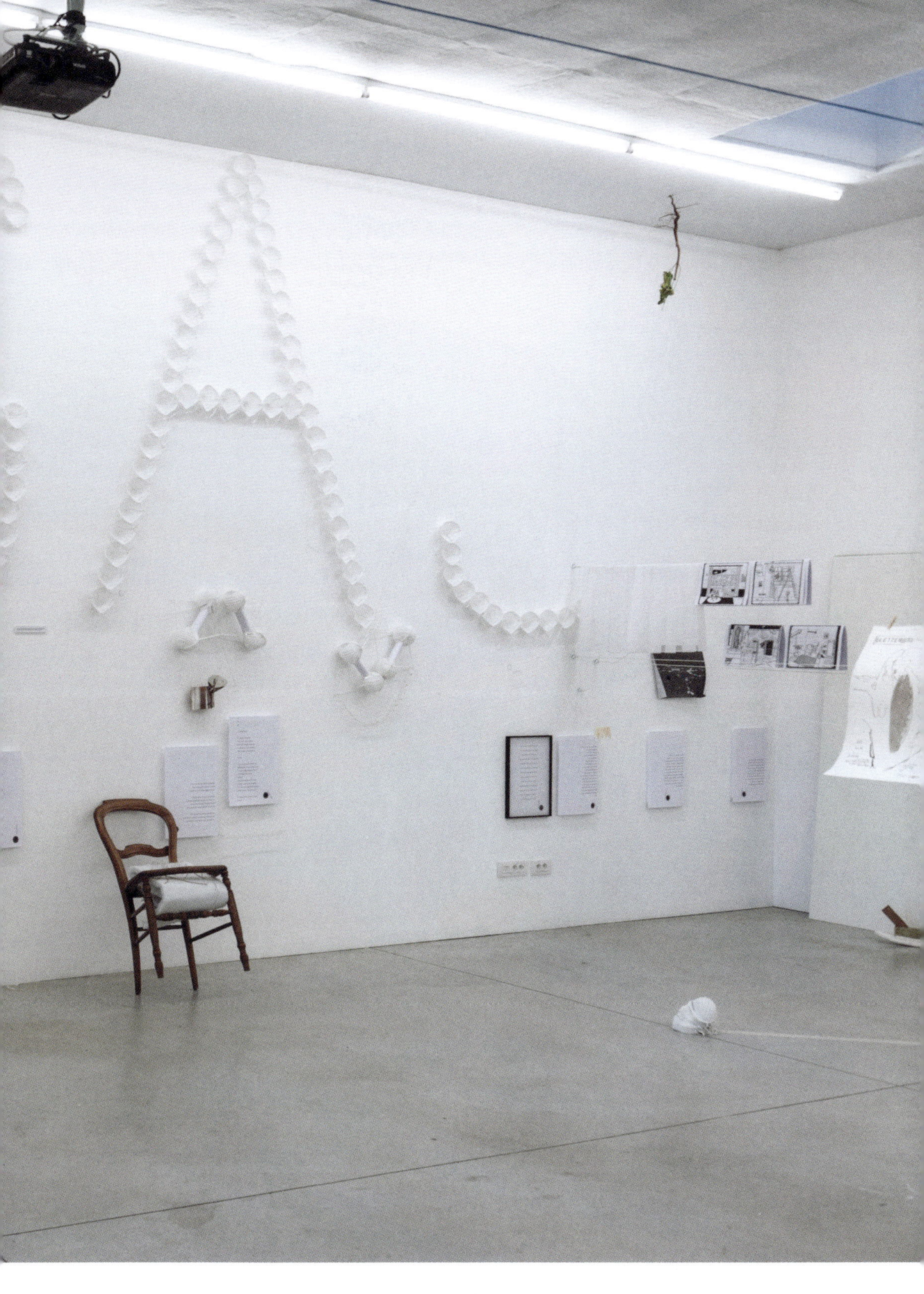

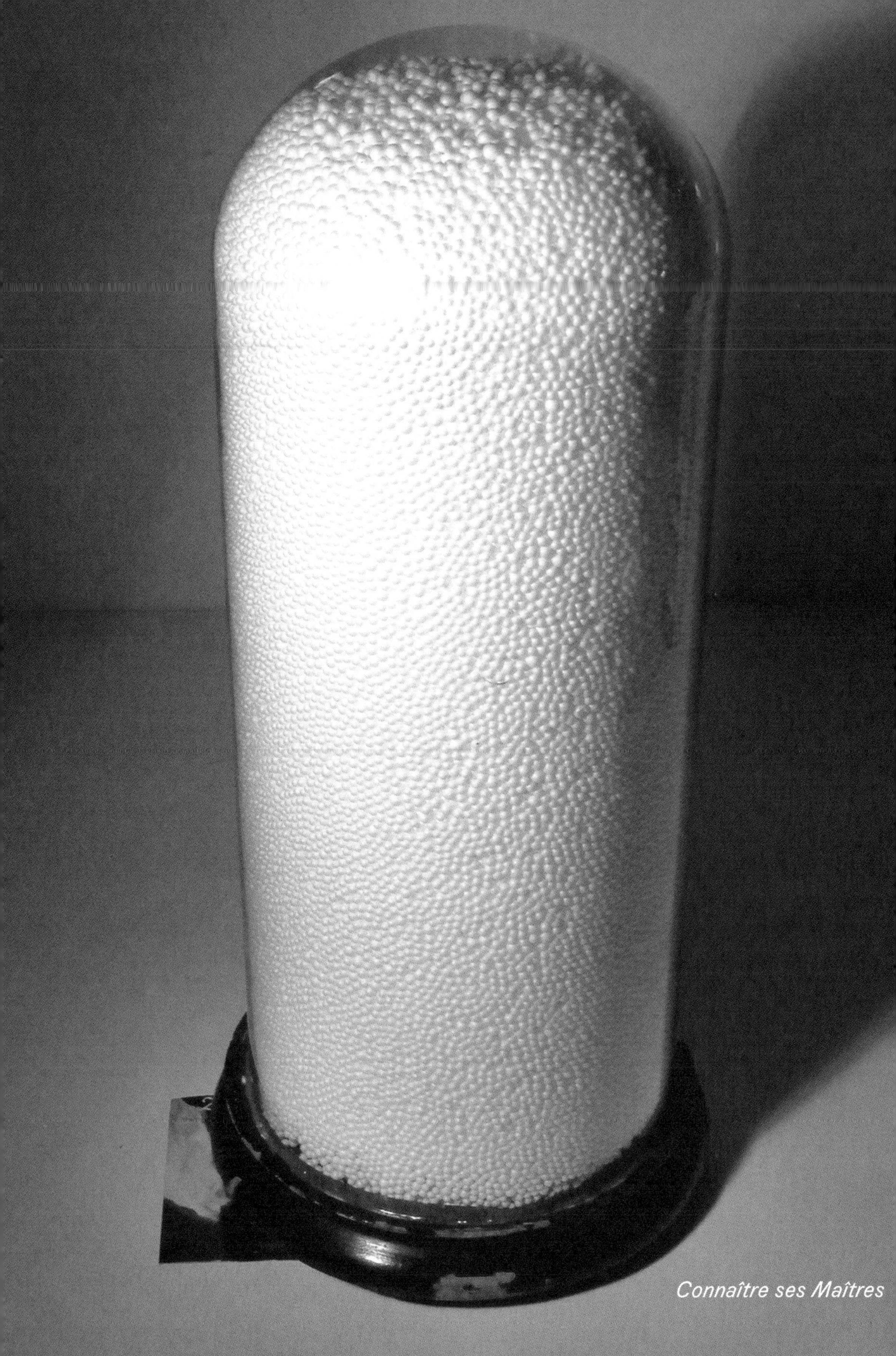

Connaître ses Maîtres

> *Si un jour je parais, ce sera armé de toutes pièces.*
> Gustave Flaubert

In the meantime I have become cold again, a nasty chill expands inside me. My blood feels like plaster, a foretaste of death. But I will never forget the warmth of our confusion last autumn, the magma of 'what was suddenly available' in which we flowed.

I am not only talking about us.

I had intended to ban all theory from my head. Gain some distance from what I thought, as I should. I had intended to do everything right away, to leave no space for those endless interruptions. But that was just another theory that I had to ban. A story, then? No. No idea, not an inkling. There was a commitment at the most, the pure receiving of an invitation that you seal with a shy 'yes'. A yes to 'je ne sais quoi'. That is what it was like for everyone. We knew that about each other. That was the opening.
We skipped the phase of promises, the foreplay with its endless delay. We immediately jumped to the realisation of our shortage of meaning. That is how we were able to breathe. So let us be honest there is nothing to conclude from what unabatedly persists inside us anyways.
We accepted the invitation like nomads journeying through a desert, convinced of an oasis.
We could have known that we would find it among the ruins of a collapsed pyramid. On roof, in the clouds, with the circles and the flame, the signs on the wall, the miraculous barcode and the inimitable spinning of letters and sexes. But who could have suspected that the pumped up water would summon the fata morgana of a different, reversed pyramid, underground, age-old?
We do not know if the old masters found rest when they finished their fabulous work. Is Velázquez the name of a pearl in which the crown mirrors itself or is it the reflection of a nameless despair in everyone who believes himself to be a god of war? And art, was that a way of going straight to beauty, as a transcendent goal? Or did beauty once and for all degrade art to a road that never reaches its goal? We do not know. We do not know anything about the reality of what preceded. We only inherited the forms in which it fossilised. In that sense 'reality' is blinding. No inventor ever invented life itself, no scientist ever invented what he knew. What one invents is a new way to deal with what already was; what one knows is what one sees. But sometimes originality emerges. It costs nothing, no effort, no genius, no ability. It wells from a crack in the ocean bed. The sea goes back and forth, makes wrinkles in the sand as in the skin of our consciousness. There it happens.
It only requires an utterly sustained receptivity, the rigorous decision to stand still in the flow as a means to capture the feeling of flowing. We never

intended to take the measure of our time. At most, there was a scenario with ideas to divide the time in days, dates, deeds. But from the moment we got together, even for the smallest reason, we reached the essence, a negative form of what time dictates to us. It was as if we spoke in tongues. You probably had to be there to understand what we said.

In retrospect it has become impossible for me to describe what happened then and there—a realisation that humbles me. 'Anything is possible', that formula is possibly the closest I will get to the core, be it in an unfortunate way. For the experience was not as non-committal as that formula sounds. Yes, in art anything is possible, so to speak, because in its loss of goal it has also lost its origin, including all metaphysical references. Everyone knows the circles of this hell named 'crisis', 'deadlock', endless wandering in impossible freedom.

But here, just the opposite happened. As if the crisis were first deepened to then jump out with a playful pirouette. Egotrip became rough journey material. Crisscrossing trails opened new distances. Objects were stripped of their functional aura and ordered according to the value of their first letter. Manipulating became the medium of messaging. In short, all things available materialised, everything fell apart into itself and its image, materially analysed atoms and their immaterial synthesis.

Fission and fusion. Yes, so it happened for anything and anyone. Yet, happiness was not excluded from it. The destruction was complete, almost violent, but it started with the petrified idea that in art 'anything is possible' itself, the undermining of all forms on which our sense of reality is founded. Instead, what appeared was an image of the emergent: the pure arising of what is becoming, a metamorphosis of the infinite in the infinity of all metamorphoses, another conversion of the pure imaginary pyramid which, from Dante up to Borges, finds its origin in the letter 'A'.

I rave, I reach the truth. You are never crazy on your own. Someone (among us) found an answer to the emptiness, a support from where anything became possible again, instead of already being so. Our disquiet was fabulous, the work never finished, every contribution many in one. But just as every dashing fountain glitters by the grace of an underground delta that seems to consist in calm itself, so that endless emanation of figures referred back to the quiet genesis of an old, poetical gaze, of which no one is the author but anyone might be.

Perhaps it still vibrates under the sand of these words.

Tom Van Imschoot

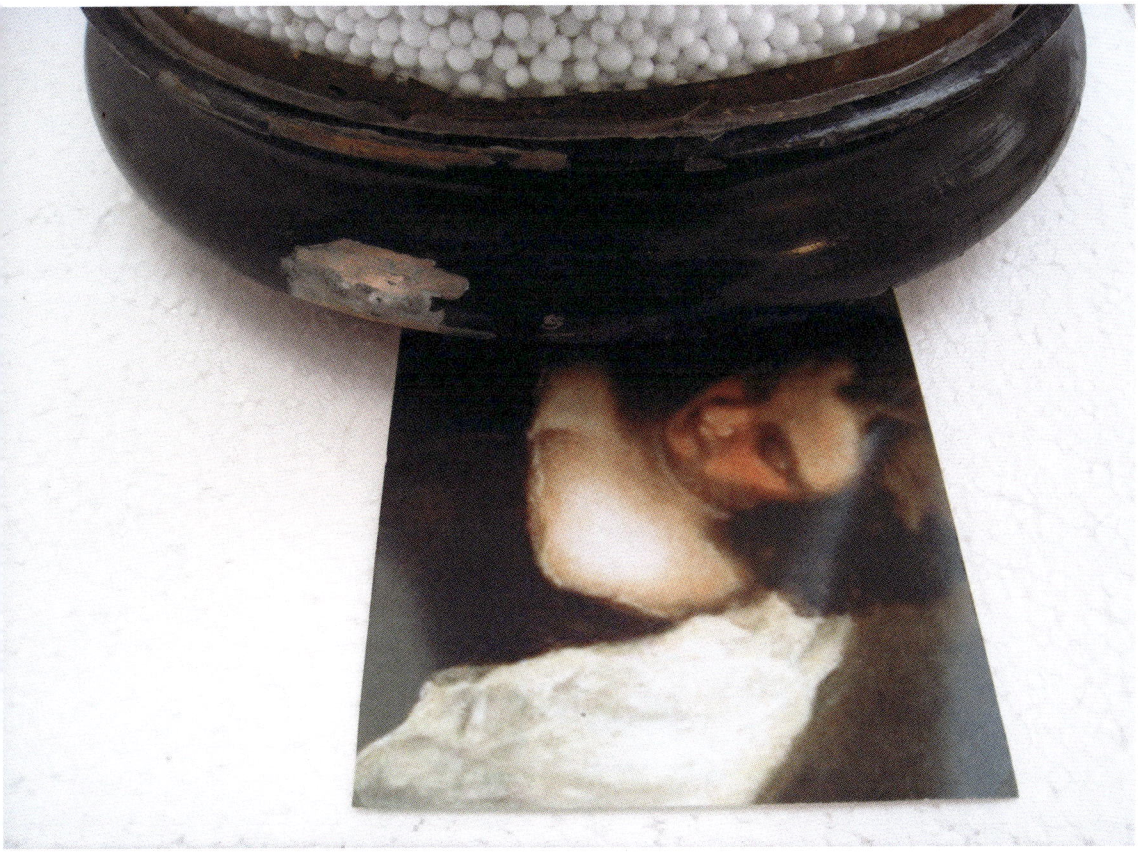

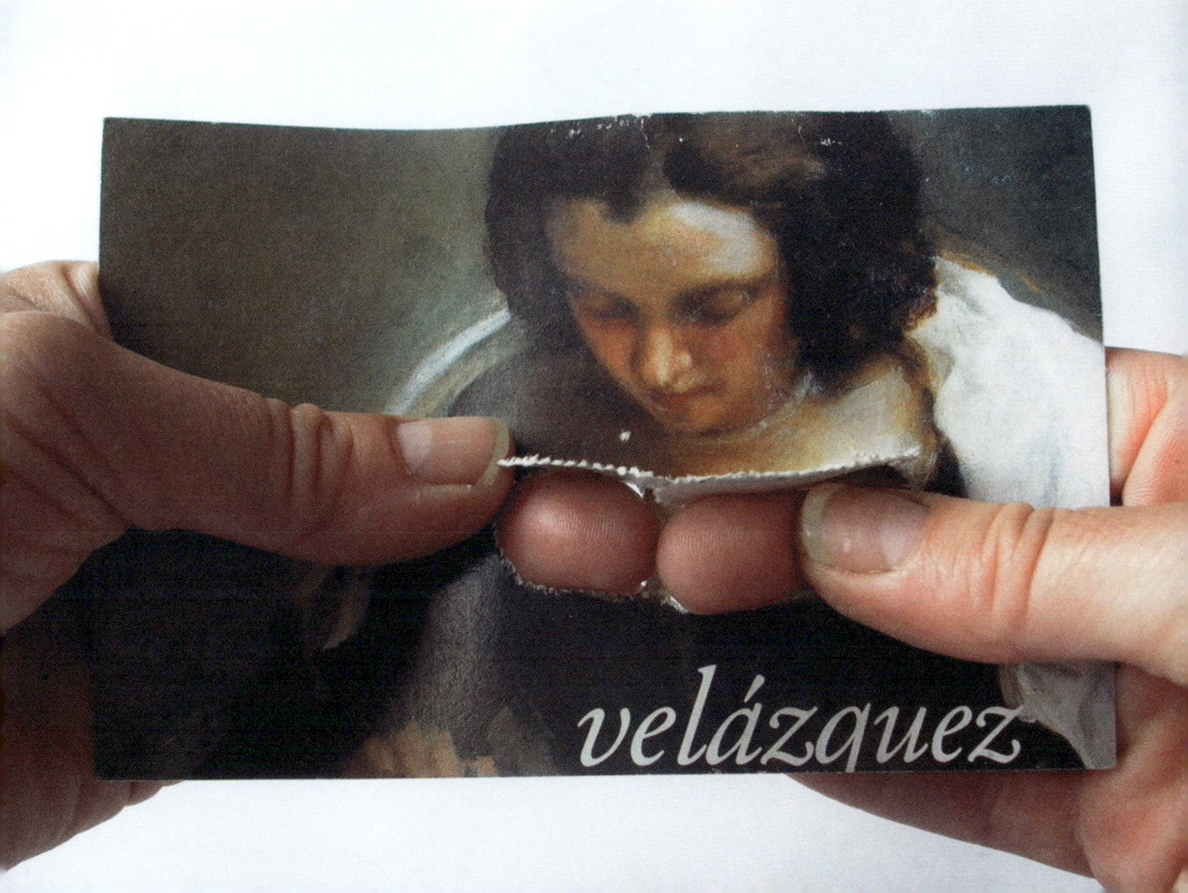

velázquez

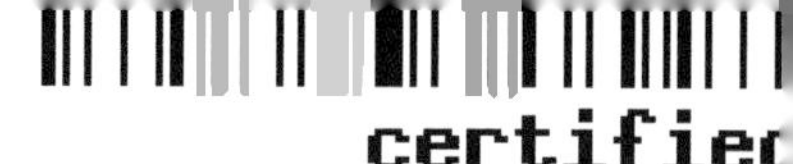

> Si un jour je parais, ce sera armé de toutes pièces.
> *Gustave Flaubert*

Intussen ben ik weer koud geworden, een gore kilte zet zich in mij uit. Mijn bloed is plaaster, voorproef van de dood. Maar nooit vergeet ik de warmte van onze verwarring in het voorbije najaar, het magma van 'het ineens beschikbare' waarin we vervloeiden.

Ik heb het niet alleen over ons.

Ik had me voorgenomen alle theorie uit mijn hoofd te bannen. Afstand te nemen van wat ik zoal dacht, zoals het hoort. Ik nam me voor alles direct te doen, geen ruimte te laten voor dat eeuwige onderbreken. Maar ook dat was een theorie die ik moest bannen. Een verhaal, dan? Nee. Geen idee, geen voorafname. Hooguit was er een toezegging, het pure krijgen van een uitnodiging die je bezegelt met een verlegen 'ja'. Een ja aan 'je ne sais quoi'. Zo was het voor iedereen. Dat wisten we goed van elkaar. Dat was de opening.
We sloegen de fase van de belofte over, het voorspel met het uitstel. We gingen snel over tot de realisatie van ons tekort aan betekenis. Zo konden we ademen. Vandaar: laten we eerlijk zijn, er is toch geen besluit te trekken uit wat onverminderd in ons voortduurt.
We zijn ingegaan op de uitnodiging zoals nomaden door een woestijn trekken, overtuigd van een oase. We hadden kunnen weten dat we ze zouden vinden tussen de ruïnes van een in elkaar gezakte piramide. Uit ons dak, in de wolken, met de cirkels en de vlam, de tekens aan de wand, de miraculeuze streepjescode en het onnavolgbare tollen van letters en geslachten. Maar wie kon vermoeden dat het opgepompte water de fata morgana in ons zou oproepen van een andere, omgekeerde piramide, onder de grond, eeuwenoud?
We weten niet of de oude meesters rust vonden toen ze hun fabelachtige werken voltooiden. Is Velázquez de naam van een parel waarin de kroon zich spiegelt of de spiegel van een naamloze wanhoop in iedereen die zich een oorlogsgod waant? Was het de kunst om recht op de schoonheid af te gaan, als verheven doel? Of vernederde de schoonheid de kunst net voor eens en voor altijd tot een weg die nooit haar doel bereikt? We weten niets van de realiteit van wat voorafging. We erfden alleen de vormen waarin ze versteend is.
In die zin is 'realiteit' de naam voor een verblinding. Geen uitvinder heeft ooit het leven zelf uitgevonden, geen wetenschapper heeft ooit bedacht wat hij weet. Wat men uitvindt, is een nieuwe manier om met wat er al was om te gaan; wat men weet, is wat men ziet. Maar soms breekt het oorspronkelijke aan. Het kost niets, geen inspanning, geen genie, geen vermogen. Het welt op uit een breuk in de bodem van de oceaan. De zee gaat heen en weer, maakt rimpels in het zand als in de huid van ons bewustzijn. Daar gebeurt het.
Het vraagt enkel een volgehouden ontvankelijkheid, de rigoureuze beslissing om stil te staan in de stroom als middel om het gevoel van stromen weer te geven.

Tom Van Imschoot

We hadden nooit de bedoeling om de maat te nemen van onze tijd. Hooguit was er een scenario met ideeën om de tijd zinvol op te delen in dagen, dates, daden. Maar zodra we samenkwamen, zelfs voor het minste, kwamen we tot de essentie, in een soort negatief van wat de tijd ons dicteert. Alsof we in tongen spraken. Je moest allicht deelnemen om onze taal te verstaan.

Achteraf is het voor mij onmogelijk om te beschrijven wat daar en dan plaatsvond—een gewaarwording die me tot grote bescheidenheid stemt. 'Alles is mogelijk', dat benoemt op een ongelukkige manier de essentie. Maar de ervaring was niet zo vrijblijvend als dat lijkt. Ja, in de kunst is zogezegd alles mogelijk, omdat ze met haar doel ook haar oorspronkelijkheid heeft verloren, alle metafysische referenties incluis. Elkeen kent de cirkels van deze hel, genaamd 'crisis', 'impasse', eindeloos dwalen in onmogelijke vrijheid.

Hier vond net het omgekeerde plaats. Alsof de crisis werd uitgediept om er dan met een speelse pirouette uit weg te springen. Egotrip werd ruw reismateriaal. Dwarse pistes die kruisten, openden nieuwe vertes. Objecten werden van hun functionele aura ontdaan en volgens de waarde van hun beginletter geordend. De manipulatie werd het medium van elke 'message'. Al wat werkelijk voorhanden was, werd dus materie, of nog: viel uiteen in zichzelf en zijn beeld, materieel te analyseren atomen en hun immateriële synthese.

Splitsing en fusie. Ja, zo verging het alles en iedereen. 'Vergaan' is slecht uitgedrukt. De afbraak was totaal, bijna gewelddadig, maar hij begon met de versteende idee zelf dat in kunst 'alles mogelijk is', het ondergraven van alle vormen waarop ons realiteitsbesef steunde. In de plaats verscheen een beeld van het emergente: het pure opduiken van wat wordt, metamorfose van het oneindige in het oneindige van de metamorfose, een omkering van de louter imaginaire piramide die van Dante tot Borges haar oorsprong vindt in de 'A'.

Ik ijl, ik kom tot de waarheid. Je bent nooit gek alleen. Iemand (onder ons) vond een antwoord op de leegte, een steunpunt van waaruit alles weer mogelijk werd in plaats van het al te zijn. De onrust was fabelachtig, het werk was nooit af, elke bijdrage was vele in één. Maar zoals elke stralende fontein schittert bij gratie van een ondergrondse delta die de kalmte zelve lijkt, zo verwees die eindeloze uitstorting van figuren terug naar de rustige wording van een oude, poëtische blik waarvan niemand auteur is en iedereen het kan zijn.

Wie weet trilt hij na
onder het zand
van deze woorden.

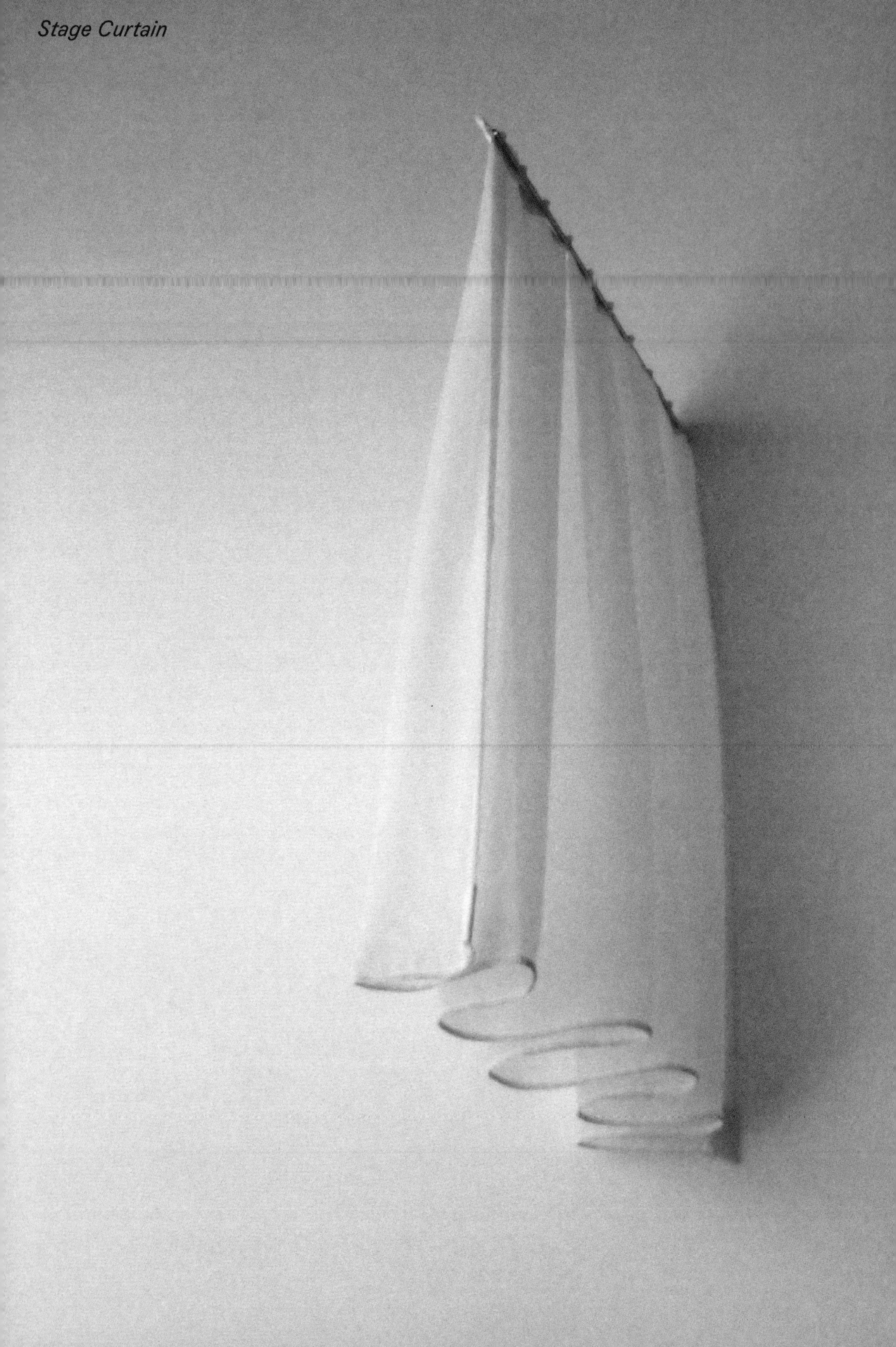

Stage Curtain

De essentie van de persoonlijkheid dient als bepaling voor het rechtsbegrip *identiteit*

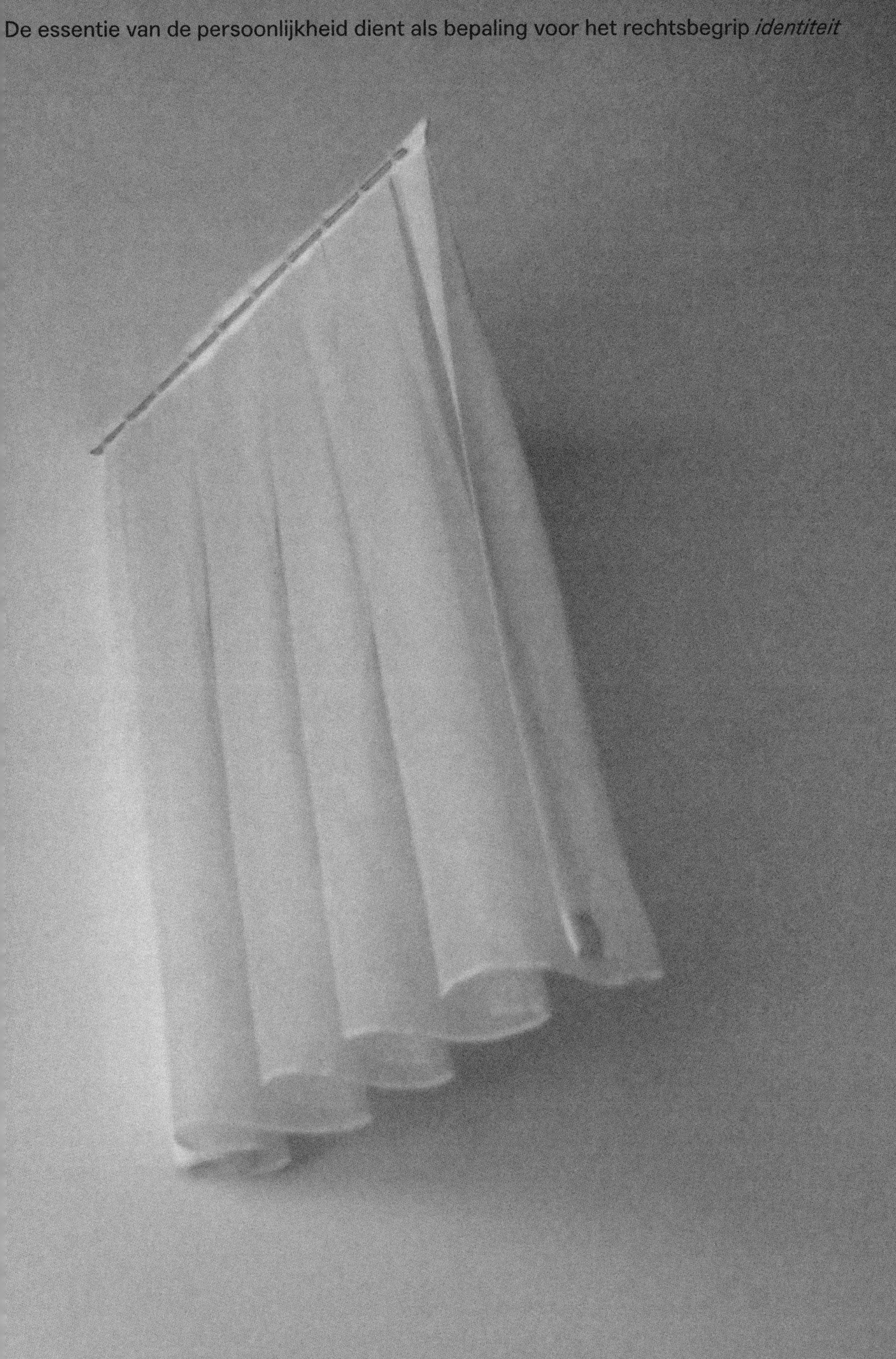

De essentie van de persoonlijkheid dient als bepaling voor het rechtsbegrip *identiteit*

The Oracle proposes *Painting is changing*

Mixed vibrated media
Dead Bird by Agnes Maes, *Witnessing curtains* by Honoré
Photograph by Inge
Proposition by The Oracle
Painting by Honoré

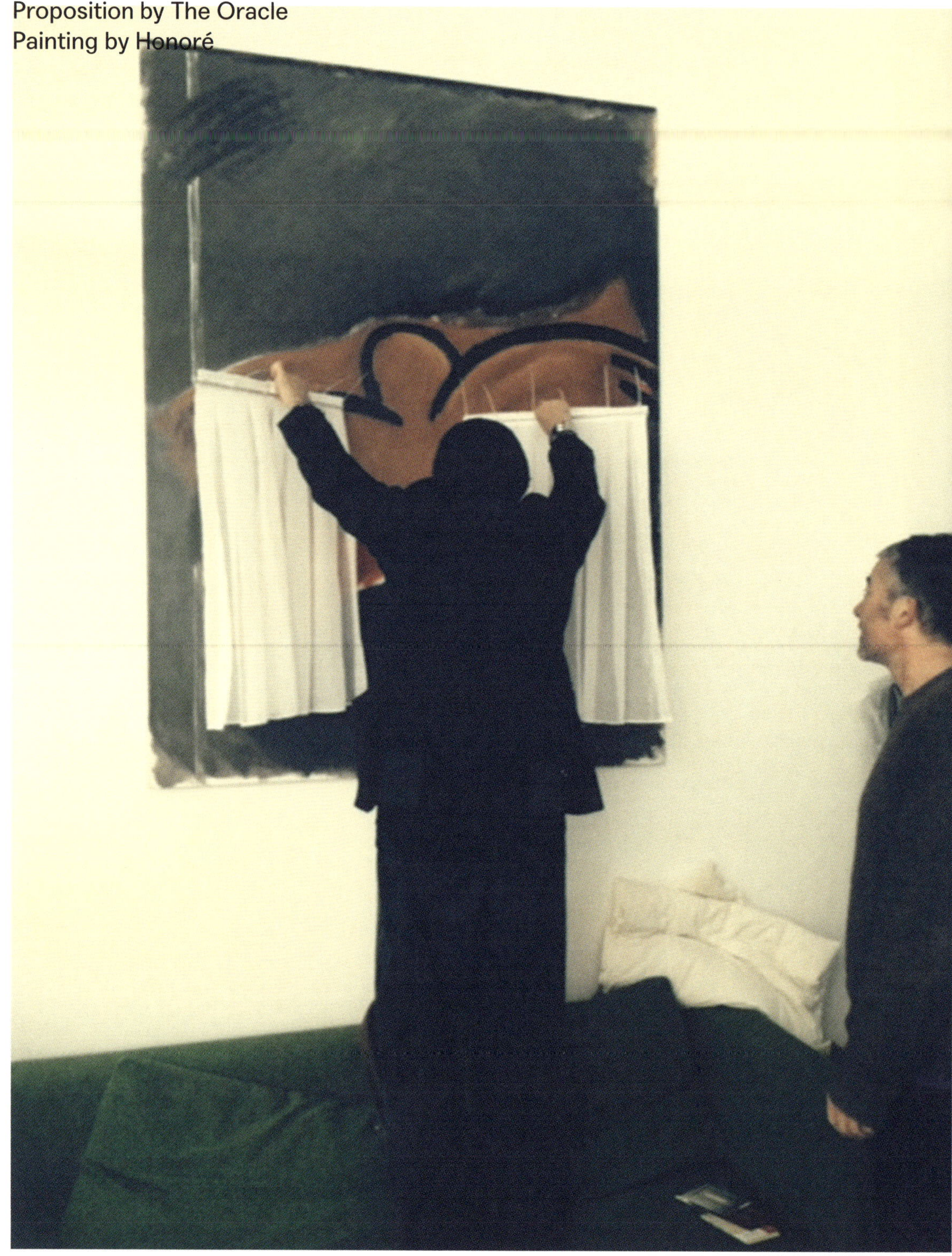

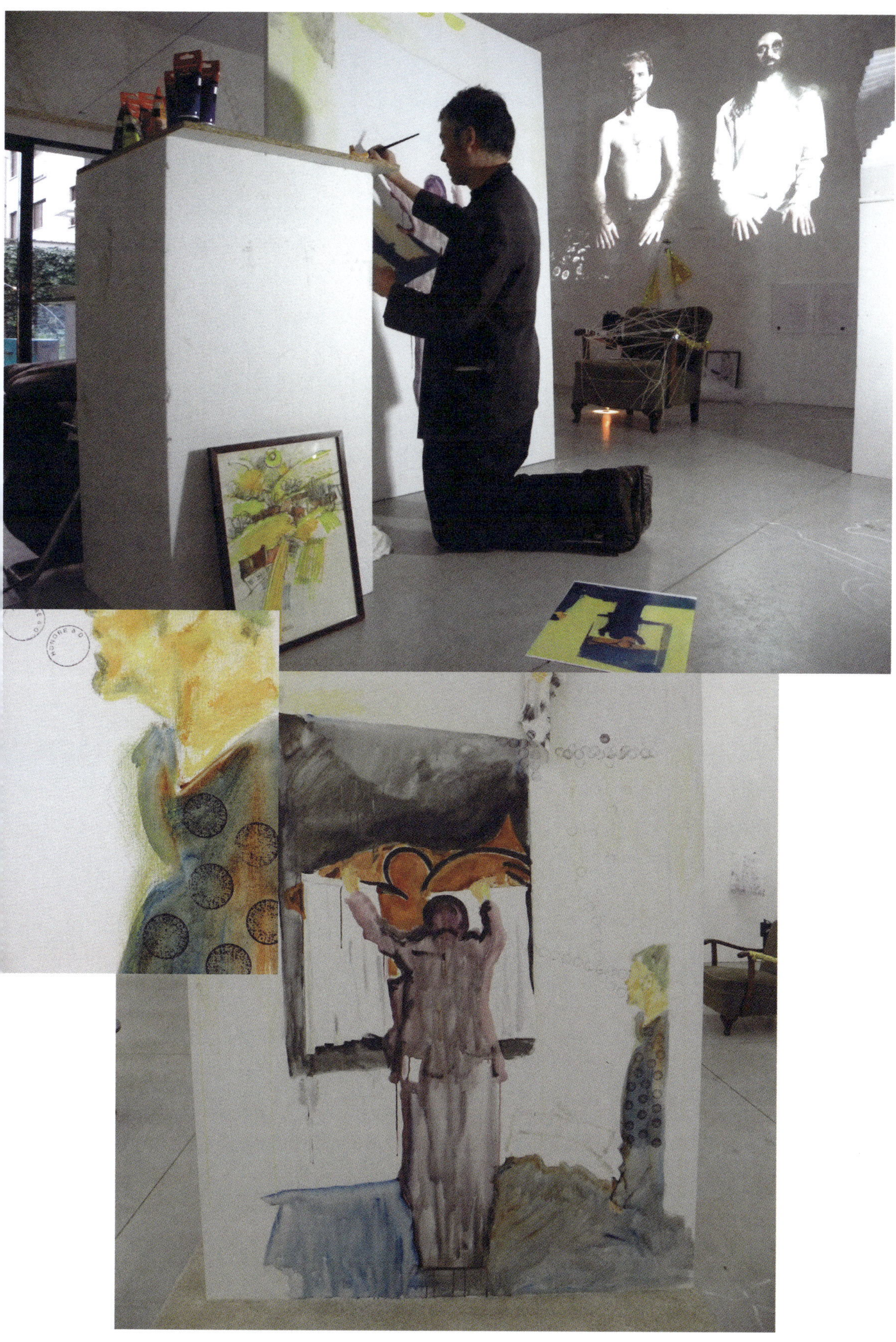

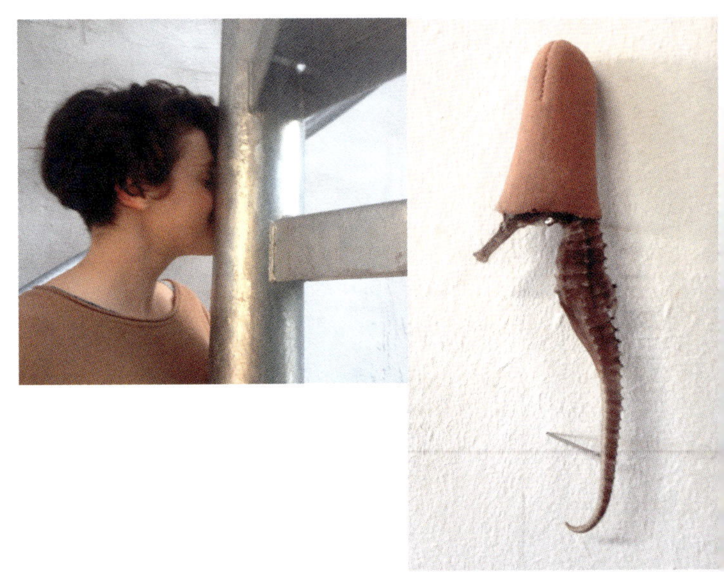

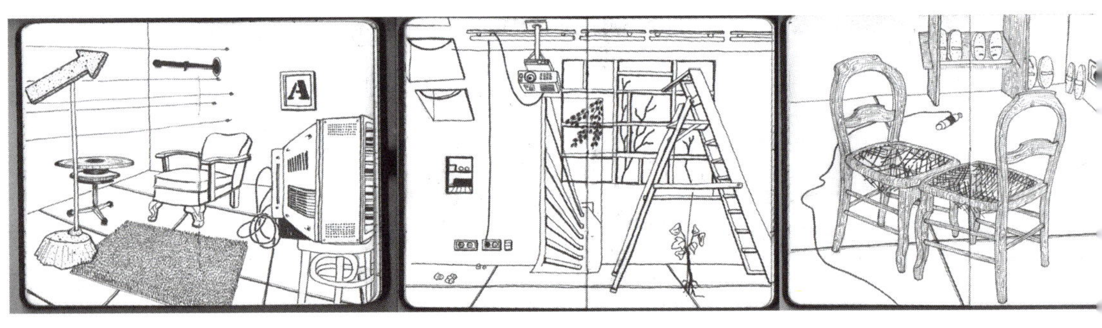

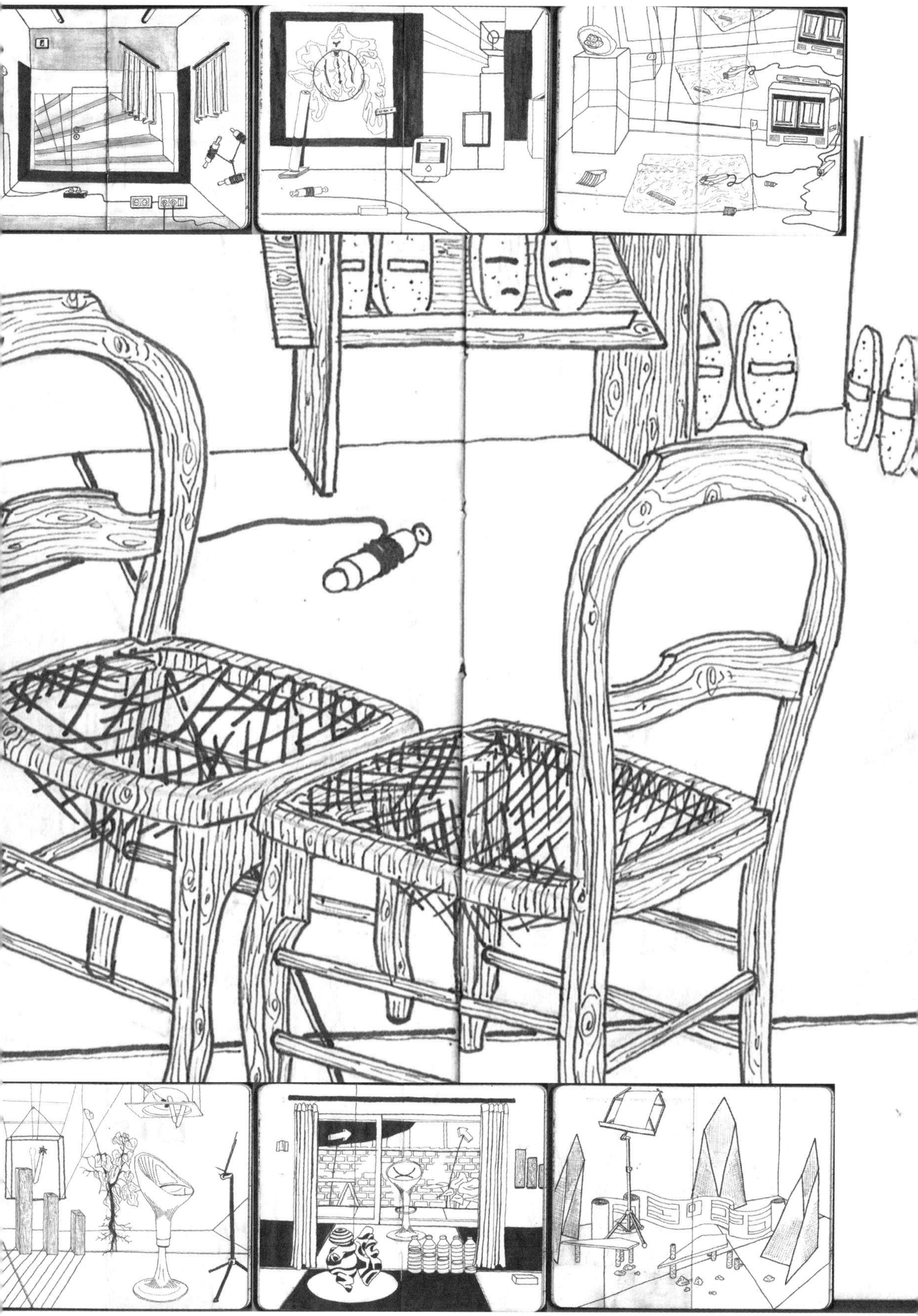

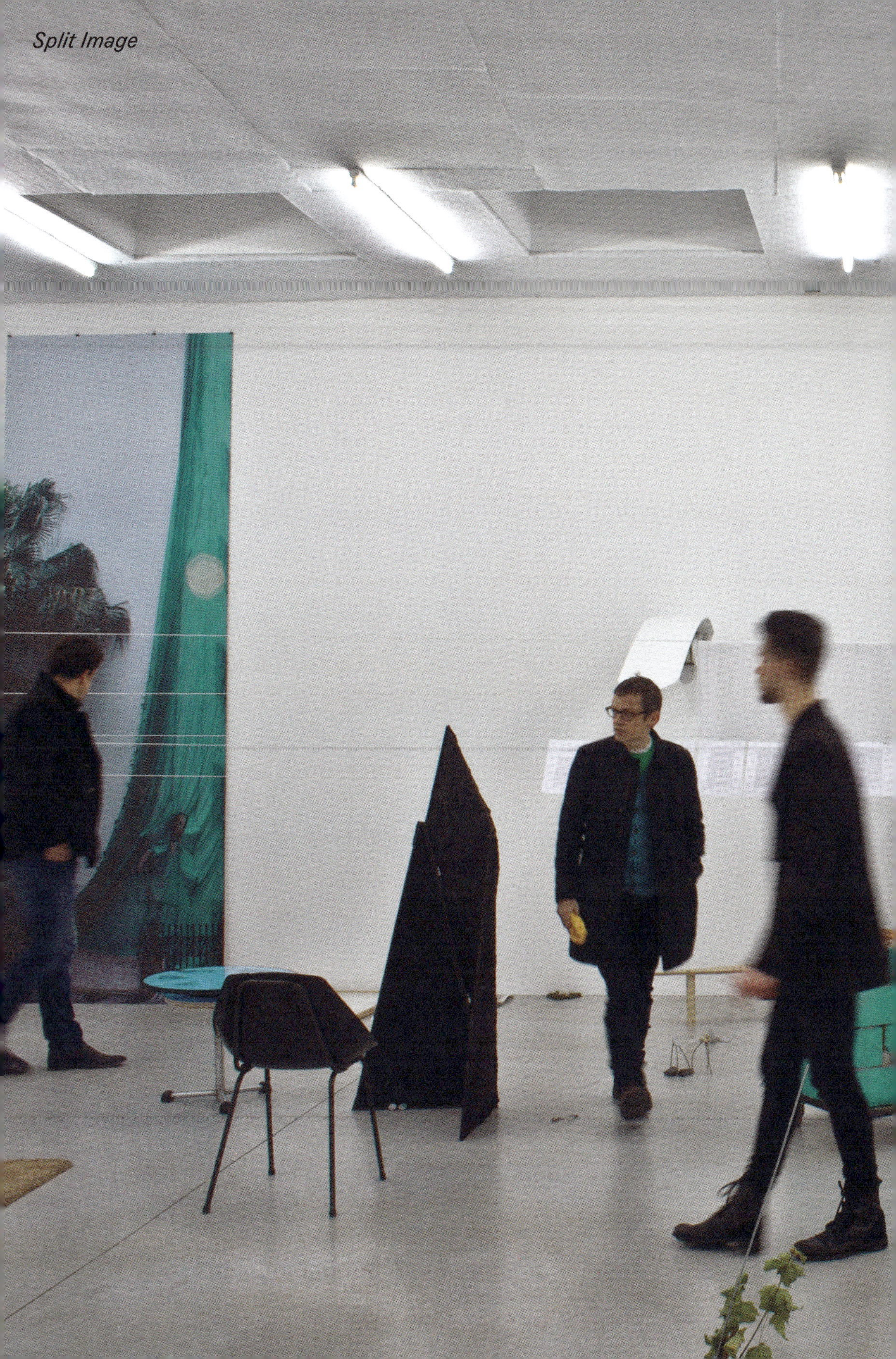
Split Image

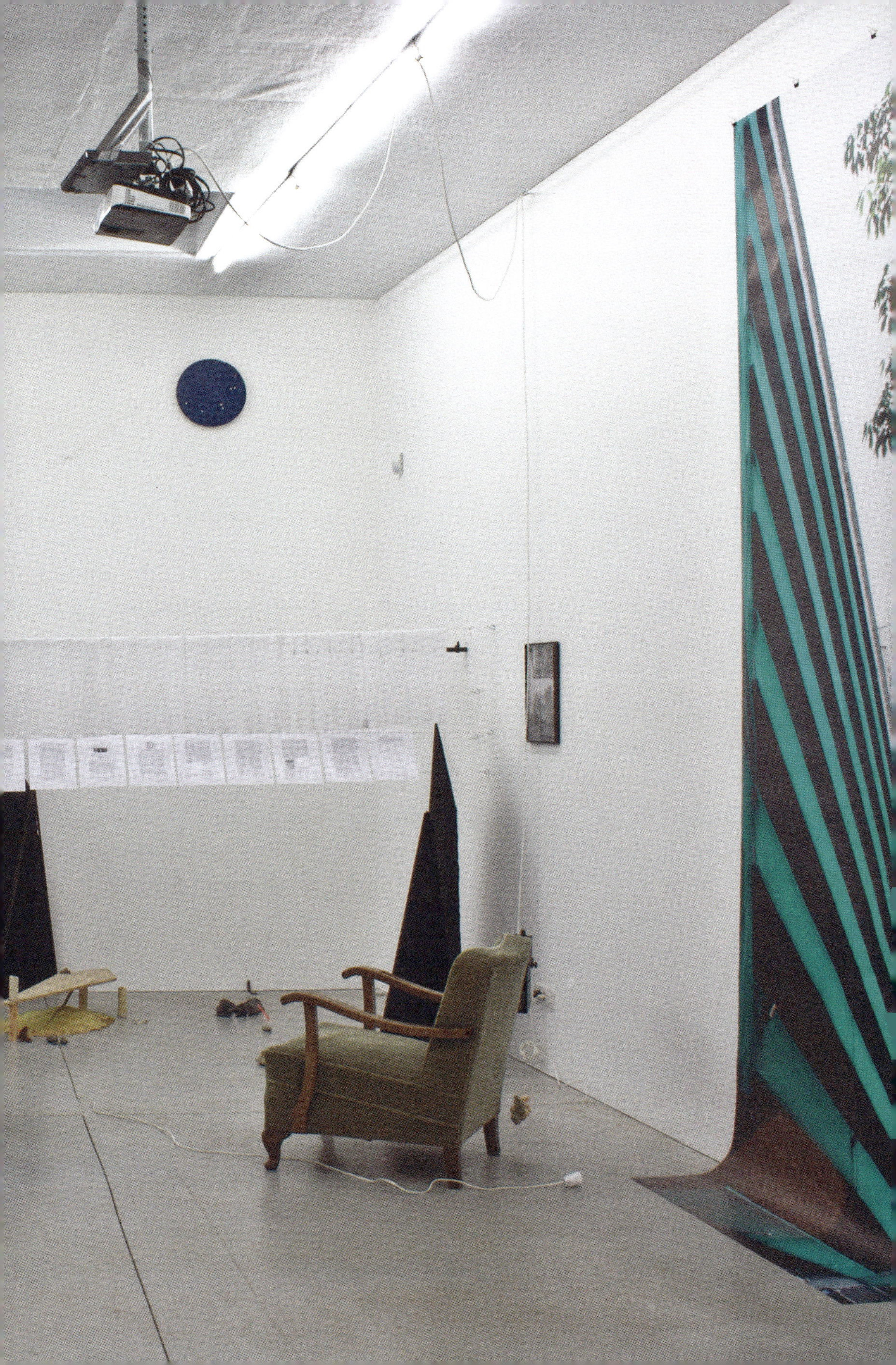

As life is, à la Honoré

A museum is no longer a mortuary
A gallery no longer a temple of commerce
An artwork no longer an object only

A solo becomes a duet
A duet a collective
The most individual expression of a common emotion

The energy crackles
Art does overtime
And reclaims life

Long live art, long live Honoré

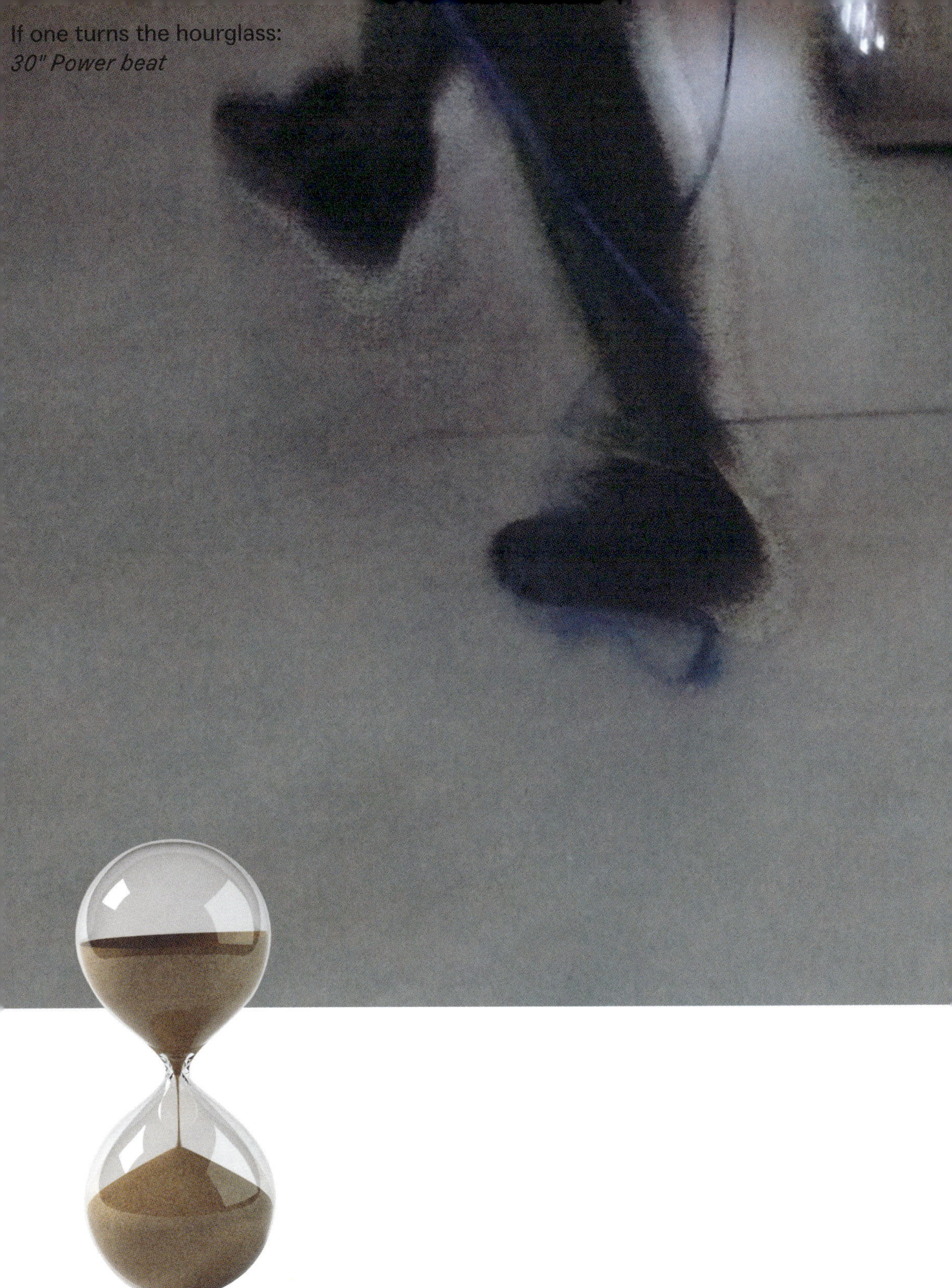
If one turns the hourglass:
30" Power beat

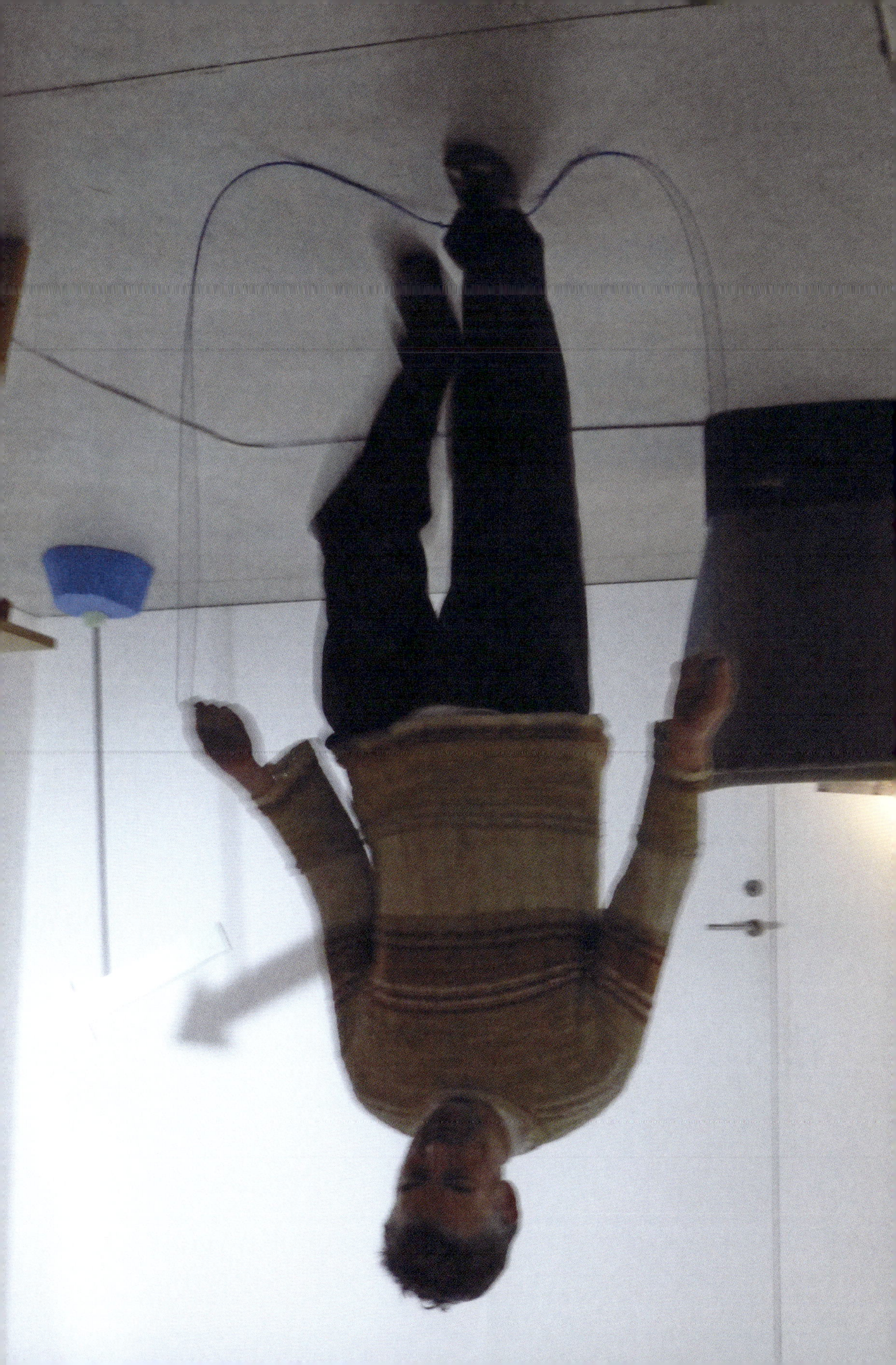

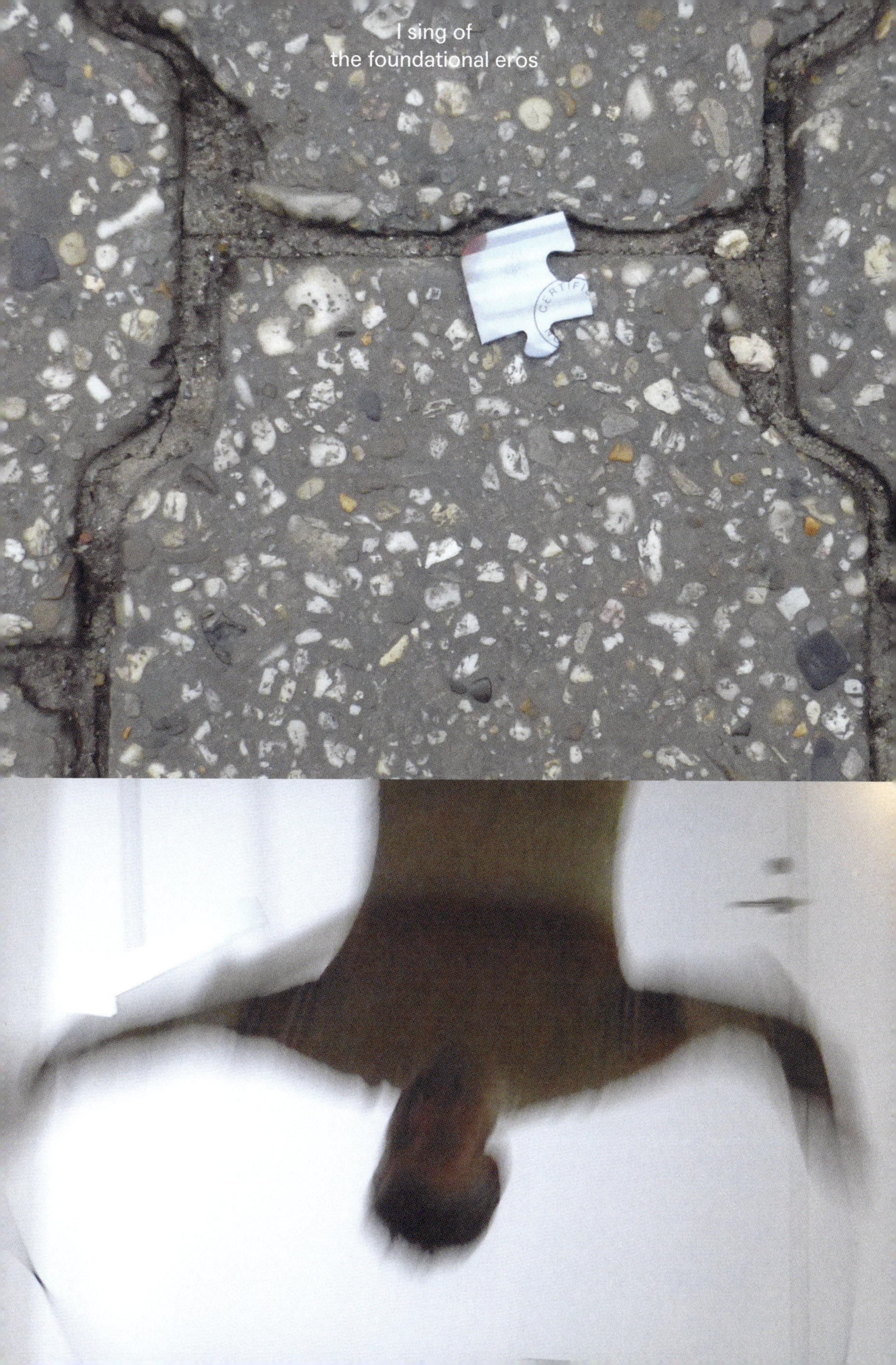
I sing of
the foundational eros

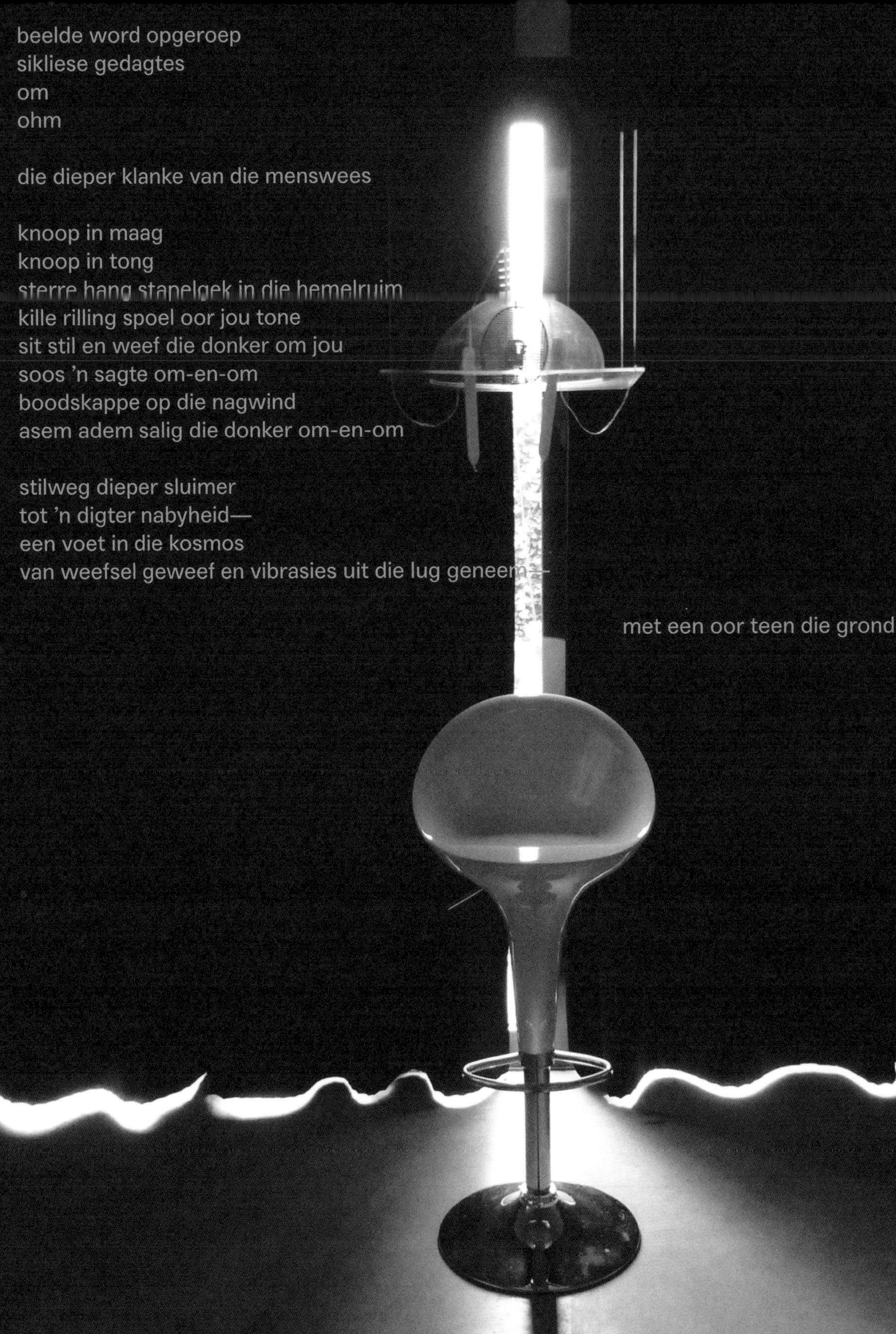

beelde word opgeroep
sikliese gedagtes
om
ohm

die dieper klanke van die menswees

knoop in maag
knoop in tong
sterre hang stapelgek in die hemelruim
kille rilling spoel oor jou tone
sit stil en weef die donker om jou
soos 'n sagte om-en-om
boodskappe op die nagwind
asem adem salig die donker om-en-om

stilweg dieper sluimer
tot 'n digter nabyheid—
een voet in die kosmos
van weefsel geweef en vibrasies uit die lug geneem—

met een oor teen die grond

Katharien de Villiers

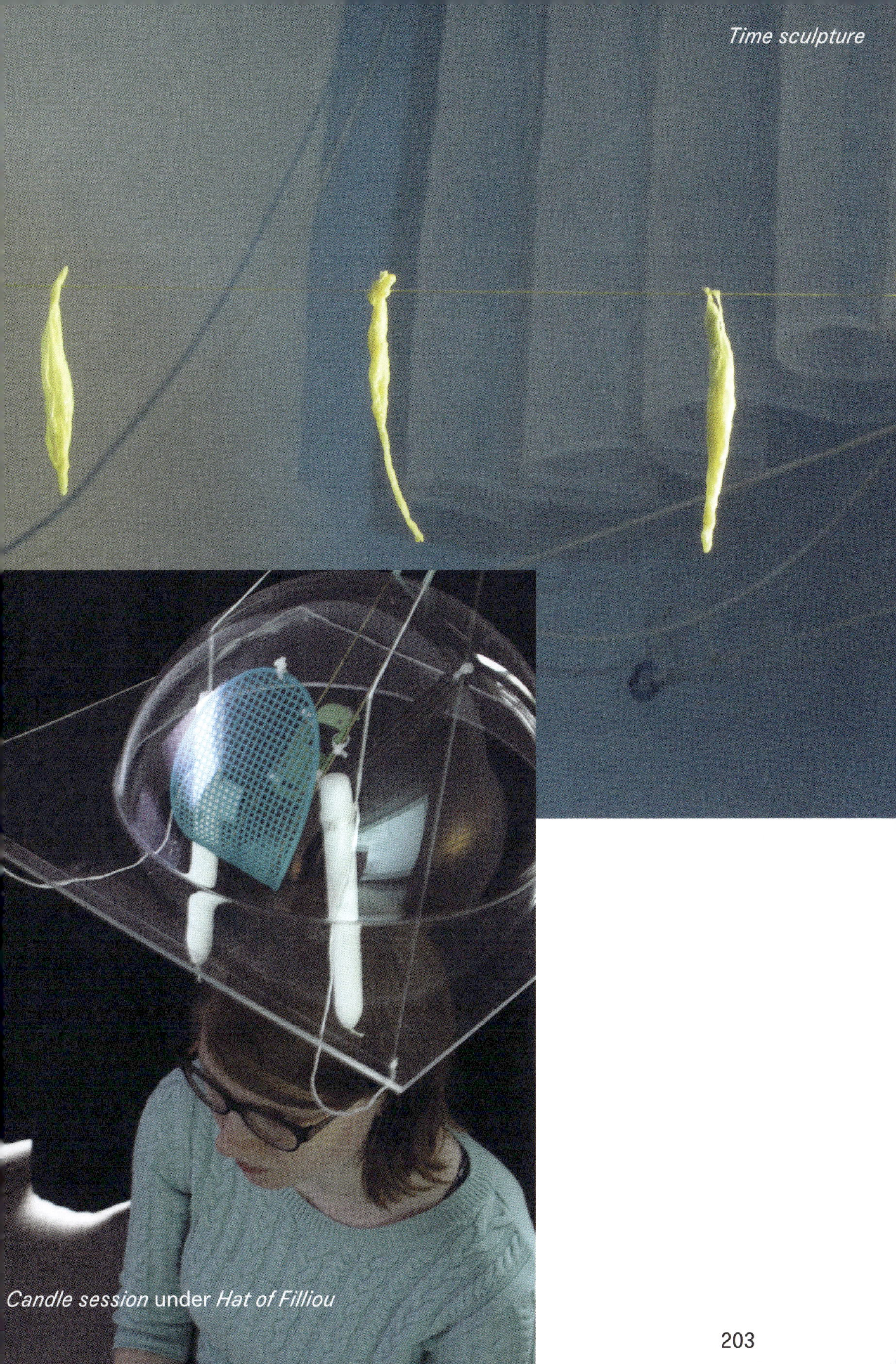

Candle session under *Hat of Filliou*

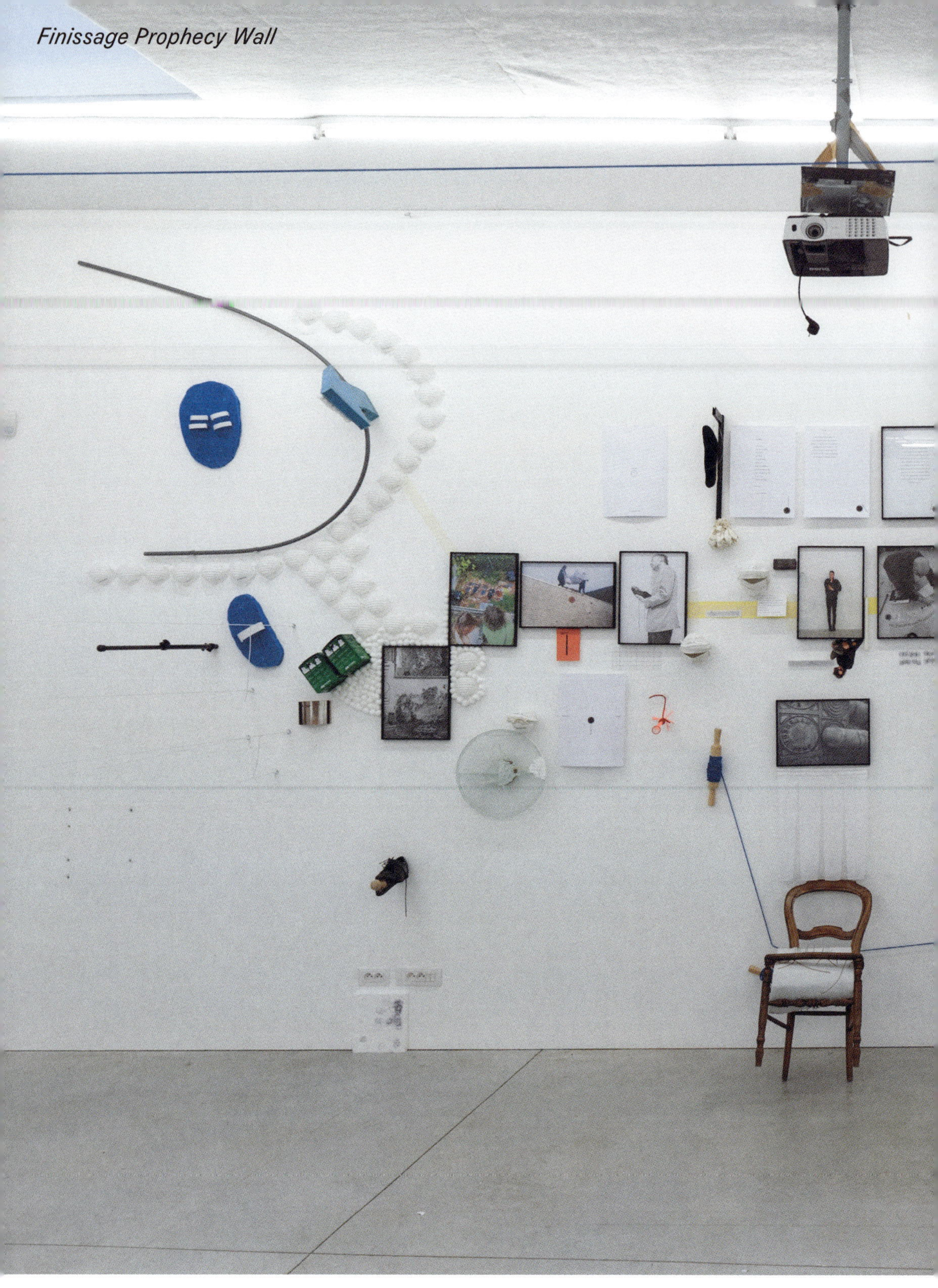

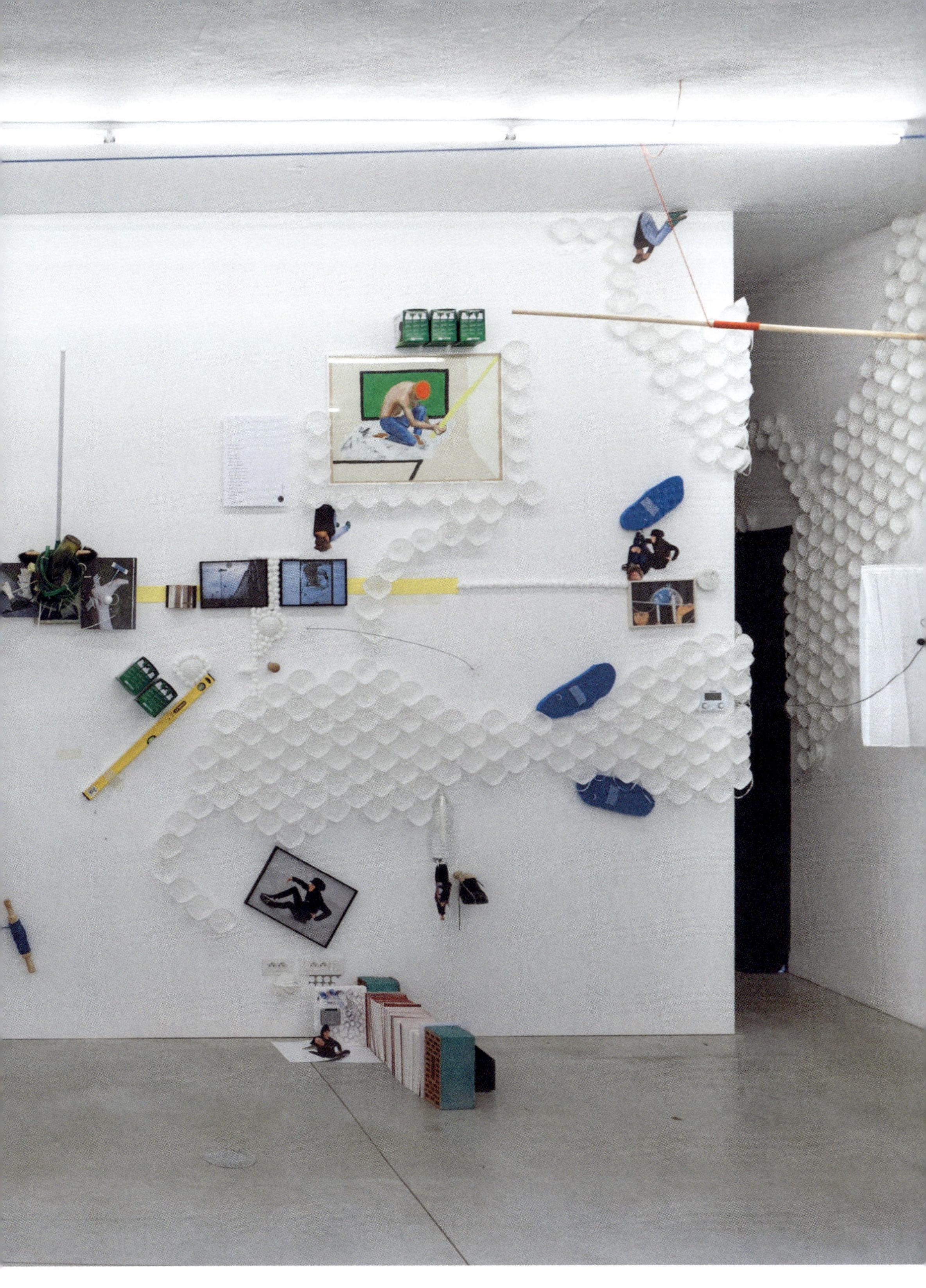

p. 104
Par la fondation d'une altérité, le 'je' tend vers le 'je idéal' vers un état
extatique qui opère la synthèse entre le visible et l'invisible

p. 206
je t'ostende
je t'arc de triomphe
…

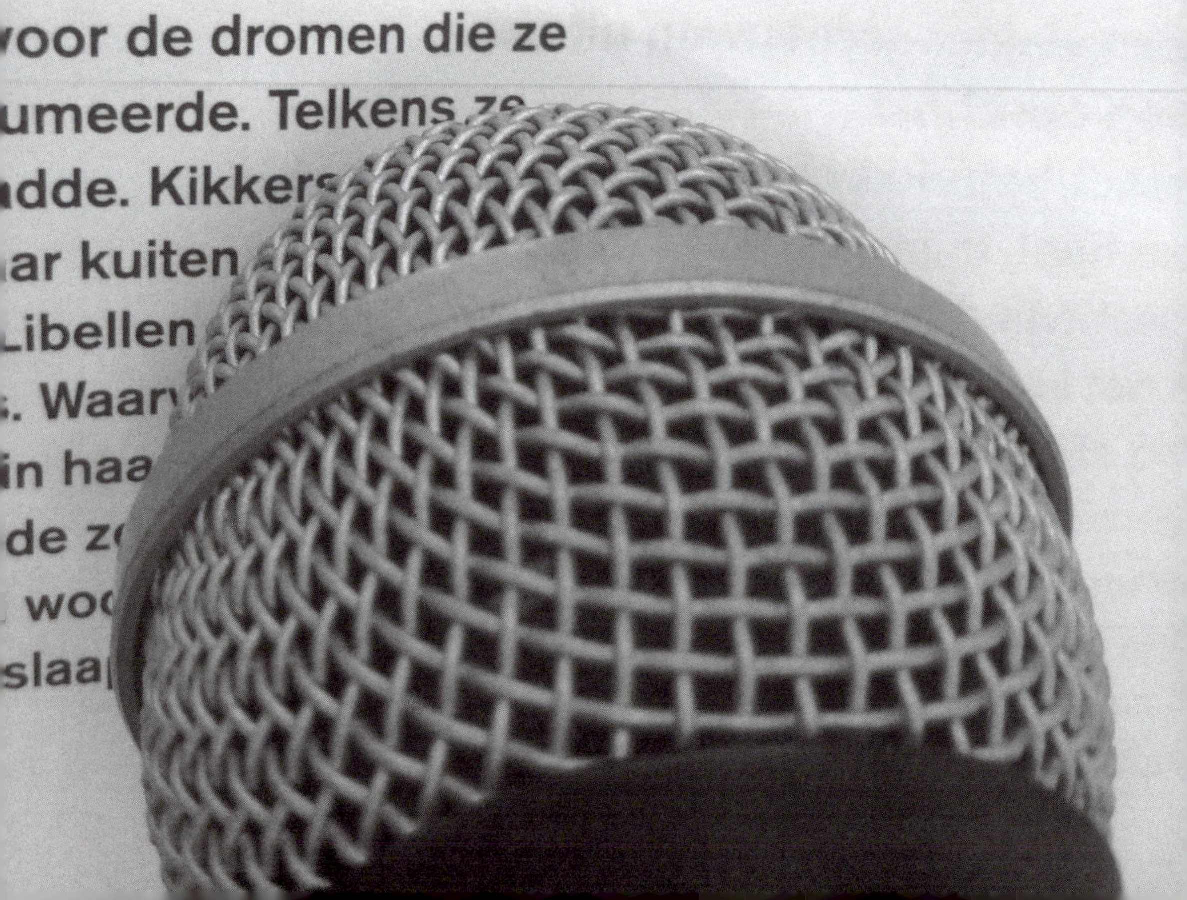

VARIATIONS SUR LA FONDATION D'UNE ALTÉRITÉ, VERS UNE « TOTALISA-TION DE L'ÊTRE » OU « JE IDÉAL »

Toute vraie effigie a son ombre qui la double ; et l'art tombe à partir du moment où le sculpteur qui modèle croit libérer une sorte d'ombre dont l'existence déchirera son repos. (…)
Pour le théâtre comme pour la culture, la question reste de nommer et de diriger des ombres : et le théâtre, qui ne se fixe pas dans le langage et dans les formes, détruit par le fait les fausses ombres, mais prépare la voie à une autre naissance d'ombres autour desquelles s'agrège le vrai théâtre de la vie.
Antonin Artaud [1]

Une approche métaphysique, philosophique, enrichit l'intuition et l'analyse des constructions symboliques quant à la fondation de l'identité et la recherche de l'altérité.

Gilles Deleuze [2] analyse les œuvres de Lewis Carroll qui avec le langage opère « une grande mise en scène des paradoxes du sens » en affirmant toujours « les deux sens à la fois » avec des « renversements du grandir et rapetisser », « de la veille et du lendemain », « du plus et du moins », « de l'actif et du passif », « de la cause et de l'effet ». Il souligne que, dans *De l'autre côté du miroir*, « les événements, dans leur différence radicale avec les choses, ne sont plus à chercher en profondeur, mais à la surface, dans cette mince vapeur incorporelle qui s'échappe des corps, pellicule sans volume qui les entoure, miroir qui réfléchit, échiquier qui les planifie. Alice ne peut plus s'enfoncer, dit-il, elle dégage son double incorporel.[3] » Il rapproche Alice et son double des corps avec leurs « états de chose correspondants » et des « incorporels » qui se rapportent à l'être et au non-être avec leurs « effets » ou « événements » tels qu'ils sont distingués dans la philosophie stoïcienne [4]. Selon Émile Bréhier, théoricien de l'ancien stoïcisme, les stoïciens différenciaient pour la première fois « deux plans d'être : d'une part l'être profond et réel, la force ; d'autre part le plan des faits, qui se jouent à la surface de l'être, et qui constituent une multiplicité sans fin d'êtres incorporels [5] ». Ainsi, tout se passe comme si un « *extra-être* » (singulier ou multiple), « qui sublime l'être et le non-être », articulait les forces et les effets pour qu'advienne l'« événement pur » avec son « devenir illimité » ou « devenir fou », le bon sens du non sens, tel que le développe Deleuze dans une série de paradoxes.

Cette synthèse du visible et de l'invisible trouve une analogie dans l'occultiste, théorie entreprise notamment par Papus et reprise par René Guénon, qui définit une autre terminologie ternaire, basée sur la doctrine de la Tri-Unité, en distinguant le corps, un « médiateur plastique », dit « corps astral », et l'âme. Alexandrian explique que « le corps astral (que les occultistes appellent aussi aérosome, forme fluidique ou corps vital fluidique) unit le corps physique à l'esprit ; [qu'il] est « l'ouvrier caché » » et que les « diverses propriétés du corps astral motivent les songes, la folie, l'extase prophétique, les visions et les actions à distance.[6] »

Si les théories psychanalytiques considèrent ces manifestations symptoma-tiques, somatiques et psychiques en sondant l'inconscient, le faisant remon-ter à la surface, à la conscience pour en résoudre la dynamique des conflits, certaines d'entre elles mettent en jeu une multiplicité d'instances dans la constitution et la dynamique du sujet.

S'appuyant sur les topiques de l'appareil psychique définies par Sigmund Freud[7], Jacques Lacan avance dans « Le Stade du miroir[8] » que le sujet considéré « se précipite en une forme primordiale », s'identifie à un « Autre », son image spéculaire avec lequel il entretient « une relation narcissique » ; « Autre », identifié comme incorporel dans la philosophie stoïcienne. Il pré-cise que « cette forme serait plutôt au reste à désigner comme *je-idéal*[9], si nous voulions la faire rentrer dans un registre connu, en ce sens qu'elle sera aussi la souche des identifications secondaires, dont nous reconnaissons sous ce terme les fonctions de normalisation libidinale. Mais le point impor-tant est que cette forme situe l'instance du *moi*, dès avant sa détermination sociale, dans une ligne de fiction, à jamais irréductible pour le seul individu, – ou plutôt, qui ne rejoindra qu'asymptotiquement le devenir du sujet, quel que soit le succès des synthèses dialectiques par quoi il doit résoudre en tant que *je* sa discordance d'avec sa propre réalité.[10] »

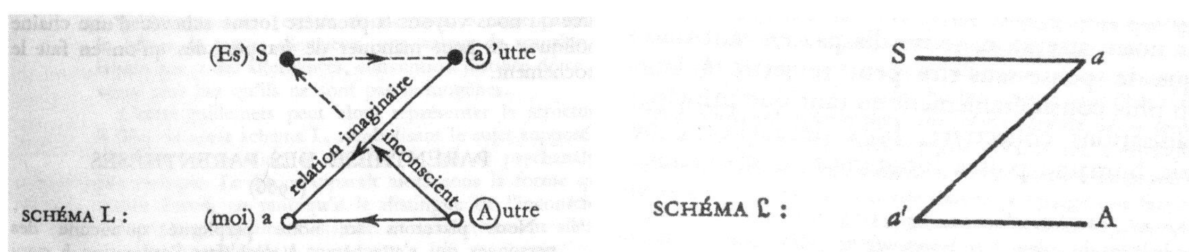

Lacan schématise cette « dialectique intersubjective » dans la représentation d'une chaîne, dite *Schéma L*, ou sa représentation simplifiée, le *Schéma L*. Dans la mesure où le « Sujet, S » s'adresse à l'« Autre, A » comme autre « Absolu », c'est-à-dire « celui qui peut l'annuler » ou, inversement, « agir avec lui », tel la « parenthèse des parenthèses » – (( )) ou (( ) ( ) … ( )) – qu'il nomme volontiers « l'entre-guillemets » comme pour spécifier le mode des conversations, Lacan introduit dans cette chaîne ce qu'il nomme « la dialectique intersubjective » tel le redoublement nécessaire des termes en présence et instaure donc non seulement un tiers mais aussi un quaternaire comme relais, tour à tour actifs et passifs, parlants et silencieux. C'est en se plaçant au cœur de l'inconscient, du point de vue de A, que Lacan envisage la chaîne imaginaire des conversations comme succession des interpré-tations, du *cogito* à laquelle se livre le sujet S pour discerner sa réalité. A apparaît comme signifiant, à la fois « stratège » et « tacticien » ; il « supporte le Sujet », l'« envahit » ou le « déchire » par l'intermédiaire de relais, a et a', jusqu'à ce que S déchiffre et résolve par l'analyse sa réalité et réactualise en permanence la somme des conflits à résoudre ; C'est, précisément, le « devenir illimité », le « devenir fou » dont parle Deleuze. Dans le schéma L, Lacan formalise la distance entre a et a' comme « *Umwelt* / environnement

Sylvie Jouval

avec lequel A entretient des relations extérieures ». Cependant, Il convient
que « ce moment où s'achève le stade du miroir inaugure, par l'identification
à l'*imago* du semblable et le drame de la jalousie primordiale (…), la dialectique qui dès lors lie le *je* à des situations socialement élaborées.[11] »

1. Artaud, Préface « Le théâtre et la culture », Paris, *Le Théâtre et son double,* éd. Gallimard, coll. « Folio essais », 1964, pp. 18–19.
2. Gilles Deleuze, Paris, *Logique du sens*, Paris, Les Éditions de Minuit, coll. « Critique », 1969.
3. *Ibidem*, pp. 19–20.
4. Le Stoïcisme fut fondé par Zénon de Citium en 301 av. J.C. et développé notamment au XVIIe par René Descarte. Doctrine « selon laquelle le bonheur est dans la vertu, et qui professe l'indifférence devant ce qui affecte la sensibilité » (Dic. Petit Robert).
5. Émile Bréhier, *Le Théorie des incorporels dans l'ancien stoïcisme*, éd. Vrin, 1928, p. 13 – cité par Deleuze dans *Logique du sens, op. cit.*, p. 14.
6. Alexandrian, *Histoire de la philosophie occulte* (première éd. 1983), Paris, éd. Payot & Rivages, coll. « Petite bibliothèque », 2008, pp. 423–425
7. Sigmund Freud définit deux topiques de l'appareil psychique : l'une qui distingue le conscient du préconscient et de l'inconscient, et l'autre qui différencie le Moi, du Surmoi et du Ça.
8. Jacques Lacan, « Le stade du miroir », in *Écrits,* Paris, Éditions du Seuil, coll. « Le champ freudien ».
9. « Ideal Ich » dont parle Freud.
10. Lacan, *op. cit.*, p. 94.
11. *Ibidem.*, p. 98.

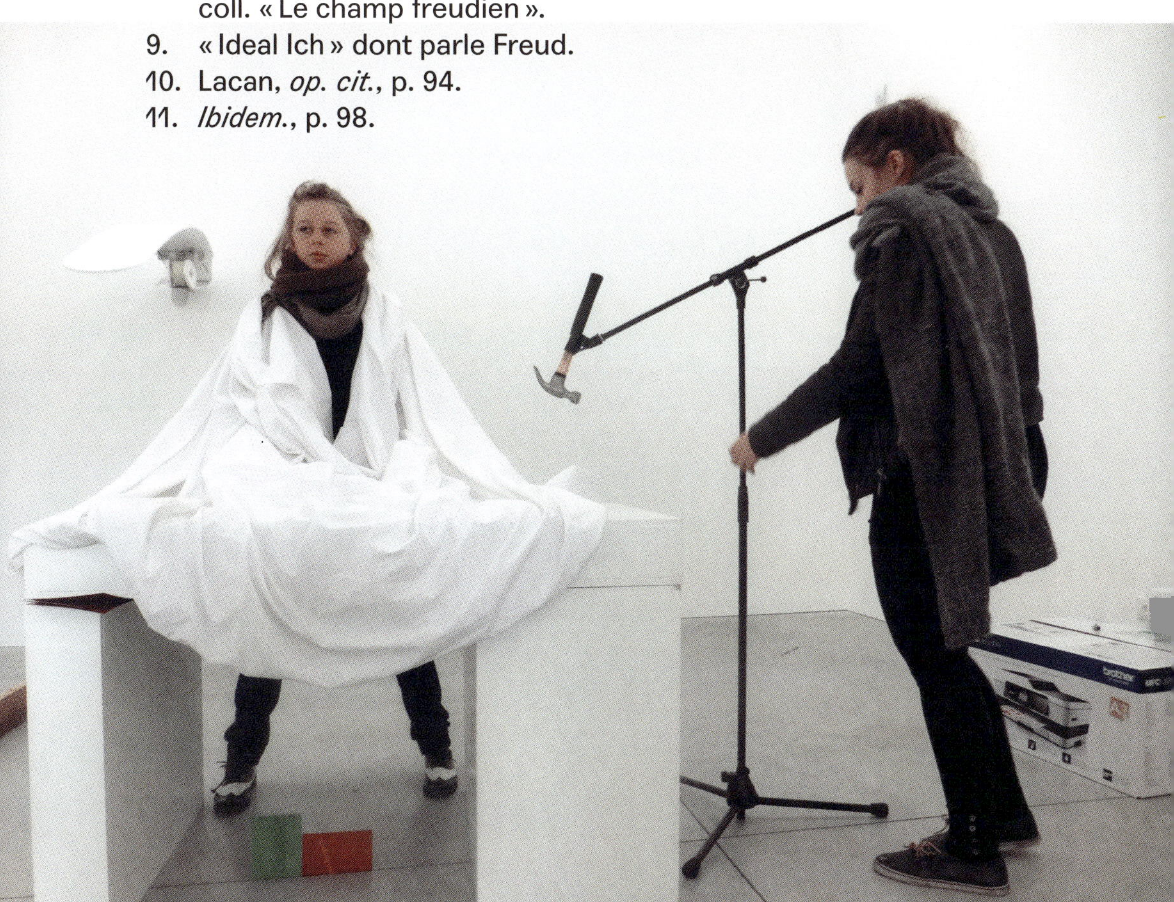

O5. STONE SOUP
Small History of the Hope,
with coincidence and herbs

STONE SOUP
a delicious blend of small and refined contributions

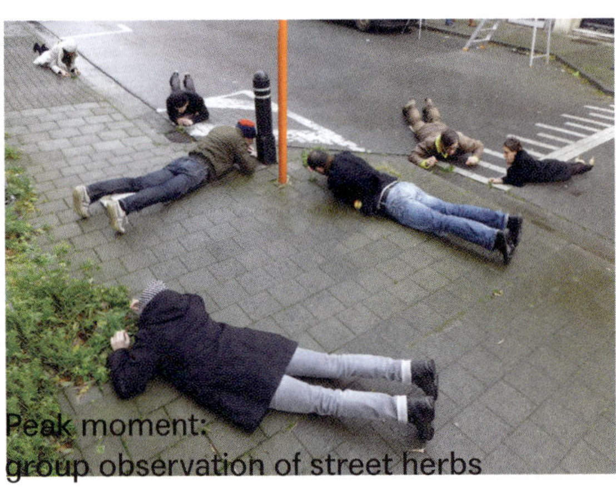
Peak momemt:
group observation of street herbs

210

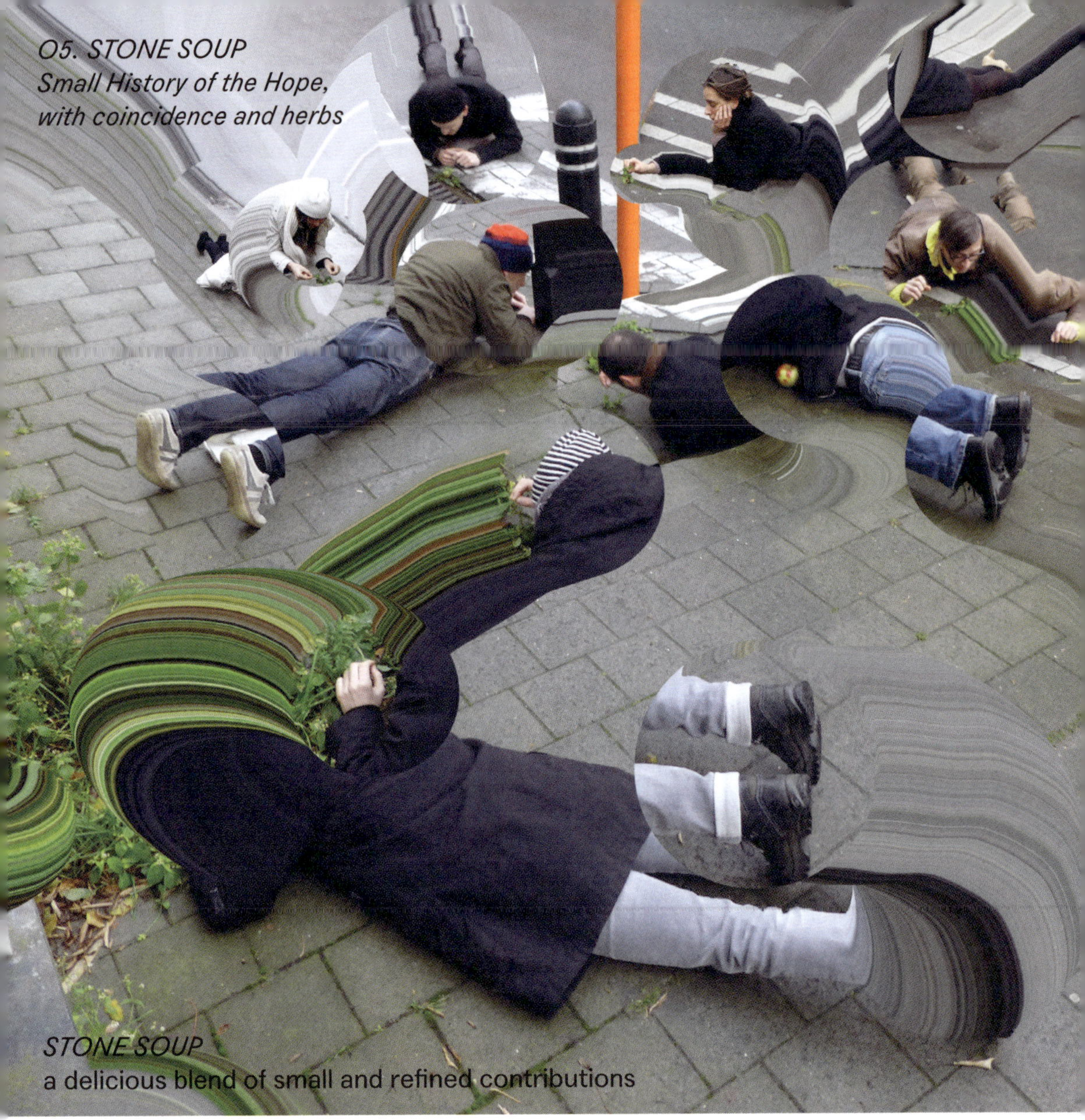

Some weeks before the opening of the solo exhibition of Honoré δ'O at
my gallery, for which we had set a date long before, we bumped into each
other at an opening in Antwerp. After a couple of drinks we briefly discussed
the upcoming exhibition. In his typical, inimitable style, Honoré confided in
me that he could not reconcile himself with the conventional format of a
solo exhibition in a gallery, that that would be too easy and predictable. He
wanted to play with and create variations on the traditional distribution of
roles between artist, gallery owner and spectator, that he wanted to include
his students and allow them to co-create and co-present, that he would get
his good friend ManfreDu Schu, a very special artist with an extraordinary
aura, to come over from Vienna to help release the correct creative energy.
That it had to be a living exhibition, where anything could and would happen
at any time, and that it was important to capture those moments and react
to them. That is what he wanted to show in his solo exhibition, and that it
might not be what I had expected or what we had agreed on.

On the motorway home I wondered if I had allowed myself to be Honoré
δ'O-ed, or if he had been teasing me with his wild ideas, exceeding the scale
of a young gallery, ideas that would immediately create all kinds of practical
and organisational problems, not to mention the financial side of things. That
night I couldn't get to sleep, and I resolved to talk Honoré out of all those
issues that were niggling me the following morning.

But the genie was out of the bottle. After a couple of days of doubts I was
fully behind Honoré's machinery of ideas, and we involved students and
teachers from KASK, ManfreDu Schu and other affiliated artists, designers,
musicians, poets and writers, and in the end many visitors too, in this very
intense adventure. We worked extremely hard for two months to make
VIBRATIONS OFf the Format happen, based on and varying around some
of the ideas that came up during our short conversation in Antwerp. A chat
with Honoré is always contagious and apparently rarely comes with no
strings attached.

Een paar weken voor de opening van de reeds lang vastgelegde solotentoon-
stelling van Honoré δ'O in mijn galerie, kwamen de kunstenaar en ik elkaar
tegen op een vernissage in Antwerpen. Na een paar drankjes hadden we het
kort over de op til staande expo. Honoré vertrouwde me in zijn typische, onnavolgbare stijl toe dat hij zich niet helemaal kon verzoenen met het format van
een klassieke solo in een galerie, omdat dat voor hem te gemakkelijk en te
voorspelbaar was. Maar dat hij wou spelen met en variëren op de traditionele
rolverdeling kunstenaar-galerist-toeschouwer, dat hij de studenten waaraan hij
les gaf wou betrekken en mee laten creëren en presenteren, dat hij zijn goede
vriend ManfreDu Schu — een heel bijzondere kunstenaar met een uitzonderlijk
aura—uit Wenen zou laten overkomen om de juiste creatieve energie te helpen losmaken. Dat het een levende tentoonstelling moest worden, waar er op
elk moment iets kon gebeuren en ook gebeurde, en dat het belangrijk was die
momenten te vangen en erop te reageren. Dat wou hij tonen in zijn solo, en
dat het misschien niet helemaal was wat ik had verwacht of wat we hadden
afgesproken.

Op de autoweg terug naar huis vroeg ik me af of ik me in het (Honoré δ')ootje
had laten nemen, of hij me wat had zitten plagen met zijn wilde ideeën, die de
schaal van een jonge galerie leken te overstijgen, die onmiddellijk allerlei praktische en organisatorische problemen zouden creëren, om van de financiële
nog maar te zwijgen. Die nacht kon ik de slaap niet vatten, en maakte ik het
vaste voornemen de volgende ochtend al die muizenissen uit Honoré's hoofd
te praten.

Maar de geest was uit de fles. Na een paar dagen twijfelen ben ik voluit meege-
gaan in Honoré's ideeënmachine, en hebben we een aantal studenten en docen-
ten van het KASK, ManfreDu Schu en andere bevriende kunstenaars, vormge-
vers, muzikanten, dichters en schrijvers, en uiteindelijk ook de vele bezoekers
meegetrokken in een heel intens avontuur. We hebben twee maanden keihard
gewerkt om VIBRATIONS OFf the Format mogelijk te maken, voortbouwend op
een aantal ideeën van het relatief korte gesprek in Antwerpen. Een babbel met
Honoré is altijd aanstekelijk, en blijkbaar zelden vrijblijvend.

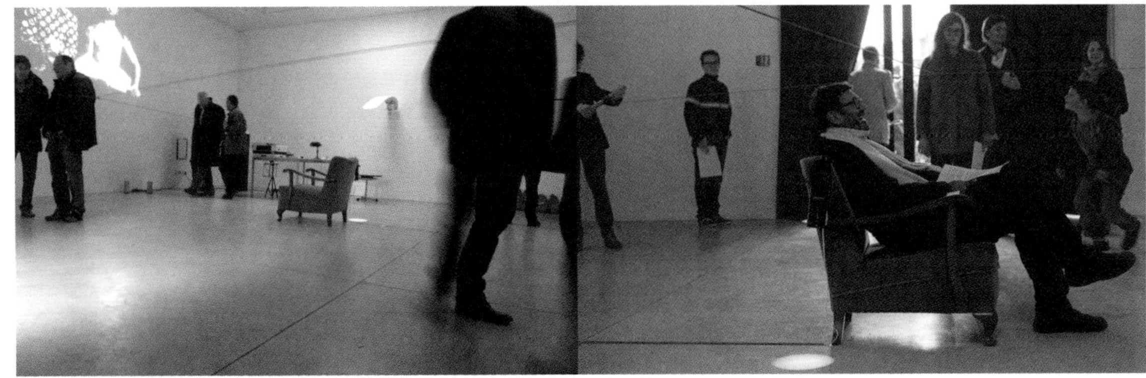

                                         Kristof De Clercq

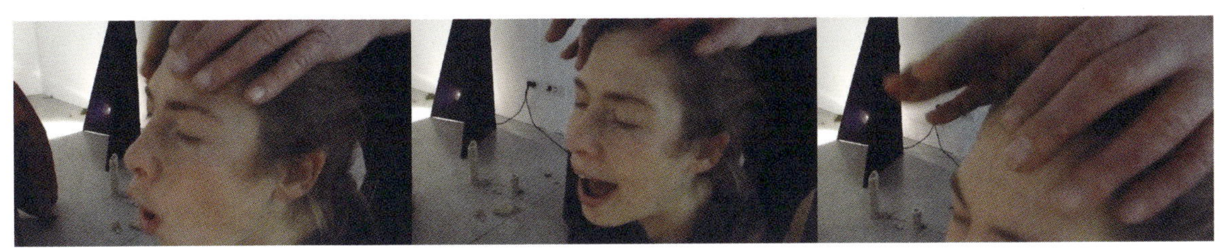

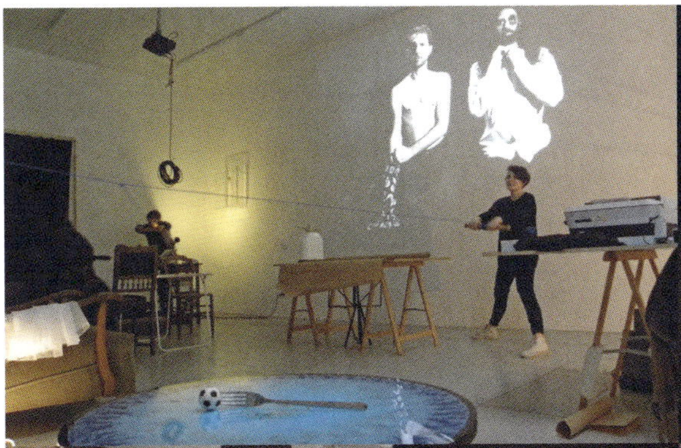

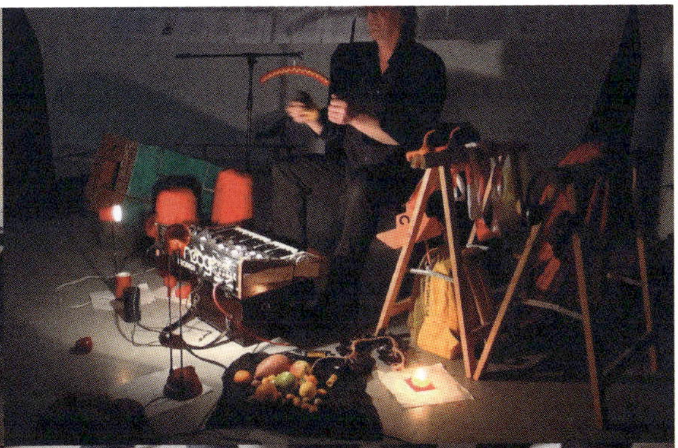

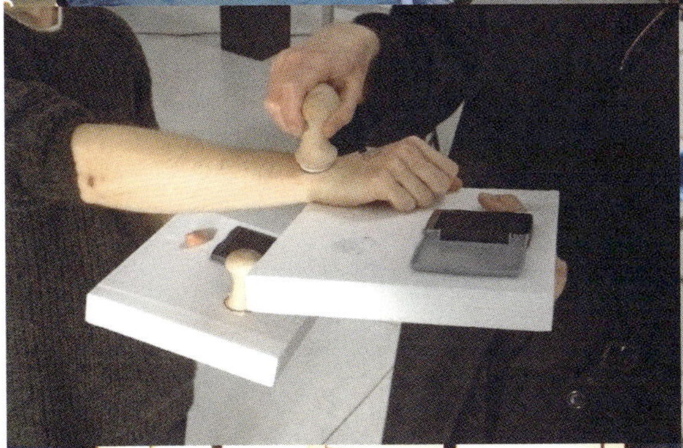

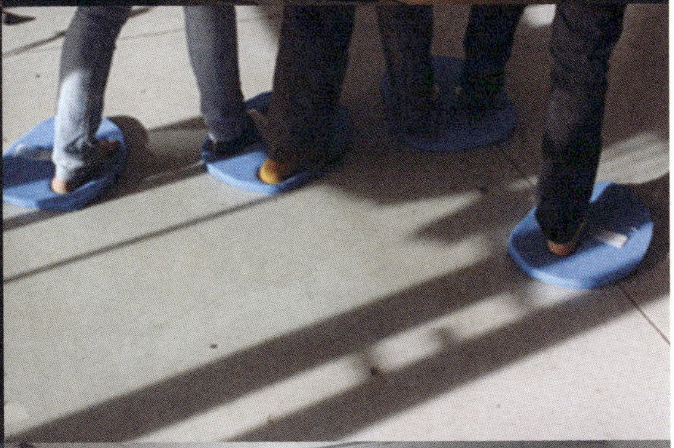

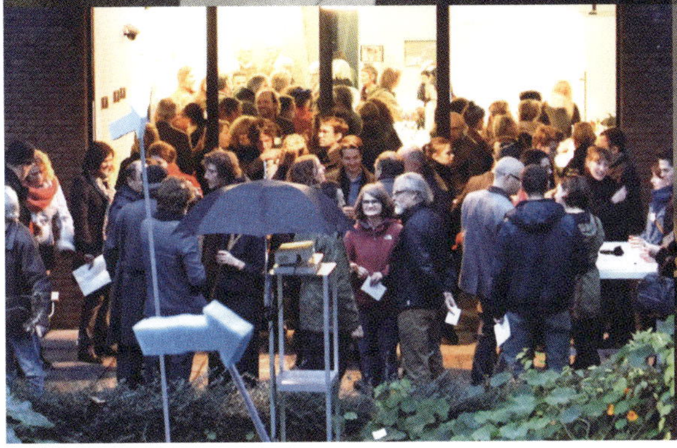

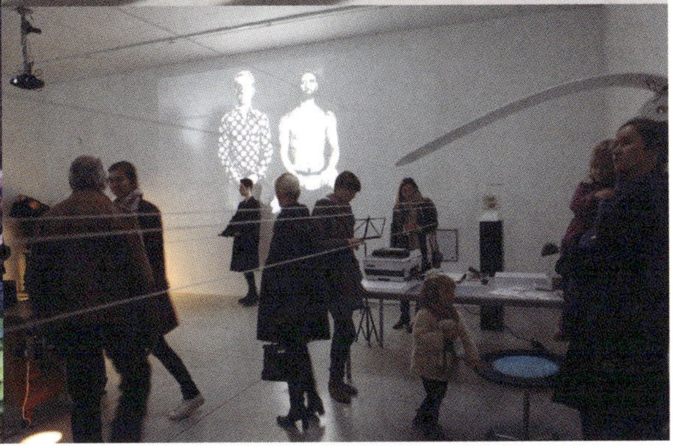

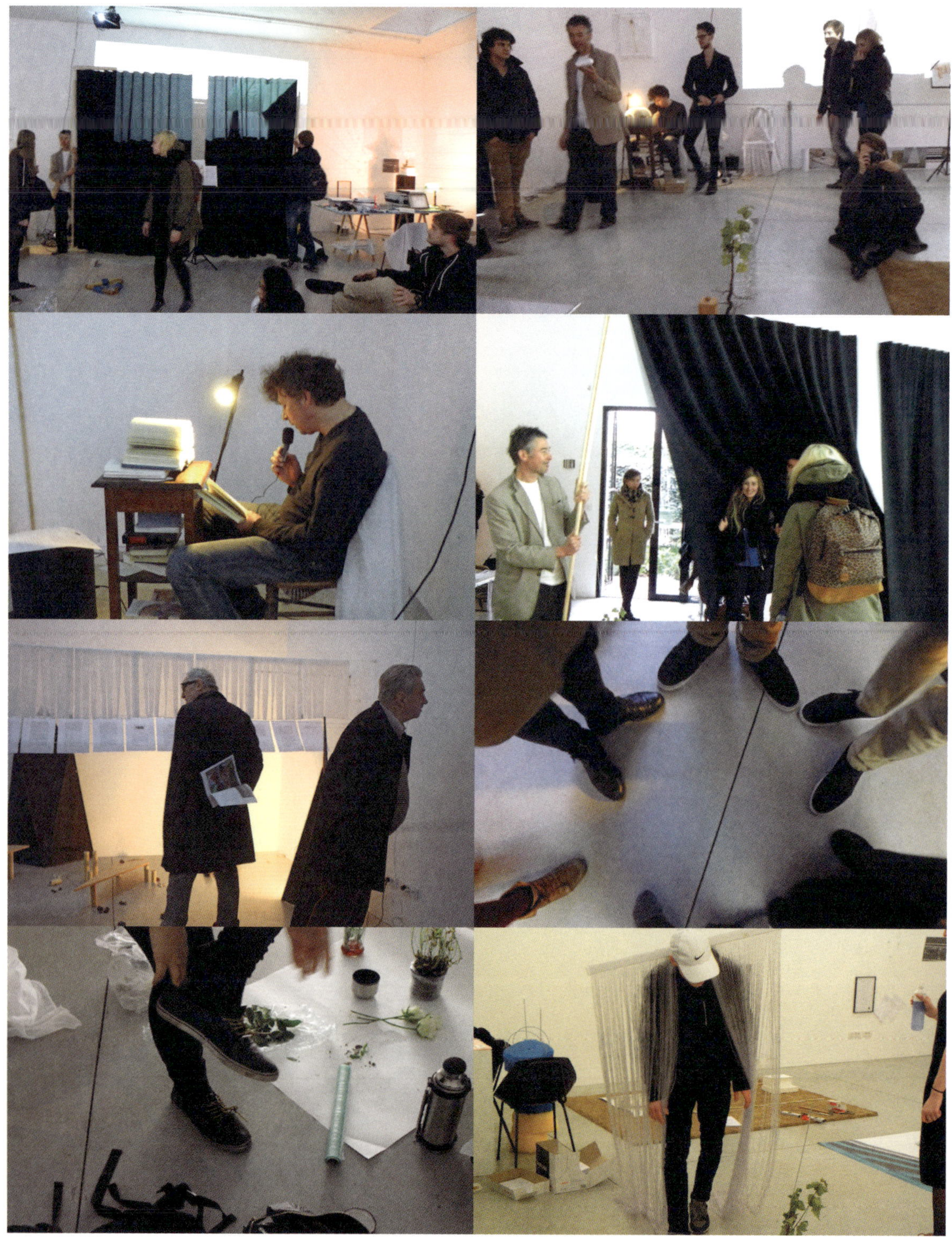

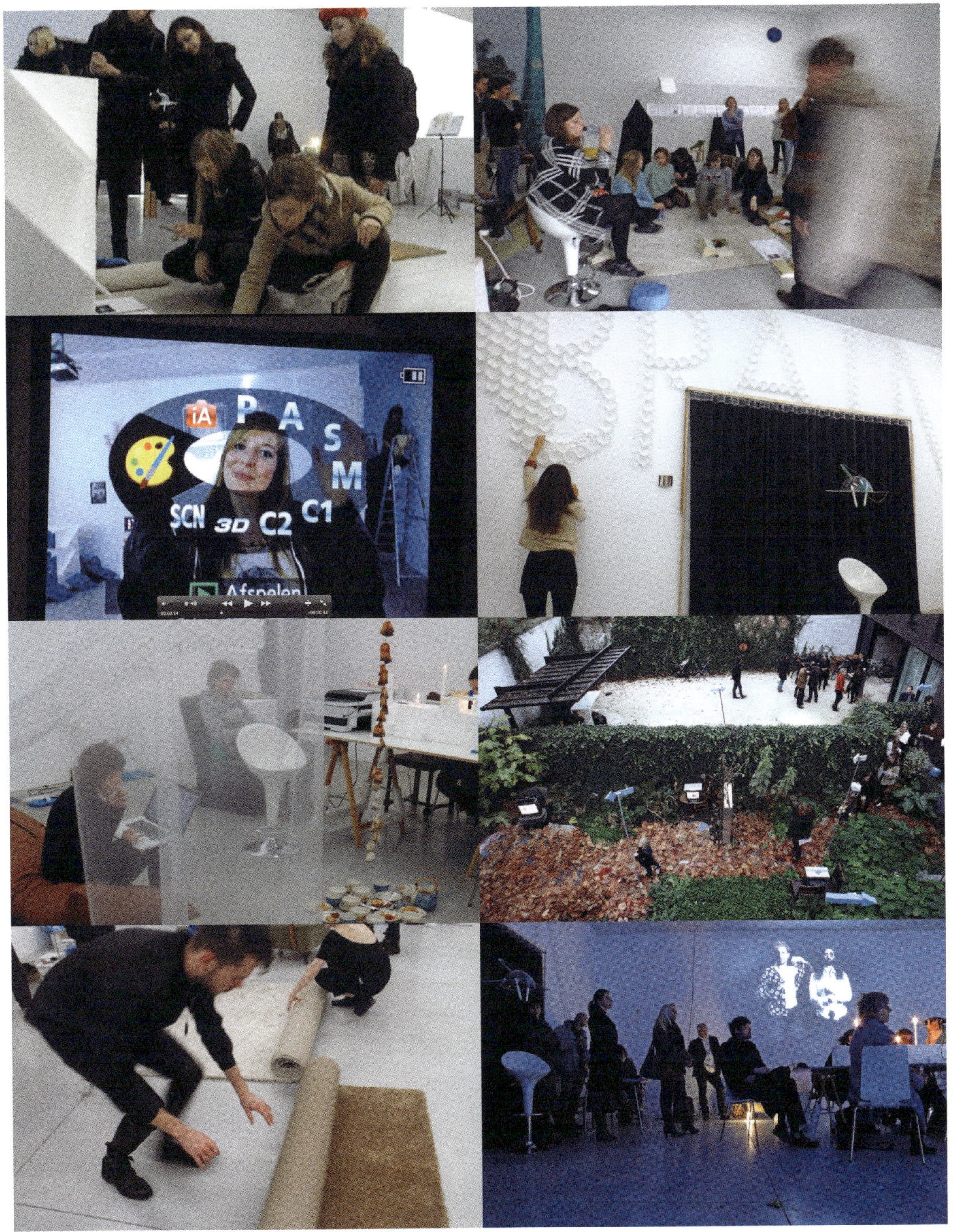

iA
PAS
M
SCN 3D C2 C1
Afspelen

I would like to address a word of thanks to everyone that was involved in VIBRATIONS OFf and helped to make this project succeed.
First I want to thank the audience and the loyal visitors, some of whom followed the vibrations regularly and a few even almost daily. Without the cooperation of my fellow students and the School of Arts our project would never have reached a museum-like result. I am very grateful to my fellow teachers and the department.

I thank the complete VIBRATIONS OFf team for their uncompromising presence, from the moment of conception and floundering in the cradle, up to the moment of adulthood, of which this book forms a part. In the first place I want to mention Fien, who maintained a clear picture throughout this process of non-stop fact-streams and unexpected turns of events. Her practical and substantive commitment stimulated the artistic pleasure of communication, and made cooperating in- and outside the kitchen, in front of, on and behind the scene, easier for everyone. I hope that my choreographic decisions eased her role.
Kahil, thank you for the graphic design that already took shape in the weekly publications during the exhibition. The soul of the project will live on and remains consultable.
I thank Inge especially, who besides the daily poetic input prevented us neglecting the extramural context, and always focuses on the qualitative requirements of a publication.
ManfreDu was The Oracle and will remain so. The aura of the omnipresent magician—sometimes invisible, then reappearing—has dug into every one of my fibres, and filled them with an everlasting friendship.
Abigail, Amina, Dietger, Emmelie, Iris, Katharien, Koba, Linde, Mark, Martijn, Maxime, Lore, Tom, Wim, …, colleagues, friends, artists, Bart Stolle, Yves Coussement, Karolien Hamers, Marie Julia Bollansée, Nicolas Baeyens, Nikolaas Demoen, Stefan Serneels,…
Josse Pyl, Francis, Dieter, Sara, Lionel, Agnes Maes, Chantal, Bram Van Damme, Geert Vercaemer, Gert Robijns, Stefaan Dheedene, Paul Casaer, Dirk Deblauwe, Thomas Desmet, Els Roelandt, Peter Baeckelandt, Lieselore, Nienke, Yoeri, Oona, Campo Victoria, Julien, Emilie, Fleur, Nathan, Emily, Griet, Simon, Neel, Nicolas, Anne Marie, Elien, Françoise, Franciska Lambrechts, Karel, Wim Waelput, Wim De Temmerman, Marika, Manuel, Pol, Carl, Wim, Philip Bossuyt, Iris Raspoet, Anne-Marie Poels, Piet Jorens, Johan, Marleen, Gerald Grestenberger, Raphaël Michion, Jörg Mitgutsch, Johan 2, Mario, Filip, Philip, Philippe, Mieke, Pepijn, Ben, Marijn, Martijn, Eva, Julie, Wim, Johan 3, Jan, Hans De Wolf, Christina, James, Christa, Ilse, Sylviane, Bart, Fabrice, Annelies, Sybille, Caroline, Lucas, Lisa, Oscar, Astrid, Chelsea, Christophe, Girbe, Guillaume Behaegel, Jannis, Lien, Lina, Maike, Merel, Myrthe, Silke, Tom, Christine, Alexander Saenens, Staf, Patrick, Paul, Didier, Cathérien, Anneke Rombaut, Alan, Lieven, Alexander 2, Trui, Remi, Heleen Van Haegenborgh, Kees, Klaas, Bente.

I might forget some people and some participation might even have slipped my attention. I turn to 'the unknown author' of the smallest and shortest intervention that proved to be indispensable to the project's cohesion.
I cannot forget to thank the writers. Inge Braeckman, Bart De Baere, Marc De Bie, Stefaan Dheedene, Sylvie Jouval, Yunkyung Kam 감윤경, Luk Lambrecht, Filip Luyckx, Hans Martens, Mieke Mels, Martin Germann, Sam Steverlynck, Philippe Van Cauteren, Tom Van Imschoot,… All of them honoured VIBRATIONS OFf with their visit and supplied the book with an original literary contribution, a highly appreciated extension of VIBRATIONS OFf.

Last but not least, I give all credit to Kristof, for the courage with which he joined me on this journey. Not only for the facilities and the accommodation that his hospitality-with-dedication made available, but because he valued the artistic dimension of the journey far beyond the usual safe course. He invested the physical and mental space to develop our intended 'spiritual capital', to the 'detriment' of the known commercial goal of a gallery.

Although everyone knows that five to twelve is already in the past, I would—if someone were to ask me now what time it is—reply it is ten to ten. The positive energy of our journey still touches a source of satisfaction for those who look back on life and well-being, and in the other direction it generates joy of life when thinking of prospects. How fixed it might be and whatever it brings, destiny is interpretable, shakeable and vibratable.

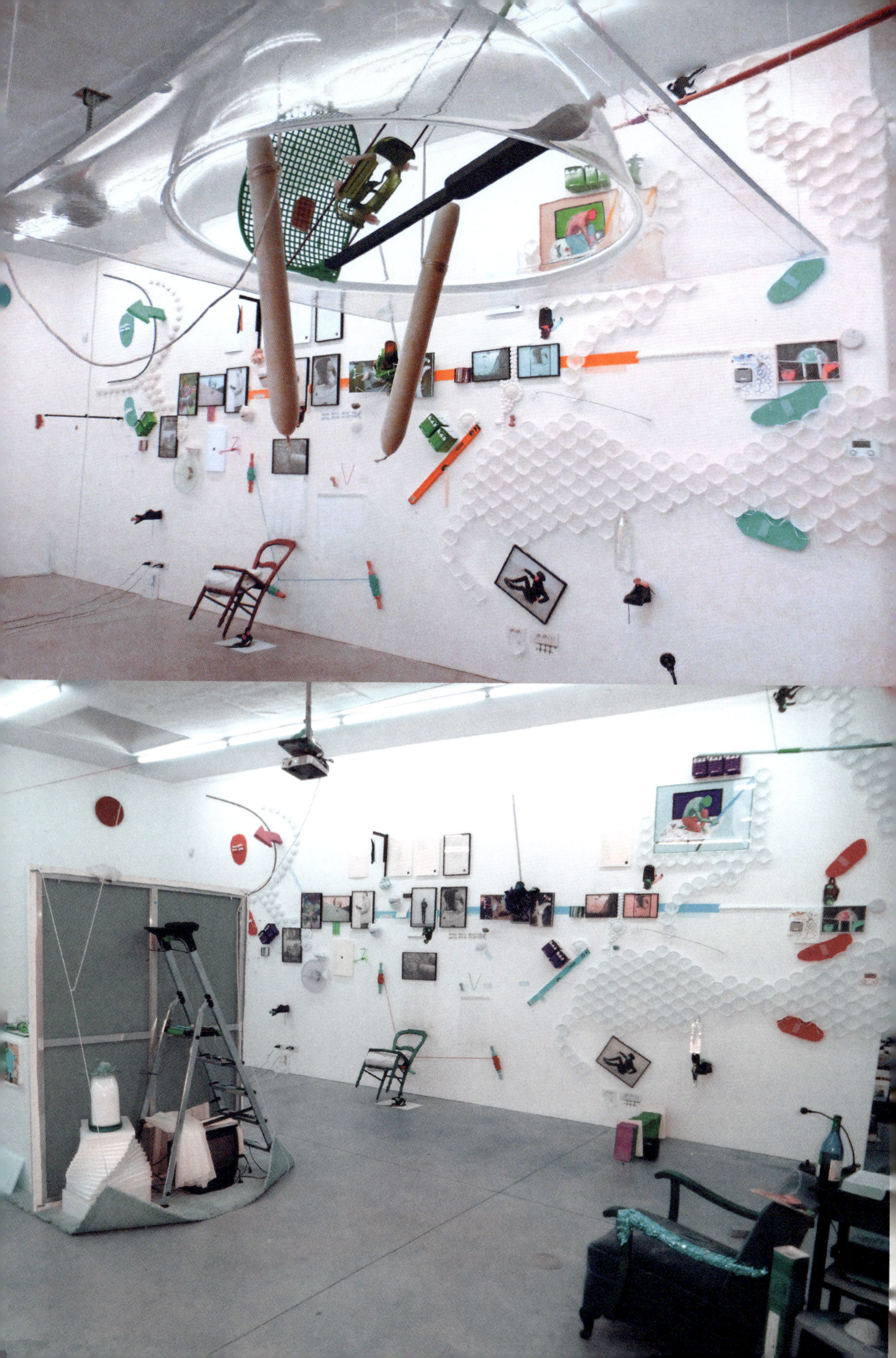

[*Honoré δ'O]

VIBRATIONS OFf the Format
Honoré δ'O invites and displays
Chain reaction on a libretto by Honoré δ'O
16.11.14–21.12.14
vibrationsoff.tumblr.com

This exhibition is developed in collaboration
with KASK, School of Arts and with Universität
für angewandte Kunst Wien

Kristof De Clercq gallery,
Tichelrei 82, B-9000 Ghent
kristofdeclercq.com

KASK School of Arts,
Jozef Kluyskensstraat 2, B-9000 Ghent
kask.be

Published by MER. Paper Kunsthalle,
Geldmunt 36, B-9000 Ghent
merpaperkunsthalle.org

Printed by Graphius,
Eekhoutdriesstraat 67, B-9041 Oostakker

ISBN 978 94 9177 589 5
D/2015/7852/7

Texts
© the authors

Concept
© Honoré δ'O

Editing & Lay-out
© Honoré δ'O, Kahil Janssens, Fien Rebry

Graphic design
© Kahil Janssens

Translation
Anna Asbury, Inge Braeckman, Fien Rebry

Editing & Proofreading
Anna Asbury, Inge Braeckman, Fien Rebry

Special thanks to:

Bieke and Luc Vermeire, Graphius
Aurelie Daems and Luc Derycke, AraMER
Wim De Temmerman and Erwin Wittevrongel,
KASK, School of Arts
Kristof De Clercq gallery

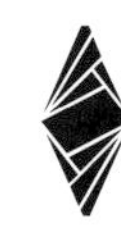
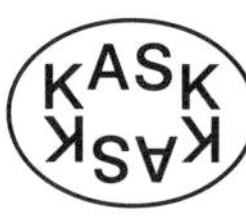

222

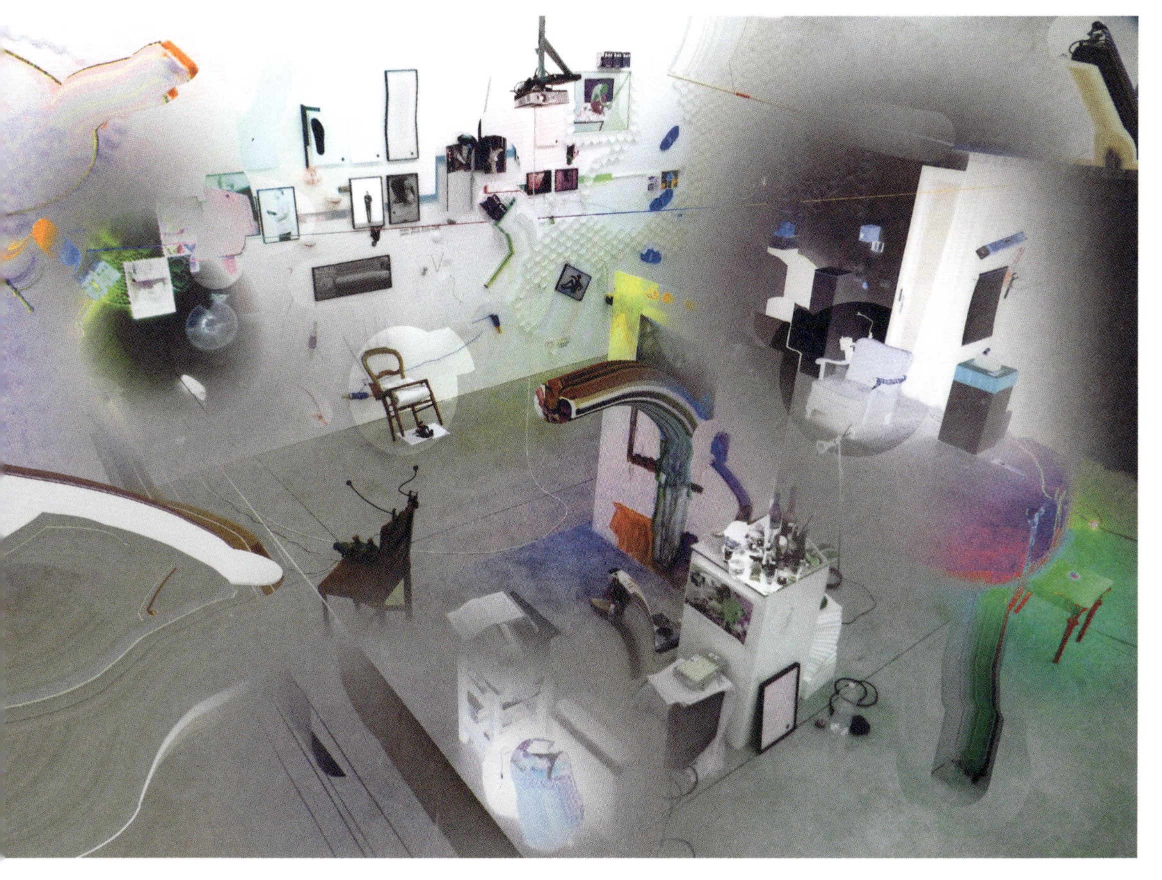

Organise your
VIBRATIONS

OFf

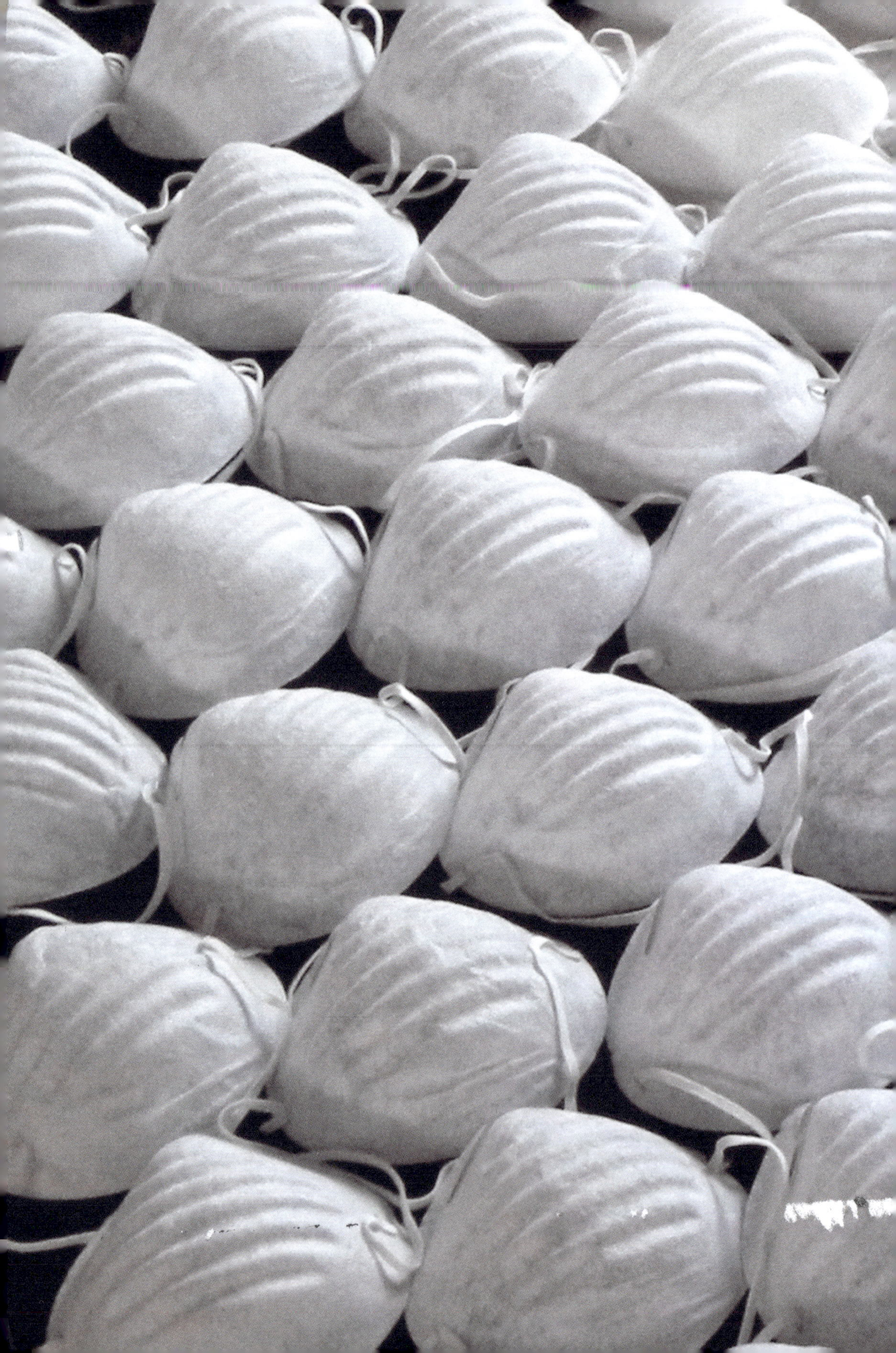